Weltkrieg · Spaltung · Revolution

Gefördert von der
Friedrich-Ebert-Stiftung

Uli Schöler · Thilo Scholle (Hg.)

Weltkrieg · Spaltung Revolution

Sozialdemokratie 1916–1922

Bibliografische Information der Deutschen Nationalbibliothek

Die Deutsche Nationalbibliothek verzeichnet
diese Publikation in der Deutschen Nationalbibliografie;
detaillierte bibliografische Daten sind im Internet
unter *http://dnb.dnb.de* abrufbar.

ISBN 978-3-8012-4260-2

© 2018 by
Verlag J. H. W. Dietz Nachf. GmbH
Dreizehnmorgenweg 24, 53175 Bonn

Umschlaggestaltung: Hermann Brandner, Köln

Satz:
Kempken DTP-Service | Satztechnik • Druckvorstufe • Mediengestaltung, Marburg

Druck und Verarbeitung: CPI books, Leck

Alle Rechte vorbehalten
Printed in Germany 2018

Besuchen Sie uns im Internet: *www.dietz-verlag.de*

Inhaltsverzeichnis

Uli Schöler/Thilo Scholle
Weltkrieg – Spaltung – Revolution: Zur Einführung 11

Der Weg in die Spaltung

Jens Ebert
Die Reflexion sozialdemokratischer Politik und des Kriegsthemas
in Feldpostbriefen während des Ersten Weltkrieges 34

Perspektiven einer sozialdemokratischen Außen- und Europapolitik

Willy Buschak
Welches Europa? Richard Calwer, Max Cohen, Hermann Kranold
und Georg Ledebour 46

Moritz Rudolph
Joseph Blochs Idee von Kontinentaleuropa und der Krieg 62

Der Weg zur Parteispaltung

Bernward Anton
Wolfgang Heine und die »Erfindung« der Burgfriedenspolitik 73

Ernst-Albert Seils
Hugo Haase in der Weltkriegszeit 86

Gisela Notz
Von der Heimweberin in die höchsten Ränge der SPD:
Luise Zietz (1865–1922) 102

Die Haltung der Gewerkschaften

Christian Zech
Parteipolitischer Wandel und gewerkschaftliche Weichenstellung.
Ideologische Standortbestimmung(en) bei Siegfried Aufhäuser
vor dem Hintergrund des Ersten Weltkriegs 118

Reiner Tosstorff
Robert Dißmann – Opposition zwischen Partei
und Metallarbeiterverband 130

Karl Christian Führer
Carl Legien (1861–1920) 142

Regionaluntersuchungen

Bernd Rother
Die Wurzeln des Parteischismas – Erkenntnisse aus einem
regionalgeschichtlichen Vergleich 153

Mike Schmeitzner
Die Räterepublik als Diktatur des Proletariats 166

Ralf Regener
Heinrich Peus, Heinrich Deist
und der eigentümliche Weg der anhaltischen Sozialdemokratie
im Ersten Weltkrieg 180

Demokratie und/oder Diktatur des Proletariats

Bernd Braun
Drei Reichskanzler, drei Parteispalter? Philipp Scheidemann,
Gustav Bauer und Hermann Müller 194

Siegfried Heimann
Otto Braun (1917–1920) 208

Stefan Hillger
Rudolf Hilferding – Mittler zwischen USPD und SPD? 219

Uli Schöler
Verzweifeltes Festhalten am Ziel der Einheit
der Sozialdemokratie: Karl Kautsky 230

Holger Czitrich-Stahl
Georg Ledebour: Revolutionärer Sozialist, Mensch
und Kämpfer, Novemberrevolutionär 243

Volker Stalmann
Ein Theoretiker des Rätesystems:
Ernst Däumig (1866–1922) 255

Thilo Scholle
Paul Levi und die Revolution 267

Felicitas Söhner
Antonie Pfülf – »denn Demokratie bedeutet ein viel
schwierigeres Kampfmittel, als es die Gewalt gewesen ist.« 281

Jörg Wollenberg
»Ganz Deutschland sieht auf uns. Ganz Europa sieht auf uns«.
Die Bremer Sozialisten mit Alfred Henke auf dem Weg
von der Sozialreform zur Revolution 296

Ottokar Luban
Mathilde Jacob – eine wichtige Assistentin von Rosa Luxemburg,
Leo Jogiches, Clara Zetkin und Paul Levi   307

Marga Voigt
Unverbrüchliche Treue gegen den internationalen Sozialismus.
Aus Clara Zetkins Briefen 1915–1919   320

Markus Schmalzl
Erhard Auer (1874–1945) – Aufstieg eines sozialdemokratischen
Reformers während des Ersten Weltkriegs   332

Walter Mühlhausen
Friedrich Ebert (1871–1925)   348

Christopher Paesen
Arthur Crispien, ein unabhängiger Sozialdemokrat   359

Spaltungen und Wiederannäherungen

Teresa Löwe-Bahners
Zwischen allen Stühlen: Eduard Bernsteins Stellung
in der deutschen Sozialdemokratie 1918 bis 1920   372

Lothar Wieland
»Der Sozialismus muss die nationalistisch-militaristische
Ideologie zerstören!« Heinrich Ströbel (1869–1944)   390

Detlef Lehnert
Paul Löbe (1875–1967):
Vom Redakteur zum Reichstagspräsidenten   403

Peter Fasel
Adolf Braun und das Ideal der Parteieinheit   417

Philipp Kufferath
Kinderschutzkommissionen und Arbeiterwohlfahrt.
Die Transformation der sozialistischen Wohlfahrtspolitik
zwischen 1914 und 1922 429

Hartfrid Krause
Zwischen allen Stühlen: Georg Ledebour (1914–1924) 442

Peter Brandt
Nachwort 457

Anhang

Abbildungsnachweis 467
Autorinnen und Autoren 468

Uli Schöler/Thilo Scholle

Weltkrieg – Spaltung – Revolution: Zur Einführung

In Erinnerung an Helga Grebing

In Publizistik wie Wissenschaft ist es mittlerweile zu einer guten und gewohnten Übung geworden, Dezenniums- oder gar Jahrhundertjubiläen nicht nur zum Anlass für mehr oder weniger nostalgische Rückschauen zu nehmen, sondern dabei auch zu einer Neuvergewisserung mit Blick auf bereits gewonnene beziehungsweise zu überprüfende Erkenntnisse vorzustoßen. Insofern hatte und hat das zweite Jahrzehnt des vorigen Jahrhunderts, in dessen Zentrum die Verheerungen und Verwüstungen des Ersten Weltkriegs stehen, eine ganze Palette von Anknüpfungspunkten zu bieten. Auch verwundert es nicht, dass die Rückschau auf den sich zum 100. Mal jährenden Ersten Weltkrieg eine neue Debatte über die unterschiedlichen Aspekte der Verantwortlichkeiten der beteiligten Großmächte und der Kriegsschuld ausgelöst hat. Einerseits wurde auf diese Weise eine nochmals differenziertere Betrachtung möglich. Andererseits muss sicherlich auch zu beobachtenden Tendenzen widersprochen werden, die deutsche Hauptverantwortung argumentativ entsorgen zu wollen.[1] Erstaunlich ist in diesem Zusammenhang, dass in den meisten Neubetrachtungen eine genauere Analyse des Handelns der unterschiedlichen innenpolitischen Akteure weiterhin unterbelichtet bleibt.

Blicken wir auf das nächste »Jubiläumsjahr« mit Zäsurcharakter, auf 1917, so ist keine auch nur annähernd vergleichbare Intensität der Rückschau zu vermelden. Fast könnte man sagen, dass hier und da[2] eher pflichtschuldig an die Entstehung einer neuen sozialdemokratischen Partei, der USPD, erinnert wurde, es hingegen zu einer ähnlich intensiven Neubetrachtung der damit verbundenen Folgen (nicht nur für das deutsche Parteiensystem, sondern auch für die gesamte internationale Arbeiterbewegung) – von Ausnahmen abgesehen[3] – nicht gekommen ist. Wie schon 1914 markiert jedoch auch das Jahr 1917 eine Weichenstellung im 20. Jahrhundert, die bis heute wirkmächtig bleibt. Die sich bereits 1914 anbahnende innersozialdemokratische Spaltung erfährt mit der 1917 erzwungenen Neugründung der USPD eine Intensivierung und Beschleunigung. Die russischen Revolutionen desselben Jahres können als Ausgangspunkt einer neuen Konfliktkonstellation gesehen werden, die in das spätere »große Schisma« in die beiden sich auch international organisierenden Parteifamilien der Sozialdemokraten und der Kommunisten mündet. Es bilden sich dabei nicht nur unterschiedliche Parteikonzepte heraus. Vielmehr endet diese Konfliktlinie nach 1945 auch in

---

1   Vgl. die stimmige, kritische Rückschau bei *Andreas Wirsching*, Ursachen des Ersten Weltkriegs: Deutschland, in: *Horst Möller/Aleksandr Cubar'jan* (Hg.), Der Erste Weltkrieg. Deutschland und Russland im europäischen Kontext, Berlin/Boston 2017, S. 1 ff. Wirsching würdigt die »Schlafwandler«-These Christopher Clarks kritisch und liefert gleichzeitig einen guten Überblick über die neuere Literatur.
2   Vgl. etwa *Heinrich August Winkler*, Die Erblast der Linken. Vor 100 Jahren spaltete sich die SPD: Ein Ereignis, das bis heute fortwirkt, in: FAZ, Nr. 79, 3.4.2017, S. 6.
3   Vgl. u. a. *Peter Brandt/Detlef Lehnert*, Neufindungsprozesse in der SPD-Geschichte 1917–1922 und 1957–1963, in: perspektivends 34, 2017, H. 1, S. 174 ff.; *Mario Hesselbarth*, Zur Geschichte der USPD. Aus Anlass des 100. Jahrestages ihrer Gründung 1917 in Gotha, Berlin 1917; *Thilo Scholle*, 100 Jahre Gründung der USPD, in: spw 40, 2017, H. 4, S. 85 f.

unterschiedlichen Blöcken staatlicher Herrschaft im Westen beziehungsweise Osten Europas. An anderer Stelle wird dieser Zusammenhang so beschrieben: »Spaltungen, Fusionen und Neugründungen sortierten die Parteienlandschaft völlig neu, am prägendsten für das 20. Jahrhundert war der Bruch zwischen Sozialdemokratie und Kommunismus.«[4]

Natürlich ist diese Erkenntnis nicht neu, allerdings haben wir bis heute festzustellen, dass die Wahrnehmung dieser Phase und der mit ihr einhergehenden Zäsur von einer eigentümlichen Schwarz-Weiß-Zeichnung geprägt ist – je nach politischem Standpunkt oder -ort beziehungsweise Herkunft des Betrachters. Diese Sichtweise lässt sich in einer bewusst vereinfachenden Weise so skizzieren: Danach hätten sich bereits vor Kriegsausbruch und den durch die Bewilligung der Kriegskredite ausgelösten innerparteilichen Zerrüttungen – in der Revisionismus- wie der Massenstreikdebatte – drei »Hauptströmungen« der Sozialdemokratie herausgebildet: eine reformistisch-revisionistische Rechte, ein sich marxistisch verstehendes Parteizentrum und eine marxistisch-aktivistische Linke. Infolge des Bruchs in der Haltung zum Krieg, der unterschiedlichen Positionierungen zur bolschewistischen Machtübernahme in Russland sowie der auseinandergehenden Haltungen zum Parlamentarismus und zum Rätesystem nach der Novemberrevolution 1918 hätten sich die innerparteilichen Kräfte neu gruppiert. Am Ende dieses mehrschichtigen und mehrstufigen Umbruchprozesses habe sich die »Spreu vom Weizen« getrennt; nur die beiden das 20. Jahrhundert prägenden Hauptrichtungen seien übriggeblieben: Sozialdemokraten und Kommunisten. Die Erzählung der Geschichte dieser Jahre (und ihrer Folgen) erfolgt meist auf geradezu teleologische Weise: Die Spaltung

---

4 *Axel Weipert/Fabian Bennewitz*, Zum Schwerpunkt »An den Rändern der Revolution: Marginalisierung und Emanzipation im europäischen Revolutionszyklus ab 1917«, in: Arbeit. Bewegung. Geschichte. Zeitschrift für historische Studien, Berlin 16, 2017, H. 3, S. 7.

in zwei große Parteifamilien, die Trennung der »feindlichen Brüder«[5], sei unausweichlich gewesen. Pars pro toto mag zur Illustration hier eine jüngere Intervention in einer der Tradition der Arbeiterbewegung eher fernstehenden Tageszeitung, der FAZ, stehen:

> »Es war gerade die explizit sozialdemokratische Zweite Internationale, allen anderen Mitgliedsparteien voran die SPD, die den vormaligen Internationalismus der Arbeiterbewegung 1914 umgebracht hat. Die Partei und einige ihrer wichtigsten Schwestern hatten sich nämlich zunächst von der Revolutionsidee verabschiedet (via Reformismus) und dann vom Internationalismus; treu blieb beidem nur eine Minderheit, die in Deutschland via Spartakusbund dann zur KPD wurde [...].«[6]

Eine derartige Einschätzung hat auf den ersten Blick den Vorteil der Eindeutigkeit auf ihrer Seite. Gut und Böse, Schwarz und Weiß sind klar verteilt: hier die teils zaudernden, teils verratenden Reformisten, dort die prinzipientreuen Revolutionäre. Je nach Betrachtungsweise sind dann auch für den weiteren Fortgang der Geschichte in Deutschland wie in Europa in der Zeit des Kalten Krieges die einen oder die anderen auf zwei unversöhnlichen Polen die Guten oder die Bösen. Wir teilen diese Sichtweise ausdrücklich nicht, halten vielmehr eine differenziertere, tiefer bohrende Betrachtung und Analyse der historischen Ereignisse für angebracht. Bevor wir dies näher erläutern, soll aber zumindest kurz beleuchtet werden, in welcher Weise die vereinfacht geschilderte dichotomische Betrachtung bis heute wirkungsmächtig ist. In zahllosen Reden und Interviews hat bis vor wenigen Jahren insbesondere der »doppelte Parteivorsitzende« Os-

---

5 Vgl. paradigmatisch zu dieser Begrifflichkeit etwa der Titel bei *Thomas Kurz*, Feindliche Brüder im deutschen Südwesten. Sozialdemokraten und Kommunisten in Baden und Württemberg von 1928 bis 1933, Berlin 1996.
6 *Dietmar Dath*, Der rechte Lohn. Die Anständigen und die Abhängigen: Wie links und internationalistisch ist die soziale Frage noch?, in: FAZ, Nr. 255, 3.11.2017, S. 11.

kar Lafontaine (zunächst SPD, dann Die Linke) in seinen Funktionen als Politiker der Partei Die Linke für sich und seine Partei die Tradition der Internationalisten und Pazifisten in der deutschen Arbeiterbewegung, und damit die der USPD und KPD reklamiert. In diesem Sinne berief er sich zugleich auf die sozialdemokratische Tradition Willy Brandts. Seine ehemalige Partei, die SPD, sah er – insbesondere aufgrund ihrer Beteiligung an oder Zustimmung zu internationalen Kampfeinsätzen im Rahmen der UN beziehungsweise der NATO in der Tradition der Noske-SPD, der Mehrheitssozialdemokraten. Noch im vergangenen Jahr antwortete der Fraktionsvorsitzende der Linken Dietmar Bartsch auf die Frage nach einer möglichen Änderung der Haltung seiner Partei zu Fragen internationaler Politik geradezu reflexhaft: »Ich verlange von der SPD doch auch nicht, dass sie die Kriegskredite von 1914 zurückzahlt.«[7]

Viele Geschichtserzählungen von Historikern und Historikerinnen, die sich der SPD verbunden fühlen, beziehen sich spiegelbildlich in vergleichbarer Weise primär auf die Tradition des mehrheitssozialdemokratischen Flügels und die nach der Spaltung zur Unterscheidung als MSPD bezeichnete Partei, insbesondere in der Tradition Friedrich Eberts. Dafür steht geradezu sinnbildlich und bildhaft das Plakat, mit dem im Jahre 2013 anlässlich des 150-jährigen Parteijubiläums für die eigens dazu erstellte Ausstellung und die sie begleitende Veranstaltungen geworben wurde. Unter dem von frühen Maiplakaten bekannten Motiv der »französischen Marianne« prangte die Unterzeile: »Wählt mehrheitssozialdemokratisch«. So bringt man zum Ausdruck, auf welchen Teil man sich historisch zu beziehen und zu berufen gedenkt. Diese Reduktion des Blicks wird dabei selbst jener Geschichtsschreibung nicht gerecht, die gelegentlich – und nicht immer ganz freundlich – als sozialdemokratische »Hausgeschichtsschreibung« bezeichnet wird, denn diese ergreift keinesfalls immer in derartig eindeutiger Weise Partei für die MSPD.

---

7 »Die Verteilung von Reichtum in Deutschland ist obszön«. Dietmar Bartsch über Gerechtigkeit als Wahlkampfthema, die Chancen von Rot-Rot-Grün im Bund und seine Rolle als Lieblingslinker der SPD, in: Tagesspiegel, 23.4.2017, S. 3.

Dass ein solches Plakat aber nicht als ein bloßes Versehen zu bezeichnen ist, konnte man noch 2017 im offiziellen Parteiorgan »Vorwärts« lesen. Dort wurde per gepixeltem Foto eine historische Person gesucht, von der es in der Unterzeile hieß: »Als viele in der SPD zögerten, rief man ihn. Er stoppte die Gefahr. Doch seine Partei dankte es ihm nicht.« Die Erledigung seiner Aufgabe, »für Ordnung zu sorgen«, habe er »mit militärischer Akkuratesse« bewältigt.[8] Der Gesuchte war: Gustav Noske. Da darf man sich letztlich nicht wundern, wenn man – in zugespitzten Auseinandersetzungen – als Noske-SPD denunziert wird. Zu dieser eher bipolar angelegten Geschichtserzählung gehört schließlich auch, wenn die am 4. August 1914 im Reichstag durch Hugo Haase vorgetragene Fraktionserklärung, mit der die Zustimmung zu den Kriegskrediten erläutert wurde, als Kontinuum sozialdemokratischer Landesverteidigungspolitik dargelegt wird, ohne dabei kenntlich zu machen, dass sich Haase als Fraktionsvorsitzender nur im Rahmen der Fraktionsdisziplin zur Verlesung dieser von ihm nicht mitgetragenen Haltung nötigen ließ.[9]

---

8   Lothar Pollähne, Wer war's? Historisches Bilder-Rätsel, in: Vorwärts, H. 10, Oktober 2016.
9   Vgl. *Bernd Faulenbach*, Die Parteien in Deutschland 1914–1918, in: *Möller/Cubar'jan*, Der Erste Weltkrieg, S. 110; ebenso *Ders.*, Eine sozialdemokratische Tradition der Außenpolitik?, in: *Bernd Faulenbach/Bernd Rother* (Hg.), Außenpolitik zur Eindämmung entgrenzter Gewalt. Historische Erfahrungen der Sozialdemokratie und gegenwärtige Herausforderungen, Essen 2016, S. 17; anders hingegen mit zutreffender Differenzierung *Walter Mühlhausen*, Die Sozialdemokratie am Scheideweg, in: *Wolfgang Michalka* (Hg.), Der Erste Weltkrieg. Wirkung – Wahrnehmung – Analyse, Weyarn 1997, S. 655: »Die Entscheidung des 4. August war im Grunde eine Wendemarke der Sozialdemokratie als Gesamtpartei. Sie wurde von vielen innerhalb und außerhalb der Partei so verstanden.« Zur Haltung Haases vgl. *Ernst-Albert Seils*, Hugo Haase. Ein jüdischer Sozialdemokrat im deutschen Kaiserreich. Sein Kampf für Frieden und soziale Gerechtigkeit, Frankfurt a. M. 2016, S. 473 ff.

von Uli Schöler und Thilo Scholle

1 Die notwendige Abkehr von den Schwarz-Weiß-Bildern

Diese sicher arg voluntaristisch ausgewählten kleinen Streiflichter illustrieren gleichwohl, wie unproduktiv über Jahrzehnte hinweg mit historisch komplexen wie komplizierten Prozessen umgegangen wurde. Die mangelnde Lernbereitschaft wird in der politischen wie historischen Auseinandersetzung zumeist immer nur auf der anderen Seite gesehen, differenzierte Sichtweisen haben es angesichts der Neigung zur Zeichnung von Schwarz-Weiß-Bildern schwer, auf breiterer Basis durchzudringen. Dabei ist die Geschichte, auch die sozialdemokratische, dieser Jahre weitaus komplexer und differenzierter. Es beginnt schon damit, dass auch in der Mehrheitssozialdemokratie verschiedene Strömungen miteinander um den einzuschlagenden Kurs rangen. Kritiker der Kreditbewilligung gab es auch dort, sie waren – anders als andere – jedoch nicht bereit, deshalb die über Jahrzehnte bewahrte, ja fast zum Fetisch geronnene »Einheit der Sozialdemokratie« (und in ihrem Verständnis damit der Arbeiterbewegung) aufs Spiel zu setzen. Die Motive dafür, die Politik der Kreditbewilligung und des Burgfriedens mitzutragen, waren ebenfalls sehr unterschiedlich gelagert: Für die einen war es die Furcht vor der asiatischen Despotie des russischen Zarismus, für andere der ernsthafte Glaube, Deutschland sei wirklich überfallen worden, und für Dritte die spekulative Hoffnung, durch Absprachen mit den herrschenden Eliten die gesellschaftliche Isolierung der Sozialdemokratie aufzubrechen. Nicht verschwiegen werden soll, dass in diesen Debatten auch offen annexionistische Positionen zu Wort kamen.[10]

Die später entwickelte Betrachtungsweise, in diesen Jahren sei es in letzter Konsequenz um die Alternative demokratischer Parlamentarismus oder Rätesystem beziehungsweise Rätediktatur gegangen, wird ebenfalls der zeitgenössischen Debatte nicht gerecht. Ambitionierte Rätekonzeptionen (zumeist in Kombination mit parlamenta-

---

10 Zu diesem Thema vgl. jetzt die Wiederauflage der zeitgenössischen Schriften eines elsässischen Sozialisten: *Salomon Grumbach*, Das annexionistische Deutschland. Eine Sammlung von Dokumenten 1914–1918, Bremen 2017.

risch-demokratischen Strukturen) wurden auch innerhalb der MSPD entworfen und diskutiert. Schon die Tatsache, dass die Mehrzahl der Delegierten auf den jeweiligen nationalen Rätekongressen der MSPD angehörte beziehungsweise mit ihr sympathisierte, unterstreicht, dass diese Verbindung enger war als es eine Deutung wahrhaben will, die darin nur ein »Sich-an-die-Spitze-Setzen« durch mehrheitssozialdemokratische Funktionäre zum Zwecke des Abwürgens der Revolution zu sehen vermag.

2 Ein neuer Blick auf den »Zentrismus«?

Umgekehrt geht die Behauptung sicher nicht zu weit, dass die intelligentesten Konzeptionen einer Kombination von parlamentarischem und Rätesystem in Staat und Wirtschaft von eher gemäßigten beziehungsweise »zentristischen« Vertretern der USPD entwickelt wurden, deren Einfluss allerdings infolge der sich nach 1919 ungeheuer beschleunigenden Radikalisierung der Parteianhänger- und -mitglieder immer mehr zurückgedrängt wurde. Das, was in der späteren, rückbetrachtenden Forschung relativ schematisch als ein sich herausbildender Gegensatz von »demokratischen Sozialisten« (ein Begriff, der zeitgenössisch noch kaum Verwendung fand) und dogmatischen Parteikommunisten zu fassen versucht wurde, wies in den Jahren der Debatte um »Demokratie und/oder Diktatur des Proletariats« weit mehr Grau- als Schwarz-Weiß-Töne auf.[11] Aus *heutiger* Sicht, auf der Folie der Erfahrung von mehreren Jahrzehnten sowjetkommunistischer Herrschaftsausübung, ist es natürlich keines-

---

11 Vgl. die Darstellung der zeitgenössischen, u. a. von den russischen Ereignissen gespeisten Debatte auf mehreren Hundert Seiten bei *Uli Schöler*, »Despotischer Sozialismus« oder »Staatssklaverei«? Die theoretische Verarbeitung der sowjetrussischen Entwicklung in der Sozialdemokratie Deutschlands und Österreichs (1917–1929), Hamburg/Münster i. Westf. 1991, Bd. 1, S. 252 ff.; vgl. jetzt auch *Mike Schmeitzner*, Ambivalenzen des Fortschritts. Zur Faszination der proletarischen Diktatur in der demokratischen Revolution 1918–1920, in: Archiv für Sozialgeschichte 53, 2013, S. 113 ff.

falls abwegig, sowohl das zeitgenössisch Lenin'sche wie das spätere marxistisch-leninistische Verständnis einer »Diktatur des Proletariats« gewissermaßen als Scheidelinie zwischen demokratischen und autoritär-diktatorischen Sozialismuskonzepten zu begreifen.[12] Allerdings versteht man auf diese Weise nicht, wie und warum zeitgenössische Denker wie Karl Kautsky, Max Adler oder selbst Hans Kelsen so viel Mühe darauf verwendeten, den demokratischen Gehalt dieses Marx'schen Begriffs herauszuarbeiten, der viel Potenzial für Missverständnisse in sich barg. In dieser simplifizierenden Lesart versteht man schon gar nicht, dass selbst ein so gemäßigter Sozialdemokrat wie Hermann Müller noch 1928 in einer Rückbetrachtung auf die Ereignisse von 1918/19 die Phase der »Regierung der Volksbeauftragten« als die »Periode der Diktatur des Proletariats« beschreiben konnte.[13] Zudem wurde die Trennung in die Parteien MSPD und USPD von vielen Beteiligten zunächst nicht als dauerhafte Spaltung der Sozialdemokratie verstanden. Auf beiden Seiten fanden sich Akteure, die persönliche Brücken nicht abreißen lassen wollten und organisatorisch eine Wiedervereinigung beider Parteien im Blick behielten.

Wie bereits angedeutet, veränderten und verschoben sich in diesen spannungsgeladenen Jahren nicht nur die Themen und die Herausforderungen an sozialdemokratische Politik, sondern es positionierten sich auch die Akteure neu[14] – sei es in einem individuellen oder in einem Gruppenprozess. Schon früh ist etwa der Schwenk der

---

12 An dieser Stelle erneut in diesem Sinne etwas schematisierend-vereinfachend *Faulenbach*, Die Parteien in Deutschland, S. 115: »Die um die Jahreswende 1918/19 gegründete KPD unterschied sich von der MSPD und auch der Mehrheit der USPD durch das Plädoyer für eine Diktatur des Proletariats an Stelle einer Demokratie nach westlichem Muster.«
13 *Hermann Müller*, Die Novemberrevolution, Berlin 1928, S. 89.
14 In dieser Hinsicht wiederum durchaus zutreffend *Faulenbach*, Die Parteien in Deutschland, S. 113 f.; ebenso bereits *Mühlhausen*, Die Sozialdemokratie am Scheideweg, S. 650: »Wenn auch der Boden für die Trennung bereitet war, so folgte sie keineswegs wie eine unausweichliche Konsequenz aus der Vorkriegsentwicklung; erst die durch den Krieg entstehenden neuen Konfliktfelder, die zunächst die Flügel durchbrachen, führten schließlich zur Abspaltung der Unabhängigen Sozialdemokratie (USPD).«

sogenannten »Lensch-Cunow-Haenisch-Gruppe« von einer Position einer sich marxistisch verstehenden Linken auf den äußersten rechten Rand der Mehrheitssozialdemokratie beschrieben worden.[15] Ebenso unterstreicht die Verortung wichtiger »Galionsfiguren« der vormaligen Parteirichtungen, wie sie sich in und nach der Revisionismus- und Massenstreikdebatte herauskristallisiert hatten, den Neuorientierungs- und Umgruppierungsprozess: Mit Eduard Bernstein, dem geistigen Vater des »Revisionismus«, mit Karl Kautsky, dem Bewahrer des Bebel'schen Erbes eines »marxistischen Zentrums« und Rosa Luxemburg, der linksaktivistischen Ikone der Spartakusgruppe, beherbergte die sich gründende USPD die Führungsfiguren aller vorherigen Hauptströmungen.

Die sich überschlagenden Ereignisse warfen neue Fragen auf: Wie sollte man sich im Spannungsfeld von Krieg, Internationalismus, Patriotismus und Pazifismus positionieren? Eröffnete die Krise des Weltkriegs eher eine Perspektive für einen parlamentarisch-demokratischen Weg in Richtung Sozialismus, oder ließen die Verhältnisse nur den revolutionären (und zugleich gewaltsamen) Umsturz zu? Spätestens mit dem Sieg der bolschewistischen Partei in der russischen Oktoberrevolution war die Frage des Verhältnisses von parlamentarischer Demokratie und Rätesystem auf die Tagesordnung gesetzt.[16] Und mit den Räten war zugleich die Frage nach Umfang und Ausgestaltung von Sozialisierungsforderungen und damit von Konzepten von Wirtschaftsdemokratie (ein Begriff, der erst ca. zehn Jahre später seine Blüte erleben sollte) aufgeworfen. Quer zu diesen politisch-inhaltlichen Schlüsselfragen wiederum verhielt sich ein weiteres Problemfeld, das durch die Abfolge der Ereignisse insbesondere in der sozialdemokratischen Reichstagsfraktion unabweisbar in den Mittelpunkt gerückt war: Welches Parteiverständnis sollte zukünftig das Miteinander prägen? Welche Rolle sollte und durfte die lange wie ein Fetisch hochgehaltene Parteidisziplin spielen?

---

15 *Robert Sigel*, Die Lensch-Cunow-Haenisch-Gruppe, Berlin 1976.
16 Zu diesem Komplex vgl. u. a. das Kapitel »Die sozialdemokratische Debatte um Demokratie und Parlamentarismus« in *Marcus Llanque*, Demokratisches Denken im Krieg. Die deutsche Debatte im Ersten Weltkrieg, Berlin 2000, S. 277 ff.

3 Zum Forschungsstand

Bilanziert man nüchtern den Stand der Forschung über diese Periode, so lässt sich unschwer feststellen, dass Vieles als ausgesprochen gut erforscht gelten kann. Angesichts des eingangs Beschriebenen mag es nicht unbedingt verwundern, dass auch hier eine gewisse – erst langsam aufbrechende – Dichotomie festgestellt werden kann. Auf westlich-sozialdemokratischer Seite überwog lange der Blick auf die Mehrheitssozialdemokratie, erinnert sei nur beispielhaft an die bahnbrechenden Studien von Susanne Miller[17] oder Heinrich August Winkler.[18] Das in den 1970er-Jahren eher kurz aufflackernde Interesse an der USPD mit der Arbeit von Hartfrid Krause und mehreren Studien im angelsächsischen Raum[19] ebbte schnell wieder ab. Innerhalb der ostdeutschen Forschung überwog lange der Blick auf den Prozess der Herausbildung der KPD (und deren spätere Führungsfigur Ernst Thälmann). Erst sehr spät näherte man sich einer intensiveren Beschäftigung auch mit den widersprüchlichen Rollen Rosa Luxemburgs und Karl Liebknechts in diesen Jahren (wobei sie lange mehr als »Märtyrer« denn als kritische Ideengeber ins Blickfeld gelangten). Paul Levi etwa blieb angesichts seines Weges zurück in die Sozialdemokratie eine Persona non grata.[20]

---

17 *Susanne Miller*, Burgfrieden und Klassenkampf. Die deutsche Sozialdemokratie im ersten Weltkrieg, Düsseldorf 1974; *Dies.*, Die Bürde der Macht. Die deutsche Sozialdemokratie 1918–1920, Düsseldorf 1978.
18 Heinrich August Winkler, Arbeiter und Arbeiterbewegung in der Weimarer Republik, Bd. 1: Von der Revolution bis zur Stabilisierung: 1918–1924, Berlin u. a. 1984.
19 Vgl. *Hartfrid Krause*, USPD. Zur Geschichte der Unabhängigen Sozialdemokratischen Partei Deutschlands, Frankfurt a. M./Köln 1975; *David M. Morgan*, The Socialist Left and the German Revolution. A History of the German Independent Social Democratic Party, 1917–1922, Ithaca/London 1975; *Robert F. Wheeler*, USPD und Internationale. Sozialistischer Internationalismus in der Zeit der Revolution, Frankfurt a. M./Berlin/Wien 1975; diese kritisch besprechend: *Susanne Miller*, Die Geschichte der Unabhängigen Sozialdemokratischen Partei Deutschlands, in: Archiv für Sozialgeschichte 17, 1977, S. 467 ff.
20 Zu seiner Person vgl. jetzt *Thilo Scholle*, Paul Levi. Linkssozialist – Rechtsanwalt – Reichstagsmitglied, Berlin 2017.

Dieses Bild wird komplettiert, wenn man auf die Phalanx derjenigen Politikerinnen und Politiker schaut, zu denen intensiv geforscht und im Gefolge dieser Forschungen Monografien vorgelegt wurden. Mit Arbeiten über die Mehrheitssozialdemokraten Gustav Bauer, Otto Braun, Eduard David, Friedrich Ebert, Hermann Molkenbuhr, Hermann Müller, Gustav Noske, Philipp Scheidemann und Wilhelm Sollmann, um nur die wichtigsten zu nennen, ist dieser Bereich der »rechten« oder gemäßigten Mehrheitssozialdemokraten ausgesprochen gut erforscht. Auf der anderen Seite des politischen Spektrums liegen zahlreiche Arbeiten etwa zu Karl Liebknecht, Rosa Luxemburg, Franz Mehring oder Clara Zetkin vor. Es dürfte nicht verwundern, dass das breite Spektrum »dazwischen« lange eher unterbelichtet blieb. Allerdings sind hier in den vergangenen Jahren erhebliche Lücken geschlossen worden, etwa durch Biografien über Otto Braß[21], Hugo Haase[22], Franz Künstler[23], Paul Levi, Richard Müller[24], Artur Stadthagen[25] oder Heinrich Ströbel.[26] Wie wenig Interesse den eher vermittelnden Positionen und ihren Vertreterinnen und Vertretern lange gezollt wurde, lässt sich auch daran ablesen, dass die Dissertation des späteren »Chefhistorikers« des ZDF Guido Knopp über die sogenannte »Einigungsstelle« und ihre Arbeit[27] keinen Verleger

---

21 *Gerlinde Lorenz*, »Leitstern« Sozialismus. Die politische Biographie des Remscheider Arbeiterführers Otto Braß (1875–1950) und seines Sohnes Otto (1900–1972), Essen 2010.
22 *Ernst-Albert Seils*, Hugo Haase. Ein jüdischer Sozialdemokrat im deutschen Kaiserreich. Sein Kampf für Frieden und soziale Gerechtigkeit, Frankfurt a. M. 2016.
23 *Ingrid Fricke*, Franz Künstler (1888–1942). Eine politische Biographie, Berlin 2016.
24 *Ralf Hoffrogge*, Richard Müller. Der Mann hinter der Novemberrevolution, Berlin 2008.
25 *Holger Czitrich-Stahl*, Arthur Stadthagen. Anwalt der Armen und Rechtslehrer der Arbeiterbewegung. Biographische Annäherungen an einen beinahe vergessenen sozialdemokratischen Juristen, Frankfurt a. M. u. a. 2011.
26 *Lothar Wieland*, »Wieder wie 1914!«. Heinrich Ströbel (1869–1944). Biographie eines vergessenen Sozialdemokraten, Bremen 2009.
27 *Guido Knopp*, Einigungsdebatte und Einigungsaktion in SPD und USPD 1917–1920. Unter besonderer Berücksichtigung der »Zentralstelle für Einigung der Sozialdemokratie«, Diss., Würzburg 1975. Leider verliert der Autor in seinen gerade

fand, genauso wie eine Dissertation über Adolf Braun.[28] Über Eduard Bernstein wiederum ist viel publiziert worden, wenig jedoch über seine aktive Rolle im Rahmen der genannten Einigungsstelle.

In der sozialdemokratischen Geschichtsschreibung dominierte entsprechend lange eine Auffassung, die sich – mit Susanne Miller – so auf den Begriff bringen lässt: »Hat die USPD eine Alternative zur Politik der MSPD dargestellt? Das war während des Krieges zweifellos der Fall. Später jedoch kann davon kaum die Rede sein. Denn diese durch miteinander unvereinbare Strömungen zerrissene Partei hat es nicht vermocht, eine eigene Politik zu entwickeln.«[29] Ein Befund, der einer Überprüfung nicht standhält.

Das durch die Parteiinstanzen der SED präformierte Geschichtsbild der DDR lässt es an Schwarz-Weiß-Zeichnungen schon gar nicht fehlen – nur ein weiteres Beispiel:

»In den deutschen Linken dokumentierten sich die progressivsten Kräfte, die konzeptionellen Träger der parteigeschichtlichen Kontinuität. […] Es war ihnen jedoch vor 1914 nicht möglich, auf die Parteiführung und über diese auf die Mehrheit der Mitglieder der Partei bestimmenden und nachhaltigen Einfluß zu gewinnen. Daran hinderten sie vor allem der zunehmende Einfluß des Zentrismus, die auf Beherrschung der Partei abzielenden Machenschaften der Revisionisten und Reformisten […].«[30]

Zwischen Revisionisten und Reformisten wurde aber allenfalls ein taktischer Unterschied gesehen, beide Strömungen wurden letztlich

---

erschienenen Memoiren bei der Beschreibung seiner Doktorandenzeit weder darüber noch über die Motivation für die Beschäftigung mit dem Thema auch nur ein Wort; Ders., Meine Geschichte, München 2017, S. 31 f.

28 *Peter Fasel*, Doktor Adolf Braun (1862–1929). Grundriß zu einer politischen Biographie, Diss., Würzburg 1990.

29 *Susanne Miller*, Die USPD in der Revolution 1918, in: *Michael Salewski* (Hg.), Die Deutschen und die Revolution, Göttingen/Zürich 1984, S. 357.

30 *Annelies Laschitza*, Thesen zu einigen Forschungsergebnissen und -problemen über die Herausbildung der Krise der deutschen Sozialdemokratie (1910 bis 1914), in: BzG 23, 1981, H. 4, S. 539.

nur als »unterschiedliche Varianten des Rechtsopportunismus« aufgefasst.[31] In der Gründung der USPD wurde mit Blick auf die »Zentristen« nur der Versuch gesehen, »die ständig wachsende Opposition nicht dem Einfluß revolutionärer Kräfte, vor allem der Spartakusgruppe, preiszugeben.«[32]

Wir sind der Auffassung, dass es hingegen an der Zeit ist, zu einer »Rehabilitierung« all derjenigen Personen, Positionen und Strömungen zu gelangen, die – den skizzierten Deutungen entsprechend – bislang meist negativ konnotiert unter dem Begriff des »Zentrismus« gefasst wurden. Dies wird nicht möglich sein, ohne sich zugleich der schwierigen Frage zu nähern, ob ein derartiger Begriff überhaupt produktiv verwendet und inhaltlich gefüllt werden kann. Beachtliche Bedenken diesbezüglich wurden schon früh artikuliert. Mit Blick auf Karl Kautsky als zentrale Figur in diesem Zusammenhang formulierte etwa die leider jüngst verstorbene Helga Grebing: »›Zentrismus‹ im Sinne einer parteibeherrschenden Ideologie waren die von Kautsky um 1910 entwickelten strategischen Grundlinien nicht.« Aber, sie fügt erläuternd hinzu:

> »Was jedoch unter den sozialistischen Massen Identität stiftete, war keine Theorie, sondern eine ›sozialdemokratische Weltanschauung‹ mit der sinnfälligen Erfahrung dieser Massen, und diese Weltanschauung war nicht mehr, aber auch nicht weniger als eine auch das soziokulturelle Milieu und die Reaktionen der Umwelt auf dieses Milieu prägende Affirmation von plausiblen, weil die eigenen Erfahrungen aufhebenden Sentenzen und affektiv abgefederten Sätzen.«[33]

---

31 *Dieter Engelmann/Axel Wörner*, Rolle und Funktion des Zentrismus nach der Großen Sozialistischen Oktoberrevolution, in: ebd., H. 6, S. 827 f.
32 Ders., Zum 70. Gründungsjahr der USPD, in: BzG 29, 1987, H. 3, S. 325.
33 *Helga Grebing*, Abwehr gegen rechts und links. Zentrismus – ein aussagefähiger Begriff?, in: *Jürgen Rojahn* (Hg.), Marxismus und Demokratie. Karl Kautskys Bedeutung in der sozialistischen Arbeiterbewegung, Frankfurt a. M./New York 1992, S. 149.

Mit dieser nicht alleine *theoriebezogenen*, sondern zugleich sozial- wie alltagsstrukturell angelegten Einordnung ließe sich gegebenenfalls doch ein Set von Elementen definieren, das eine erfolgreiche sozialdemokratische Integrationsideologie ausmacht, die zumindest in Österreich auch über die Zeit nach 1918/19 hinaus wirksam blieb.

4 Sinn und Zweck eines biografischen Ansatzes zum Verständnis politischer Prozesse

Mit dem vorliegenden Band soll eine Perspektive eröffnet werden, die aus der geschilderten dichotomischen Sicht auf die Phase der Jahre 1916 bis 1922 und den mit ihr verbundenen Spaltungsprozess herausführt. Es wurde bewusst ein biografischer Ansatz für den Hauptteil der Beiträge gewählt, weil wir der Auffassung waren, dass sich vor allem auf diese Weise Differenzierungen und Nuancierungen leichter herausarbeiten lassen. Nach einer längeren Phase der kritischen Distanz der Forschung zu biografische Zugängen ist durchaus ein neuer Aufschwung der Biografieforschung zu verzeichnen.[34] Gewollt war zudem das Zusammenführen der Beiträge von Wissenschaftlerinnen und Wissenschaftler unterschiedlicher Generationskohorten. Die biografischen Beiträge werden zugleich durch regionalgeschichtliche und inhaltlich ausgerichtete Vergleichsstudien flankiert, wodurch sicherlich ein kompletteres Gesamtbild entstehen kann. So können wir jetzt eine beachtliche Zahl biografischer Annäherungen und Miszellen präsentieren, durch die ein breites politisches Spektrum abgedeckt wird. Dem einen oder der anderen werden mit Blick auf das Inhaltsverzeichnis bedeutende (um nicht zu sagen: eigentlich unverzichtbare) Persönlichkeiten fehlen. Um nur Beispiele zu nennen: Beiträge über Otto Braß, Rudolf Breitscheid, Max Cohen-Reuß, Oskar

---

34 Vgl. den Themenschwerpunkt »Biographische Ansätze zur Geschichte der Arbeiterbewegung im 20. Jahrhundert« in: Mitteilungsblatt des Instituts für soziale Bewegungen, Nr. 45/2011.

Cohn, Eduard David, Wilhelm Dittmann, Kurt Eisner, Curt Geyer, Gustav Hoch, Otto Jensen, Richard Müller, Gustav Noske, Toni Sender, Anna Siemsen, Max Sievers oder Alexander Stein wären höchst wünschenswert gewesen. Ausgesprochen lohnenswert erschiene zudem eine Auswertung der zeitgenössischen Debatten in der Parteipresse und insbesondere den Theorieorganen. Bis heute weitgehend unbeachtet blieb beispielsweise die von Rudolf Breitscheid im Jahr 1916 unter dem Titel »Sozialistische Auslandspolitik« gegründete und dann von 1918 bis 1922 unter dem Titel »Der Sozialist (Sozialistische Auslandspolitik)« herausgegebene Zeitschrift, die vor allem Beiträge des »zentristischen« Flügels der USPD enthielt.[35] Am Ende eines Diskussions- und Auswahlprozesses, der mit einem *Call for Papers* und einem im Februar 2017 in Berlin durchgeführten Kolloquium begann[36], haben wir uns für die hier präsentierte, wie wir meinen durchaus repräsentative Auswahl entschieden. Wir glauben, dass die hier versammelten Beiträge ein ausreichend differenziertes, neues Bild dieser Periode zu vermitteln vermögen.[37]

Wenn die Schwerpunktsetzungen in den einzelnen Beiträgen unterschiedlich ausgefallen sind, ist dies sowohl den Besonderheiten der jeweiligen Protagonisten, über die geschrieben wurde, wie den von den Autorinnen und Autoren gesetzten Schwerpunkten geschuldet. Die Herausgeber haben sich einer allzu strengen Vorgabe für erwartete Inhalte entsagt und nur auf folgende Gesichtspunkte vor

---

35 Der Sozialist (Sozialistische Auslandspolitik). Unabhängige sozialdemokratische Wochenschrift, hg. v. *Rudolf Breitscheid*, Berlin 1918–1922, Reprint Vaduz 1988. Neu und gut erforscht ist mittlerweile auch das breite Gesamtgeflecht der sozialdemokratischen Parteipresse dieser Periode; vgl. *Mike Meißner*, Der Verein Arbeiterpresse (1900–1933). Selbstverständnis, Autonomie und Ausbildung sozialdemokratischer Redakteure, Baden-Baden 2017.
36 Vgl. *Holger Czitrich-Stahl*, Alte Wunden, die langsam heilen könnten. Colloquium »Weltkrieg. Spaltung. Revolution – Sozialdemokratie 1916–1922« in Berlin, in: Arbeit. Bewegung. Geschichte 16, 2017, H. 2, S. 151 ff.
37 Eine ähnliche Veranstaltung fand wenige Monate später in Gotha statt. Vgl. *Uwe Sonnenberg*, 100 Jahre Gründung der USPD. Kolloquium in Gotha, in: ebd., H. 3, S. 146 ff.

der Erstellung der Beiträge hingewiesen, um eine gewisse Vergleichbarkeit der erwarteten »Produkte« zu gewährleisten:
- Wie positionierte sich die vorzustellende Person in der Frage des Krieges, und hatte sie eigene Vorstellungen mit Blick auf Friedenslösungen?
- In welchen Netzwerken bewegte sich der/die Protagonist/in und welche Rolle spielten diese?[38]
- Welche Auffassungen vertrat er/sie im Zusammenhang mit den Themen innerparteilicher Pluralismus von Meinungen und Wertvorstellungen beziehungsweise Parteieinheit und -disziplin?
- Gab es eigene Vorstellungen in den Debatten um Räte und/oder Parlamentarismus, Demokratie und/oder Diktatur des Proletariats?
- Welche Rolle spielte in diesem Zusammenhang das Thema der Gewalt?
- Lassen sich anhand der vorgestellten Person psychologische Prozesse der Veränderung im Gefolge dieser Konflikte feststellen und verallgemeinern?

Dass diese Fragestellungen in den Beiträgen des Bandes auf je unterschiedliche Weise behandelt beziehungsweise aufgegriffen wurden, hat – so hoffen wir – die Lesbarkeit des Bandes nicht beeinträchtigt.

---

38 An anderer Stelle wurde in einem Vortrag unter Rückgriff auf den methodischen Ansatz der Netzwerk-Theorie versucht, die Herausbildung kriegskritischer Milieus in den Jahren des Weltkriegs zu erfassen; vgl. *Stefan Bollinger*, Gegen den Krieg! Für den Sozialismus? Arbeiterbewegung und linke Intellektuelle gegen den Ersten Weltkrieg – aber für welche Alternative? Konferenz Helle Panke – Rosa Luxemburg-Stiftung Berlin e. V., 10.5.2016, in: Z 27, 2016, H. 107, S. 192 (mit Blick auf einen Vortrag von Marcel Bois). Welch wichtige Rolle Gesichtspunkte der persönlichen bzw. regionalen Herkunft spielen können, wurde schon früh auch an einer »Königsberger« Fallstudie zu Hugo Haase und Otto Braun deutlich; vgl. *Wilhelm Matull*, Hugo Haase und Otto Braun, in: Jahrbuch der Albertus-Universität zu Königsberg/Pr., Bd. XVI, Würzburg 1966, S. 171 ff.

5 Zur Aktualität des Rückblicks auf historische Ereignisse

Schaut man – bilanzierend – auf die wenigen Beiträge des Jahres 2017, die im Umfeld der beiden die historischen »Hauptströmungen« der Arbeiterbewegung repräsentierenden beziehungsweise fortführenden Parteien aus Anlass der Ereignisse vor 100 Jahren publiziert wurden, so fällt auf, dass sie (ungeachtet des beschriebenen fortgeschrittenen *wissenschaftlichen* Erkenntnisstandes) im Wesentlichen die bekannte Erzählung des großen Schismas und seiner Entstehungsgründe fortschreiben – mit der Zuweisung der »Schuldfrage« jeweils an die andere Seite. Exemplarisch soll dafür für die sozialdemokratische Seite zur Illustration als Ausgangspunkt ein (von seinen Nachfolgern vielfach aufgegriffener und variierter) Satz des damaligen Parteivorsitzenden Willy Brandt stehen, der in seiner Abschiedsrede 1989 emphatisch feststellte: »Trotz der Erfolge: auch die Sozialdemokraten hatten nicht immer Recht. Ich bin nicht töricht genug, dies zu bestreiten. Aber wir können ohne Selbstüberschätzung sagen: Nie war unsere Partei an der Seite derer, die Krieg anfingen und Knechtschaft über unser Volk brachten.«[39] Aber sind diese Einschätzungen so wirklich zutreffend? Bedeutete die Zustimmung zu den Kriegskrediten und die Politik des Burgfriedens nicht doch, eine Zeit lang an der Seite derer gestanden zu haben, »die Krieg anfingen«?[40] Und wie steht es mit der eigenen Verantwortung auch für gewaltsame Formen der Konfliktaustragung in den Nachkriegsjahren? Ist nicht das Mitwirken hoher mehrheitssozialdemokratischer Funktionäre bei der »Entsorgung« innerparteilicher Probleme durch die Entsendung missliebiger Konkurrenten an die Front auch eine Form *gewaltsamer* Lösung von Konflikten? Kann der zitierte überwiegend positive Blick auf die eigene Geschichte in dieser Periode mit Blick auf die Rolle

---

39 Abschiedsrede des Parteivorsitzenden Willy Brandt beim außerordentlichen Parteitag der SPD in der Bonner Beethovenhalle am 14.6.1987 [Mskrpt.], S. 2; https://www.willy-brandt.de/fileadmin/brandt/Downloads/Abschiedsrede_Willy_Brandt_Parteitag_1987.pdf [7.12.2017].
40 Nur am Rande sei hier darauf verwiesen, dass es durchaus kritischere Positionierungen Brandts mit Blick auf die Politik des 4. August 1914 gibt.

Gustav Noskes und anderer sozialdemokratischer Verantwortlicher bei den aufflackernden Kämpfen im Dezember 1918[41], bei der gewaltsamen Unterdrückung der Januarunruhen in Berlin 1919 und bei der Ermordung Liebknechts und Luxemburgs wirklich so pauschal aufrechterhalten werden? Dies wurde zeitgenössisch aus bürgerlich-konservativer Sicht durchaus kritisch beleuchtet:

> »Noch sitzen die Sozialdemokraten oben auf der Regierungsbank und sehen sich gezwungen, mit denselben ›Gewaltmitteln‹ den jetzigen Umsturz von links (aus der Haase-Cohn-Rosenfeld-Ecke her) zu bekämpfen, die sie früher stets als das verbrecherische Rüstzeug des Junker- und Klassenstaats gebrandmarkt haben.«[42]

Eine gerade erschienene Studie hat den Verlauf dieser Jahre und den Übergang zu parlamentarisch-demokratischen Verhältnissen in den ersten Jahren der Weimarer Republik unter dem Gesichtspunkt der Gewaltpolitik neu untersucht und kommt trotz gelegentlich zu stark vereinfachender Zuschreibungen zu einem doch ähnlich lautenden Befund (auch was die Verantwortung von sozialdemokratischen Akteuren angeht):

> »Männer wie Noske oder Heine konnten den Gedanken nicht ertragen, dass zwischen ihnen und ihren Gegnern irgendwelche Gemeinsamkeiten in Bezug auf politische Ziele oder Maßstäbe bestanden. Sie warfen allen, die sich ihnen entgegenstellten, vor, Deutschland in den Abgrund stürzen zu wollen […].«[43]

---

41 Vgl. das Kapitel »Sieg der Konterrevolution – Scheitern von Reformen« bei Ernst-Albert Seils, Weltmachtstreben und Kampf für den Frieden. Der deutsche Reichstag im Ersten Weltkrieg, Frankfurt a. M. 2011, S. 727 ff.; zur Rolle Noskes bis heute das Standardwerk: Wolfram Wette, Gustav Noske. Eine politische Biographie, Düsseldorf 1987.
42 »A« [d. i. Adolf Stein], Friedrich der Vorläufige, die Zietz und die Anderen. Die Weimarer Nationalversammlung, Februar–August 1919, Berlin 1919, S. 91 f.
43 Mark Jones, Am Anfang war Gewalt. Die deutsche Revolution und der Beginn der Weimarer Republik, Berlin 2017, S. 290.

Dies führt den Autor zu der Schlussforderung: »Die wirklichen Gründungspfeiler der Republik waren Gewalt und negative Mythen über die im Magma der Revolution rumorenden Gefahren.«[44] Und weiter:

> »Die von Regierungstruppen und Freikorps begangenen Gewaltexzesse waren Teil des Gründungsaktes der Weimarer Republik [...]. Dass die Regierung militärische Gewalt als Kommunikationsmittel einsetzte, bietet eine Erklärung dafür, dass die staatlich legitimierte Gewalt im Verhältnis sehr viel mehr Menschenleben kostete als die Gewalttaten der Regierungsgegner von der äußersten Linken.«[45]

Betrachtet man umgekehrt diese Jahre aus dem Blickwinkel der Verantwortlichkeit der »weiter links« stehenden Gruppen und Parteien, wird man – auch aufseiten der heutigen Partei Die Linke – unweigerlich die Frage zu beantworten haben, welche Rolle die schon frühen putschistischen Aktivitäten von linker USPD und KPD spätestens ab 1919 für diese sich immer schneller drehende Gewaltspirale spielten. Davon liest man durchaus bei kritischen Historikern im Umfeld der Partei, wenig aber in offiziellen Verlautbarungen. Neben der verständlichen positiven Bezugnahme auf die Namensgeberin der eigenen Stiftung wäre ebenso eine unvoreingenommen-kritische Beleuchtung von zumindest zwei durchaus kritisch zu hinterfragenden Aspekten des Wirkens Rosa Luxemburgs angebracht: zum einen ihrem gelegentlich allzu blinden Vertrauen in die »Vernunft« der Aktivität der »Massen«, auf deren ungehemmte Entfaltung sie immer ungeduldiger setzte; zum anderen dem gelegentlich auch in der Wortwahl abstoßenden Umgang mit politischen Konkurrenten oder Gegnern, mit denen sie zum Teil bis wenige Jahre zuvor noch gemeinsame politische Aktivitäten oder gar Freundschaften pflegte. Die Abkanzelung aller Vertreter reformistischer Strömungen als bloße »Opportunisten« beziehungsweise der Führungsfiguren des

---

44 Ebd., S. 291.
45 Ebd., S. 336.

sogenannten »marxistischen Zentrums« als »Führer des Sumpfes«[46] spricht nicht gerade für vorausschauende Klugheit auf dem Felde politischer Bündnisfähigkeit. Eine weitere »Kostprobe« dieser intransigenten, letztlich politisch perspektivlosen (um nicht zu sagen: zerstörerischen) Haltung:

»Die Liquidierung des ›Haufens organisierter Verwesung‹, der sich heute deutsche Sozialdemokratie nennt, ist nicht als Privatangelegenheit in den Entschluß einzelner oder vereinzelter Gruppen gegeben. Sie wird sich als unvermeidlicher Nachtrag dem Weltkriege anschließen [...].«[47]

In ähnlicher Weise hätte sich Die Linke auch kritisch mit ihrem »leninistischen Erbe« auseinanderzusetzen. Man darf gespannt sein, ob für breitere Kreise das Geltung beanspruchen wird, was einer ihrer theoretischen Köpfe, Michael Brie, als zugleich unausschlagbar wie unannehmbar bezeichnet: »Der Leninismus als geistig-politisches System darf keine Zukunft in der emanzipatorischen Linken haben.«[48] Diese bemerkenswerte Absage bezieht sich auf die von Lenin schon früh durchgesetzte Einschränkung der Pressefreiheit, die Auflösung der Konstituierenden Nationalversammlung in St. Petersburg und den Abbau des demokratischen Charakters der Räte (Sowjets) sowie der innerparteilichen Demokratie durch Erlass des Fraktionsverbots. Zusammengefasst in den Worten Bries:

»Und tatsächlich haben die Bolschewiki nach dem Sieg im Bürgerkrieg genau diese Unterdrückung von Freiheit und Demokratie

---

46 *Rosa Luxemburg*, Offene Briefe an Gesinnungsfreunde [6.1.1917], in: *Dies.*, Gesammelte Werke, Bd. 4, Berlin 1974, S. 234.
47 Ebd., S. 236; zur Kritik vgl. jetzt auch *Uli Schöler*, Rosa Luxemburg – zwischen Linksradikalismus, Kommunismus und Sozialdemokratie, in: NG/FH 64, 2017, H. 11, S. 76 ff.
48 *Michael Brie*, Unausschlagbar, unannehmbar. 100 Jahre nach der Oktoberrevolution – die Linke und das Erbe Lenins, in: Neues Deutschland, 31.12.2016/1.1.2017, S. 20.

gegenüber den Arbeiterinnen und Arbeitern, den Bäuerinnen und Bauern, ganz zu schweigen von der Intelligenz und bürgerlichen Kreisen, systematisiert und vollendet.«[49]

Wenn also vorliegender Band einen Anstoß, eine Anregung zu einem Neunachdenken in der wissenschaftlichen wie politischen Sphäre geben könnte, dann hätte es genau in dieser Hinsicht zu erfolgen: neben der Kritik an der jeweils anderen Position auch die eigene Parteitradition einer kritisch-selbstkritischen Sichtung zu unterziehen und den Dialog darüber zu beginnen. Erstaunlicherweise kommt eine ehemalige Spitzenpolitikerin der Partei Bündnis '90/Die Grünen in einem Zeitungsartikel mit Blick auf die Ereignisse vor 100 Jahren zu einem ähnlichen Befund:

> »Wenn die Sozialdemokraten und die politische Linke in Europa ihre aktuelle Krise und ihre Schwächephase überwinden wollen, müssen sie zwei Bedingungen erfüllen: Sie müssen ihre Angst vor den permanenten medialen Folterwerkzeugen ihrer politischen Gegner besiegen – und sie müssen endlich ihre eigene ewige Spaltungsgeschichte beenden.«[50]

Ob die Angesprochenen die Botschaft hören?

---

49 Ebd.
50 *Antje Vollmer*, Die Spaltung, in: Berliner Zeitung, Nr. 246, 21./22.10.2017, S. 6. Wir weisen nur am Rande auf den bemerkenswerten Aspekt hin, dass sie in ihrem Text auch von den Auswirkungen dieses Schismas auf ihre eigene Partei, Die Grünen, spricht.

Dank

Die Entwicklung und Drucklegung dieses Bandes wäre ohne die tatkräftige Unterstützung und finanzielle Förderung durch die Friedrich-Ebert-Stiftung nicht möglich gewesen. Wir danken insbesondere Anja Kruke vom Archiv der sozialen Demokratie für die umsichtige und wohlwollende Begleitung des Projekts, Oliver Schael für die Unterstützung bei der Planung und Durchführung des Berliner Colloquiums sowie Peter Beule für das fundierte und präzise Lektorat.

Der Weg in die Spaltung

Jens Ebert

Die Reflexion sozialdemokratischer Politik und des Kriegsthemas in Feldpostbriefen während des Ersten Weltkrieges

Im Ersten Weltkrieg wurden in Deutschland fast 29 Milliarden Postsendungen zwischen Front und Heimat verschickt. Nie zuvor hatte der Briefverkehr solche Dimensionen erreicht. Nur noch einmal wurden sie später überboten: Im Zweiten Weltkrieg. Der größere Teil der Feldpost ging in beiden Kriegen aus der Heimat an die Front. Erhalten und überliefert sind jedoch mehrheitlich Briefe von der Front in die Heimat.

Meine Ausführungen und Interpretationen beziehen sich auf mehrere Hundert Feldpostbriefe aus verschiedenen sozialdemokratischen Milieus, die zwischen 1914 und 1918 verfasst wurden und heute in verschiedenen Archiven zugänglich sind oder bereits zum Teil publiziert wurden.[1] Auf dieser Basis können zwar keine allge-

---

[1] Museum Für Kommunikation Berlin, Bibliothek für Zeitgeschichte, Bundesarchiv Berlin, Staatsarchiv Bremen. *Jens Ebert*, Zwischen Augusterlebnis und Novemberrevolution. Briefe aus dem Weltkrieg 1914–1918, Göttingen 2014; *Wilhelm Eidermann*, Jugend im Ersten Weltkrieg, Berlin 1972; *Gerhard Engel*, Rote in Feldgrau, Berlin

meingültigen Befunde erhoben werden, es zeichnen sich allerdings deutlich einige Tendenzen ab. Da noch viel Material zum Themenkreis in Archiven (und in Privatbesitz) auf seine Aufarbeitung wartet, wäre es sinnvoll, hier weiter zu forschen.

Die in nachweisbar authentischen Feldpostbriefen erzählten Kriegserfahrungen sind nicht selten deutlich anders, als sie zeitgenössisch und auch später medial vermittelt wurden. So findet sich die oft beschworene Kriegsbegeisterung von 1914, das »Augusterlebnis«, in den Archivbeständen kaum wieder. Was für den Beginn des Krieges gilt, ist auch für dessen Ende festzustellen: Den Geist der Novemberrevolution, wie er sich im Kieler Matrosenaufstand, zahlreichen Massendemonstrationen und sogar bewaffneten Kämpfen äußerte, sucht man in den Briefen meist vergeblich.

Bei der Frage nach der Repräsentativität der Texte muss eine Einschränkung stets mitbedacht werden: Deutschland war erst im Jahr 1910 vollständig alphabetisiert. Die realen Kompetenzen beim Lesen und Schreiben dürften aber bei vielen Deutschen noch äußerst rudimentär gewesen sein, sodass von ihnen keine inhaltsreichen Texte überliefert sind.

Der Kriegsbeginn 1914 stellte einen Zivilisationsbruch dar. Seit der Reichseinigung von 1871 hatte es eine Friedensperiode von mehr als 40 Jahren gegeben. Der Deutsch-Französische Krieg 1870/71 war größtenteils ein vorindustrieller gewesen und nur noch in romantisierter Erinnerung präsent. Für die sozialdemokratischen Arbeiter war 1914 zudem ein Traditionsbruch. Die SPD hatte sich stets als Antikriegspartei gesehen. Mehr noch, sie empfand sich als Bewegung gegen die bürgerlich-kapitalistische Ordnung, die als Ursache der Kriege galt. Noch im Juli 1914 hatte die SPD erfolgreich Massendemonstrationen gegen den Krieg organisiert. Dann erfolgte mit der Bewilligung der Kriegskredite der Sündenfall. So sieht es zumindest Fritz Rück, der am 2. Dezember 1914 schreibt: »Die vier Monate Krieg

---

2007; Doris *Kachulle*, Die Pöhlands im Krieg, Köln 1982; Karl *Liebknecht*, Lebt wohl, Ihr lieben Kerlchen!, Berlin 1992; Michael *Stöcker*, »Augusterlebnis« 1914 in Darmstadt. Legende und Wirklichkeit, Darmstadt 1994.

haben es noch nicht fertig gebracht, die sozialdemokratische Reichstagsfraktion von der Kurzsichtigkeit ihrer feigen, grundsatzlosen Stellungnahme zu überzeugen. Es ist zum Verzweifeln, wenn man sich überlegt, dass diese Kerle, die uns jahrzehntelang Grundsätze gepredigt haben, nun in dem Augenblick, da es gilt, solche zu zeigen, vollständig versagen.«[2] Es ist diese neue, verschärfte Situation, die auch Max Barthel ein bitteres Fazit ziehen lässt: »Die größte Friedenspartei der Welt steht mit in den Schoß gelegten Händen da und unterlässt es, ihre Aufgabe zu erfüllen, ja, im Gegenteil, sie leiht ihren Namen, ihre ganze Kraft einer Gesellschaft, von der sie seither stets als das größte Erbübel angesehen wurde.«[3]

Auch schon früher hatte es an der Basis deutliche Kritik an Entscheidungen und Positionen des Parteivorstandes gegeben. Doch mit Kriegsbeginn waren diese Entscheidungen direkt für das eigene Schicksal, das eigene Leben verantwortlich. Und das nicht nur im Schützengraben an der Front. Auch in der Heimat wurden die Lebenssituationen im Verlaufe des Krieges zunehmend prekär. Nach neuesten Schätzungen soll es im Ersten Weltkrieg bis zu 800.000 kriegsbedingte Tote in der Heimat durch Hunger und schlechte (medizinische) Versorgung, einschließlich der Spanischen Grippe 1918 gegeben haben.[4] (Dies wären sogar mehr Todesopfer als bei den Bombenangriffen im Zweiten Weltkrieg.)

Die SPD galt ab August 1914 vielen ihrer Mitglieder als Teil der bürgerlich-kapitalistischen Ordnung. Dies hatte negative Auswirkungen auf das Selbstverständnis und vor allem auf das Selbstbewusstsein der Arbeiter:

---

2   *Engel*, Rote in Feldgrau, S. 87.
3   *Engel*, Rote in Feldgrau, S. 104.
4   *Alan Kramer*, Blockade and economic warfare, in: The Cambridge History of the First World War, Bd. 2, hg. v. *Jay Winter*, Cambridge 2014, S. 461; *Gunnar Take*, Heimatfront im Visier der Wissenschaft. Wirtschaftsexperten, Kriegsalltag und die Totalisierung des 1. Weltkrieges, in: *Christian Stachelbeck* (Hg.), Materialschlachten 1916. Ereignis, Bedeutung, Erinnerung, Paderborn 2017, S. 369.

»Die Stimmung unter den Arbeitern im Heere kenne ich nun auch, jetzt sehe ich vollends, welcher schwere Verlust für uns die Aufgabe unserer konsequenten Haltung in Partei und Presse ist. Alles ist in einer dumpf-verzweifelten Stimmung über die lange Dauer des Krieges […]. Und nach der Presse müssen sie glauben, dass […] in der Heimat niemand den baldigen Friedensschluss wünscht und dafür arbeitet und auch nicht die Arbeiterpresse. Sie verlieren alles Interesse an allem, an der Sache. […] Nun ist die Mehrzahl ohne Halt.«[5]

Diese Verunsicherung zeigt sich auf vielen thematischen Ebenen. Die Schreiber wünschen sich zurück in die »Die Welt von gestern«, wie Stefan Zweig die Zeit vor 1914 nannte. Sie verlieren ihre Zukunftsperspektiven.

In seinem Band »Rote in Feldgrau« versammelt Gerhard Engel Briefe linkssozialdemokratischer Frontsoldaten. Aus diesem Umfeld gibt es noch weitere bislang nicht publizierte Briefe im Bundesarchiv. Diese Briefe zeigen, wie sehr bei sozialdemokratisch sozialisierten Arbeitern die Politik Teil ihres Lebens geworden war. Ihre Feldpost war eine Fortführung der Debatten auf den Parteiversammlungen der Vorkriegszeit. Die Konvolute konzentrieren sich interessanterweise auf zwei geografische Zentren: Stuttgart und Bremen. Sozialdemokraten bildeten im Krieg mithilfe der Feldpost Netzwerke, die in ihrer polyzentralen basisdemokratischen Form in jener Zeit einzigartig sind. Zwar gab es Ähnliches in Kirchenkreisen. Doch diese Netze waren hierarchisch, weil sie stets auf den Pfarrer oder Priester ausgerichtet waren und von ihm organisiert wurden. Allerdings gab es auch in der SPD Netzwerke, die auf nur eine Führerperson ausgerichtet sind, wie die vielen Briefe an Karl Liebknecht beweisen. Netzwerke adliger Familien, die im Militär traditionell tief verwurzelt waren, sind oftmals deutlich unpolitischer.

Dass die SPD-Mitglieder ihre Kritik an der Parteiführung so fundiert und substanziell zu äußern in der Lage waren, war ein Resultat der traditionsreichen sozialdemokratischen Bewegung selbst und

---

5 *Engel*, Rote in Feldgrau, S. 89.

eine weitere Besonderheit dieser Feldpost: Diese Schreiber waren gebildet. Sie verfügten über gediegenes gesellschaftspolitisches Wissen. Dieses stammte natürlich nicht aus der kaiserlichen Schule, sondern war eine Leistung der zum Teil marxistisch geprägten Arbeiterbildungsvereine. Die Briefe dieser »Roten in Feldgrau« bilden mit ihrem intellektuellen Niveau historisch damit geradezu einen Gegenpol zu denen aus dem wohl bekanntesten Band mit Feldpost aus dem Ersten Weltkrieg, der konservativ-apologetischen Anthologie »Kriegsbriefen gefallener Studenten«. Bedeutung und Verbreitung der »Kriegsbriefe gefallener Studenten« leitete sich zum Teil eben aus der Bildung und den Schreibkünsten der Verfasser her. Ein Grund für die nur seltene Kritik an den politischen Verhältnissen in Deutschland bei anderen sozialen Gruppen von Soldaten, zum Beispiel kleinbürgerlichen, mag der Tatsache geschuldet sein, dass sie anders als die Sozialdemokraten über weniger gesellschaftliche Bildung verfügten und dementsprechend über weniger Fähigkeiten, Kritik zu formulieren.

Neben der Religion war auch »Vaterlandsliebe« in jener Zeit »Opium« für die Volksmassen. Ein tagespolitisch aufgeheizter Patriotismus machte kurzzeitig die katastrophalen Auswirkungen des Kriegsausbruchs auf das Leben jedes Einzelnen vergessen und überdeckte die Ängste und Befürchtungen. Über Kriegsursachen wurde von der Masse der Soldaten kaum nachgedacht, vor allem nicht schriftlich in den Feldpostbriefen.

Die sozialdemokratischen Arbeiter, viele in der Tradition der Internationale stehend, wussten und artikulierten, dass der Soldat im gegnerischen Schützengraben nicht ihr Feind war, sondern eher der Bruder oder Nachbar. Max Barthel betonte am 11. November 1914, »dass die deutsche Sozialdemokratie nicht überall patriotisch verseucht ist, […] dass auch wir den Willen zur Tat haben«.[6] Nur wenige Soldaten allerdings gingen so weit wie Robert Pöhland, der die Wörter Feind oder feindlich in der Regel in Anführungszeichen setzte. Ihr historisches und gesellschaftspolitisches Wissen machte

---

6 Ebd., S. 83.

die SPD-Mitglieder teilweise immun gegen die nationalistische, chauvinistische und rassistische Propaganda.

»Lege Dir eine ›Kriegszeitung‹ zum Studium bei. Diese erhalten wir jede Woche gratis. Ich schicke sie wegen eines chauvinistischen Artikels gegen England, betitelt: ›Shakespeares Urteil über Briten u. Franzosen‹. Dieser Artikel mag ja ganz zutreffend sein, aber paßt diese Kennzeichnung der Heuchelei, Profitgier, Herrschsucht, Scheinheiligkeit und wie diese guten Tugenden der herrschenden kapitalistischen Gesellschaft alle lauten mögen nicht ganz genau auf die liebe deutsche Kapitalistenklasse und ihrer herrschenden Organe zu?«[7]

Kultur und Literatur waren stets integraler Bestandteil sozialdemokratischer Feldpostbriefe. Wenige Schreiber nur waren damals in der Lage, in ihren Briefen eine Sprache zu finden, die das enge emotionale Verhältnis zu den Daheimgebliebenen adäquat weiterführen konnte. Der Briefwechsel von Robert Pöhland mit seiner Frau Anna und den Kindern Robert und Klara ist ein seltenes Beispiel für eine intensive und gefühlvolle Korrespondenz in jener Zeit.[8] Sowohl das Familienleben als auch die politischen Anschauungen wurden intensiv behandelt. Robert Pöhland ließ in den Briefen tiefe Einblicke in seinen Gemütszustand und sein Seelenleben zu. Das Ehepaar Pöhland gehörte auch zu den vehementesten Kritikern des Krieges – und des SPD-Parteivorstands.

»Die angekündigte Rede Henkes im Casino durfte doch auch nicht gehalten werden; wie käme das entrechtete Volk auch dazu seinem Friedenswillen Ausdruck zu verleihen. Das hat nur Opfer über Opfer zu bringen, aber niemals darf es sich einfallen lassen, auch

---

7 Robert Pöhland an seine Frau, Belgien, 20.4.1916, Stiftung Sozialgeschichte des 20. Jahrhunderts, Universität Bremen.
8 Über die Publikation von Doris Kachulle hinaus, werden in der Bremer Stiftung für Sozialgeschichte seit ca. fünf Jahren weitere unveröffentlichte Briefe aufbewahrt, die ediert werden sollten.

ein Wörtchen mitzureden. Wielang dieser Mord zu währen hat, bestimmen die Krupps, Heidebrands und Konsorten: ›Krieg bis zum entgültigen [sic] Sieg‹ ist die Parole und weiter giebt es nichts. Wenn nur aus dieser Parole nicht die wird: ›Krieg bis zur entgültigen [sic] Erschöpfung und Niederlage der Centralmächte‹. Ich bin sehr stark geneigt, das Letztere eher zu glauben, als das Erstere. Aber die gesunde Vernunft spielt in diesem Kriege keine Rolle, deshalb nur mutig weiter zum völligen Ruin. Wären wir nur nichts stets die, die alles auszukosten haben, so könnte man sagen: ›nur so weiter, aber wir haben doch stets die Suppe auszulöffeln, die diese wahnsinnige Gesellschaft einbrockt.‹«[9]

Von Pöhland stammen auch Beschreibungen der Verwüstungen und des Elends, wie man sie so eindringlich formuliert selten findet:

»Aber wie es jetzt aussieht, ist nicht zu beschreiben. Als hätte ein fürchterliches Erdbeben alles zerstört. Sogar die schönen Obstbäume sind fast alle zerschossen. […] Man könnte da immer, wenn man so etwas sieht, mit Göthe im ›Faust‹ ausrufen: ›der ganze Jammer packt mich an.‹ – Zumal gestern abend packte mich der Jammer furchtbar an. Es war noch ziemlich hell als wir an der Yser entlang gingen und konnten die Verwüstung besser sehen, als in der ersten Nacht. Da müssen an beiden Ufern schöne Häuser gestanden haben. Jetzt ist auch nicht ein einziges mehr erhalten. Nur noch ein Trümmerhaufen. Ja, ja es gibt auch hier ›Ostpreußen‹. Denn schlimmer kann es dort auf keinen Fall aussehen. Gestern arbeitete ich mit einem Infanteristen zusammen, der erzählte mir von den Sturmangriffen, die er bei Ypern mitmachen mußte. – Ich darf und will auch garnichts davon wiedergeben, denn sonst stehen Euch die Haare zu Berge.«[10]

---

9   *Ebert*, Zwischen Augusterlebnis und Novemberrevolution, S. 167.
10 Ebd., S. 142.

Wie sehr der Krieg auch in der Heimat seine Opfer fand, beschrieb Helene Kaisen in Briefen an ihren Mann Wilhelm. Sie war in der Bremer Fürsorge tätig, wo sich allmählich innerhalb der sozialdemokratischen Bewegung Gräben auftaten:

»Schon bei der praktischen kommunalen Tätigkeit stellt sich der große Kontrast, der jetzt zwischen Gewerkschaften und Partei kraß in die Erscheinung getreten ist, heraus. Das Kartell wollte die Mitarbeit an der Volksspeisung auf jeden Fall und wir wollten uns auch Rechte ausbedingen, die es uns ermöglichen, auch Einfluß auf die weitere Ausgestaltung dieser Einrichtung zu haben. Aus diesem Grunde lehnte das Kartell jegliche Auseinandersetzung mit der Partei ab. Das Resultat ist nun, das Kartell arbeitet mit und die Partei hat die Mitarbeit abgelehnt.«[11]

Die soziale Not wurde bei der Familie Pöhland immer größer und damit die Ablehnung von Krieg und Parteiführung. Während Robert Pöhland vom »Vaterland« gezwungen wurde, auf den Schlachtfeldern sein Leben zu riskieren, konnte die Gesundheit seiner Familie in der Heimat von eben diesem nicht garantiert werden. Anna Pöhland musste nach Schwächeanfällen zeitweise ins Sanatorium und ihre Tochter lag – mangelversorgt – im Krankenhaus. Beides Resultate der katastrophalen Versorgungslage.

»Du meinst, wir sollten Ausflüge machen. Denke nur daran, daß man dann feste Schuhe haben muß und Geld geht doch alles für Lebensmittel drauf. Eier kosten 3 Mark das Dutzend, Unterstützung giebts nicht mehr wie sonst. Fleisch ist so teuer! Wann kommt nur eine andere Zeit? Konnte im Kinderkrankenhaus nicht einmal geröntgt werden oder der Spezialarzt hinzugezogen werden? Was wird mit einem Kinde der Besitzenden alles gemacht?«[12]

---

11 Helene Kaisen, Brief vom 6. Juli 1916, Staatsarchiv Bremen, 7,97/2.
12 *Kachulle*, Die Pöhlands, 22.5.1916, S. 113.

Der Briefwechsel des Ehepaars Kaisen[13] dokumentiert ein weitverbreitetes Problem jener Zeit: Nicht nur mit der Versorgung der Familie und der Arbeit in den Fabriken wurden die Frauen überfordert. Gerade im Krieg galt es, die sozialen Interessen der Arbeiter und Angestellten zu verteidigen. Helene Kaisen berichtete von der aufreibenden Arbeit, vom politischen Kampf, den die Genossinnen nun allein ausfechten müssen. Sie war so in die vielfältigsten Aktivitäten eingespannt, dass sogar ihre Beziehung zu ihrem Mann beschädigt zu werden drohte. Nicht nur an der Front, sondern auch in der Heimat gab es neue Lebenswirklichkeiten, die dem Partner/der Partnerin nur schwer zu vermitteln waren.

>»Die Kräfte für die Parteiarbeit werden immer geringer und die Parteitätigkeit selbst lebendiger. Denn ein sehr wichtiges Moment, der Parteistreit, der hier am Ort besonders heftig entbrannt ist und alle Leidenschaften auslöst. Nun stelle Dir vor Tag für Tag hat man sich in Sitzungen oder Versammlungen herumzuschlagen, die sich mit wichtigen oder minder wichtigen Umständen, die mit dem Parteistreit verknüpft und aus allen Tiefen hervorgeholt sind, beschäftigen.«[14]

Viele Arbeiten der historischen Feldpostforschung legen nahe, dass Kritik und Opposition eher Schreibanlässe für Briefe sind beziehungsweise sich vehementer äußern als Einverständnis oder Duldung. Das erklärt, warum die Verfasser der hier betrachteten Briefe aus sozialdemokratischen Milieus in der Regel Kritiker des Parteivorstandes sind. Viele von ihnen verließen wegen der Politik der Parteiführung später die SPD und fanden in USPD und KPD eine neue politische Heimat.

Mitte 1916 nahm der Streit zwischen den Strömungen innerhalb der SPD zu. Die kommende Spaltung war bereits mit Händen zu greifen, als Helene Kaisen schrieb: »Du kannst Dir denken, daß es

---

13 Dieser ist leider bis heute nicht bearbeitet und ediert.
14 Helene Kaisen, Brief vom 30.1.1916, Staatsarchiv Bremen, 7,97/2.

heute eine Kleinigkeit ist, Gemüter in Aufruhr zu bringen. Ein Zwischenruf in einer Versammlung wirkt gleich einem zündenden Blitz.«[15] Im Zusammenhang mit Feldpost ist stets zu fragen, ob bestimmte Themen und Probleme nicht aus Gründen der Zensur oder Selbstzensur unterdrückt wurden. Da es in Deutschland bis 1916 keine oder nur eine ungeregelte Postzensur gab und die Zensur auch nur die Post von der Front in die Heimat betraf, aber nicht umgekehrt, ist die Angst vor ihr nicht allzu hoch zu veranschlagen. Bedeutsamer ist sicher die Selbstzensur. Nicht alles wird offen ausgesprochen. Ähnlich, wie die Soldaten ihre Familien nicht beunruhigen wollten, wollten diese das ihrerseits nicht tun.

Durch die linke Bremer Bürgerzeitung wurde Robert Pöhland recht gut auch an der Front informiert, als es um die Flügelkämpfe innerhalb der SPD ging:

»Wenn ich nicht irre, habe ich Dir schon vor einiger Zeit geschrieben, daß es mit der Absetzung Roses nicht so leicht gehen würde. Du sollst sehen, daß ich Recht behalte. Denn wenn erst einer von Berlin kommt, sicher wird Ebert selbst kommen, dann wird die Sache so geschoben und gedreht, daß Rose den Sieg davon trägt. Jetzt muß doch alles für die Menschenschlächterei geopfert werden. Wenn dieser Troddel von Rose das nicht ganz genau wüßte, würde er sich solche Sachen auch nicht erlaubt haben. Nun, es wird die Zeit aber doch noch kommen, wo er den verdienten Lohn erhält. Er soll sich nicht einbilden, daß die Leser der Bürgerzeitung ›im Felde‹ mit seiner schoflen Handlungsweise einverstanden sind.«[16]

Gerade bei den politisch aktiven SPD-Mitgliedern verband sich durch die Feldpost das kritische Potenzial der Heimat mit dem der Front. Es gab einen regen Gedankenaustausch. Immer wieder klagten politisch interessierte Soldaten, dass sie an der Front zu wenig Informationen über das Gesamtgeschehen bekämen, nicht wußten, was in

---

15 *Kachulle*, Die Pöhlands, 11.7.1916, S. 127.
16 Robert Pöhland an seine Frau, Belgien, 20.4.1916.

der Heimat vor sich ging. Oftmals hatten sie nicht einmal eine Vorstellung davon, in welchem Frontabschnitt sie sich befanden. Einzige Informationsquelle waren Zeitungen, die an die Front geschickt werden. Viele Äußerungen der Grabensoldaten waren daher rasch nicht mehr zeitgemäß. Die revolutionären Novemberereignisse hatten bereits begonnen, da schrieb zum Beispiel Unteroffizier Kaisen an seine Frau:

> »Der ›Untergang mit Ehren‹ den die Leiter der deutschen Kriegspolitik als das Ergebnis bei einer Niederlage sehen, kann trübe genug ausfallen. Aus diesem Grunde wird die Frage des Waffenstillstands wohl nicht so schnell gelöst sein. Aber was wird bei einer Ablehnung heraus kommen? Totsicher die Revolution. Das Volk will nicht mehr Opfer für diesen Krieg bringen. Ein schweres Erbe hat die Partei übernommen. Sie steht und fällt mit diesem Frieden. Kommt es zum Abschluß, so hat sie gesiegt. Im anderen Falle, wenn sie mit weiter Krieg führen muß, hat sie verspielt und ist zum Bürgertum übergetreten.«[17]

Aber mit den Mehrheitssozialisten wurden Ende 1918 in der Bevölkerung auch Hoffnungen verbunden.

> »Nachdem der Karren sehr sehr tief im Dreck steckt, werden jetzt die Sozialdemokraten davor gespannt, um ihn wieder heraus zu ziehen. Und diese scheinen jetzt Herr der Lage zu sein, denn schon wieder sitzt der Kanzler sehr lose, nachdem die Linke dahinter gekommen ist, mit wem sie es zu tun hat.«[18]

Es ist auffällig, wie gleichberechtigt Frauen in den Korrespondenzen der SPD-Mitglieder sind und wie offen und fundiert sie über Missstände schreiben. Anna Pöhland und Helene Kaisen sind zwei Beispiele für den sich in jener Zeit neu herausbildenden Frauentypus.

---

17 Wilhelm Kaisen, Brief vom 7.11.1918, Staatsarchiv Bremen, 7,97/2.
18 *Ebert*, Zwischen Augusterlebnis und Novemberrevolution, S. 291.

Beide kannten sich, wie aus einem Brief Kaisens vom 17. November 1916 hervorgeht. Sie hatten durch ihre politische Betätigung vielfältige Beziehungen, die über den Familienkreis hinausgehen. Als aktive Sozialdemokratinnen sind sie in sozialen Netzwerken mit Gleichgesinnten verbunden, wenn auch nicht selten im politischen Streit. Hier gibt es einen deutlichen Unterschied zu anderen sozialen Klassen und Schichten, in denen die Frauen meist deutlich weniger gleichberechtigt sind und thematisch auf Haus und Familie in den Briefen beschränkt bleiben. Befördert durch die revolutionären Ereignisse löste dann die SPD als Regierungspartei auch eine alte Forderung ein: Am 30. November 1918 trat das Frauenwahlrecht in Kraft.

Robert Pöhland fiel im Oktober 1916. Der Brief an seinen Sohn vom 20. April 1916 war sein Vermächtnis:

»Fahre nur so fort, mein teurer Sohn, und Du wirst mein Glück und mein Stolz bleiben, so lange ich lebe. Und sollte dieses Leben nur noch von kurzer Dauer sein, dann bin ich gewiß, daß Du meinem Namen keine Schande bereitest, sondern den Befreiungskampf der geknechteten Menschheit, dem ich mein Leben geweiht, mutig weiterführen wirst. Manche Enttäuschung wirst Du erleben müssen, laß Dich aber nicht dadurch beirren, sondern verfolge nur das eine bestimmte Ziel, mitzuhelfen, um die Menschheit zu befreien aus der körperlichen und geistigen Sklaverei. Denn wie wäre dieser Krieg möglich, wenn wir nicht alle Sklaven der kapitalistischen Gesellschaft wären? Die sprühende jugendliche Begeisterung, die aus Deinen Worten spricht, besaß auch ich in meiner Jugend. Glaube mir, mich riß sie manchmal so mit sich fort, daß ich in mir eine unüberwindbare Kraft erblickte, die vor nichts zurückzuschrecken gewillt war. Schon als 15jähriger kletterte ich auf ein Schuppendach, um den herrlichen Worten des alten Liebknecht lauschen zu können, und mit welch köstlichen Gefühlen denke ich an die Stunden, die mir durch begeisternde Reden unserer bedeutendsten Freiheitskämpfer bereitet wurden, zurück. Es entrollte mir manche Freudenträne.«[19]

---

19 Ebd., S. 147.

Perspektiven einer sozialdemokratischen Außen- und Europapolitik

Willy Buschak

Welches Europa? Richard Calwer, Max Cohen, Hermann Kranold und Georg Ledebour

»Berlin wird jauchzend um Paris sich schließen« – so prophezeite der deutsche Dichter Johannes R. Becher mitten während des Ersten Weltkrieges die Ankunft des »neuen, heiligen Staates« Europa.[1] Sein französischer Kollege Jules Romains wollte nach Kriegsende eine Europäische Partei mit einem einzigen Programmpunkt – Europa – schaffen.[2] Europa war ein heiß diskutiertes Thema, erst recht in Deutschland. An dem weitverbreiteten Bild, wonach SPD und Gewerkschaften kein großes Interesse an Europa zeigten und allenfalls hier und da auf Friedrich Naumanns 1915 veröffentlichtes Buch »Mitteleuropa« reagierten, müssen kräftige Retuschen angebracht werden.[3]

---

1 *Johannes R. Becher*, An Europa. Neue Gedichte, Berlin 1916, S. 1, S. 66.
2 *Jules Romains*, Pour que l'Europe soit, in: Europe, 15.4.1930, S. 462 f. Der Artikel wurde 1915 geschrieben, aber erst 1930 veröffentlicht.
3 Susanne Miller meinte noch, für die SPD sei Mitteleuropa »eine ihr von außen zugetragene Idee« gewesen, »an die sie sich nur tastend heranwagte […], und auch in der Parteipublizistik nahm sie nur einen geringen Raum ein.« *Susanne*

Das Thema Europa musste nicht erst von außen, durch Naumann, an die SPD herangetragen werden. Max Schippel, Sekretär der sozialpolitischen Abteilung der Generalkommission der Gewerkschaften, sprach sich schon 1904 für einen mitteleuropäischen Zollverein aus.[4] Gerhard Hildebrand, Redakteur der Bergischen »Arbeiterstimme«, schlug 1910 die Bildung einer westeuropäischen Union vor.[5] Die lebhafte Diskussion ging auch während des Ersten Weltkrieges weiter. Allein in der Chemnitzer »Volksstimme« erschienen zwischen 1914 und 1917 über 30 Artikel zu Europa. In Zeitungen wie dem »Vorwärts«, dem »Volksblatt für Anhalt« und Zeitschriften wie »Neue Zeit«, »Sozialistische Monatshefte«, »Die Glocke« oder »Der Kampf« beteiligten sich Autoren wie Adolf Braun, Max Cohen, Heinrich Cunow, Georg Engelbert Graf, Adolf Hofrichter, Richard Hilferding, Wilhelm Jansson, Julius Kaliski, Karl Kautsky, Hermann Kranold, Fritz Kummer, Max Quarck, Ludwig Quessel, Karl Renner, Max Schippel und Karl Seitz an einer ungemein vielschichtigen Europadiskussion. Einige plädierten für eine Neuorientierung der deutschen Außenpolitik, für die Lösung vom »Westen«, was damals hieß: von Großbritannien, und die Hinwendung zum Osten.[6] Während manche das Mitteleuropa Naumanns als Fantasterei abtaten, sahen andere darin das Sprungbrett für ein kontinentales deutsches Weltreich. Für eine immer größer werdende Gruppe von Sozialdemokraten schließlich wurde Europa zum »neuen Vaterland«, zur Hoffnung auf ein friedliches Zusammenleben zwischen den Völkern.[7]

Miller, Burgfrieden und Klassenkampf. Die deutsche Sozialdemokratie im Ersten Weltkrieg, Düsseldorf 1974, S. 222.

4 Vorwärts, 28.1.1904. Vgl. auch *Max Schippel*, Mitteleuropa und Partei, in: Sozialistische Monatshefte, 31.5.1916, S. 533 ff.

5 Hildebrand wurde 1912 aus der SPD ausgeschlossen. Zur Europadiskussion in der Arbeiterbewegung vor dem Ersten Weltkrieg vgl. *Willy Buschak*, Die Vereinigten Staaten von Europa sind unser Ziel. Arbeiterbewegung und Europa im frühen 20. Jahrhundert, Essen 2014, S. 25 ff.

6 *Ludwig Quessel*, Mitteleuropa und die Ostmächte, in: Sozialistische Monatshefte, 4.10.1916, S. 1028-1034.

7 Vgl. *Buschak*, Vereinigte Staaten Europas, S. 39 ff.

Vier Sozialdemokraten aus vier unterschiedlichen Generationen – Georg Ledebour (geb. 1850), Richard Calwer (geb. 1868), Max Cohen (geb. 1876) und Hermann Kranold (geb. 1888) – sollen uns helfen, die Europadiskussion in der SPD während des Ersten Weltkrieges zu verfolgen. Ledebour hatte von 1876 bis 1882 als Auslandskorrespondent in London gelebt (eine vergleichbare Auslandserfahrung hatten Calwer, Cohen und Kranold nicht), war von 1895 bis 1896 Redakteur des »Vorwärts«, von 1898 bis 1900 der »Sächsischen Arbeiterzeitung« und ab 1900 Reichstagsmitglied. Richard Calwer ließ sich nach einem abgebrochenen Studium und der Tätigkeit als Redakteur verschiedener sozialdemokratischer Zeitungen 1895 als freier Schriftsteller in Berlin nieder, war zeitweise Lehrer an der Parteihochschule der SPD und Reichstagsabgeordneter. Calwers wirtschaftsstatistische Informationen verschafften ihm einen glänzenden Ruf. Sie standen in jeder Gewerkschaftsbibliothek und in jeder volkswirtschaftlichen Bibliothek. 1909 trat Calwer wegen der immer lauter werdenden Kritik an seiner Befürwortung der Kolonialpolitik aus der SPD aus. Max Cohen war kaufmännischer Angestellter in einer Exportfirma, Stadtverordneter in Frankfurt am Main und seit 1912 Reichstagsabgeordneter. Mit Ledebour gehörte er zur Führung der Reichstagsfraktion. Ledebour war stellvertretender Fraktionsvorsitzender, Cohen vertrat die Partei im Haushaltsausschuss. Der aus der Jugendbewegung kommende Hermann Kranold war in der SPD ein noch weitgehend unbeschriebenes Blatt und machte sich erst während des Weltkrieges einen Namen als Fachmann für Kriegswirtschaft und Zollfragen.[8] Ledebours Herzensanliegen, dem er auch während des Weltkriegs treu blieb, war die Verständigung zwischen Großbritannien und Deutschland, der sich Calwer, Cohen und Kranold vehement

---

8 Zu Kranolds wichtigsten Veröffentlichungen gehören: Der deutsch-österreichische Wirtschaftsbund als sozialdemokratische Aufgabe, Berlin 1915 (Kriegsprobleme der Arbeiterklasse, Heft 18); Studien über Krieg und Wirtschaft, 1. Teil: Vom Wirtschaftskrieg in Gegenwart und Zukunft, Augsburg 1916; 2. Teil: Wirtschaftsgeographische Grundlagen zur Weltpolitik, Augsburg 1916; Zollunion und Agrarpolitik. Die Wirkung einer Vereinigung des deutschen Zollgebietes mit Südosteuropa auf die deutsche Landwirtschaft, Dresden 1917.

widersetzten. Allem statistischen Augenschein zum Trotz waren sie davon überzeugt, dass sich zwischen Deutschland und England tiefe wirtschaftliche Interessengegensätze auftaten.[9] Calwer, Cohen und Kranold unterstützten ohne Abstriche die Bewilligung der Kriegskredite am 4. August 1914. Es sei einerlei, wer den Krieg begonnen habe, schrieb Max Cohen, denn England, Russland und Frankreich strebten die Vernichtung Deutschlands an. Deutschland sei aber »das industriell fortgeschrittenste und leistungsfähigste Volk der Gegenwart«, seine Niederringung würde die Entwicklung der Produktivkräfte und damit der sozialistischen Bewegung in ungeahnter Weise hemmen, also sei die Sozialdemokratie gezwungen, die Kriegskredite zu bewilligen, wenn sie nicht die Zukunft des Sozialismus verraten wolle.[10] Richard Calwer glaubte, der Weltkrieg habe die Entscheidung über die Zukunft Europas in die Hand Deutschlands gegeben. So wie der Deutsch-Französische Krieg 1870/71 das einheitliche deutsche Wirtschaftsgebiet geschaffen habe, so müsse der Krieg von 1914 »das große einheitliche westeuropäische Wirtschaftsgebiet schaffen.«[11] »Noch nie waren die Aussichten für die Verwirklichung dieses Zieles so günstig, wie jetzt. Darum ist es von größtem Wert, die Notwendigkeit dieses Zieles darzulegen und zu zeigen, dass die Erreichung dieses Zieles durch die Einwirkung militärischer Überlegenheit früher und leichter zu erreichen ist, als durch freiwillige Übereinkommen.«[12] Dass ein ehemaliger Lehrer der SPD-Parteischule die Einigung Europas mit militärischen Mittel für mög-

---

9 Vgl. auch Cohens Rede auf der Reichskonferenz der SPD 1916, in: Vorwärts, 23.9.1916. Zu Ledebour vgl. *Ursula Ratz*, Georg Ledebour 1850-1947. Weg und Wirken eines sozialistischen Politikers, Berlin 1969, S. 116.
10 Volksstimme, 16.1.1915; vgl. auch ebd., 10.4.1915; Leipziger Volkszeitung, 10.4.1915. *Hermann Kranold*, England, unser Feind für immer?, Tübingen 1915, S. 11. Die Sozialdemokraten in Cohens Wahlkreis (Reuß ältere Linie, zwischen Sachsen und Oberfranken gelegen) waren mit der Haltung ihres Abgeordneten nicht einverstanden. Vgl. Vorwärts, 3.2.1916.
11 *Richard Calwer*, Die Zukunft Europas, in: Konjunktur, 3.9.1914, S. 737-739, hier S. 738.
12 *Richard Calwer*, Das wirtschaftspolitische Ziel für das festländische Westeuropa, in: Konjunktur, 16.9.1914, S. 750-751, hier S. 750.

Bild 1 Redakteur der »Sozialistischen Monatshefte« Richard Calwer, 1889

lich und wünschenswert hielt, ist schon bemerkenswert. Die Zustimmung zu den Kriegskrediten wurde von allen dreien als Chance gesehen, nun endlich »eine an unserem Endziel orientierte positive Politik« zu entwickeln, auch in der von der Partei bisher nur sehr stiefmütterlich behandelten auswärtigen Handelspolitik.[13] Keiner der drei äußerte je öffentliche Zweifel an der Entscheidung zur Bewilligung der Kriegskredite. Erst 1919 meinte Max Cohen, die SPD habe viel zu lange ohne Bedingungen die Politik der Reichsführung mitgemacht.[14] Georg Ledebour bejahte die Pflicht zur Landesverteidigung, war aber von Anfang davon überzeugt, dass der Krieg auf deutscher Seite kein Verteidigungskrieg war.

Bei Kriegsbeginn waren Ledebour und Calwer für den Militärdienst zu alt. Kranold war, wie sich aus Andeutungen in seinen verschiedenen Artikeln ergibt, bis ungefähr 1916 Soldat im Osten. Cohen wurde in die Rohstoffabteilung des Kriegsministeriums kommandiert, für seine politische Arbeit aber immer wieder beurlaubt. Mit Eduard David bildete er den Kern einer Gruppe rechter Sozialdemokraten, die sich ab August 1914 regelmäßig, anfangs alle paar Tage, später in größeren Abständen, an wechselnden Orten Berlins traf: im Café Austria, im Café Fürstenhof oder Café Excelsior, ebenso oft aber auch im Haus der Holzarbeitergewerkschaft oder in Privatwohnungen. Regelmäßige Teilnehmer an den Besprechungen, die dazu dienten, die Bewilligung der Kriegskredite zu verteidigen und den Einfluss der Kriegsgegner in der SPD zurückzudrängen, waren Paul Göhre, Georg Schöpflin, Albert Südekum, Robert Schmidt, Konrad Haenisch, Hugo Poetzsch und Theodor Leipart.[15] Der Kreis fiel Ende 1916 auseinander. Cohen und David verkrachten sich hoffnungslos über die

---

13 *Kranold*, Der deutsch-österreichische Wirtschaftsbund, S. 3.
14 Vorwärts, 21.6.1919.
15 Vgl. Das Kriegstagebuch des Reichstagsabgeordneten Eduard David 1914 bis 1918, in Verbindung mit *Erich Matthias*, bearb. v. *Susanne Miller*, Düsseldorf 1966, S. 28, S. 32, S. 34 f., S. 44 f., S. 57, S. 67, S. 100, S. 107, S. 121; Ernst Albert Seils verlegt die Treffen irrtümlicherweise in das »vornehme Café Josty«. Vgl. *Ernst Albert Seils*, Hugo Haase. Ein jüdischer Sozialdemokrat im deutschen Kaiserreich. Sein Kampf für Frieden und soziale Gerechtigkeit, Frankfurt a. M. 2016, S. 497. Cohens Berliner Freundeskreis bestand aber nicht nur aus rechten Sozialdemokraten. Trotz

richtige Politik gegenüber Russland. Richard Calwer stand zwar außerhalb der SPD, aber seine Zeitschrift »Die Konjunktur« wurde dort noch fleißig gelesen. Durch seine Kritik an der staatlichen Zwangsbewirtschaftung, die er für alle wirtschaftlichen Nöte Deutschlands verantwortlich machte, manövrierte Calwer sich aber zunehmend ins Abseits. Georg Ledebour bediente sich verschiedener Tribünen gleichermaßen: Reichstag, Parteiversammlung und Hinterzimmer Berliner Kneipen, wo er sich mit den revolutionären Obleuten traf und die Opposition gegen den Krieg organisierte.

Calwer, Cohen und Kranold überhöhten Deutschlands Rolle in Europa und sahen im Kaiserreich die Kraft, die den Kontinent einigen konnte. Ledebour trieb umgekehrt gerade die Sorge um Europa und Deutschlands Stellung in Europa zum Widerstand gegen den Parteivorstand und zur Gründung der USPD. Hugo Haase und Georg Ledebour wollten nicht, »dass aus diesem Gemetzel als Ergebnis herauskommt ein Europa, das einen Trümmerhaufen bildet, durchtränkt von Tränen und Blut.«[16] In der auswärtigen Handelspolitik hatten Calwer, Kranold, Cohen und Ledebour dennoch erhebliche Gemeinsamkeiten: großen, zusammenhängenden Wirtschaftsgebieten gehöre die Zukunft, die einander wirtschaftlich nahestehenden westeuropäischen Länder müssten sich zusammenschließen und unter sich für eine Arbeitsteilung nach weltwirtschaftlichen Gesichtspunkten sorgen.[17] Alle vier gingen von einem zunehmenden Bedeutungsverlust der mitteleuropäischen Länder in der Weltwirtschaft aus und verwiesen auf die Industrialisierung der bisher von Europa belieferten tropischen und subtropischen Erdzonen.[18] Die westeuropäischen Völker, spottete Kranold 1915, »glauben noch immer, um die Welt-

---

erheblicher politischer Differenzen blieb er mit dem unabhängigen Sozialdemokraten Wilhelm Dittmann befreundet. Vgl. *Wilhelm Dittmann*, Erinnerungen, bearb. u. eingel. v. *Jürgen Rojahn*, 3 Bde., Frankfurt a. M. 1995, Bd. 1, S. 641.
16 Verhandlungen des Reichstages, stenographische Berichte, Bd. 306, 9.12.1915, 22. Sitzung, S. 438. Vgl. auch *Ernst-Albert Seils*, Weltmachtstreben und Kampf für den Frieden. Der deutsche Reichstag im Ersten Weltkrieg, Frankfurt a. M. 2011.
17 *Max Cohen*, Mitteleuropa, in: Die Glocke, 15.1.1916, S. 575-583.
18 *Kranold*, Zollunion und Agrarpolitik, S. 33.

herrschaft zu kämpfen und ahnen gar nicht, dass sie in den Dingen des Welthandels langsam, aber sicher in die Defensive gedrängt sind.«[19]
Calwer und Cohen rezensierten Naumanns Buch »Mitteleuropa«[20] – Cohen in der von Parvus herausgegebenen Zeitschrift »Die Glocke«, Calwer in der »Konjunktur«. Für beide war die deutschösterreichische Zollunion nur ein Notbehelf, die wirtschaftliche Beziehung zu den »Feinden«, insbesondere zu Frankreich und Belgien, könne sie nicht ersetzen.[21] Hermann Kranold spottete über die »Schwärmer für eine deutsche Weltherrschaft, die im deutsch-österreichischen Zollbund eine brauchbare Basis für eine aggressiv-imperialistische Politik sehen«[22], verstand das Bündnis zwischen Deutschland, Österreich-Ungarn, Bulgarien und der Türkei aber selbst als Chance zur »Schaffung eines Staatsgebietes, das, von der Nordsee ausgehend, bis an das Schwarze Meer, den Persischen Golf, das Rote Meer und die Bucht von Tripolis reicht.«[23] Die Sozialdemokratie, meinte Kranold, müsse »nach ihren Grundsätzen, die jeder Weltherrschaftsfixiererei abhold sind, den Zollbund gestalten und ihn dadurch jenen Schwärmern aus den Händen reißen«[24], ohne aber sagen zu können, wie er sich das vorstellte. Zu Europa gehörte für Calwer, Cohen und Kranold selbstverständlich auch ein »zusammenhängendes Kolonialreich in Afrika«[25]. Kranold glaubte allen Ernstes, neue

---

19 *Kranold*, Der deutsch-österreichische Wirtschaftsbund, S. 14.
20 *Friedrich Naumann*, Mitteleuropa, Berlin 1915.
21 *Cohen*, Mitteleuropa; Calwers Rezension in: Die Konjunktur, 23.11.1915; *Adolf Hofrichter*, Der deutsch-österreichische Zollverein, in: Neue Zeit, 8.10.1915, S. 50-54 und 15.10.1915, S. 82-89.
22 Volksstimme, 16.11.1915.
23 *Kranold*, Wirtschaftsgeographische Grundlagen zur Weltpolitik, S. 8; vgl. auch *Ders.*, Die Pariser Beschlüsse, in: Die Glocke, 5.8.1916, S. 737, wo Kranold von einem einheitlichen Wirtschaftsblock »bis Trapezunt, Koweit und Suez« träumt. In späteren Artikeln setzte Kranold darauf, »dass wir unsere Wirtschaft nur in engen Zusammenschluss nicht nur mit Österreich-Ungarn, den Balkanländern und der Türkei, sondern auch mit Belgien, Frankreich und Italien in dem erforderlichen Maßstab werden ausbauen können«. *Ders.*, Die Türkei, Russland und Europa, in: Sozialistische Monatshefte, 6.6.1917, S. 578.
24 *Kranold*, Der deutsch-österreichische Wirtschaftsbund, S. 12.
25 *Kranold*, Wirtschaftsgeographische Grundlagen, S. 25. Vgl. auch *Ders.*, Literatur zur Kontinentalpolitik, in: Die Glocke, 9.9.1916, S. 936-947.

Absatzgebiete könne die deutsche Industrie nur noch in Südosteuropa und der Türkei finden und stellte sich ein vereintes Europa als geschlossenen, landwirtschaftlich autarken Handelsstaat vor[26], während unabhängige Sozialdemokraten wie Karl Emil ganz nüchtern festhielten, für die wichtigsten deutschen Industrien sei »der Weltmarkt das Wirtschaftsgebiet«.[27] Georg Engelbert Graf amüsierte sich über die »Schulatlantenpolitik, wie sie uns in letzter Zeit selbst in Leitartikeln der Parteipresse, von der bürgerlichen Literatur ganz abgesehen, begegnet ist«, und meinte damit die Manie, sich von einem Blick in den Schulatlanten zur Konstruktion ganzer kontinentaler Weltreiche bewegen zu lassen.[28] Adolf Hofrichter wollte sich nur dann mit einer deutsch-österreichischen Zollunion anfreunden, wenn »das Verhältnis Deutschlands zu den anderen Nationen nicht darunter leide.«[29] Georg Ledebour lehnte die deutsch-österreichische Zollunion eindeutig ab: sie sei ein »gefährlicher wirtschaftlicher Rückschritt« für Deutschland, weil ein Sonderbündnis einzelner Staaten »alle Staaten der Wohltat der Meistbegünstigung beraube«.[30]

Für Kranold, Cohen und Calwer war der europäische Zusammenschluss Schutz vor »angelsächsischer Übermacht«.[31] Von Russland grenzten sie sich ab. Richard Calwer sah in Russland ein »riesiges, einheitliches Wirtschaftsgebiet«, dem gegenüber die Staaten Europas wie »Zwerge gegen einen Riesen« erschienen.[32] Nur eine »westeuropäische Union« sei imstande, »die Ausdehnung der russischen

---

26 *Hermann Kranold*, Der deutsch-österreichische Wirtschaftsbund als sozialdemokratische Aufgabe, in: Volksstimme, 15./16.11.1915.
27 *Karl Emil*, Handelspolitische Fragen, in: Neue Zeit, 1.12.1916, S. 205-216, hier S. 207.
28 *Georg Engelbert Graf*, Der Donauweg, in: Neue Zeit, 11.2.1916, S. 609-621.
29 *Adolf Hofrichter*, Der deutsch-österreichische Zollverein, in: Neue Zeit, 15.10.1915, S. 819.
30 Der Hauptausschuss des Deutschen Reichstags 1915–1918, eingel. v. *Reinhard Schiffers*, bearb. v. *Reinhard Schiffers* und *Manfred Koch* in Verbindung mit *Hans Boldt*, Bd. 1., Düsseldorf 1981, 45. Sitzung, 16.12.1915, S. 308; Verhandlungen des Reichstages, Bd. 311, 1917/18, Berlin 1918, 128. Sitzung, 1.12.1917, S. 3977.
31 *Cohen*, Mitteleuropa, S. 583; vgl. auch *Ders.*, Das Volk und der Krieg, Berlin 1916, S. 13; Volksstimme, 16.1.1915, 19.12.1917.
32 *Richard Calwer*, Der russische Koloss, in: Die Konjunktur, 2.10.1913, S. 161.

Suprematie auf ganz Europa zu verhindern.«[33] Kranold sah Welten zwischen Russland und Europa. »Das Westlertum« sei »nicht für Russland und Russland nicht für das Westlertum« geschaffen.[34] Noch auf der SPD-Reichskonferenz 1916, warnte Cohen, jede Erweiterung der russischen Machtfülle müsse als »eine schwere Schädigung [...] der gesamten westeuropäischen Kulturentwicklung« abgewehrt werden.[35]

Der Wind drehte sich mit der Februarrevolution in Russland. Jetzt betonte Cohen die Notwendigkeit eines guten Einvernehmens mit Russland, »um die Gefahren der Zukunft, die von dem Angelsachsentum drohen, bestehen zu können«[36] und setzte auf die Möglichkeit, »dem ungeheuer starken England, hinter dem jetzt auch Amerika steht, eine andere Mächtegruppe, die des europäischen Festlandes, entgegenzustellen.«[37] Eine »östliche Orientierung unserer Politik« sei »durch die Macht der Tatsachen in nahe Möglichkeit gerückt worden.«[38] Das führte zu scharfen Meinungsverschiedenheiten. Cohen rannte gegen den von der Mehrheitssozialdemokratie unterstützten Frieden von Brest-Litowsk Sturm und warnte ausdrücklich davor, im Osten etwa »lauter kleine Nationalstaaten« ohne Rücksicht auf die bisherigen staatlichen Zusammenhänge zu schaffen. Nationale Autonomie im Rahmen eines freien Russland sei völlig ausrei-

---

33 *Richard Calwer*, Die Zukunft Europas, in: Die Konjunktur, 3.09.1914. Ähnlich *Cohen*, Mitteleuropa, S. 578.
34 *Kranold*, Wirtschaftsgeographische Grundlagen, S. 22; zu Kranolds Haltung gegenüber Russland vgl. auch *Ders.*, Russlands Drang zum Meer, in: Sozialistische Monatshefte, 10.5.1916, S. 477-484.
35 Vorwärts, 23.9.1916.
36 Der Hauptausschuss des Deutschen Reichstags 1915-1918, eingel. v. *Reinhard Schiffers*, bearb. v. *Reinhard Schiffers* und *Manfred Koch* in Verbindung mit *Hans Boldt*, Bd. 3, 118.-190. Sitzung 1918, Düsseldorf 1981, S. 1411 (Haushaltsausschuss vom 1.5.1917); vgl. auch *Erich Matthias*, Die deutsche Sozialdemokratie und der Osten 1914-1945. Eine Übersicht, Tübingen 1954, S. 30 ff.
37 Protokoll über die Verhandlungen des Parteitages der Sozialdemokratischen Partei Deutschlands, abgehalten in Würzburg vom 14. bis 20. Oktober 1917, Berlin 1917, S. 349 f.
38 Volksstimme, 19.12.1917; vgl. auch *Max Cohen*, Keine Verwirrung, in: Vorwärts, 20.8.1917. Deutschland und Russland »auch für die Zeit nach dem Kriege zusammenzuführen«, sei »die eigentliche Kriegsaufgabe«.

chend.[39] Es könne »nicht die Aufgabe Deutschlands sein, unter dem Schlagwort der Befreiung der Randvölker große Gebiete von Russland abzutrennen.«[40] Georg Ledebour sah, ganz anders als Cohen, mit der russischen Revolution und der Möglichkeit, endlich das Selbstbestimmungsrecht für die früher zum Zarenreich gehörenden Völker durchzusetzen, die Chance, der Schaffung der Vereinigten Staaten Europas näherzukommen.[41]

Das vereinigte Europa stellte sich Richard Calwer als Organismus vor, über dem ein einheitlicher, einflussreicher Gesamtwille stand. Damit dachte Calwer aber mitnichten an eine europäische Regierung, sondern eher an Deutschland, das den Gesamtwillen zum Ausdruck bringen würde. Georg Ledebour dagegen strebte einen parlamentarisch regierten Bundesstaat Europa an und verstand den Europäischen Bund als Vorstufe zu einer weltweiten Neuorganisierung der Staatenwelt. Seine Europavorstellungen waren eine deutliche Reaktion auf die Kriegspolitik des kaiserlichen Deutschland und standen für ein ganz anderes Modell des Zusammenlebens der Völker. Die deutsche Außenpolitik, sagte er am 5. Oktober 1916 im Haushaltsausschuss des Deutschen Reiches in der Debatte über den unbeschränkten U-Boot-Krieg, müsse grundlegend andere Wege einschlagen: »Ihr Ziel müsse der Zusammenschluss der europäischen Staaten zu einem Bunde sein, aus dem sich später Vereinigte Staaten von Europa entwickeln könnten. Auf solche Weise könnten künftige Kriege unmöglich gemacht werden, nicht also aufgrund eines einseitigen militäri-

---

39 Volksstimme, 19.12.1917; Die Reichstagsfraktion der deutschen Sozialdemokratie 1898–1918, bearb. v. *Erich Matthias* und *Eberhard Pikart*, 2 Bde., Düsseldorf 1966, hier Bd. 2, S. 349 f., S. 385. Cohen soll damals gesagt haben, mit dieser »Phrase des Selbstbestimmungsrechts solle man ihm zu Hause bleiben«, jedenfalls, wenn man Eduard Davids Mitteilung auf dem Weimarer Parteitag der SPD 1919, Glauben schenken kann. Protokoll über die Verhandlungen des Parteitages der Sozialdemokratischen Partei Deutschlands, abgehalten in Weimar vom 10. bis 15. Juni 1919, Berlin 1919, S. 264.

40 Der Hauptausschuss des Deutschen Reichstags 1915–1918, Bd. 3, S. 1708 (Haushaltsausschuss vom 27.8.1917).

41 *Ratz*, Ledebour, S. 171 ff.; Der Hauptausschuss des Deutschen Reichstags 1915–1918, Bd. 3, 125. Sitzung, 10.10.1917, S. 3855; 128. Sitzung, 1.12.1917, S. 3977; 143. Sitzung, 19.3.1918, S. 4490; 195. Sitzung, 24.10.1918, S. 6234.

schen Übergewichts, sondern durch Verständigung und Ausgleich der gegenseitigen Interessen.«[42]

Max Cohen und Georg Ledebour waren Schlüsselfiguren der Novemberrevolution: Ledebour als Vertrauensmann der Berliner revolutionären Obleute, Cohen als Vorsitzender des Zentralrats der Arbeiter- und Soldatenräte. Dabei lebte Ledebour, wie Hermann Müller mit feiner, aber wohl zutreffender Ironie vermerkt, immer noch im Richtungsstreit der Kriegszeit und »war verärgert, dass die Revolution sich nicht von ihm lenken lassen wollte.«[43] Seit der Gründung der USPD wiederholte Ledebour kategorisch: »Mit der rechtssozialdemokratischen Partei kann es keine Gemeinsamkeit für uns geben«[44], während Cohen gerade umgekehrt ein Zusammengehen der beiden sozialistischen Parteien empfahl, damit die Revolution nicht weiter ins Hintertreffen geriet. Im Zentralrat wirkte Cohen nach dem Zeugnis Hermann Müllers »oft ausgleichend«[45] und entwickelte, wie Richard Müller anerkannte, »sehr im Gegensatz zu manchem seiner Kollegen […] einen bewundernswerten Fleiß«.[46] Ohne Cohens fulminante Rede auf dem Allgemeinen Kongress der Arbeiter- und Soldatenräte Deutschlands am 19. Dezember 1918 wäre die Mehrheit für die baldige Einberufung der Nationalversammlung auf den 19. Ja-

---

42 Der Hauptausschuss des Deutschen Reichstages 1915–1918, eingel. v. *Reinhard Schiffers*, bearb. v. *Reinhard Schiffers* und *Manfred Koch*, in Verbindung mit *Hans Boldt*, Bd. 2, 46.–117. Sitzung 1916, Düsseldorf 1981, S. 785 (Haushaltsausschuss vom 5.10.1916).
43 *Müller*, Novemberrevolution, S. 101 f.; vgl. auch *Dittmann*, Erinnerungen, S. 594 f.
44 Bericht über die Reichskonferenz der Unabhängigen Sozialdemokratischen Partei Deutschlands am 9. und 10. September 1917 im Abgeordnetenhaus zu Berlin, zusammengestellt nach einer Broschüre und nach Zeitungsberichten von *Hartfrid Krause*, Glashütten i. Ts. 1975, S. 11. Unabhängige Sozialdemokratische Partei Deutschlands. Protokoll über die Verhandlungen des außerordentlichen Parteitages vom 30. November bis 6. Dezember 1919 in Leipzig, Berlin o. J., S. 295.
45 *Hermann Müller-Franken*, Die November-Revolution. Erinnerungen, Berlin 1931, S. 94.
46 *Richard Müller*, Vom Kaiserreich zur Republik, Bd. 2: Die Novemberrevolution, Wien 1925, S. 161.

nuar 1919 nicht so deutlich ausgefallen.[47] Zu seinen bemerkenswerten Aktivitäten als Zentralratsvorsitzender gehört eine Aufklärungskampagne über Antisemitismus.[48] Gegenüber den Fehlern der sozialdemokratischen Volksbeauftragten war er alles andere als blind. Nach einem Besuch in Noskes Hauptquartier zeigte er sich »entsetzt«, es sei ihm »kalt über den Rücken gelaufen«.[49] Cohen trat für einen kompletten »Personenwechsel in der Regierung« ein, nur an Ebert wollte er festhalten.[50] Als Vorsitzender des Zentralrates erinnerte Max Cohen immer wieder an europäische und internationale Zusammenhänge: »Wir müssen Rücksicht auf die übrige Welt nehmen und können unsere wirtschaftliche Grundlage nicht nach Belieben einrichten, sondern müssen uns nach der Notwendigkeit der Weltproduktion richten.«[51] Während Georg Ledebour alles auf die eine Karte der Weltrevolution setzte, spielte Europapolitik für den Zentralratsvorsitzenden Cohen die zentrale Rolle. Auf dem II. Rätekongress 1919, warb er für die »Idee eines europäischen Kontinentalbundes zum Schutz gegen die anglo-amerikanische Welt«.[52] Ein sozialistisches Deutschland werde die »Schaffung der Produktionsgemeinschaft des europäischen Festlandes vorbereiten.«[53] Cohens Vorschläge für die Zusammenarbeit zwischen Deutschland und Frankreich waren durchdacht und wiesen weit in die Zukunft. »Sie [die Franzosen, W. B.] brauchen Kohlen und wir Eisen«, setzte er dem Zentralrat der Arbeiter- und Soldatenräte Deutschlands am 4. März 1919 auseinander, da liege es doch nahe, ein gemeinsames »Handelsabkommen« zu

---

47 Allgemeiner Kongress der Arbeiter- und Soldatenräte Deutschlands. Vom 16.–21. Dezember 1918 im Abgeordnetenhause zu Berlin. Stenographische Berichte, Berlin 1919, S. 105 ff. (Cohens Rede und anschließende Diskussion).
48 *Müller-Franken*, November-Revolution, S. 108 f.
49 Der Zentralrat der deutschen sozialistischen Republik, 19.12.1918–8.4.1919. Vom ersten zum zweiten Rätekongress, bearb. v. *Eberhard Kolb*, unter Mitwirkung von *Reinhard Rürup*, Leiden 1968, S. 287 (Sitzung des Zentralrats vom 9.1.1919); *Wette*, Noske, S. 329.
50 Der Zentralrat, S. 752.
51 Arbeiter- und Soldatenrat, 31.1.1919, S. 472.
52 Vorwärts, 10.4.1919.
53 Vorwärts, 12.4.1919. Vgl. auch den Kommentar des Vorwärts, 9.4.1919.

schließen.⁵⁴ Aus diesem Gedanken wurde nach 1945 die Europäische Gemeinschaft für Kohle und Stahl. Auf dem Weimarer Parteitag der SPD 1919 warb Cohen erneut für die Zusammenarbeit zwischen Deutschland und Frankreich und die Zusammenfassung Kontinentaleuropas. Folgt man dem Parteiorgan »Vorwärts«, dann »war die Abrechnung allerdings fürchterlich« und Cohen »erlitt im Kampfe eine so schwere Niederlage, dass er bis auf weiteres als erledigt gelten kann«.⁵⁵ Cohen hatte sich in der Aussprache zu den Referaten Eduard Bernsteins und Philipp Scheidemanns über Außenpolitik zu Wort gemeldet und gemeint, die Partei hätte es versäumt, die von der kaiserlichen Regierung betriebene Zerschlagung Russlands zu bekämpfen. Deutschland habe sich damit »des einzig möglichen Rückhalts im Kampf gegen den Westen« begeben.⁵⁶ Es war wohl vor allem dieser als besserwisserisch und irreal empfundene Teil seiner Rede, der die Delegierten gegen Cohen aufbrachte. Eigentlich hatte er wesentlich mehr zu sagen: »Kontinentalpolitik bedeutet heute lediglich, dass wir uns aus guten Gründen bemühen, zuerst einmal Streitigkeiten zwischen den europäischen Völkern zu beseitigen, um deswillen, weil doch gerade diese immer und immer wieder die Kriegsgefahr heraufbeschwören. In dem Augenblick, wo diese Streitigkeiten beseitigt werden, sind wir in Europa die Kriegsgefahr los.«⁵⁷ So ganz fürchterlich, wie der »Vorwärts« es darstellte, wurde Max Cohen auch nicht »erledigt«. Karl Knauer, Redakteur des »Thüringer Volksfreund«, sprang ihm zur Seite: »[D]ass wir Kontinentalpolitik treiben und uns zunächst mit den Völkern Europas verständigen

---

54 Der Zentralrat, S. 755.
55 Vorwärts, 13.6.1919. Insbesondere Scheidemann attackierte Cohen und warf ihm vor, während des Ersten Weltkrieges für den unbeschränkten U-Boot-Krieg eingetreten zu sein.
56 Protokoll über die Verhandlungen des Parteitages der Sozialdemokratischen Partei Deutschlands, abgehalten in Weimar vom 10. bis 15. Juni 1919, Berlin 1919, S. 260; vgl. ähnlich auch Cohens Rede zur Diskussion auf dem Parteitag in Kassel, in: Protokoll über die Verhandlungen des Parteitages der Sozialdemokratischen Partei Deutschlands, abgehalten in Kassel vom 10. bis 16. Oktober 1920, Glashütten i. Ts. 1973, S. 56 ff.
57 Protokoll über die Verhandlungen des Parteitages in Weimar, S. 262.

müssen, wenn wir zu einer Verständigung mit England und den übrigen Völkern kommen wollen, darüber dürfte in den Reihen unserer Partei kein Zweifel bestehen.«[58]

Weltkrieg, Spaltung und Wiedervereinigung der sozialdemokratischen Partei, die beiden russischen Revolutionen und vor allem die deutsche Novemberrevolution brachten Calwer, Cohen und Kranold auch zu tiefem Nachdenken über die bisherige Politik der SPD. Max Cohen meinte vor dem II. Rätekongress 1919, in ihrer gesamten Geschichte habe die SPD Fehler über Fehler gehäuft. Sie habe ihren Anhängern »das Himmelreich auf Erden versprochen«, könne diese Wechsel aber nicht einlösen.[59] Auf einer Groß-Berliner Funktionärskonferenz im Jahr 1920 holte er zu einer fundamentalen Kritik an der »alten Partei« aus, die sich »nicht auf kleinbürgerliche Kreise beschränken« dürfe. »Den Kern der Partei muss die Industriearbeiterschaft bilden. Die ist aber aus der Partei hinausgetrieben, weil man ihre Forderungen hinsichtlich des Rätesystems nicht erfüllt hat.«[60] Aus der Erfahrung der wirtschaftlichen und politischen Neugliederung Europas durch den Versailler Frieden entwickelte Hermann Kranold den Begriff der »wirtschaftlichen Gemeinbürgschaft« den europäischen Völkern gegenüber. Die Wirtschaftskraft einer Region wie Oberschlesien sei »kein Stück Privateigentum der Oberschlesier, oder des deutschen oder des polnischen Volkes, sondern wie jede Wirtschaftskraft der Welt gehört sie allen Völkern an.« Das Schicksal eines einzelnen Volkes liege »wirtschaftlich nicht bloß in dem beschlossen, was auf seinem eigenen Gebiet geschieht, sondern in dem, was sich in aller Welt« tue.[61] Darauf aufbauend entstand der Gedanke europäischer Industriepolitik. Richard Calwer bilanzierte die deutsche Position in Europa 1919 so: »Wir fanden keinen Weg zu den

---

58 Protokoll über die Verhandlungen des Parteitages in Weimar, S. 264.
59 II. Kongress der Arbeiter-, Bauern- und Soldatenräte Deutschlands vom 08.–14. April 1919 im Herrenhaus zu Berlin. Stenographisches Protokoll, Glashütten i. Ts. 1975, S. 66.
60 Vorwärts, 22.4.1920.
61 *Hermann Kranold*, Oberschlesien, ein europäisches Problem, in: Sozialistische Monatshefte, 11.4.1921, S. 288-292, hier S. 291.

europäischen Völkern, sondern drängten diese wirtschaftlich und politisch in einer für uns immer bedrohlicheren Weise zurück.«[62] Anstatt die Politik der »Markterweiterung« – der Eroberung immer neuer Märkte – auf Kosten der europäischen Nachbarn weiter und weiter zu treiben, hätte Deutschland »den Gedanken eines einheitlichen europäischen Wirtschaftsgebietes selbst unter Darbringung eigener Opfer […] ergreifen und zielbewusst verfolgen müssen.«[63] Calwer, Cohen, Kranold und auch Ledebour blieben aber davon überzeugt, dass Europa letzten Endes »nur zwei Möglichkeiten« hatte: »Entweder weitere und noch zunehmende politische und wirtschaftliche Zerrissenheit, Verkümmerung und Marasmus oder Überwindung dieses Zustandes durch Aufrichtung und Erreichung des erlösenden Zieles der Ver. Staaten von Europa«.[64] Diese Botschaft wurde verstanden, denn die Begeisterung für die europäische Einigung ging nach 1922 quer durch alle Parteiflügel der SPD. Max Cohen, Eduard David, Herman Kranold, Paul Löbe, Eugen Prager, Otto Wels, Engelbert Graf und Tony Sender – um nur einige Namen zu nennen – waren entschiedene Fürsprecher der Einigung Europas.

---

62 *Calwer*, Was soll aus Europa werden, S. 21.
63 Ebd.
64 Ebd., S. 51.

Moritz Rudolph

Joseph Blochs Idee von Kontinentaleuropa und der Krieg

1 Hinführung: methodische und biografische Vorbemerkungen

Über die Stellung Joseph Blochs in der deutschen Sozialdemokratie herrscht Uneinigkeit. Von den einen als interessanter »Außenseiter«[1], von den anderen als heimlicher König des Revisionismus[2] bezeichnet, ist sich die Forschung doch einig darin, dass er heute nahezu in Vergessenheit geraten ist, obwohl er der Gegenwart etwas anzubieten hätte. Als Herausgeber der »Sozialistischen Monatshefte« führte er das wichtigste Organ des revisionistischen SPD-Flügels, aber sein Einfluss lässt sich nur schwerlich präzise ermitteln,

---

1 *Walter Grab*, Joseph Bloch (1871–1936). Ein Vorkämpfer der deutsch-französischen Freundschaft im Zeitalter des Rationalismus, in: *Hans Otto Horch/Carlotte Wardi* (Hg.), Jüdische Selbstwahrnehmung. La prise de conscience de l'identité juive, Tübingen 1997, S. 251-262, hier S. 252.
2 Vgl. *Roger Fletcher*, Revisionis and Empire: Joseph Bloch, the *Sozialistische Monatshefte* and German Nationalism, 1907–14, in: European Studies Review 10, 1980, S. 459-485, hier S. 459.

weil er selbst wenig geschrieben, aber vieles angeregt hat. Sein einziges Buch erschien posthum.[3] Darin entfaltete er seine Thesen zur Weltpolitik, die er jedoch zu großen Teilen schon in den ersten beiden Jahrzehnten des 20. Jahrhunderts entwickelt hatte.

Ich möchte versuchen, Blochs Haltung zum Krieg vor dem Hintergrund seiner späteren Imperientheorie nachzuzeichnen. Sprechen soll er durch das Wenige, was er selbst geschrieben und veröffentlicht hat. Für die Kriegsjahre sind das vor allem zwei Artikel, die in den Sozialistischen Monatsheften erschienen sind. Einer erschien kurz nach Kriegsausbruch, der andere ein Jahr später. In beiden Artikeln ist die Vorstellung vom kontinentaleuropäischen Zusammenschluss angelegt, auch wenn sie noch nicht voll ausgebildet vorliegt und nicht als solche formuliert wird.

Da es in diesem Sammelband um »biografische Tiefenbohrungen« gehen soll, werde ich zunächst einige biografische Bemerkungen zu Joseph Bloch machen, die der Rahmung seines Denkens dienen sollen. Anschließend werde ich Blochs spätere Kernidee vorstellen, die Theorie der Imperienbildung. Schließlich frage ich, was das für Europa und die beiden Führungsmächte Deutschland und Frankreich bedeutet. Im Zentrum stehen dabei Blochs Ansichten zur Europapolitik und zur außenpolitischen Orientierung des Reiches und der Arbeiterbewegung. Schließlich, und das ist der größte Teil, werde ich Blochs Haltung zum Krieg vor dem Hintergrund dieser Imperienidee skizzieren.

Geboren wurde Joseph Bloch 1871 in Königsberg, wo er in einer jüdisch-orthodoxen Familie aufwuchs. Gestorben ist er 1936 im Prager Exil. Auf einige Schlagworte gebracht, könnte man ihn so beschreiben: Er war Publizist, Sozialist, Revisionist, Atheist und trotzdem Zionist. Als Oberschüler schrieb er einen Brief an Friedrich Engels, in dem er diesen fragte, ob denn die ökonomische Basis tatsächlich das einzig Bestimmende in der Geschichte sei. Engels' Antwort, dass die ökonomische Basis zwar in letzter Instanz entscheide,

---

3 *Joseph Bloch*, Vermächtnis. Revolution der Weltpolitik, in Zusammenarbeit mit *Joseph Bloch*, von *Felix Stössinger* niedergeschrieben, Prag 1938.

der rechtliche, politische und kulturelle Überbau aber eine (relativ) eigene Dynamik entfalten können, half ihm, sich zeitlebens mit einem Marxismus zu versöhnen, zu dem er doch schon sehr früh eine innerliche Distanz entwickelt hatte. Wenn es diese Spielräume gab, dann wollte er sich, allen Vorbehalten zum Trotz, damit arrangieren und den marxistischen Rahmen der Gesellschaftsanalyse nicht verlassen.

1895 gründete er noch als Student die Theoriezeitschrift »Der Sozialistische Akademiker«, aus der zwei Jahre später die »Sozialistischen Monatshefte« hervorgingen, die zu einem der wichtigsten Organe des revisionistischen SPD-Flügels wurden. Regelmäßiger Autor war Eduard Bernstein. In den »Sozialistischen Monatsheften« entwickelte Bloch – vor allem als Herausgeber, der Artikel anregte, mitunter aber auch als Autor – seine Thesen zur kontinentaleuropäischen Einigung, die er erst in den 1930er-Jahren in seinem Hauptwerk »Revolution der Weltpolitik« umfassend ausarbeiten sollte. Kontur gewannen sie aber bereits in den Vorkriegsjahren.

2   Das Gesetz der Imperienbildung

Die Bildung von Imperien[4] als gesellschaftliches Bewegungsgesetz hielt Bloch für eine der wichtigsten Entdeckungen seit Marx' Einsicht in die Bewegungsgesetze des Kapitalismus. Jede sozialistische Politik, so Bloch, muss dieses Faktum akzeptieren und an der Schaffung eines kontinentaleuropäischen Imperiums mitwirken, zu dem auch die Türkei, der Nahe Osten und Nordafrika als Wurzeln des Abendlandes, nicht aber Russland zählen sollen. Die politische Form des Imperiums ermöglicht eine bislang ungeahnte Entfaltung der Produktiv- und Geisteskräfte und schafft neue Spielräume für sozialistische Politik. Sozialistische Politik muss darum eine geopolitische Dimension enthalten. Bloch schrieb damit gegen das geopolitische Defizit des Marxismus an, von dem Marx und Engels selbst etwas ahnten, das sie aber nie selbst zu beseitigen versucht haben. Schon

---

4   Vgl. *Grab*, Joseph Bloch, S. 253 ff.

Marx beschlich der Verdacht, dass in der »auswärtige[n] Politik« etwas stecken könnte, das er bislang übersehen hatte: »Wir hatten diesen Punkt zu sehr vernachlässigt«[5], schrieb er 1853 an Engels. Systematisch ausgearbeitet hat er »diesen Punkt« aber nicht, es blieb beim Gefühl. Dass Analyse und Kritik (und schließlich Politik) sich nicht bloß mit einer vertikalen Dimension innerhalb einer Gesellschaft begnügen dürfen, sondern auch eine horizontale zwischen Gesellschaft*en* im Plural kennen müssen, ahnten Marx und Engels, als sie sich im Laufe der 1950er- und 1960er-Jahre allmählich von ihren vormärzlichen Hoffnungen auf die Arbeiterklasse als autonome »sechste und größte europäische Macht«[6] verabschiedeten. Emanzipationskämpfe ließen sich nicht bruchlos ins internationale System übertragen: »Daß [...] in auswärtiger Politik mit solchen Phrasen wie ›reaktionär‹ und ›revolutionär‹ nichts gedient ist, versteht sich von selbst.«[7]

Mit all dem wird sich auch Bloch herumgeschlagen haben, als er an seiner Imperientheorie arbeitete. Was ist ihr Kern? Imperien sind Großräume, die sowohl über Bodenschätze als auch über Absatzmärkte verfügen, sie können für sich existieren, sind also autark. Bloch nennt fünf Imperien, die es bereits gibt oder sich gerade formieren: Amerika, das britisches Empire, Ostasien, Russland und Europa. Er geht davon aus, dass die Dynamik der Weltwirtschaft die Nationen zur Zusammenarbeit zwingt – vor allem politisch und ökonomisch, aber auch geistig. Um die Stellung Europas in der Welt zu erhalten, »bedarf es auf die Dauer eines Zusammenschlusses der kontinentaleuropäischen Staaten. Diese werden über kurz oder lang durch den Zwang der Verhältnisse zusammengeführt.«[8] Aber von

---

5   Marx an Engels, 2.11.1853, in: Marx-Engels-Werke, Bd. 28, Berlin 1963, S. 306-307, hier S. 306.
6   *Friedrich Engels*, Der Europäische Krieg, in: Marx-Engels-Werke, Bd. 10, Berlin, 1960, S. 3-8, hier S. 8.
7   Marx an Lassalle, 2.6.1860, in: Marx-Engels-Werke, Bd. 30, Berlin 1960, S. 540-549, hier S. 547.
8   *Joseph Bloch*, Wo stehen wir jetzt?, in: Sozialistische Monatshefte 21, 1915, S. 789-797, hier S. 790; http://library.fes.de/cgi-bin/digisomo.pl?id=02075&dok=1915/1915_16&f=1915_0789&l=1915_0797 [10.7.2017].

allein geschieht nichts, es braucht schon, so Blochs Überzeugung, politische Akteure, die der geschichtlichen Notwendigkeit zum Durchbruch verhelfen. Das ist der politische Teil seines geopolitischen Ansatzes.

3 Blochs Fixpunkt: Französisch-Deutsch-Europa

Als Sozialist ist sein erster Fixpunkt dabei die deutsche Arbeiterklasse, die sich zwar zunächst einmal um deutsche Angelegenheiten kümmern muss, aber diese weisen bereits über den engen deutschen Rahmen hinaus: »[D]enken wir [...] als Deutsche an das Schicksal des deutschen Volkes und als Sozialisten an die Entwicklung der gesamteuropäischen Produktivkräfte.«[9] Sein zweiter Orientierungspunkt lag außerhalb des Reiches. Er verehrte Frankreich, das mit seinen Ideen von 1789 die ungeteilte, gleiche Freiheit aller Menschen verkündet habe, und er verachtete England, das durch wohlkalkulierte, aber gehaltlose Gleichgewichtspolitik die übrigen europäischen Staaten gegeneinander ausspiele, um sein Weltreich zu stützen. Dagegen müssen sich nun, so Bloch, die kontinentaleuropäischen Staaten zusammenschließen, angeführt von Frankreich, der moralisch-politisch integersten Nation, die aber bei der Führung des Kontinents auf Deutschlands demografisches, ökonomisches und organisatorisches Gewicht nicht verzichten kann. Zusammen könnten Paris und Berlin ein kontinentaleuropäisches Imperium schaffen, das in der Lage ist, den bereits bestehenden oder sich gerade formierenden Imperien die Stirn zu bieten. Die Französische Revolution war ihm die vorläufige Aufgipfelung des europäischen Genius. Auf ihm soll das Imperium Europa errichtet werden, getragen von den vier Säulen Jerusalem, Athen, Rom und Paris. Nordafrika und der Nahe Osten gehören auch dazu, weil von dort Monotheismus, Recht und das Alphabet stammen, die kulturellen Wurzeln Europas verortete Bloch auch hier. Deutlich wird die geokulturelle Fundierung seiner

---

9   Bloch, Wo stehen wir jetzt?, S. 794.

Imperienidee; die ökonomischen Kräfte sollen den kulturellen dienen, Kultur ist der wahre Träger der fortschrittlichen europäischen Moral. Dass es ein Imperium geben muss, ist Resultat eines äußeren, ökonomischen Drucks: Die Handlungsfähigkeit des Nationalstaats schwindet, weil die Weltwirtschaft über ihn hinausweist. Wenn diese sich entwickelt, hat jener es immer schwerer, Schritt zu halten mit den wirtschaftlichen Kräften, die ihm über den Kopf zu wachsen drohen. Der Druck auf die politischen Entitäten kommt also von der Makroebene. Bloch leitet daraus ein Kooperationsgebot ab, um die verloren gegangene Handlungsfähigkeit des Nationalstaats auf höherer, imperialer Ebene wiederherzustellen. Dass es Imperien geben muss, ist also eine ökonomische Notwendigkeit – wie die Ordnung des Imperiums im Innern ausgestaltet wird, ist dagegen eine Frage des politischen Willens, die sich aber in den Bahnen der Kultur bewegen muss.

4 Bloch und der Krieg

Seine welt- und europapolitische Konzeptionen trieben Bloch auf die Seite der Befürworter des Krieges gegen England und Russland, auch wenn dieser zugleich gegen Frankreich geführt werden musste. Er gestand: »Daß es gleichzeitig auch gegen Frankreich ging, war uns wohl ein Schmerz.«[10] Aber es musste sein, weil der Feind dahinter in Wahrheit ein anderer war. Es gehörte schon ein theoretischer Kunstgriff dazu, um aus der Frankophilie heraus einem Krieg gegen Frankreich zuzustimmen.

Auch wenn er von Nationen sprach, weil man damals eben von Nationen sprach, ging es Bloch immer um einen Kampf der Prinzipien: Das abstrakt Partikular-Nationale war seine Sache nicht, und er begrüßte jene konkrete Partikularität, die (beinahe) mit der Uni-

---

10 *Joseph Bloch*, Der Krieg und die Sozialdemokratie, in: Sozialistische Monatshefte 20, 1914, S. 1023-1027, hier S. 1025; http://library.fes.de/cgi-bin/digisomo.pl?id=02233&dok=1914/1914_16&f=1914_1023&l=1914_1027 [10.7.2017].

versalität der Menschheit zusammenfällt: Frankreich. Bloch war überzeugt, »daß die Arbeit für die Menschheit selber nur durch die Nationen gehen kann.«[11] Die Nation war ein Durchgangsstadium, eine »Schicksalsgemeinschaft der Vergangenheit, die zur Willensgemeinschaft der Zukunft«[12] werden müsse. Seine Gegnerschaft zu England überwog die Liebe zu Frankreich. Erst musste der Feind beseitigt werden, dann konnte man sich dem Freund zuwenden. England war für ihn der Hort des Reichs der Zwecke, Frankreich dagegen die Avantgarde des Reichs der Freiheit. Auf ihre Art und Weise ein Imperium zu führen blieb das nicht ohne Wirkung: Englands Imperialismus war in den Augen Blochs kühl-kalkulierend und musste exklusiv bleiben, Frankreichs Kontinentaleuropa dagegen konnte ein inklusives Imperium sein.

Blochs Logik im Krieg ist eine politische. Der Militär mag alle Feinde gleichbehandeln mit dem Ziel, sie auszuschalten, der Politiker aber verfügt über mehr Weitblick und er muss sich bereits Gedanken machen über die Zeit nach dem Krieg. »Für ihn sind daher nicht alle Kriegsgegner Feinde schlechthin«[13]. England mag einer sein, die Kontinentalstaaten sind es nicht, mit Frankreich und Russland werde man sich schon einigen können, so die Vorstellung Blochs.

Der erste Satz, den er über den Krieg schreibt, gibt bereits klar die Marschrichtung vor: »Der Ausbruch des Krieges brachte die Einigung des deutschen Volkes. Der Kampf der Klassen wurde unterbrochen. An seine Stelle trat, da der Bestand des Ganzen bedroht war, die Solidarität der Klassen.«[14] Der Klassenkampf muss nun schweigen, weil der gesellschaftliche Hauptkonflikt schlagartig in die internationale Sphäre getragen wurde, wo andere Maßstäbe gelten. Hier gilt es, zunächst einmal das Überleben der Nationen zu sichern, um daraus später etwas Größeres zu formen, das die vielen Einzelnationen zusammenfasst zu einem autarken Bund. Blochs fester Glaube war, Deutschland sei überfallen worden von England, aber man

---

11 Ebd., S. 1024.
12 Zit. n.: *Grab*, Joseph Bloch, S. 253.
13 *Bloch*, Wo stehen wir jetzt?, S. 792.
14 *Bloch*, Der Krieg und die Sozialdemokratie, S. 1023.

solle sich nicht täuschen: Der Angriff gelte in Wahrheit der Kontinentaleinigung, also auch Frankreich und den übrigen Staaten, die der perfiden englischen Verschleierungsstrategie auf den Leim zu gehen drohen und sich nun gegen Deutschland wenden. Er schreibt: »daß die politische Führung des ganzen Feldzugs von London ausging, daß die übrigen, Großbritannien alliierten Mächte, wenn sie auch ihre eigenen Ziele verfolgten, doch im wesentlichen sich den englischen Intentionen fügten und die englische Ermattungsstrategie zu der ihren machten«[15] Warum ist England so kriegslüstern? Es »hat von Anfang an den Krieg als Wirtschaftskrieg, als Krieg um die Herrschaft auf dem Meer und übersee geführt.«[16] Das Gebot der Selbstverteidigung zwingt, so Bloch, mitunter zum Gebrauch völkerrechtlich illegaler, aber dennoch legitimer Mittel, wenn es etwa darum geht, die Neutralität Belgiens zu missachten, um den ohnehin kriegsgewillten Engländern die strategische Stellung zu beschädigen: »Auch hier stand die wahre Ethik gegen das kodifizierte Recht.«[17]

War Bloch Patriot? Zumindest sah er Deutschland in der Pflicht, sich gegen den Krieg, den man ihm aufgezwungen hatte, zu verteidigen. Die bestehende Weltordnung war zu eng geworden, sie diente nur noch dazu, die Kräfte des Reiches zu hemmen und England oben zuzuhalten: »Deutschland muß sich sein Recht auf Auswirkung seiner produktiven Kräfte gegen England erkämpfen, das seine durch innere Leistungen nicht mehr begründete Monopolstellung durch Gewalt und durch Niederhaltung des Neuheraufkommenden aufrechterhalten will.« Das aber, so Bloch, widerspricht dem deutschen Wesen, denn »[d]ie Deutschen sind ein Volk der Weltwirtschaft; ihre wirtschaftliche Potenz verweist sie auf eine Betätigung übersee, die Freiheit der Meere ist für sie kein Schlagwort, sondern Lebensnotwendigkeit, die englische Meeresdiktatur ist daher unvereinbar mit der Erfüllung deutscher Zukunftsaufgaben.«[18] Aber die Entfaltungsfreiheit für Deutschland diente einer größeren, kontinentaleuropäi-

---
15 *Bloch*, Wo stehen wir jetzt?, S. 789.
16 Ebd.
17 *Bloch*, Der Krieg und die Sozialdemokratie, S. 1025.
18 *Bloch*, Wo stehen wir jetzt?, S. 790.

scheren Sache und darin unterschied sich Bloch von den deutschnationalen Zielsetzungen der politischen Rechten. Sein Streben ging auf Europa, ein gestärktes Deutschland war nur ein Mittel. Eine Sache, die ihm die Kriegsbefürwortung leicht gemacht haben dürfte, ist seine Fehleinschätzung der deutschen Kräfte. Man könne »mit Sicherheit annehmen, daß man den Deutschen, bei aller Kraft und Tapferkeit der feindlichen Armeen, militärisch nicht mehr beikommen wird.«[19]

Mitunter klingt Bloch in auswärtigen Angelegenheiten wie ein Realpolitiker, der nicht gewillt ist, zu weit in die Interessensphären des Nachbarn hineinzulangen. Von Anfang an war er gegen jede Annexion, die eine gute Nachbarschaft in Friedenszeiten nur erschweren würde. Durchkreuzt wird dieses realpolitische Muster, das jedem Handelnden seine legitimen Interessen zugesteht, jedoch durch eine erstaunliche Gleichsetzung von Nationen und Klassen, die er an manchen Stellen vornimmt. Den Gegnern des Burgfriedens hält er entgegen: »Sie sollten doch vor allem ihrer Pflicht als Sozialisten eingedenk sein die Kräfte der deutschen Arbeiterklasse zu schützen, die von dem Gewaltstreben der englischen Bourgeoisie bedroht sind.«[20] Die Engländer hat er so gehasst, dass er sie ganz der Bourgeoisie zuschlug. Ihre Sache fand er nicht legitim. Darum seine Befürwortung einer harten Gangart gegen England, die auch vor großkriegerischen Vergleichen nicht zurückschreckt: Deutschlands Krieg versteht er als Fortsetzung der napoleonischen Idee, die 100 Jahre zuvor scheitern musste, »weil die Zeit ökonomisch noch nicht reif für sie war: die Befreiung der Welt von dem Druck der britischen Alleinherrschaft zur See, als Vorbedingung der Zusammenfassung der europäischen Festlandmächte zu einem einheitlichen Wirtschaftsgebilde.«[21]

Zunächst tritt Bloch auch für einen Krieg gegen das zaristische Russland ein, sein Ton ist scharf:

---

19 Bloch, Wo stehen wir jetzt?, S. 795.
20 Ebd.
21 Ebd., S. 797.

»[J]edem, auch dem dogmatisch völlig Verbildeten, war es sofort klar, daß der Kampf gegen Rußland zugleich ein Kampf der Menschenwürde gegen Menschenerniedrigung ist. Indem wir gegen Rußland gehen, bewahren wir nicht nur unsere eigene Freiheit, sondern bringen diese Freiheit auch den von Rußland unterdrückten Fremdvölkern, ja dem russischen Volk selbst.«[22]

Ein Jahr später klingt er schon deutlich weniger zivilisationsmissionarisch und er hat Verständnis für die russische Sache. Spätestens ab Tannenberg trat er für einen Separatfrieden mit Russland ein. Die Februarrevolution begrüßte er, sie schien ihm jenes freiheitliche und sich nach außen selbst bescheidende Russland zu begründen, auf dessen gute Nachbarschaft er hoffte. Ludendorffs strategischer Leninismus war ihm darum suspekt.

Wir sehen die Milde des Bloch'schen Kontinentalimperiums: Selbst dort, wo das europäische Imperium seine Ränder hat, begegnet es keinen Feinden; sein Imperium sollte nach friedlicher Koexistenz streben »mit einem befreiten und freiheitlichen Rußland als Nachbarn«[23]. Die »Ausdehnungssucht des russischen Reiches« sei kein Problem von Dauer. Im Osten wurde ihm bereits durch die japanische Gegenmacht Grenzen gesetzt, im Süden steht England im Weg und auch im Westen wird man es zügeln können. Deutschland ist stark genug und überdies findet es »den Wall der Eroberungssucht [...] in dem erstarkten Nationalbewußtsein der Völker selbst, gerade auch der südslawischen«[24], die zwar ein Bündnis mit, aber keine Unterwerfung unter Russland wollen. Bloch mahnt zu missionarischer Bescheidung: Natürlich müsse man die russische Freiheitsbewegung mit Wohlwollen betrachten, aber man solle sich hüten, seine Nase allzu tief in auswärtige Angelegenheiten zu stecken:

---

22 *Bloch*, Der Krieg und die Sozialdemokratie, S. 1025.
23 *Anna Siemsen*, Ein Leben für Europa. In memoriam Joseph Bloch, Frankfurt a. M. 1956, S. 15.
24 *Bloch*, Wo stehen wir jetzt?, S. 792.

»Wir dürfen uns aber nicht die Mission aufreden lassen, Rußland vernichten zu wollen. Wir kämpfen um die Sicherung unseres Daseins und denken nicht daran, die Zukunftsentwicklung eines anderen, dieses jugendkräftigen russischen Volkes unterbinden zu wollen und damit das selbe historische Unrecht zu begehen, das England uns gegenüber eben begangen, und das den Weltkrieg entfesselt hat.«[25]

Zu Blochs politischer Lehre gehört auch die realpolitische Bescheidung. Sein Imperium soll eben nicht grenzenlos imperialistisch wüten und die Welt beseelen mit dem eigenen Glücksanspruch. Stattdessen gilt es, sich herauszuhalten aus den Angelegenheiten benachbarter Imperien. An den Grenzen begegnet man Gleichen und diese hat man zu respektieren.

Bloch war für einen Krieg, der gegen England geführt werden musste. Doch anders als etwa einigen Figuren aus dem Kreis um Lensch, Cunow und Haenisch öffnete ihm der Burgfrieden nicht die Tür zu einem neuen, offen nationalistischen Weg. Seine Franko- und Europhilie ließen ihn auch nach dem Krieg an seiner Idee von Kontinentaleuropa festhalten, die er in den Folgejahren noch weiterentwickeln sollte. Er trat für eine Erfüllung des Versailler Vertrags ein und jedem aggressiven Nationalismus entschieden entgegen. Locarno begrüßte er, aber das führt schon über den hier zu behandelnden Zeitraum des Ersten Weltkriegs hinaus.

---

25 Ebd.

Der Weg zur Parteispaltung

Bernward Anton

Wolfgang Heine und die »Erfindung« der Burgfriedenspolitik

Die lange Vorgeschichte der sozialdemokratischen Parteistrategie im Ersten Weltkrieg

Die berühmte Entscheidung der SPD-Reichstagsfraktion vom 3./4. August 1914 für die Burgfriedenspolitik, das heißt für eine loyale Zusammenarbeit mit der Regierung unter Verzicht auf ernsthafte Oppositionspolitik, hatte langfristige und gravierende Folgen, über die bereits viel geforscht, gestritten und diskutiert worden ist. Weitgehend übersehen wurde dabei, dass diese Entscheidung die Umsetzung eines von langer Hand vorbereiteten und über viele Jahre hinweg ausgearbeiteten Konzeptes war.[1] Dem möglichen Verdacht, es habe sich hier um eine Art »Hinterzimmer-Verschwörung«

---

1 Eine genauere Darstellung der Vorgänge im Vorfeld der Parteispaltung und der dabei maßgeblichen Personen ist in meiner Dissertation enthalten: »Selbst wenn Fehler gemacht werden, sollten sie geschlossen gemacht werden [...]. Deshalb war es ein unkluges, politisch sehr schädliches Beginnen, daß die ›unabhängige‹ Partei sich begründet hat.« *Bernward Anton, Die Spaltung der bayerischen SPD im*

gehandelt, wie sie im politischen Betrieb nicht selten vorkommt, soll sogleich widersprochen werden. Die Vorstöße von Wolfgang Heine (1861–1944) – der bislang vor allem durch seine spätere Rolle als preußischer Innenminister bekannt ist – und seinen Mitstreitern zur Strategiedebatte der Partei wurden in der Regel auf den üblichen, das heißt öffentlichen Kanälen lanciert. Hier gab und gibt es keinerlei »Geheimnis«, das erst aufgedeckt werden müsste.

Das im Folgenden als »Kompensationsstrategie« – ein Begriff, der auf den zeitgenössischen Sprachgebrauch zurückgeht – bezeichnete Konzept wurde bei Kriegsausbruch zur offiziellen Politik der SPD. Diese von Heine »erfundene« Strategie sah ursprünglich vor, dass die SPD im Parlament konstruktiv mitarbeitete (etwa durch die Zustimmung zum Etat, insbesondere bei Militärausgaben) und im »Gegenzug« von der Regierung die Gewährung von »Volksrechten« verlangte beziehungsweise erwartete (und schließlich erhalten sollte). Dieser Ansatz wird als Vorstufe zu der von der SPD im Weltkrieg eingeschlagenen »Integrationsstrategie« betrachtet. In Anlehnung an Wolfgang Kruse wird hier mit der »Integrationsstrategie« vor allem eine Interpretation in Verbindung gebracht, der zufolge die Burgfriedenspolitik der SPD in *erster* Linie durch das Bestreben motiviert war, durch aktive Unterstützung der Regierung die bisherige Benachteiligung und Ausgrenzung der Partei überwinden und innen- beziehungsweise verfassungspolitische Konzessionen erreichen zu können, was endlich die Beendigung der verfassungspolitischen Stagnation der Vorkriegszeit bedeutet hätte.[2]

***

Wo war nun der Ausgangspunkt der hier zu beschreibenden Entwicklung? Auf dem SPD-Parteitag in Hamburg, das heißt bereits im

---

Ersten Weltkrieg und die Entstehung der USPD. Vorgeschichte – Verlauf – Ursachen, Augsburg 2015 (zugänglich über das OPUS-System der Universitätsbibliothek Augsburg).

2 *Wolfgang Kruse*, Krieg und nationale Integration. Eine Neuinterpretation des sozialdemokratischen Burgfriedensschlusses 1914/15, Essen 1994.

Jahr 1897, brachte der Reichstagsabgeordnete Max Schippel die Bewilligung von Militärausgaben durch die SPD als neue taktische Variante ins Spiel.[3] Schippels Vorschläge bedeuteten letztlich nichts anderes, als dass die SPD (sachlich begründeten) Ausgaben – gerade im Kriegsfall – auf *jeden* Fall zuzustimmen habe, da diese ja dem Schutz der Arbeiterschaft dienten. Die nicht ganz unwichtige Frage, *wie* es zum Krieg gekommen war, das heißt, welche Rolle die deutsche Regierung dabei gespielt hatte, wurde dabei vollkommen ausgeblendet. Genau diesem Muster folgte die Mehrheit der SPD-Führung dann zu Beginn des Weltkrieges.

Den nächsten Schritt bildete die sogenannte »Kompensationsrede«, die Heine am 10. Februar 1898 auf einer SPD-Wahlkreisversammlung in Berlin hielt, auf der er sich als Reichstagskandidat bewarb. Auf die Äußerungen Schippels auf dem vorangegangenen Parteitag angesprochen, versicherte Heine, dass er der *gegenwärtigen* Regierung keine Rüstungsausgaben bewilligen würde, fügte jedoch hinzu: »Sollten wir aber einmal eine volksfreundliche Regierung bekommen, so würde er (Heine) auch notwendige Kanonen bewilligen, wenn wir ein Kompensationsobjekt dafür erhalten.«[4] Soweit bisher ersichtlich sprach Heine hier zum ersten Mal von »Kompensationspolitik«, die er als »höchst wirksames Mittel im Kampf um die politische Macht« ansah, und stellte in Aussicht, die SPD würde die Militärpolitik der Regierung unterstützen, falls im Gegenzug die von der Partei geforderten »Volksrechte«[5] gewährt werden würden. Damit war die Basis der späteren Integrationsstrategie erstmals formuliert. Faktisch handelte es sich dabei um einen »Deal«, der einen Tausch »Unterstützung in der Militärpolitik« gegen »Abbau der verfassungs-

---

3   Vgl. Protokoll über die Verhandlungen des Parteitages der Sozialdemokratischen Partei Deutschlands, abgehalten zu Hamburg vom 3. bis 9. Oktober 1897, Berlin 1897, S. 121 f.
4   Zit. n.: *Veli-Matti Rautio*, Die Bernstein-Debatte. Die politisch-ideologischen Strömungen und die Parteiideologie in der Sozialdemokratischen Partei Deutschlands 1898–1903, Helsinki 1994, S. 42.
5   Zit. n.: *Nikolaj Ovcarenko*, Zum Militärprogramm der deutschen Sozialdemokratie an der Wende vom 19. zum 20. Jahrhundert, in: Jahrbuch für Geschichte 10, 1974, S. 295-341, hier S. 318.

rechtlichen Diskriminierung der Arbeiterschaft« vorsah. Nachdem Heine auf harsche Kritik mit einer Stellungnahme geantwortet hatte, in der er wieder »zurückruderte«, erklärte auch die Reichstagsfraktion, die ihn extra »vorgeladen« hatte, die Angelegenheit für »erledigt«[6]. Das war sie – wie sich erst allmählich zeigen sollte – allerdings keineswegs, obwohl die Fraktion zu dem Schluss gekommen war, dass Heine von der Parteilinie nicht abgewichen sei, und der Parteivorstand darauf drängte, die Diskussion zu beenden.

Auf dem Stuttgarter Parteitag von 1898 übten Vertreter des linken Flügels scharfe Kritik an Heines Vorstoß; dieser blieb davon unbeeindruckt und erwiderte seinen Gegnern:

> »Ich weiß, daß es nur zwei Möglichkeiten gibt, die Macht des Proletariats zu begründen. Entweder man setzt den herrschenden Klassen die Pistole des Bewilligungsrechts im Parlament auf die Brust oder – die wirkliche Pistole. Daß wir auf den zweiten Weg verzichten müssen, hat noch der alte Engels kurz vor seinem Tode auseinandergesetzt. Ihm stimme ich bei. Bleibt also nur der andere Weg. Nennt ihn Schacherpolitik, oder wie ihr wollt, aber verlangt nicht, daß ich ihn wegwerfe, ehe Ihr einen dritten gezeigt habt.«[7]

Die ausufernde Debatte zu dieser Frage endete, ohne ein konkretes Ergebnis zu erbringen. Die offenen Befürworter der Kompensationspolitik blieben auf dem Parteitag letztlich in der Minderheit, bildeten aber eine nicht mehr zu vernachlässigende Gruppe, die auch in der Sache nicht nachgab. Nachdem der Streit um die Kompensationsstrategie auch auf dem darauffolgenden Parteitag noch einmal auf die Tagesordnung gekommen war, verharrte er von nun an auf allen Parteitagen unterhalb der Schwelle zu einer »Großdebatte«. Das

---

6 *Georg Ledebour*, Wie die Sozialdemokratie an den Opportunismus gewöhnt wird, in: Sozialistische Monatshefte, Nr. 4, April 1898, S. 169-178, Zitat: S. 175.
7 Protokoll über die Verhandlungen des Parteitages der Sozialdemokratischen Partei Deutschlands, abgehalten zu Stuttgart vom 3. bis 8. Oktober 1898, Berlin 1898, S. 130.

Thema blieb aber im Hintergrund stets präsent und Beiträge dazu wurden in der (Partei-)Öffentlichkeit durchaus publik gemacht.

***

An dieser Stelle soll kurz auf das Verhältnis zwischen Eduard Bernstein und Heine eingegangen werden. In der Forschung zur Vorkriegssozialdemokratie hat Bernstein mit seinen Thesen ungleich mehr Resonanz als Heine gefunden. Durch die zeitgenössische Gewichtung der parteiinternen Aufmerksamkeit ist dies zum Teil, aber keineswegs völlig gedeckt. Auch wenn die Ansätze Bernsteins und Heines keineswegs kongruent waren, hängt ihre Wirkungsgeschichte miteinander zusammen. Im Windschatten des Revisionismusstreits, der den Großteil der Energien der parteiinternen Debatten band, wurden von Heine und Schippel Ideen formuliert und propagiert, die langfristig weit mehr Einfluss auf die Politik der SPD gewannen als alle gelehrten Schriften und Reden Bernsteins. Heines Strategie wurde schließlich zu Beginn des Weltkrieges umgesetzt, während der viel beachtete Revisionismus 1914 überhaupt keine Rolle mehr spielte.

Heine bezeichnete sich nicht von ungefähr als »Nichttheoretiker«[8] und stellte die Partei*praxis* in den Mittelpunkt seiner Überlegungen; er gestand: »mich läßt auch die ganze papierne Fehde gegen einen künstlich zurechtgemachten Revisionismus kalt.«[9] Bernstein hingegen betonte von Anfang an, dass es ihm vor allem um die Partei*theorie* ging. Heine attestierte Bernstein bereits 1903 »gänzliche politische Unfähigkeit« und befürchtete: »Der hat uns schon so viel geschadet und wird uns noch viel mehr verderben.«[10] Zu einer echten Zusam-

---

8 *Wolfgang Heine*, Demokratische Randbemerkungen zum Fall Göhre, in: Sozialistische Monatshefte, H. 4, April 1904, S. 281-291, hier S. 289.
9 Protokoll über die Verhandlungen des Parteitages der Sozialdemokratischen Partei Deutschlands, abgehalten zu München vom 14. bis 20. September 1902, Berlin 1902, S. 121.
10 Wolfgang Heine an Georg von Vollmar, 6.7.1903, zit. n.: *Dieter Fricke*, Zum Bruch Eduard Bernsteins mit den »Sozialistischen Monatsheften« im Herbst 1914, in: BzG 17, 1975, S. 454-468, hier S. 455.

menarbeit der beiden Reizfiguren kam es denn auch zu keinem Zeitpunkt, so oft sie auch von ihren Gegnern, gerade von August Bebel, in einem Atemzug genannt wurden. Rosa Luxemburg differenzierte insofern, als dass der »Opportunismus« seine konsequente Ausbildung »theoretisch bei *Bernstein* und praktisch bei *Heine* gefunden«[11] habe, wobei die »Bernsteinsche Kritik unseres *theoretischen* Guthabens [...] zweifellos eine höchst verhängnisvolle Erscheinung [ist]. Allein der *praktische* Opportunismus ist für die Bewegung unvergleichlich gefährlicher.«[12] Trotz dieser – im Nachhinein lässt sich sagen: völlig richtigen – Erkenntnis entschied sich Luxemburg 1898, »daß eben die Bernstein-Frage jenes große Werk sein muß, das ich zu schreiben habe.«[13]

Auch deshalb führte sie ihren publizistischen Hauptkampf in den Folgejahren nicht gegen Heine, sondern gegen Bernstein, später dann auch gegen Karl Kautsky. Dass sich Heines Ansichten in der Partei langsam durchsetzen konnten (bzw. dass alle Versuche seiner Gegner, ihm eine offizielle Missbilligung auszusprechen, scheiterten), lag vor allem an der geschickten Netzwerkbildung. Frühzeitig trat Heine in enge Verbindung zum bayerischen SPD-Vorsitzenden Georg von Vollmar, der stets seine schützende Hand über ihn hielt. Die reformistischen süddeutschen Landesverbände reagierten auf ihre bis 1910 minoritäre Position in der Partei mit enger Kooperation, symbolisiert durch die sogenannten »Sonderkonferenzen«, und verschafften Heine damit weiteren Rückhalt. Auch zur Generalkommission der Freien Gewerkschaften knüpfte Heine Kontakte, die sich noch als sehr wertvoll erweisen sollten.

---

11 Artikelserie aus der Sächsischen Arbeiterzeitung vom 12.–14.10.1898, abgedruckt in: *Rosa Luxemburg*, Gegen den Reformismus, eingel. u. bearb. v. *Paul Frölich*, Berlin 1925, S. 150-161, hier S. 152.
12 Artikelserie aus der Leipziger Volkszeitung vom 20.–26.2.1899, abgedruckt in: ebd., S. 132-149, hier S. 141.
13 Rosa Luxemburg an Leo Jogiches, 12.12.1898, zit. n.: *Annelies Laschitza*, Im Lebensrausch, trotz alledem. Rosa Luxemburg. Eine Biographie, 2. Aufl., Berlin 2002, S. 120.

***

Während diese Vorgänge eher im Verborgenen stattfanden, gab es einige Jahre später einen höchst öffentlichkeitswirksamen Tabubruch. Mit einem spektakulären Vorstoß, das heißt einer Rede zum Thema »Vaterlandsverteidigung« im Reichstag, spielte sich im April 1907 Gustav Noske in den Vordergrund. Eine Missbilligung Noskes auf dem darauffolgenden Parteitag in Essen unterblieb, was zeigte, wie sehr die Verhältnisse in der Partei inzwischen ins Rutschen geraten waren, wie weit die Unterstützung der »Kompensationspolitik« bereits reichte. Vordenker des rechten Parteiflügels blieb im Hintergrund allerdings stets Heine, der im gleichen Jahr eine folgenschwere Gedankenkette ausbreitete:

> »Freilich ist es wahr, dass man sich [...] kaum auf spitzfindige Unterscheidungen zwischen Angriffs- und Verteidigungskrieg einlassen kann. Die Frage hiernach mag in der Tat meist schwer genug zu entscheiden sein und wird in keinem Fall unstreitig sein. Ebenso *leicht* aber wird es immer sein, sich klar zu werden, ob Deutschland *gefährdet* ist. [...] Das deutsche Volk und die deutsche Kultur dürften wir es nicht entgelten lassen, wenn seine herrschenden Klassen sie in Gefahr gebracht hätten. Auch wir müssten zu den Waffen greifen, nicht um die Macht der Regierung und der herrschenden Klassen zu sichern, sondern für unser Volk und seinen besten Besitz; dies wäre der wahre Preis des Kampfes, selbst dann, wenn wieder, wie gewöhnlich, die Herrschenden verstehen würden, für sich die unmittelbarsten Vorteile der kriegerischen Abwehr des Feindes einzuheimsen. [...] Haben wir aber trotzdem den Krieg nicht hindern können, so würde das Volk, bedroht in seinen Grenzen, seinem Eigentum, seiner Sicherheit und Freiheit, sich nicht gefallen lassen, dass wir erst Betrachtungen anstellten und uns herumstritten, wer die Schuld daran trüge.«[14]

---

14 *Wolfgang Heine*, Wie bekämpfen wir den Militarismus?, in: Sozialistische Monatshefte, H. 11, November 1907, S. 911-918, hier S. 915 f.

Dieser eigentümlichen Mischung aus Hellsichtigkeit und Engstirnigkeit lag eine scheinbar zwingende »Logik« zugrunde: Ein Krieg, dessen Ursachen nicht genau zu bestimmen waren, bedeutete eine Gefährdung des Vaterlandes, an deren Abwehr sich die Sozialdemokratie aus legitimen und vernünftigen Gründen aktiv beteiligen müsste; eine Unterstützung der Regierung wäre demnach zwingend notwendig, unabhängig davon, welche Politik sie zuvor betrieben hatte. Was die Vermeidung eines Krieges anging, bliebe der Sozialdemokratie nicht viel mehr übrig als wohlmeinende Appelle an die Machthaber zu richten. Diese konnten – im Fall, dass sich Heines Ansichten durchsetzten – mit Sicherheit auf die Unterstützung der Sozialdemokratie rechnen, was ihre Abneigung gegenüber einer kriegerischen Auseinandersetzung gewiss nicht erhöhte. Zu ergänzen ist hier noch: Durch intensive polizeiliche Überwachung zeigte sich die Reichsregierung über die parteiinternen Vorgänge in der SPD in der Regel sehr gut informiert.

***

Neben diesen parteistrategischen und eher machttaktischen Überlegungen gilt es noch einen weiteren Punkt im Auge zu behalten, der bislang deutlich zu wenig beachtet wurde. Auf dem rechten Flügel der SPD fand spätestens seit der Jahrhundertwende eine ideologische Annäherung an den herrschenden »Zeitgeist« statt, der überwiegend von den konservativen Eliten und nationalistischen Agitationsverbänden geprägt wurde. An dieser Stelle können keine ausführlichen Zitate den Ton der einschlägigen Artikel illustrieren. In den Meinungsbeiträgen des rechten SPD-Flügels lässt sich jedenfalls eine starke Identifikation mit dem gegebenen »autoritären Machtstaat« feststellen, dessen besondere Friedfertigkeit betont wurde (wodurch auch die »Kriegsunschuldlegende« bereits vorweggenommen wurde).

Weitere Ideologeme, die im Krieg eine Konjunktur erleben sollten, wurden im sozialdemokratischen Diskurs lange zuvor eingeführt. Etwa das Konzept der »Volksgemeinschaft«[15] durch Eduard David, das quer zum marxistischen Klassendenken und zum tradierten Internationalismus stand. Wie sehr sich Teile der Sozialdemokratie den Deutungsmustern der »staatstragenden« Schichten, mitunter selbst denen der Alldeutschen angenähert haben, bedürfte dringend einer genaueren mentalitätsgeschichtlichen Untersuchung. Bereits jetzt lässt sich sagen, dass sehr Vieles von dem, was ab 1914 virulent wurde, bereits lange zuvor präfiguriert worden war. Die Positionen, die die Gruppe um Heine und David vertrat, hatten sich frühzeitig verfestigt und verhärteten sich im Weltkrieg noch weiter; auf substanzielle Kritik folgte nur noch verständnislose Feindseligkeit, die die spätere Gewalttätigkeit gegenüber ehemaligen Parteigenossen erst möglich machte.

***

Einen maßgeblichen Schritt in Richtung der späteren Burgfriedenspolitik stellte 1913 die Zustimmung der SPD-Reichstagsfraktion zur Deckungsvorlage für die Heeresvermehrung dar. Diese Entscheidung wurde auf dem darauffolgenden Parteitag in Jena mit deutlicher Mehrheit abgesegnet. Die prinzipiellen Gegner einer Zustimmung zu Militärausgaben fanden sich nun zum ersten Mal in der Minderheit wieder[16]; die Befürworter der Kompensationspolitik hatten damit einen weiteren Etappensieg errungen. Grundlage der neuen Mehrheitsbildung war ein ausgeklügeltes Zusammenspiel zwischen Parteivorstand, Gewerkschaftsführern und Exponenten der Rechten, das Modellcharakter haben sollte (allerdings

---

15 Zur Genese des Begriffs »Volksgemeinschaft« im 19. Jahrhundert und seiner Rolle im sozialdemokratischen Diskurs vor 1914 arbeite ich an einer eigenen Studie.

16 Die Debatte zur Steuerfrage bezog sich vor allem auf den Streit über die Haltung zur Militär- und Deckungsvorlage, der kurz zuvor in der Reichstagsfraktion stattgefunden hatte. Ein von Luxemburg und Ledebour gemeinsam auf dem Parteitag eingebrachter Antrag sah vor, dass die Reichstagsfraktion alle militärischen Posten im Etat grundsätzlich ablehne, unabhängig davon, wie sie finanziert werden sollten. Der Antrag wurde mit 336 gegen 140 Stimmen, d. h. fast mit dem gleichen Ergebnis wie Luxemburgs Antrag zur Massenstreikfrage, abgelehnt.

Der Weg zur Parteispaltung

1910 in dieser Form noch nicht unbedingt absehbar gewesen war[17]). Rückblickend betrachtet brachte der Verlauf des Parteitages von 1913 das entscheidende Umkippen der Kräfteverhältnisse in der Partei; diesem Vorgang war eine mehrjährige »Inkubationszeit« vorangegangen, deren Wirkung nun auf einen Schlag sichtbar wurde. Nahezu alle Voraussetzungen für die Burgfriedenspolitik waren damit gegeben.

In einem am 18. Juni 1914 – das heißt zehn Tage vor dem Attentat von Sarajevo – veröffentlichten Aufsatz setzte Heine schließlich gleichsam den Schlussstein in das Gedankengebäude der von ihm seit Jahren vertretenen Doktrin, die kurz darauf ihre große Chance erhalten sollte. Heine schrieb:

> »Aber nicht nur die Neuwahl kann vor uns stehen, ehe wir es erwarten, sondern eine viel wichtigere Entscheidung, von der die Zukunft der sozialistischen Idee im deutschen Volke abhängen wird. Manchmal liest man in der sozialdemokratischen Literatur von dem unvermeidlichen ungeheuren Krieg, der die alte Welt verbrennen werde, um aus der Asche die neue erstehen zu lassen. Hoffen wir, daß er der Welt gänzlich erspart bleibe. Das eine jedenfalls mache man sich klar: In dem unausdenkbaren Elend, das dieser Zusammenstoß der Völker erzeugen müßte, würde kein Mensch mehr fragen, welche Partei am meisten den Frieden gepredigt hätte, sondern diejenige würde von allen, gerade von den Arbeitern, die am schrecklichsten leiden müßten, zur Verantwortung gezogen werden, der man mit Recht oder Unrecht nachreden würde, sie hätte versagt, als es galt Gut und Freiheit und Leben zu schützen. Das soll nicht heißen, daß wir an dem Taumel des Wettrüstens teilnehmen sollten. Wohl aber, daß wir unsere Stellung zu diesen Problemen, die Art ihrer Prüfung und Erörterung in einer Weise orientieren müssen, die uns auf den schweren Moment vorbereitet

---

17 Auf dem Parteitag in Magdeburg (1910) hatte in der zentralen Frage der Budgetbewilligung durch die einzelnen Landtagsfraktionen der SPD der linke Parteiflügel einen klaren Sieg errungen (wobei sich der unterlegene rechte Parteiflügel allerdings weigerte, den Parteitagsbeschlüssen Folge zu leisten).

und uns dann die Freiheit einer neuen Entschließung nach den Bedürfnissen der Lage offen läßt. [...] Nichts [ist] verfehlter, als seine Politik von den Gegnern abhängig zu machen, sich von ihnen treiben zu lassen; sie treiben einen dahin, wo sie einen brauchen können. Oder sich treiben lassen von Ereignissen, sich zu trösten mit dem Warten auf den revolutionären Zusammenbruch, der doch einmal kommen müsse. Daß wir ihn nicht herbeiführen können, daß nur die Feinde der Arbeiter, die gehässigen Gegner von Freiheit und Kultur eine Freude an solchen Versuchen hätten, wissen glücklicherweise die meisten. Wer anders redet, ist ein Verräter am deutschen Volk. [...] Also bleibt eben nichts übrig als der Weg der Agitation und des Kampfes um die Macht auf dem Boden der heutigen Gesellschaft, die damit täglich eine andere wird. Was für diesen Kampf als Mittel geeignet ist, haben wir anzuwenden; was ihn schädigt, zu vermeiden.«[18]

Damit war in aller Deutlichkeit das Wesen der Integrationsstrategie ausformuliert, die nur wenige Wochen später von der SPD umgesetzt werden sollte. Die Dialektik aus drohender reaktionärer Wende im Innern und der Entstehung ganz neuer Perspektiven durch den Krieg vermochte Heine später ganz zwanglos aufzulösen:

»Wäre nun die Sozialdemokratie bei der für den Winter 1914 erwarteten Neuwahl zusammengebrochen, so wäre das nicht nur für sie, sondern für die ganze freiheitliche Entwicklung Deutschlands geradezu verhängnisvoll gewesen. Das Koalitionsrecht der Arbeiter wäre stark eingeschränkt worden und hätte, so weit es erhalten geblieben wäre, dies der Gnade des Zentrums verdankt. Das neue Strafgesetzbuch, das nicht nur die Arbeiterkoalitionen, sondern jede politische und geistige Agitation gefährdete und die Freiheit des Wortes bedrohte, wäre zur Annahme gelangt. Zwischen dem freiheitlichen Bürgertum und der Sozialdemokratie wäre eine

---

18 *Wolfgang Heine*, Schutz dem Koalitionsrecht!, in: Sozialistische Monatshefte, H. 12/13, 18.6.1914, S. 739-759, hier S. 757 f.

unausfüllbare Kluft entstanden, an der nur die äußerste politische Reaktion ihre Freude gehabt hätte. Wir standen sehr nahe an einer solchen Katastrophe; der Krieg hat uns davor gerettet.«[19]

So kurios es klingt: Nicht nur die sich bedroht fühlenden Eliten des Kaiserreiches versprachen sich vom Krieg einen »Ausweg« aus der politischen Sackgasse, sondern auch Teile der Sozialdemokratie sahen darin die »Rettung«. Ein zweifellos gewöhnungsbedürftiger Gedanke, der sich jedoch stringent belegen lässt. Nicht vergessen werden darf dabei allerdings, dass die erstaunlich reibungslose Umsetzung von Heines »Kompensationsstrategie« – wobei es sich in der Praxis um eine »Kompensationspolitik« ohne »Kompensationen« handeln sollte – noch einen bisher nicht genannten Grund hatte: Weder die maßgeblichen Kräfte im Parteivorstand um Friedrich Ebert noch das »linke Zentrum« um Hugo Haase, Kautsky und Wilhelm Dittmann hatten es vermocht, für den Kriegsfall eine praktikable oder auch nur diskussionswürdige Strategie zu erarbeiten (die von Luxemburg vertretenen Vorstellungen waren wenig realistisch und verfügten in der Partei über keinen nennenswerten Rückhalt).

Die Kompensations- beziehungsweise Integrationsstrategie war somit im wörtlichen Sinne »alternativlos«, was ein bezeichnendes Licht auf die Debatten in der SPD vor 1914 wirft. Einmal ins Werk gesetzt, entfaltete die dann »Burgfriedenspolitik« genannte Strategie ihre eigene Dynamik. Ihre Gegner, die vollkommen zu Recht auf die völlige Wirkungslosigkeit dieser Politik hinwiesen, wurden stigmatisiert und aus der Partei gedrängt; die Befürworter klammerten sich immer verbissener an die fixe Idee eines letztlich doch noch eintretenden Erfolges. Die Zusammenarbeit mit den konservativen Eliten führte die MSPD 1918/19 bis hin zum Bündnis mit reaktionären Militärs, das auch vor terroristischer Gewalt nicht zurückschreckte.[20]

---

19 *Wolfgang Heine*, Was soll die Sozialdemokratie tun?, in: Ders., Zu Deutschlands Erneuerung, Jena 1916, S. 178-190, hier S. 188.
20 Dazu jetzt die beeindruckende Darstellung von *Mark Jones*, Am Anfang war Gewalt. Die deutsche Revolution 1918/19 und der Beginn der Weimarer Republik, Berlin 2017.

Auch hier sollte Wolfgang Heine eine führende Rolle spielen, die von einem künftigen Biografen genauer ausgeleuchtet werden müsste.

Ernst-Albert Seils

Hugo Haase in der Weltkriegszeit

1 Die Haltung der europäischen Sozialisten zum Krieg

Die europäischen Sozialisten sahen den Ausbruch des Ersten Weltkrieges lange voraus. Für den Fall, dass ein Krieg ausbrechen würde, hatten die Sozialdemokraten auf dem internationalen Kongress in Stuttgart 1907 klare Richtlinien beschlossen:

>»Kriege zwischen den kapitalistischen Staaten sind in der Regel Produkte ihres Konkurrenzkampfes auf dem Weltmarkte, denn jeder ist bestrebt, sein Absatzgebiet nicht nur für sich zu erweitern, sondern neue zu erobern. Daher ist die Arbeiterklasse, die vorzugsweise die Soldaten dafür zu stellen und hauptsächlich die materiellen Opfer zu bringen hat, eine natürliche Gegnerin des Krieges. […] Sollte ein Krieg dennoch ausbrechen, so sind die arbeitenden Klassen und deren parlamentarische Vertretungen in den beteiligten Ländern verpflichtet, für dessen rasche Beendigung einzutreten und, unterstützt durch die zusammenfassende Tätigkeit des internationalen Bureaus, alles aufzubieten, um die durch

den Krieg herbeigeführte wirtschaftliche und politische Krise zur
Aufrüttlung des Volkes auszunutzen und dadurch die Beseitigung
der kapitalistischen Klassenherrschaft zu bewirken, um durch die
Anwendung der ihnen am wirksamsten erscheinenden Mittel den
Ausbruch des Kriege zu verhindern.«[1]

Hugo Haase wurde 1911 in Jena als Nachfolger Paul Singers neben
August Bebel zum Parteivorsitzen gewählt. Angesichts der Zerstrittenheit der Partei über den Revisionismus sah man in dem Rechtsexperten Haase eine ausgleichende Führungskraft. Nach dem Tod
Bebels folgte diesem als weiterer Vorsitzender Friedrich Ebert, der
sich als bürokratischer Experte Verdienste erworben hatte und dem
Gewerkschaftsflügel nahestand.

Als Vorsitzender der Fraktion wurde Haase, nachdem er sich
durch sein Referat über den Imperialismus auf dem Parteitag in
Chemnitz 1912 als Kenner außenpolitischer Fragen etabliert hatte,
zum Gegenspieler des Kanzlers Bethmann Hollweg in der sich weiter zuspitzenden Phase des Wettrüstens vor dem Krieg.

2 Die Bewilligung der Kriegskredite durch die sozialdemokratische Partei

Als am 24. Juli das Ultimatum Österreichs an Serbien bekannt geworden war, rief Hugo Haase den Parteivorstand zusammen und
erarbeite einen »Aufruf« an die deutsche Arbeiterschaft:

> »Noch dampfen die Äcker auf dem Balkan von dem Blute der nach
> Tausenden Hingemordeten, noch rauchen die Trümmer verheerter
> Städte, verwüsteter Dörfer, noch irren hungernd arbeitslose Männer,
> verwitwete Frauen und verwaiste Kinder durchs Land, und schon
> wieder schicken sich die vom österreichischen Imperialismus entfesselten Kriegsfurien an, Tod und Verderben über ganz Europa

---

[1] Zit. n.: *Ernst-Albert Seils*, Hugo Haase, Frankfurt a. M. 2016, S. 308.

zu schicken. [...] Wir wollen keinen Krieg, Nieder mit dem Krieg, Hoch die internationale Völkerverbrüderung! [...] Parteigenossen! Wir fordern Euch auf, sofort in Massenversammlungen den unerschütterlichen Friedenswillen des klassenbewußten Proletariats zum Ausdruck zu bringen!«[2]

In der Sitzung der Vorstände von Partei und Fraktion vom 31. Juli setzten sich Haase und Georg Ledebour für die Ablehnung der Kredite ein.[3] Hermann Müller wurde nach Paris geschickt, um die Auffassung der Sozialisten Frankreichs zu erforschen. Als er zwei Tage später berichtete, dass sie das Geld für den Krieg bewilligen würden, schlug die Stimmung im deutschen SPD-Vorstand endgültig um.

Auch wenn Haase ausdrücklich betonte, dass es gegen seine Gewissensentscheidung sei, trug er als Vorsitzender im Reichstag die Begründung vor, warum auch die Sozialdemokraten den Kriegskrediten zustimmen wollten: Eine »Sturmflut« sei über Europa hereingebrochen, nun stehe man vor der ehernen Tatsache des Krieges. Infolgedessen, so hieß es, müssten die Mittel zur Verteidigung bewilligt werden. Sobald das Ziel der Sicherung erreicht sei und die Feinde zum Frieden geneigt seien, müsse der Krieg beendet werden.[4]

3 Die Spaltung der sozialdemokratischen Partei

Über Kriegsziele öffentlich zu diskutieren war bis zum 25. November verboten, dennoch erschienen nach der Besetzung Belgiens ständig Broschüren aller Art, in denen die Ausweitung der deutschen Weltmacht unverblümt gefordert wurde. Eine Mehrheit der Fraktionen im Reichstag aus Konservativen, Nationalliberalen und des Zentrums verfolgten umfangreiche Kriegsziele, die sogar über das, was der

---

2 Zit. n.: Lübecker Volksbote, 27.7.1914.
3 Zum Folgenden mit Nachweisen *Ernst-Albert Seils*, Weltmachtstreben und Kampf für den Frieden, Frankfurt a. M. 2011, S. 132-142.
4 Zit. n.: *Seils*, Haase, S. 476.

deutsche Kanzler in seiner sogenannten Septemberdenkschrift gefordert hatte, teilweise hinausgingen.[5]

Im Juni 1915 hielten Hugo Haase, Karl Kautsky und Eduard Bernstein es für angebracht, ihre Meinung über den Krieg der Öffentlichkeit darzulegen.[6] Sie veröffentlichten in der Leipziger Volkszeitung ein Flugblatt, das die Überschrift »Das Gebot der Stunde« trug. Darin bezeichneten sie den Krieg als Eroberungskrieg, der den Wohlstand zerstöre, das Töten von Menschen nannten sie ein Verbrechen. Zu der Aktion bekannten sich 17 Fraktionsmitglieder der SPD, die sich damit auch in der öffentlichen Wahrnehmung als Oppositionsgruppe etablierte.

Reichskanzler Bethmann Hollweg formulierte in seinen Reichstagsreden in Bezug auf die Friedensfrage zunächst unverbindlich. In seiner Antwort auf die Friedensinterpellation der SPD-Fraktion in der Reichstagssitzung vom 9. Dezember 1915 forderte er von der Entente ein Friedensangebot, das mit der Würde und Sicherheit Deutschlands zu vereinbaren sei. Schließlich wurde er genauer: »Weder im Westen noch im Osten dürfen unsere Feinde von heute über Einfallstore verfügen [...].«[7] Polen, Litauer, Balten und Letten werde man nicht mehr dem Regiment des reaktionären Rußland ausliefern. »Den status quo ante kennt nach so ungeheuren Geschehnissen die Geschichte nicht.«[8] Peter Spahn, Vorsitzender der Zentrumspartei, der als Sprecher der Kriegszielmehrheit des Reichstags anschließend das Wort erhielt, nutzte die Gelegenheit, um das zu konkretisieren:

»Wir warten in voller Einigkeit und mit ruhiger Entschlossenheit – und ich darf hinzufügen mit Gottvertrauen die Stunde ab, die Friedensverhandlungen ermöglichen, bei denen für die Dauer

---

5 Zu den Kriegszielen der Reichstagsparteien vgl. *Seils*, Weltmachtstreben, S. 145-175.
6 *Eugen Prager*, Das Gebot der Stunde, 4. Aufl., Berlin 1980, S. 68 ff.
7 Zit. n.: *Seils*, Haase, S. 513.
8 Verhandlungen des Reichstags, stenographische Protokolle, Bd. 306, 9. Dezember 1915, 22. Sitzung, S. 434-437.

die militärischen, wirtschaftlichen, finanziellen und politischen Interessen Deutschlands in vollem Umfang und mit allen Mitteln, einschließlich der erforderlichen Gebietserwerbungen, gewahrt werden müssen.«[9]

Direkt im Anschluss daran stürzte Hugo Haase nach vorn und rief in den allgemeinen Krawall hinein:

»Haben die Herren denn gar nicht überlegt, was es für einen Eindruck in unserm Volk und in der ganzen Welt machen muß, wenn Sie in diesem Augenblick gegen diejenigen, welche der tiefsten Sehnsucht unseres Volkes und der ganzen Welt Ausdruck geben, mit terroristischen Mitteln vorgehen? Meine Herren, gerade nach den unbestimmten, allgemeinen, vieldeutigen Worten des Herren Reichskanzlers und nach den letzten Worten des Herrn Spahn ist es notwendig, daß unser Volk und die ganze Welt erfahren, daß nicht etwa der gesamte Reichstag mit seinen Ausführungen einverstanden ist. [...] Meine Herren, wollen Sie denn wirklich, daß aus diesem Gemetzel, das ja alle bedauert haben, schließlich als Ergebnis herauskommt ein Europa, das einen Trümmerhaufen bildet, durchtränkt von Tränen und Blut?«[10]

Für die Fraktionsmehrheit der Sozialdemokratie wurde Otto Landsberg bestimmt. Dieser erklärte, die Friedensbemühungen des Kanzlers könnten sich wohl hören lassen.[11] Gustav Hoch, der als Kritiker des Kriegskurses dennoch die gesamte Kriegszeit über Teil der Mehrheitsfraktion bleiben sollte, nannte diese Äußerung Landsbergs ein Verbrechen und trat aus dem Parteivorstand aus.[12] In der Reichstagssitzung vom 21. Dezember stimmten 20 SPD-Abgeordnete offen gegen die 5. Kreditvorlage. In der Folge verlangte Eduard David den Aus-

---

9 Ebd., S. 437.
10 Zit. n.: *Seils*, Haase, S. 514.
11 Ebd., S. 422-445.
12 Die Reichstagsfraktion der deutschen Sozialdemokratie 1898-1918, 2. Teil, Düsseldorf 1966, S. 101 ff.

schluss der Kreditverweigerer aus der Fraktion. Zwar fand dieser Antrag keine Mehrheit, Hugo Haase legte aber dennoch den Vorsitz nieder.

Die endgültige Spaltung der Fraktion vollzog sich in der Zeit, als der Angriff bei Vertun an der Westfront begann, eine Schlacht, »die in Furchtbarkeit alles Bisherige hinter sich ließ.«[13] Als Nachfolger Haases an der Fraktionsspitze bewarb sich nun Friedrich Ebert. Bei der Wahl am 16. Januar erschienen allerdings nur 86 Mitglieder der Fraktion; 27 von ihnen gaben bei der Wahl weiße Zettel ab. 56 Sozialdemokraten wählten Ebert ins Amt, mit nur einer Stimme mehr als unbedingt erforderlich.[14] Das Vertrauen der Partei in die Führungsspitze schien verloren gegangen zu sein.

Für die Abstimmung über das Jahresbudget und den neuen Kredit für den Krieg am 24. März 1916 wurden Scheidemann und Ebert als Redner aufgestellt. Aber auch die Minderheit wollte den Tag nicht vorübergehen lassen, ohne eine Stellungnahme abzugeben. Sie beauftragte Haase, für sie zu sprechen. Das teilte dieser erst am Morgen vor der Debatte Scheidemann im Plenarsaal mit. Der dänische Abgeordnete Peter Hanssen beschreibt den Vorgang in seinen Erinnerungen so:

»Nachdem Haase seine Rede begonnen hatte, gab es sofort Tumult im Reichstag. Überhaupt nicht zu beschwichtigen war Wilhelm Keil. Er verlor vollkommen die Kontrolle über sich und schoß wie ein Pfeil auf Haase zu, drohte ihm mit geballten Fäuste und schrie: ›Verräter, Verräter!‹ Scheidemann rief ›Drecksseele‹, Ebert ›schamloser Kerl, schamloser Halunke!‹ David und Heine verloren ebenfalls die Selbstkontrolle, brüllten sich mit wütenden Zwischenrufen heiser. Am weitesten ging Kopsch, der ausrief: ›Wieder mal ein Jude, ein Jude, was wollen denn die Juden hier!‹«[15]

---

13 *Hermann v. Kuhl*, Der Weltkrieg 1914-1918, Berlin 1929, S. 385.
14 Die Reichstagsfraktion der Sozialdemokratie 1898-1918, 2. Bd., Düsseldorf 1966, S. 132-150.
15 *Hans Peter Hansen*, Diary of an Dying Empire, Indiana 1955, S. 134. Kopsch war Mitglied der Fortschrittlichen Volkspartei.

Haases Rede war ein leidenschaftliches Plädoyer gegen eine Politik, die in seiner Wahrnehmung als Ziel des Krieges die Ausdehnung deutscher Weltmacht im Rahmen von ausschweifenden Eroberungsplänen verfolgte: »Man sollte annehmen, daß nur komplette Narren oder gewissenlose Verbrecher solche Pläne verfolgen.«[16]

In der Fraktionssitzung nach dieser Reichstagsdebatte war die Einheit der Partei nicht mehr zu retten. Ebert verlas eine Erklärung und warf der Oppositionsgruppe Disziplinbruch und Treulosigkeit vor. Dieser Vorlage stimmten nur 58 Mitglieder der Fraktion zu.[17] Diejenigen, die Haase mit seiner Stellungnahme beauftragt hatten, hätten die aus der Fraktionszugehörigkeit entspringenden Rechte verwirkt. Dass nach den Statuten der Partei nur der Parteitag das Recht hatte, Fraktionsmitglieder auszuschließen, kümmerte ihn nicht. Es handelte sich um 18 Fraktionsmitglieder der SPD. Karl Liebknecht und Otto Rühle hatten schon vorher ihren Austritt aus der Fraktion erklärt.

Aber die aus der Fraktion ausgeschlossenen Mitglieder legten ihrerseits keinen Wert mehr darauf, in der Fraktion zu verbleiben. Am 24. März gründeten sie unter dem Namen Sozialdemokratische Arbeitsgemeinschaft eine eigene Fraktion. In der Abschlusserklärung hieß es: »Wir sind uns bewußt, getreu den Grundsätzen der Partei und den Beschlüssen der Parteitage gehandelt zu haben. Den völlig unbegründeten Vorwurf des Disziplinbruches und der Treulosigkeit weisen wir zurück.«[18] Zugleich schieden Luise Zietz und als Beisitzer Robert Wengels aus dem Parteivorstand aus. Aus der Sozialdemokratischen Arbeitsgemeinschaft wurde Anfang April 1917 nach ihrer Gründung in Gotha im April 1917 die Unabhängige Sozialdemokratische Partei. Sie verstand sich, auf dem Erfurter Programm fußend, als die wahre, traditionelle SPD.

---

16 Zit. n.: *Seils*, Haase, S. 522.
17 Die Reichstagsfraktion der Sozialdemokratie 1898-1918, 2. Bd., Düsseldorf 1966, S. 173-177.
18 *Ernst Haase*, Hugo Haase, Berlin 1929, S. 119f; Vorwärts, 25.3.1926; Bericht in *Prager*, Das Gebot der Stunde, 4. Aufl., Berlin 1980, S. 90 ff.

Bild 2 Mitbegründer der USPD, Hugo Haase, um 1917

4 Gegen die Fortsetzung des Krieges

Viele Menschen, auch kriegsführende deutsche Generäle und Politiker, kamen im Laufe des Jahres 1917/18 zu der Einsicht, dass der Krieg für die Mittelmächte nicht mehr erfolgreich zu beenden war. Kanzler Bethmann Hollweg machte den Westmächten im Dezember 1916 ein Friedensangebot, dessen Ernsthaftigkeit allerdings von den Westmächten bezweifelt wurde.[19] Als die den Kriegskurs unterstützenden Parteien einsahen, dass der Stellungskrieg immer sinnlosere Menschenopfer forderte, setzten sie ihr Vertrauen auf das ungewisse Abenteuer des uneingeschränkten U-Boot-Krieges, obwohl ihnen klar war, dass dann Amerika auf der Seite ihrer Gegner in den Krieg eintreten würde. Der Hungersommer brachte die Julikrise 1917 in Gang, die Zahl der Kriegsgegner stieg, den Sozialdemokraten liefen die Wähler weg, der Parteiausschuss stützte den Vorstand der Partei nicht mehr.

Die Friedensresolution des Reichstags vom 19. Juli 1917 lässt sich als Versuch werten, die deutsche Bevölkerung und die Weltöffentlichkeit zu täuschen. In dem von Vertretern des Zentrums, der Fortschrittlichen Volkspartei und der Sozialdemokraten in einem interfraktionellen Ausschuss erarbeiteten Text wurde versichert, dass Deutschland den Frieden suche und keine Gebietsansprüche mit Gewalt mehr durchsetzen wolle. Zugleich schloss die Resolution eine Ausdehnung der deutschen Grenzen auf dem Verhandlungsweg nicht aus.

In seinen Reden deckte Hugo Haase, der nun nicht mehr behindert werden konnte, die Täuschung der Weltöffentlichkeit auf.[20] Den in der Folge der Friedensresolution erfolgten Sturz Bethmann Hollwegs nannte er ein Satyrspiel, der neue Kanzler Georg Michaelis sei von Ludendorff und Hindenburg bestimmt worden. »Gibt es ein einziges Land in der Welt, in dem die Militärs auch zur politischen Krieg-

---

19 *Ernst-Albert Seils*, 100 (0) Schlüsseldokumente zur deutschen Geschichte. Eine Dokumentation des Internets. 2010.
20 Für Nachweise vgl. *Seils*, Weltmachtstreben, S. 384-387; Verhandlungen des Reichstags, stenographische Protokolle, Bd. 310, 116. Sitzung, S. 385-396.

führung berufen werden?« Mit Redewendungen, die deutschen Grenzen müssten für alle Zeiten gesichert werden, habe der neue Kanzler Formulierungen der Alldeutschen Partei benutzt. »Was soll aus Kurland, Litauen, Briey und Belgien werden? […] Wir wollen nicht einander töten! Wir wollen uns als Brüder die Hände reichen!«[21] Dann las er den Abgeordneten das in Stockholm von den Delegierten seiner Fraktion beschlossene Manifest vor, es schloss mit klaren Worten Annexionen irgendwelcher Art aus. Diese Rede Haases wurde auch in Paris und London gelesen, und er fand damit internationale Resonanz: »Die Welt würde glücklich sein, wenn sie hören würde, was der Sprecher der sozialistischen Minderheit gefordert hat«, schrieb die Londoner Times.[22]

Um zu verhindern, dass der Eroberungskrieg weitergeführt wurde, riefen Haase und seine Gefolgsleute zu einem Proteststreik der Arbeiterschaft auf. Obwohl ein politischer Streik verboten war, streikten für drei Tage in allen großen deutschen Städten Ende Januar 1918 etwa 800.000 Arbeiter. Damit wurde deutlich, wie stark die Friedensbewegung in Deutschland war. Um ihren Einfluss auf die Arbeiterschaft nicht weiter zu verlieren, ließen sich auch führende Mehrheitssozialdemokraten in die Streikleitung wählen, setzten dann allerdings alles daran, den Streik schnell zu beenden. Die deutsche Regierung nahm grausame Rache, zog zahlreiche Streikführer ein und schickte sie an die Front.

Am 2. Oktober 1918 war auch die Militärführung bereit, die Fraktionsvorsitzenden der Reichstagsparteien über die tatsächliche militärische Lage ins Bild zu setzen: Der Krieg war verloren.[23] In Kiel, Hamburg, Stuttgart, Berlin und anderen Städten trieben die Verhältnisse nun der Revolution entgegen.

---

21 *Ernst-Albert Seils*, Weltmachtstreben, S. 384-387, Analyse der Rede mit Nachweisen.
22 The Times, 26.7.1917.
23 *Seils*, Haase, S. 645-654.

5 Ein demokratischer Revolutionär

Am 7. November war Haase von den revolutionären Matrosen nach Kiel gerufen worden. Obwohl eigentlich in diesen Tagen in Berlin unabkömmlich, reiste er am folgenden Tag dort hin. Zwar trat Haase, als sich die politischen Ereignisse in Berlin zuzuspitzen begannen, sofort die Rückreise nach Berlin an – aufgrund der Unterbrechung des Zugverkehrs musste er den 9. November jedoch auf Bahnhöfen und mit Versuchen verbringen, sich anderweitig nach Berlin durchzuschlagen. Auf den Gang der Ereignisse in Berlin konnte er keinen Einfluss ausüben.

Zum Abschluss gebracht wurde die Revolution in Deutschland am 10. November. Die USPD und die SPD einigten sich auf einen gemeinsamen Rat der Volksbeauftragten, dem Friedrich Ebert und Hugo Haase als gleichberechtigte Vorsitzende vorstanden und dem darüber hinaus Philipp Scheidemann und Otto Landsberg als Vertreter der MSPD und Wilhelm Dittmann und Emil Barth als Vertreter der USPD angehörten. Zugleich wurden Rechtsverhältnisse wie das Gesinderecht und die Benachteiligung der Frauen im Wahlrecht aufgehoben.[24] Haase konnte Ebert zudem dazu bringen, die Einsetzung des Rates der Volksbeauftragten vom Rat der Arbeiter- und Soldatenräte Berlins betätigen zu lassen und der Regierung damit auch Autorität in den neuen aus der Revolution entstandenen Strukturen zu verschaffen.

Zur politischen Eskalation kam es Weihnachten 1918, als die Volksmarinedivision, die den Rat der Volksbeauftragten schützen sollte, auf Eberts Forderung hin von einem Armeekommando mit Gewalt aus dem Berliner Marstall vertrieben wurde. Da Haase, Dittmann und Barth jede Gewaltanwendung ablehnten, war eine Einigung mit den Vertretern der Mehrheitssozialdemokratie nicht mehr möglich. Die Mitglieder der USPD traten aus Protest aus dem Rat der Volksbeauftragten aus.

---

24 *Dittmann*, Erinnerungen, 2. Bd., S. 571 f.

Unter diesen Begleitumständen tagte vom 2. bis 6. März 1919 die USPD in Berlin, um erstmals über ein Programm zu beraten. Bislang hatten sich in der Partei sowohl Anhänger von rätedemokratischen Modellen als auch Anhänger der parlamentarischen Demokratie versammelt, ohne über die genaue inhaltliche Ausrichtung abzustimmen. Haase legte auf dem Parteitag ein klares Bekenntnis zur Nationalversammlung ab. Eine Sozialisierung sei ohne die Anleitung von Fachleuten nicht durchzuführen, ohne diese werde der Übergang zum Sozialismus nicht möglich sein. Die Diktatur des Proletariates sei nach Marx nur zu verwirklichen, wenn das Proletariat zuvor die Macht durch eine Mehrheit erobert habe. Dagegen trug Ernst Däumig in seinem Referat über das Rätesystem Gegenthesen vor[25]: Er wollte die Sozialisierung auch gegen den Willen einer bürgerlichen Mehrheit beschließen. Alle Personen in leitenden Stellungen müssten durch Urwahlkörper besetzt, kontrolliert und wieder abgesetzt werden können. Es gelte das imperative Mandat.

Dass Haase wieder Vorsitzender werden sollte, war für die Mitglieder der USPD eine Selbstverständlichkeit. Er erhielt 154 von 173 Stimmen. Als Ernst Däumig mit 19 Stimmen zum Co-Vorsitzenden gewählt wurde, weigerte Haase sich, die eigene Wahl zum Vorsitz anzunehmen. Für Haase waren die Meinungsunterschiede zu Däumig zu gravierend. Ideen eines Rätesystems erteilte er so eine klare Absage.

Nachdem am 7. Mai 1919 das Vertragswerk von Versailles der deutschen Öffentlichkeit bekannt gemacht worden war, erhob sich in der deutschen Öffentlichkeit ein Aufschrei des Entsetzens. Haase blieb in seiner Rede in einer Sondersitzung der Nationalversammlung am 12. Mail 1919, in der er das Unrecht von Versailles beklagte, sachlich und gestand als einziger Redner eine Teilschuld Deutschlands am Weltkrieg ein. »Nicht von der Revancheidee, die wir aus der Tiefe unseres Herzens verdammen, sondern von der revolutionären Entwicklung erwarten wir die Umwandlung in ein Bündnis gleich-

---

25 Protokolle über die Verhandlungen des Parteitages der USPD vom 2.–6. März 1919 in Berlin, Glashütten i. Ts. 1975, S. 44 ff., S. 78-95.

berechtigter Völker.«[26] Er zitierte Fichte: »Dann wird das Wort wahr werden, Gleichheit alles, was Menschenantlitz trägt.«[27] Haase war kein ausgesprochener Klassenkämpfer, für den das Geschichtsbild des Marxismus allein maßgeblich war. Ihm ging es um die Befreiung der Arbeiterklasse aus Not und Abhängigkeit. Ein menschenwürdiges Leben aller in Freiheit und Selbstbestimmung war sein Ziel.[28]

Ohne Haases Mitarbeit in der Nationalversammlung wäre der Versailler Friedensvertrag wohl nicht akzeptiert worden, wie aus den Verhandlungen in Weimar am 23. und 24. Juni, dem Tag der Unterzeichnung, hervorgeht[29]: Nach langem Hin und Her hatte die Nationalversammlung der Vertragsunterzeichnung durch die Regierung zwar zugestimmt, aber mit Vorbehalt. Die Zustimmung zu den Artikeln 221 bis 230 (Auslieferung der Heerführer und des Kaisers als Kriegsverbrecher) verweigerte sie. Reichskanzler Bauer protestierte am 23. Juni ausdrücklich gegen die Bestimmung, dass Deutschland nach Art. 231 der alleinige Urheber des Krieges sei. Danach hieß es: »Die Nationalversammlung billigt unter diesem Vorbehalt die Haltung der Regierung in der Frage der Unterzeichnung des Friedensvertrages.«[30] Aus Versailles wurde mitgeteilt, wenn die Zustimmung weiterhin verweigert würde, dann werde der Krieg wieder aufgenommen. Der Einmarsch alliierter Truppen über den Rhein werde sofort beginnen. Auf Vorschlag Hugo Haases und seines Kollegen Oswalt Cohn änderte die Regierung Bauer diesen Text daraufhin noch einmal. Es hieß nun: »Die Nationalversammlung ist mit der Unterzeichnung des Friedensvorschlages einverstanden.«[31] Die Wendung, dass der Friedensvertrag gebilligt werde, war entfallen. Bauer erklärte, der Reichstag müsse auch nicht ein zweites Mal abstimmen, da er »die Friedensvorschläge« ja schon am Vortag

---

26 Zit. n.: *Seils*, Haase, S. 745.
27 Ebd.
28 *Carl Schorske*, Die große Spaltung, Berlin 1981, S. 269-273.
29 Vgl. ausführlich *Seils*, Haase, S. 749 ff.
30 Vossische Zeitung, 23. Juni 1919; siehe auch *Friedrich Payer*, Von Bethmann Hollweg bis Ebert, Frankfurt a. M. 1923, S. 302.
31 Ebd.

genehmigt habe. Es sollten sich einfach diejenigen Abgeordneten von den Sitzen erheben, die damit einverstanden seien. Das geschah. Wer aufgestanden war, wurde nicht protokolliert. Mit seiner Kunst juristischer Formulierung hatte Hugo Haase Deutschland damit vor dem möglichen Einmarsch französischer Truppen bewahrt.

6 Der frühe Tod eines großen deutschen Pazifisten und demokratischen Revolutionärs

Die Entwicklung der USPD war eine politische Erfolgsgeschichte – sie wurde zur mitgliederstärksten Partei Deutschlands. Wilhelm Dittmann, der tüchtige Generalsekretär, konnte ein sprunghaftes Wachstum melden, etwa 750.000 Mitglieder gehörten ihr im Dezember 1919 an. Dagegen hatten Arbeiter die SPD in Scharen verlassen, ihr gehörten im Sommer 1919 noch etwa 700.000 Genossen an.[32] Der Verlust der SPD von 16,3 Prozent der Wählerstimmen im Juni 1920 bestätigte diese Entwicklung.

Im Widerspruch zu dem Erfolg der Partei wurde in der USPD offenbar an der Ablösung des bisherigen Vorsitzenden Haase gearbeitet. Ziel der Gruppe von Anhängern des Rätesystems um Curt Geyer, Ernst Däumig und Walter Stoecker war es, mit ihren Vorstellungen von Sozialisierung und Rätesystem an die Spitze der Partei zu gelangen.[33]

Deutlich wurde dies während der Tagung der Reichskonferenz der USPD am 10. und 11. September 1919 in Berlin. Haase trat wie zuvor vehement für die Arbeit der Partei in den Parlamenten ein. »Wir dürfen sie nicht aus der Hand geben.«[34] Geyer und andere Delegierte referierten über das Rätesystem. Es werde den Durchbruch zur Demokratie erzwingen. Haase, dem das Hin und Her auf die

---

32 Nachweise über die Berechnung bei *Seils*, Haase, S. 766.
33 *Curt Geyer*, Die revolutionäre Illusion, Stuttgart 1971, S. 156-163.
34 Anhang zu den Protokollen der Konferenz der USPD vom 21.-23. Juli 1919, Glashütten i. Ts. 1975, S. 33, S. 72. Es handelt sich nicht um Protokolle, sondern um Zusammenfassungen der Referate, die von Teilnehmern angefertigt wurden.

Nerven ging, warnte vor einer bedenklichen »Simplifizierung«[35]. Abgestimmt wurde über den Kurs der Partei nicht. Die Wiedervereinigung der beiden sozialistischen Parteien nannte er eine »Doktorfrage«[36], also ein schwieriges Problem. Auch nach dieser Konferenz scheint Haase die große Mehrheit der Partei hinter sich gehabt zu haben.

Am 8. Oktober wurde Hugo Haase im Beisein seiner Frau Thea gegen 9 Uhr vor dem Reichstag mit mehreren Kugeln niedergeschossen, aber noch nicht tödlich verletzt. Getroffen wurde er unter anderem im Knie.[37] Der Täter stellte sich. Er habe Haase nicht töten, sondern nur verletzen wollen. Er hieß Heinrich Voß und stammte aus Berlin. Seine Vernehmung ergab, dass es sich um einen Geistesgestörten handelte, der Haase verfolgte, weil Haase ihm in seiner Funktion als Volksbeauftragter Unrecht getan habe. Das Gericht erklärte ihn für unzurechnungsfähig. Eine öffentliche Verhandlung fand nicht statt, Voß wurde in ein Irrenhaus eingewiesen.

Obwohl die Verwundung zunächst als leicht eingeschätzt wurde, war Haase ins Krankenhaus Moabit eingeliefert worden. Dort entwickelte sich aus der Verletzung eine Blutvergiftung, und Haase wurde mehrfach erfolglos operiert. Auch die Amputation des Beines brachte keine Verbesserung. Der Führer der USPD starb am 7. November 1919 in Berlin.

Die Trauerfeiern im Krematorium, am Grab und im Reichstag zeigten, welche politische Bedeutung Haase besaß. »Unfaßbar« war in Stellungnahmen das meist gebrauchte Wort.

Aus Ostpreußen reisten in mehreren Sonderzügen Tausende von Arbeitern heran, sie marschierten bei dichtem Schneetreiben in einem fünfstündigen Trauerzug hinter dem Sarg her zum Sozialistenfriedhof durch ganz Berlin. Luise Zietz schilderte bei einer Rede im Krematorium Erlebnisse vor Gericht mit dem Verstorbenen: »Kam ein Mensch zu ihm mit seinen persönlichen Sorgen und Leid, es war

---

35 Ebd., S. 43, S. 78-95.
36 Ebd.
37 Die Berichte sind der USPD-Zeitung »Die Freiheit« vom 7. Oktober bis 14. November 1919 entnommen.

immer Liebe und Güte. Ebenso wie sein klarer Geist spielend die großen Zusammenhänge des Weltgeschehens erfaßte, ebenso hatte er Mitgefühl für die täglichen Sorgen des einzelnen.«[38]

---

38 Die Freiheit, 13.11.1919.

Gisela Notz

Von der Heimweberin in die höchsten Ränge der SPD: Luise Zietz (1865–1922)

Luise Zietz war neben Clara Zetkin (1857–1933) eine der wichtigsten Wegbreiterinnen der sozialistischen Frauenbewegung und eine der erfolgreichsten Agitatorinnen der SPD und später der USPD. Bereits 1908, als Frauen im Deutschen Reich erstmals die Möglichkeit hatten, sich parteipolitisch zu organisieren, wurde Luise Zietz als erste Frau Frauensekretärin und Mitglied des Parteivorstandes der SPD. Dennoch ist sie in den Büchern zur Geschichte der Arbeiterbewegung und der sozialdemokratischen Frauenbewegung kaum zu finden. Dabei hatte sich Zietz, die am 25. März 1865 in Bargteheide geboren wurde, in ärmlichen Verhältnissen aufgewachsen war und später den Beruf der Kindergärtnerin gelernt hatte, schon früh in der SPD und im Fabrikarbeiterverband für Gleichberechtigung, bessere Arbeitsbedingungen, gewerkschaftliche Organisierung der Frauen, sexuelle Selbstbestimmung und die Durchsetzung des Frauenwahlrechts engagiert. Sie wurde Mitarbeiterin der SPD-Frauenzeitung »Die Gleichheit« und blieb der Partei treu, bis sie sich aus Opposition gegen die Kriegspolitik der Parteiführung 1917 der USPD

G. Notz: Von der Heimweberin in höchste Ränge der SPD: Luise Zietz (1865–1922)

anschloss, für die sie 1920 in den Deutschen Reichstag einzog. Dazwischen lag ein langer, steiniger Weg, denn Frauen in der Arbeiterbewegung hatten viele Widerstände zu überwinden.

1 Der Erste Weltkrieg

Anders als Clara Zetkin war Luise Zietz kein Mitglied der revolutionären Linken. Sie stand bis 1916 für die Linientreue zur Sozialdemokratischen Partei, die bis dahin in der sozialdemokratischen Frauenbewegung dominiert hatte. 1908 wurde sie die erste Konzessionsfrau der SPD.[1] Durch ihre Wahl verlor Clara Zetkin, die für die reformistische Parteiführung zu kritisch geworden war, ihre Vormachtstellung in der proletarischen Frauenbewegung. Diese wollte Zetkin natürlich nicht kampflos aufgeben. Die Beziehung zwischen den beiden Frauen verschlechterte sich. Wie Rosa Luxemburg (1871–1919) und Clara Zetkin war auch Luise Zietz vor dem Ersten Weltkrieg erbitterte Kriegsgegnerin. Die von der Parteispitze und auch von Teilen der Basis immer wieder vorgebrachte Begründung, nach der ein »Verteidigungskrieg« gerechtfertigt sei, lehnte sie ebenso ab, wie die »populäre Parole«, dass der Krieg im Kampf gegen den Zarismus notwendig sei.[2] Ihre Antikriegsposition vertrat sie stets im SPD-Vorstand und im Parteiausschuss, dem sie ebenfalls angehörte.[3] Gegen die Bewilligung der Kriegskredite und die Aufgabe einer selbststän-

---

1 Seit 1908 dürfen Frauen politischen Vereinigungen angehören, und seitdem gibt es eine »Quote« in der SPD: »Die weiblichen Mitglieder sind im Verhältnis ihrer Zahl [gemeint ist ihr Mitgliederanteil in der Partei, G. N.] im Vorstand vertreten. Doch muss diesem mindestens eine Genossin angehören.« Luise Zietz wurde mit ihrer Wahl zur Konzessionsfrau auch in den Parteivorstand der SPD gewählt. Vgl. Sozialdemokratische Partei Deutschlands, Protokoll des Parteivorstands der SPD 1908, S. 485 f. (Frauenkonferenz), S. 547 (vom Parteivorstand angenommene Anträge), S. 460 (Wahl des Parteivorstands).
2 *Marina Spillner*, Louise Zietz› Wirken in der proletarischen Frauenbewegung des Kaiserreichs, unveröffentlichte Diplomarbeit, Universität Gesamthochschule Duisburg 1988, S. 11 ff.
3 Vorstand der Sozialdemokratischen Partei (Hg.), Protokoll der Reichskonferenz der Sozialdemokratie Deutschlands vom 21., 22. und 23. September 1916, S. 161.

digen SPD-Friedenspolitik war sie auch noch 1914, als sie die vom Parteivorstand durch einen öffentlichen Aufruf vom 31. Juli 1914 propagierte Kriegshilfe unterstützte. Am gleichen Tag stimmte sie im Parteivorstand gegen die Bewilligung der Kriegskredite.[4] Ohne innere Überzeugung unterstützte die Politikerin die Linie der Parteiführung, indem sie kurz nach Beginn des Ersten Weltkrieges am 28. August 1914 in der sozialdemokratischen Frauenzeitschrift »Die Gleichheit« die Genossinnen zur Zusammenarbeit mit dem von der bürgerlichen Frauenbewegung aus patriotischer Motivation gegründeten Nationalen Frauendienst (NFD) ermuntert hatte.[5] Nun wurde sie auch ihrer mit Clara Zetkin geteilten Abneigung gegenüber der bürgerlichen Frauenbewegung untreu. Noch um die Jahrhundertwende hatte Luise Zietz, der wegen ihrer rigorosen Haltung von anderen GenossInnen Vorwürfe gemacht wurden, argumentiert: »Wir haben Wichtigeres zu tun, als auf Konferenzen bürgerliche Frauen vor ihren Dummheiten zu bewahren.«[6]

Aufgrund ihres Vorschlags wurde nun die Eingliederung der sozialdemokratischen Frauen in den NFD und damit in die »Heimatfront« vollzogen.[7] Zahlreiche Sozialdemokratinnen in fast allen Orten Deutschlands folgten der Aufforderung bürgerlicher Frauen, an der »Heimatfront« mitzuarbeiten. Sie meldeten sich bei den örtlichen Partei- und Gewerkschaftsorganisationen zur ehrenamtlichen »Kriegshilfe«. Die Kriegshilfe bezog sich auf kommunale Arbeit, Kinderfürsorge, Kranken- und Wöchnerinnenhilfe, aber auch auf die Verteilung der Arbeitsplätze in der Kriegsindustrie. Mit ihrem Aufruf zur Beteiligung am NFD erntete Luise Zietz harsche Kritik, nicht nur von Rosa Luxemburg, Clara Zetkin und Käthe Duncker (1871–1953). Sie vertraten die Meinung, dass es zwar notwendig war, sich um die

---

4 Vgl. *Spillner*, Louise Zietz, S. 156.
5 Vgl. hierzu *Gisela Notz*, »Alle, die ihr schafft und euch mühet im Dienste anderer, seid einig!« Luise Zietz (1865–1922), in: Jahrbuch für Forschungen zur Geschichte der Arbeiterbewegung 2/2003, S. 135-149.
6 Luise Zietz, zit. n.: *Marie Juchacz*, Sie lebten für eine bessere Welt. Lebensbilder führender Frauen des 19. und 20. Jahrhunderts, Hannover 1971, S. 65.
7 Vgl. *Juchacz*, Sie lebten für eine bessere Welt, S. 66.

Frauen der Soldaten und um die Kinder zu kümmern, die erste und wichtigste Pflicht einer Sozialistin und Internationalistin wäre jedoch, die Massen für den Kampf gegen den Krieg zu mobilisieren.[8]

2 Die Loyalität mit der Partei konnte nicht mehr aufrechterhalten werden

Schon wenige Monate nach ihrem Aufruf in der »Gleichheit« bereute Luise Zietz ihr parteiloyales Vorgehen. Nachdem sie im Juni 1915 einen »Offenen Brief« an den Parteivorstand unterschrieben hatte, den Karl Liebknecht verfasst hatte und in dem gegen die Kriegspolitik der SPD-Parteiführung protestiert wurde, und nachdem sie im Oktober 1915 Sprecherin einer Deputation Berliner Genossinnen geworden war, die eine Sitzung des Parteiausschusses der SPD störte, um dort Kritik an der Politik der Parteiführung zu üben[9], unterstützte sie die Arbeit des Nationalen Frauendienstes nicht mehr.[10] Sie kämpfte seit 1916 nicht nur in Deutschland gegen den Krieg und für den Frieden, sondern hielt auch mit der Sozialistischen Internationale Kontakt. Das war nicht einfach, denn die sozialistische Fraueninternationale hatte sich bereits in ihre nationalen Bestandteile aufgelöst. Im März 1916 zum Internationalen Frauentag veröffentlichte sie in einer Reihe von Zeitungen den Artikel »Märzagitation«.[11] Obwohl sie in diesem Artikel auf eine eindeutige Stellungnahme gegen den Krieg verzichtete und stattdessen Fragen wie Frauenerwerbsarbeit und Staatsbürgerrechte besprach, wurde es ihr nun von

---

8 *Rosa Luxemburg*, Gesammelte Werke, Bd. 4: August 1914–Januar 1919, Berlin 1974, S. 121. *Käthe Duncker*, Unsere Frauen und der nationale Frauendienst, in: Die Internationale, Nr. 1, April 1915, S. 33 und S. 37.
9 Vgl. *Guste Zörner*, Luise Zietz, in: Dies. (Hg.), Sie kämpften auch für uns, Leipzig 1967, S. 33-40; hier S. 39.
10 Vgl. *Hedwig Wachenheim*, Vom Großbürgertum zur Sozialdemokratie. Memoiren einer Reformistin, Berlin 1973, S. 58.
11 *Luise Zietz*, »Märzagitation«, in: Vorwärts, 29.2.1916, Leipziger Volkszeitung, Schwäbischer Tagwacht, Volksfreund, Braunschweig (alle 1.3.1916) sowie in der Volkswacht für Schlesien und Posen, 6.3.1916.

der Parteileitung verboten, »während der Dauer des Kriegszustandes Vorträge zu halten und in Versammlungen zu reden«. Sie durfte dieses Verbot nicht bekannt geben und es wurde ihr der Auslandpass entzogen.[12] Nun musste sie ihre politische Tätigkeit illegal fortführen. Heimlich reiste sie in die Schweiz und nach Stockholm, wo sie neuen Mut für ihre aufreibende Arbeit schöpfte.[13] Offensichtlich hatte sie noch gute Kontakte zu einzelnen Genossinnen, mit denen sie 1907 die internationale sozialistische Frauenbewegung gegründet hatte.[14]

3 Wie wird es nach dem Krieg weiter gehen?

In ihrer 1916 erschienene Schrift »Zur Frage der Frauenerwerbsarbeit während des Krieges und nachher« stellte sie bereits mitten im Ersten Weltkrieg die auch später von Frauenforscherinnen oft gestellte Frage, ob die Einbeziehung der Frauen in die Produktion ein Schrittmacher zur Emanzipation bedeuten könnte. Sie analysierte die Zunahme der Frauenerwerbsarbeit und die Selbstverständlichkeit, mit der Frauen während der Abwesenheit der Männer in allen Arbeitsbereichen, selbst im Bergbau und Hüttenwesen, Arbeiten übernehmen konnten, die vorher als Männerdomänen galten. Und sie war sich nicht sicher, »ob diese starke Verwendung der Frauenkraft auf allen Gebieten mit dem Kriege ihr Ende finden oder im Frieden fortdauern wird.«[15] Sie ahnte bereits, dass der Mangel an männlicher Arbeitskraft nach Kriegsende die Überlebenden anspornen würde, die Entwicklung der Tech-

---

12 *Hans Zeisler*, Luise Zietz. Leben und Wirken der proletarischen Frauenbewegung 1865–1922, Diss., Pädagogische Hochschule »Clara Zetkin«, Leipzig 1978, S. 125. Vgl. auch *Luise Kautsky*, Luise Zietz, in: Die Genossin, H. 1/1932, S. 6.
13 *Luise Zietz*, Zeitungsausschnitt ohne weitere Angaben, in: Archiv der sozialen Demokratie (AdsD), Sammlung Personalia Luise Zietz.
14 Zur Gründung der Sozialistischen Fraueninternationale und zur Rolle Luise Zietz‹ vgl. *Gisela Notz*, »Her mit dem allgemeinen, gleichen Wahlrecht für Mann und Frau!«. Die internationale sozialistische Frauenbewegung zu Beginn des 20. Jahrhunderts und der Kampf um das Frauenwahlrecht, Bonn 2008.
15 *Luise Zietz*, Zur Frage der Frauenerwerbsarbeit während des Krieges und nachher, Berlin 1916.

nik zu fördern, um menschliche Arbeitskraft einzusparen. Noch hoffte sie, dass durch arbeitssparende Maschinen nicht in erster Linie »Frauenkraft« überflüssig würde, sondern dass durch den Einsatz neuer Techniken einer weiteren Beschäftigung der Frauen der Weg geebnet werden könnte. Vorausschauend rief sie die Arbeiterinnen auf, sich nicht für einen »Kampf der Geschlechter untereinander« missbrauchen zu lassen, sondern sich gemeinsam mit den Männern der Arbeiterklasse gewerkschaftlich zu organisieren und für »gleichen Lohn für gleiche Arbeit« von »Mann und Weib«, für die Verkürzung der Arbeitszeit, die Verbesserung der Arbeitsbedingungen und des Arbeitsschutzes und für gut ausgestattete öffentliche Kindererziehung mit pädagogisch geschulten Kräften »Seite an Seite« zu kämpfen.[16] Eine weitere Hoffnung, die sie mit der Frage der Frauenerwerbsarbeit während des Krieges verband, war, dass Frauen nach dem Ende des Krieges – »gestützt auf ihre sozialen Leistungen« – Einlass in die Parlamente erhalten würden und dass das Frauenwahlrecht, für das sie selbst so lange erfolglos gekämpft hatte, so verwirklicht würde.[17]

4 Die innerparteiliche Opposition gegen den Krieg wird stärker

Seit 1916 war die innerparteiliche Opposition gegen den Krieg stärker geworden. Ein großer Teil der Bevölkerung hoffte auf ein baldiges Ende des Krieges, denn je länger der Krieg dauerte, desto schwieriger wurde die Versorgungslage und desto mehr ließ die Kriegsbegeisterung, besonders bei den Frauen in den Städten und auf dem Lande nach. Im dritten Kriegsjahr verstärkte sich die »Ernährungskrise«, die sich im sogenannten »Steckrübenwinter« 1916/17 zuspitzte. Überall kam es zu »Lebensmittelkrawallen«, die vor allem von Frauen getragen wurden, bald zu politischen Protestbekundungen gegen

---
16 Ebd., S. 30 ff.
17 Ebd., S. 47. Eine Hoffnung, die auch die bürgerliche Frauenbewegung teilte. Vgl. dazu *Andrea Süchting-Hänger*, Das Gewissen der Nation. Nationales Engagement und politisches Handeln konservativer Frauenorganisationen 1900–1937, Düsseldorf 2002.

den Krieg wurden und die sich in Streiks in der Rüstungsindustrie fortsetzten. Als große Massenbewegung ist der Aprilstreik 1917 in die Geschichte eingegangen. Er knüpfte an die Proteste der Frauen gegen die unzureichende Lebensmittelversorgung an und wurde auch als »Brotstreik« bekannt. Obwohl der Aprilstreik nicht auf Berlin beschränkt blieb, brach er letztlich ohne größere Zugeständnisse seitens der Behörden zusammen.[18]

Trotz zahlreicher Parteiaustritte blieb die SPD-Führung bei ihrer Position zur Zustimmung des »Verteidigungskrieges«. Luise Zietz zählte nun zur Parteiopposition. Bei der Reichskonferenz der SPD vom 21. bis 23. September 1916 im Reichstagsgebäude in Berlin verurteilte sie in einer Rede erneut entschieden die Kriegspolitik der Parteiführung. Sie wehrte sich gegen die Meinung »wir müssen alles in den Dienst der Vaterlandsverteidigung stellen«.[19] Das »Aufgeben der eigenen selbständigen Politik der Fraktion«, machte sie dafür verantwortlich, dass in »unserer Partei ein furchtbarer Wirrwarr« entstanden war.[20] Nur durch ein Zurück zur grundsätzlichen Antikriegspolitik könnte die Partei das Vertrauen der Massen wieder gewinnen, nur so könnte die Einheitlichkeit der Partei wieder hergestellt und ein Beitrag zur Herbeiführung des Friedens geleistet werden. Ihre Äußerungen führten zu lebhaften Auseinandersetzungen zwischen Oppositionellen und MehrheitssozialdemokratInnen. Sie musste es ertragen, dass Letztere sie nicht ernst nahmen, ja sogar mehrfach auslachten. Das war keine Seltenheit, denn auch Sozialdemokraten empfanden Frauen »lange Zeit als Fremdkörper« in den politischen Gremien.[21] Aus tiefer Überzeugung blieb Luise Zietz jedoch bei ihren Äußerungen und bekräftigte sie am nächsten Tag erneut.[22]

---

18 Vgl. hierzu *Axel Weipert*, Zur aktuellen Geschichtsschreibung über den Ersten Weltkrieg, in: *Bernd Hüttner* (Hg.), Verzögerter Widerstand. Die Arbeiterbewegung und der Erste Weltkrieg, Berlin 2015, S. 10-19.
19 Vorstand der Sozialdemokratischen Partei (Hg.), Protokoll der Reichskonferenz der Sozialdemokratie Deutschlands vom 21., 22. und 23. September 1916, S. 106.
20 Ebd.
21 Vgl. *Thomas Mergel*, Parlamentarische Kultur in der Weimarer Republik. Politische Kommunikation, symbolische Politik und Öffentlichkeit im Reichstag, Düsseldorf 2002, S. 105.

Nachdem der Kriegsgegner Hugo Haase (1863–1919) nach der Fraktionsspaltung im März 1916 vom Parteivorsitz zurückgetreten war, schied Anfang 1917 auch Luise Zietz als Parteisekretärin aus. Gemeinsam mit Robert Wengels (1850–1930) wurde sie von der Vorstandsmehrheit abgesetzt.[23] »Ein nackter Gewaltschlag ohne jede demokratische Farce«, stellte die »Gleichheit«, deren Redaktion ebenso vom Parteivorstand unter Druck gesetzt worden war, im März 1917 fest.[24] Wengels und Zietz hatten offensichtlich gegen die »Parteisäuberung« protestiert, die im Januar 1917 auf die Einberufung einer Reichskonferenz der oppositionellen Sozialdemokraten erfolgte. Nun wurde das Frauenbüro aufgelöst, damit die organisierten Frauen Luise Zietz nicht unterstützen konnten. Die Spaltung von Partei und Fraktion bildete offensichtlich in ihrem Leben eine tiefe Zäsur, wenn ihr dadurch auch politische Handlungsspielräume verschafft wurden.[25]

5 Die Spaltung ist nicht mehr aufzuhalten

Nach dem Parteiausschluss von 20 SPD-Abgeordneten, die ihre Zustimmung zu weiteren Kriegskrediten verweigerten, beteiligte sich Luise Zietz vom 6. bis 8. April 1917 in Gotha an der Gründung der USPD (Unabhängige Sozialdemokratische Partei Deutschlands), in der sich ein großer Teil der Kriegsgegner zusammenfand, darunter waren zahlreiche andere SPD-Frauen und auch viele Gewerkschafterinnen. Luise Zietz hatte genug von der Unterwerfung unter die Parteidisziplin. »Die Wunden, die ihr damals geschlagen wurden, sind nie verheilt. Eine tiefe Bitterkeit hatte sich ihrer bemächtigt, die ihr sonst wesensfremd war«, schrieb Louise Kautsky (1864–1944)

---

22 Vorstand der SPD, Protokoll, S. 162.
23 Vgl. *Tobias Kühne*, »Willst Du Arm und unfrei bleiben?«. Louise Zietz (1865–1922), Berlin 2015, S. 47.
24 Zit. n.: *Spillner*, Louise Zietz, S. 164.
25 *Kühne*, »Willst Du Arm und unfrei bleiben?«, S. 48.

später über die feindselige Haltung der Vorstandsmehrheit Luise Zietz gegenüber.[26] Luise Zietz musste nach ihrem Übertritt die Stelle der zentralen Frauensekretärin im Parteivorstand an Marie Juchacz (1879–1956) abgeben, die stets von ihr gefördert worden war. Der Parteivorsitzende Friedrich Ebert (1871–1925) hatte Marie Juchacz von Köln nach Berlin gerufen, weil sie bei den MehrheitssozialdemokratInnen geblieben war.[27] In der USPD erhielt Zietz sofort die Position einer geschäftsführenden Sekretärin, wurde ins Zentralkomitee der Partei gewählt, hatte als Frauensekretärin maßgeblichen Einfluss auf die USPD-Frauenbewegung und arbeitete in der USPD-Frauenzeitung »Die Kämpferin« mit. Der neu gründete Reichsfrauenausschuss der USPD richtete bereits zwei Monate später eine Forderung nach dem allgemeinen, gleichen, direkten und geheimen Wahlrecht an den Reichstag.[28] Daran hatte Luise Zietz sicher entscheidenden Anteil.

Mit der Gründung der USPD wurde die Spaltung der deutschen Sozialdemokratie und damit auch der sozialdemokratischen Frauenbewegung manifest. Knapp weniger als die Hälfte der SPD-Mitglieder traten der USPD bei. Der Übertritt Luise Zietz war sicher »ein herber Verlust [...] für die alte SPD« gewesen.[29] Auch Clara Zetkin hatte die Partei verlassen und war Gründungsmitglied der USPD. Sie bekam von der SPD die Herausgeberschaft der »Gleichheit« entzogen, die ebenfalls Marie Juchacz als Vertreterin des reformistischen Parteikurses übernahm. Zu einer (Wieder)Annäherung zwischen Luise Zietz und Clara Zetkin kam es jedoch nicht. Den Übertritt Clara Zetkins in die KPD wollte Luise Zietz nicht mit vollziehen. Sie

---

26 Zit. n.: *Spillner*, Louise Zietz, S. 161 f.
27 Vgl. auch *Gisela Notz*, Widerstand sozialistischer Frauen gegen den Krieg, in: *Bernd Hüttner* (Hg.), Verzögerter Widerstand. Die Arbeiterbewegung und der Erste Weltkrieg, S. 20-30, hier S. 30.
28 Vgl. Oppositionelle Frauen treten der USPD bei, in: *Annette Kuhn* (Hg.), Die Chronik der Frauen, Dortmund 1993, S. 427.
29 *Antje Dertinger*, Frauen im Reichstag (XVII). Mehr als eine »Alibi«-Frau, in: Das Parlament, Nr. 31, 3.8.1985, S. 4.

bezeichnete ihn als »abgrundtiefen Verrat.«[30] Zietz gehörte nun dem eher gemäßigten Flügel der USPD an und hoffte vermutlich, wie ihr Freund Wilhelm Dittmann (1874–1954), mit dem sie im Zentralkomitee saß, mit der USPD »dafür [zu] sorgen, daß nach dem Kriege die alte deutsche Sozialdemokratie wiederersteht.«[31]

6 Das Ende des Ersten Weltkrieges

Ob Luise Zietz mit den revoltierenden Matrosen in Kontakt stand oder gar dabei war, als kriegsmüde Matrosen im Oktober 1917 spontan in den Aufstand traten, ist umstritten. Jedenfalls wurde sie am 13. Oktober 1917 in »Schutzhaft« genommen und am 5. November 1917 gegen eine Kaution freigelassen.[32] Während der Tage der Novemberrevolution hielt sie Referate in verschiedenen Städten und nahm an der Sitzung des »Vollzugsrates der revolutionären Obleute« teil, in der der strategische Aufstandsplan beraten wurde.[33] Nachdrücklich trat sie für das Rätesystem ein. In der »Freiheit« rief sie im Frühjahr 1919 zur »Eroberung der politischen Macht« durch das Proletariat und zum Aufbau einer sozialistischen Gesellschaft auf.[34] Erst nach der Gründung der Weimarer Republik versöhnte sie sich mit dem Parlamentarismus.[35]

Am 4. November 1918 hatten die Matrosen von Kiel die Kontrolle über die Hafenstadt übernommen. Von da aus breitete sich die Revolution über ganz Deutschland aus. An vielen Orten bildeten sich Arbeiter- und Soldatenräte. Am 10. November gründete sich der »Rat der Volksbeauftragten« aus je drei Mitgliedern von MSPD und USPD

---

30 USPD. Protokoll über die Verhandlungen des Parteitages in Leipzig vom 8. bis 12. Januar 1922, Leipzig 1922, S. 184.
31 *Wilhelm Dittmann*, Erinnerungen, Bd. 2, Frankfurt a. M./New York 1995, S. 500.
32 *Zeisler*, Luise Zietz, S. 139.
33 Ebd., S. 150.
34 *Luise Zietz*, Aufruf »Genossinnen!«, in: Die Freiheit, Nr. 261, 27.4.1919, Beilage.
35 Vgl. Unabhängige Sozialdemokratische Partei Deutschlands, Protokoll über die Verhandlungen des außerordentlichen Parteitages vom 2. bis 6. März 1919 in Berlin, Berlin 1919, S. 174.

als Übergangsregierung. Am 11. November 1918, im fünften Kriegsjahr, endete der Erste Weltkrieg und damit auch die mehr als tausendjährige Herrschaft der Fürsten über das Volk. Zerstörte Städte, Dörfer, Landschaften und Industrieanlagen waren der Preis für den Kampf kapitalistischer Länder um Kolonien, Rohstoffe und Absatzmärkte. Für die Sozialistinnen bedeutete der Erste Weltkrieg einen tiefen Einschnitt, denn Ausmaß und Stärke, die die proletarische Frauenbewegung bis dahin erreicht hatte, erreichte sie nicht mehr wieder.[36]

Zwar konnten Frauen nun erstmals wählen und gewählt werden. Die Forderung, für die vor allem die sozialistischen Frauen viele Jahre lang mit viel Ausdauer, Mut und Fantasie gekämpft hatten, gehörte zu den Parolen der Revolution. Sie war Bestandteil der Erklärung des Rates der Volksbeauftragten an das deutsche Volk vom 12. November 1918, in der es eindeutig hieß: »Alle Wahlen zu öffentlichen Körperschaften sind fortan nach dem gleichen, geheimen, direkten, allgemeinen Wahlrecht [...] für alle mindestens 20 Jahre alten männlichen und weiblichen Personen zu vollziehen.«[37] Bei der Verabschiedung der Weimarer Verfassung versuchte keine Partei mehr, das Frauenstimmrecht anzutasten.

7 Parlamentarische Arbeit in der Nationalversammlung und im Deutschen Reichstag

Eines der wichtigsten Ereignisse im Leben von Luise Zietz war es sicher, dass sie als engagierte Vorkämpferin für das Frauenwahlrecht eine der ersten Frauen war, die in die Parlamente der neu gegründeten Weimarer Republik einziehen konnten. 1919/1920 wurde sie für die USPD in der verfassungsgebenden Nationalversammlung und

---

36 Die 1. Internationale Frauenkonferenz nach dem Ersten Weltkrieg wurde erst wieder am 21.5.1923 durchgeführt. Lediglich 93 Delegierte aus 23 Ländern waren versammelt, um eine neue Sozialistische Fraueninternationale zu gründen. Bei der 4. Internationalen Frauenkonferenz 1931 waren 169 Delegierte und Gäste aus 24 Ländern vertreten. Vgl. *Notz*, Her mit dem allgemeinen, S. 48 f.
37 Ebd., S. 43.

anschließend als Abgeordnete in den Deutschen Reichstag gewählt, wo sie die Partei bis zu ihrem Tode vertrat.

Bei der Debatte um die Weimarer Verfassung erhob sie immer wieder ihre Stimme für die Frauen: Sie forderte erfolgreich das Recht von Beamtinnen, auch nach ihrer Verheiratung weiter berufstätig sein zu dürfen.[38] Die »Gleichberechtigung der Frau schlechthin« hingegen erreichte sie nicht. In Artikel 109 der Weimarer Reichsverfassung hieß es: »Männer und Frauen haben grundsätzlich dieselben staatsbürgerlichen Rechte und Pflichten.« Marie Juchacz von der MSPD plädierte für die Streichung des Wortes »grundsätzlich«. Christine Teusch (Zentrum) sprach dagegen. Da meldete sich Luise Zietz zu Wort und sprach sich leidenschaftlich für die Streichung dieser zu Interpretationen Anlass gebenden Formulierung aus. »Grundsätzlich« würde die Rechte der Frau einschränken, denn »in der praktischen Anwendung würde man dazu kommen, sehr oft die Frau von Betätigungen fernzuhalten.«[39] Außerdem könnten Frauen bei Eheschließung über das Privatrecht von der Gleichstellung ausgeschlossen werden. Durchsetzen konnte sie sich nicht. Ebenso wenig wie mit der Forderung nach der rechtlichen Gleichstellung des »unehelichen Kindes« mit dem »ehelichen«. Als sie den Antrag ihrer Fraktion vortrug, wurde sie nicht nur von den Herren der anderen Fraktionen ausgelacht, sondern auch von der bürgerlichen Frauenrechtlerin Gertrud Bäumer (1873–1954), die für die Deutsche Staatspartei in der Nationalversammlung saß.[40]

Bei der Wahl zum ersten Reichstag im Juni 1920 erzielte die USPD 17,6 Prozent der Stimmen und 84 Mandate. Damit lag sie knapp hinter der MSPD mit 21,9 Prozent und 103 Mandaten. Im Reichstag traf Luise Zietz Marie Juchacz, die für die MSPD dort eingezogen war,

---

38 Bereits 1923 wurde das Beamtinnenzölibat allerdings wieder eingeführt. Ab 1951 galt es nur noch im Dienstrecht des Landes Baden-Württemberg. Erst am dem 10.3.1957 wurde es mit dem Urteil des Bundesarbeitsgerichts wieder aufgehoben.
39 Verhandlungen des Deutschen Rechtstags (Nationalversammlung), Bd. 328, 57. Sitzung, S. 1560 f.
40 Protokoll der Nationalversammlung, 58. Sitzung, 16. Juli 1919, S. 1607.

und Clara Zetkin, die für die KPD in den Reichstag gewählt worden war, wieder. Mit großem Nachdruck setzte sich Luise Zietz nun dafür ein, dass die Frauenerwerbsarbeit nach Kriegsende in keiner Weise eingeschränkt würde. Das war nicht leicht, denn die herrschende Familienideologie führte dazu, dass die aus Krieg und Gefangenschaft heimgekehrten Männer als »Haupternährer« der Familie an ihre Arbeitsplätze zurückkehren sollten, um »zu ›normalen‹, d. h. Vorkriegsformen der geschlechtsspezifischen Arbeitsteilung im Erwerbs- und Familienleben zurückzukehren«. So ging es aus den Richtlinien des Preußischen Kriegsministeriums vom 24. November 1918 hervor.[41] Gemeinsam mit den Frauen ihrer Fraktion und oft auch mit den Genossinnen der SPD arbeitete Luise Zietz dennoch unermüdlich für die Gleichberechtigung der Frauen, für die Rechte der ArbeiterInnen und für die Verbesserung der Situation der Armen und Unterdrückten durch Sozial- und Bildungspolitik. Sie reiste von einer Sitzung zur nächsten und von Vortrag zu Vortrag und schrieb in den Zwischenzeiten zahllose Artikel und Schriften. Sie versuchte immer wieder die parlamentarische Arbeit mit außerparlamentarischen Aktionen der Arbeitenden zu verbinden.[42] Luise Zietz kam, wie viele der 22 weiblichen SPD- und USPD-Abgeordneten, selbst aus der Arbeiterklasse und kannte die Probleme der armen Menschen. Sie sorgte mit ihren Genossinnen dafür, dass die »soziale Frage« öffentlich diskutiert wurde. Ihr Name stand unter einer Interpellation der Frauen gegen die Hungerblockade und für die Herausgabe der Kriegsgefangenen.[43]

Im Reichstag tat sie sich als ausgezeichnete Rednerin hervor. Ein unter dem Pseudonym »A« schreibender ehemaliger preußischer Offizier, später als Adolf Stein identifiziert, berichtete, dass die »Damen der Gesellschaft in Weimar« um Einlasskarten für den Reichstag baten, wenn sie wussten, Luise Zietz würde sprechen. Er monierte,

---

41 Vgl. hierzu *Barbara Guttmann*, Weibliche Heimarmee. Frauen in Deutschland 1914–1918, Weinheim 1989, S. 205 f.
42 Vgl. zum Beispiel *Walter Wimmer*, Das Betriebsrätegesetz von 1920 und das Blutbad vor dem Reichstag, in: Schriftenreihe Beiträge zur Geschichte und Theorie der Arbeiterbewegung, Bd. 11, hg. v. IML beim ZK der SED, Berlin 1957, S. 20.
43 *Juchacz*, Sie lebten für eine bessere Welt, S. 67.

G. Notz: Von der Heimweberin in höchste Ränge der SPD: Luise Zietz (1865–1922)

dass Zietz in ihren Reden um »die Grundrechte der Frau« streiten würde und hielt dem entgegen: »Der Mann wird nie Kinder kriegen, die Frau nie die Waffe tragen. [...] Und nicht draußen, sondern ›drinnen waltet die züchtige Hausfrau‹; hinaus ins feindliche Leben muß immer noch vorzugsweise der Mann.« Daher müsse auch Frau Zietz begreifen, dass es nicht angehen könne, dass »beide Geschlechter in jeder Art« gleichgestellt werden.[44] Das genau war es, was Luise Zietz und auch die ihr nachfolgenden Sozialistinnen nicht begreifen wollten und wollen. Zudem wollte Luise Zietz, dass auch Männer keine Waffen mehr tragen mussten, denn sie arbeitete weiter für ein friedliches Zusammenleben.

Auch wenn sie nicht bei allen gleichermaßen beliebt war, war Luise Zietz deshalb eine hervorragende Rednerin, weil sie von dem, was sie vorbrachte, überzeugt war. Sie redete »mit einem Feuer und einer Begeisterung, dass die ganze Versammlung vom Anfang bis zum Ende in ihrem Bann stand. Sie sprach einfach, logisch und klar, man fühlte, dass sie mit Herz und Hirn bei der Sache war. Glühender Hass gegen Ausbeutung und Unterdrückung, proletarischer Trotz und Stolz sprühten aus ihrer Rede«[45], berichtete ihr Weggefährte, der Reichstagsabgeordnete Wilhelm Dittmann später. Er bezeichnete sie als die bedeutendste Führerin proletarischer Herkunft in der deutschen Sozialdemokratie. Besonders bei den Arbeiterinnen erfreute sie sich aufgrund ihrer kämpferischen Haltung einer großen Beliebtheit. Ihre – meist zweistündigen – Vorträge bereitete sie sorgfältig vor, je nach Situation und Thema. Denn, so schrieb sie selbst in einer ihrer zahlreichen Broschüren, nichts sei schlimmer, »als wenn man bei der Agitation schablonieren, nach einem fix und fertigen Rezept arbeiten wollte.«[46]

---

44 A. [das ist Adolf Stein, G. N.], Friedrich der Vorläufige, die Zietz und die anderen. Die Weimarer Nationalversammlung 1919, Februar/August, Berlin 1919, S. 21 ff.
45 *Wilhelm Dittmann*, Wie's damals war. Luise Zietz, in: Gleichheit, Nr. 1, Januar 1952, S. 27 f., hier S. 27. Vgl. auch handschriftliches Manuskript in: AdsD, Sammlung Personalia Luise Zietz.
46 *Luise Zietz*, Gewinnung und Schulung der Frau für die politische Betätigung, Berlin 1914, S. 6.

8 »Ausgebrannt an einem Übermaß an Arbeit«?

Die Schriftstellerin Antje Dertinger vertritt die Meinung, man könne davon ausgehen, dass sich Luise Zietz 1922 mit dem verbliebenen USPD-Teil wieder der alten Sozialdemokratie angeschlossen hätte.[47] Das muss eine Vermutung bleiben, denn Luise Zietz erlebte die Vereinigung der USPD mit der Alt-SPD nicht mehr. Nur knapp drei Jahre konnte sie sich im Reichstag für die Gleichberechtigung der Frauen und für die Verbesserung der Situation der Armen und Unterdrückten einsetzen. Ihre Kräfte ließen langsam nach, aber das wollte sie nicht zugeben. »Sie kannte keine Schonung und nichts erzürnte sie mehr, als wenn man von ihr diese Schonung forderte«[48], schrieb die USPD-Zeitung »Freiheit«. Selbst wenn sie wegen eines quälenden Nierenleidens wochenlang ans Bett gefesselt war, benutzte sie jeden Rest ihrer Kraft, um ihre politische Arbeit fortzusetzen. Bei der Reichstagssitzung am 26. Januar 1922 erschien sie zunächst noch »völlig frisch«, dann bekam sie mitten im Sitzungssaal einen Ohnmachtsanfall[49], ein Herzinfarkt, wie sich später herausstellte. Luise Zietz starb in der folgenden Nacht am 27. Januar 1922 im Urbankrankenhaus in Berlin, »ausgebrannt an einem Übermaß an Arbeit, die sie vor allem zur Politisierung der Frauen des Proletariats aufwandte«, wie Antje Dertinger in einem Artikel schrieb.[50] Vielleicht war sie aber auch von den vielen Auseinandersetzungen, die sich zu diesem Zeitpunkt auch in der USPD abzeichneten, erschöpft. Sie war noch keine 57 Jahre alt. Aus dem In- und Ausland trafen Beileidsbekundungen von SozialistInnen und GewerkschafterInnen ein. Der Reichstagspräsident Paul Löbe (1875–1967) berichtete später, dass »beide Richtungen der Sozialdemokratie […] vor der Bahre der opferbereiten Führerin« dankbar ihre

---

47 *Dertinger*, Frauen im Reichstag, S. 4.
48 *Luise Zietz*, in: Die Freiheit, Berliner Organ der Unabhängigen Sozialdemokratie Deutschlands, Nr. 46, 27.1.1922, S. 1.
49 »Die letzten Stunden«, in: Die Freiheit, 27.1.1922, S. 1.
50 Ebd.

Fahnen gesenkt hätten.[51] Clara Zetkin würdigte in ihrem Abschiedsgruß Luise Zietz als eine »der markantesten Erscheinungen der proletarischen Frauenbewegung« und bedauerte, »dass sich zuletzt ihr Weg von dem seiner Vorhut trennte […]«.[52] Im Krematorium in der Gerichtsstraße in Berlin hielt die Genossin Lore Agnes (1876–1953), die ebenfalls von der SPD in die USPD übergewechselt war und mit Luise Zietz im Reichstag saß, einen tief empfundenen Nachruf auf »unsere Luise«.[53] Ihre letzte Ruhestätte fand die Sozialistin und Freidenkerin auf dem Zentralfriedhof in Friedrichsfelde inmitten bekannter VorkämpferInnen des Sozialismus.

»Ein treuer, guter, kluger und opferbereiter Mensch ist nicht mehr«, schrieb »Die Freiheit«, das Berliner Organ der USPD, am Tage des Todes von Luise Zietz auf der Titelseite. Der unbekannte Autor vergaß nicht, darauf hinzuweisen, dass sie keine »Frauenrechtlerin« gewesen sei, denn davor habe sie ihr reifer Verstand und ihr klarer Blick bewahrt.[54] Auch dazu konnte sie sich nicht mehr äußern.

---

51 *Paul Löbe*, Porträt der Woche: Luise Zietz, eine sozialistische Vorkämpferin, in: Frauen-Korrespondenz, Nr. 23, 14.1.1947.
52 Zit. n.: *Zörner*, Luise Zietz, S. 39 f.
53 *Dittmann*, Luise Zietz, S. 28.
54 Luise Zietz, in: Die Freiheit, 27.1.1922, S. 1.

Die Haltung der Gewerkschaften

Christian Zech

Parteipolitischer Wandel und gewerkschaftliche Weichenstellung. Ideologische Standortbestimmung(en) bei Siegfried Aufhäuser vor dem Hintergrund des Ersten Weltkriegs

Siegfried Aufhäuser wurde am 1. Mai 1884 in Augsburg geboren und wuchs hier als eines von vier Kindern in einer jüdischen Unternehmerfamilie auf.[1] Im Alter von 16 Jahren verließ er seine Geburtsstadt, um in München eine Kaufmannsgehilfenlehre zu absolvieren. Familiäres Umfeld und erste berufliche Orientierung schienen zunächst eine bürgerliche Karriere zu begünstigen, verweisen zumindest nicht unmittelbar auf sein späteres Engagement innerhalb der Sozialdemokratie und für die freigewerkschaftliche Angestelltenbewegung. Das Berufsfeld des Kaufmannsgehilfen befand sich zu dieser Zeit allerdings im Umbruch. Was vormals als Übergangspe-

---

1 Ein Familienstammbaum befindet sich in den *Leo Baeck Institute Archives* (New York), AR 10292, Aufhaeuser Family Collection, Box 1, Folder 1.

riode auf dem Weg zur Selbstständigkeit angesehen wurde, verstetigte sich nun häufig.[2] Dadurch gewann die Verbesserung der gegenwärtigen beruflichen Situation an Relevanz, was seinen Niederschlag im veränderten Organisationsverhalten der kaufmännischen Angestellten fand, deren berufliche Interessensvertretungen nun vermehrt Zulauf erhielten.[3] Auch Aufhäuser war spätestens ab 1903 im sozialliberal orientierten Verein der Deutschen Kaufleute (VdDK) aktiv.[4] Dieses Engagement intensivierte er nach einem Umzug nach Berlin, wo er 1907 in das Leitungsgremium des Verbands aufgenommen wurde.[5]

Gleichzeitig setzte er sich nun vermehrt mit sozialpolitischen und ökonomischen Themenfeldern auseinander, die über den verbandsinternen Alltag hinausragten. Nachdem Teile der liberalen Freisinnigen Vereinigung 1908 mit Gründung der Demokratischen Vereinigung (DV) eine eigene politische Vertretung ins Leben gerufen hatten, trat er hier bald an prominenter Stelle in Erscheinung. So wurde er auf dem ersten Parteitag im April 1909 in den Zentralvorstand gewählt und im darauffolgenden Jahr neben Hermann Lüdemann, dem späteren Ministerpräsidenten von Schleswig-Holstein, für das politische Hauptreferat des Parteitags geladen.[6] Nachdem es bei den Reichstagswahlen 1912 keinem einzigen DV-Kandidaten gelungen war, ein Reichstagsmandat zu erringen, schlossen sich zahlreiche Mitglieder der SPD an. Diese hatte ihren Stimmenanteil

---

2 *Michael Prinz*, Vom neuen Mittelstand zum Volksgenossen. Die Entwicklung des sozialen Status der Angestellten von der Weimarer Republik bis zum Ende der NS-Zeit, München 1986, S. 19.
3 Vgl. hierzu *Rainer Fattmann*, Die Angestellten und die freigewerkschaftliche Angestelltenbewegung im späten Kaiserreich und in der Weimarer Republik, in: *Rüdiger Zimmermann* (Hg.), Das gedruckte Gedächtnis der Tertiarisierung. Pilotprojekt zur Sicherung zentraler gewerkschaftlicher Quellenbestände der freien Angestelltenbewegung, Bonn 2010, S. 65-155, bes. S. 73-86.
4 Der VdDK war organisatorisch mit dem Verband deutscher Gewerkvereine (Hirsch-Dunkerschen-Gewerkschaftsvereine) verbunden.
5 Kaufmännische Rundschau, 15. Jg., Nr. 17, 1.9.1907, »Von unserm Delegiertentage.«
6 Demokratische Vereinigung (Hg.), Der erste Parteitag der Demokratischen Vereinigung zu Berlin am 12. April 1909, Berlin 1909, S. 63f; *Siegfried Aufhäuser/Hermann Lüdemann*, Angestellte und Demokratie, Berlin [1910].

im Vergleich zu 1907 mehr als verdoppelt und stellte nun erstmals die größte Fraktion im Reichstag. Anders als namenhafte Mitstreiterinnen und Mitstreiter – wie Siegfried Nestriepke, Tony und Rudolf Breitscheid, Julius Moses oder Ewald Fabian – hielt Aufhäuser zunächst der DV die Treue. Indes schienen sich spätestens mit den Bezirkswahlen 1913 in Preußen die Hoffnungen auf eine parlamentarische Umsetzung seiner politischen Zielvorstellungen erschöpft zu haben. In der Zusammensetzung des neuen Landtags sah Aufhäuser zwar »den größten Erfolg der Linken [...], der unter dem bestehenden Dreiklassenwahlrecht erreicht werden [konnte]«.[7] Resignation hätte sich aber insofern breitgemacht, als eine Wahlrechtsreform damit nicht errungen werden könne. Unter Verweis auf die innerhalb der SPD erneut aufkeimende Massenstreikdebatte sprach er sich – unter Bezugnahme auf Rosa Luxemburg – dafür aus, dass gegenüber dem Dreiklassenwahlrecht, »diesem Generalhindernis jeglichen Fortschritts [...], der Generalstreik als schärfste Waffe der Entrechteten nicht länger undiskutabel bleiben« dürfe.[8]

1 Kriegsausbruch und verbandspolitischer Aktionsradius

An anderer Stelle wandte sich Siegfried Aufhäuser dezidiert gegen die Sozialdemokratie und deren realpolitische Gebaren. Dieser diagnostizierte er »ein bedenkliches Erstarren der Parteibewegung«, während er sich trotz forcierter Abgrenzung inhaltlich immer deutlicher mit ihrem linken Flügel identifizierte.[9] Solche Ausführungen kontrastieren auffällig mit der ersten öffentlichen Verlautbarung, die Aufhäuser nach Ausbruch des Weltkriegs tätigte. In der einzigen Kriegsausgabe des DV-Organs Das Freie Volk erschien ein pathetischer Aufruf zur Unterstützung der Kriegspolitik, der nicht vom Parteivorsitzenden Hellmut von Gerlach, sondern von Aufhäuser im

---

7 Das freie Volk, 4. Jg., Nr. 28, 12.7.1913, »Massenstreik«.
8 Ebd.
9 Ebd., 4. Jg., Nr. 34, 23.8.1913, »Zur Entwicklung der Sozialdemokratie«.

Namen des Parteivorstands gezeichnet wurde.[10] Dieser mit martialischen Phrasen unterlegte Appell stand im Widerspruch zur bisherigen antimilitaristischen Politik der DV, die nicht nur gegen die aggressive Außenpolitik des Deutschen Reichs eingetreten war, sondern in ihrem Programm auch eine »Minderung der Rüstung im Wege internationaler Vereinbarungen« angestrebt hatte.[11] Gleichzeitig hinterlässt die Unterschrift Aufhäusers Verwunderung. So sind von ihm keine weiteren Verlautbarungen überliefert, die sich inhaltlich auch nur annähernd mit diesem Appell deckten.

Parteipolitisch trat er danach zunächst nicht mehr in Erscheinung, überhaupt lagen die Aktivitäten der DV seither brach. Indes erfuhr Aufhäusers Gewerkschaftskarriere in diesem Zeitraum einen maßgeblichen Schub. Im Jahr 1913 hatte er beim Bund der technisch-industriellen Beamten (Butib), einer Angestelltengewerkschaft für Privatangestellte, Techniker und Ingenieure, eine Stelle angetreten. Bis dato war sein berufs- und verbandspolitisches Engagement stets dem kaufmännischen Sektor zuzuordnen gewesen. Mit der relativ kleinen Gruppe der Techniker, die hier noch dazu dezidiert gewerkschaftlich organisiert waren, hatte es bisher kaum Überschneidungspunkte gegeben. Gesellschaftliche und sozialpolitische Zielvorstellungen schienen jedoch mit seinen eigenen Ansichten zu korrespondieren. Jedenfalls gelang es ihm zügig, dort Fuß zu fassen. In der wissenschaftlichen Vierteljahrsschrift des Butib, dem Jahrbuch der Angestelltenbewegung, fiel ihm unter anderem die Aufgabe zu, regelmäßig über die Ent-

---

10 Ebd., 5. Jg., Nr. 32, 8.8.1914, »An die Partei!«.
11 Programm der Demokratischen Vereinigung. Beschlossen auf dem Parteitage in Köln 1910, in: *Aufhäuser/Lüdemann*, Angestellte und Demokratie, S. 27-29, hier S. 29. Parallelen lassen sich zur Reaktion der SPD auf den Kriegsausbruch ziehen. Deren Rechtfertigungsmuster, mit welchen der sogenannte »Burgfriedensschluss« legitimiert wurde, korrelierten im Wesentlichen mit den inhaltlichen Argumentationssträngen des DV-Appells. Darin überwog die Begründung, man befinde sich in einem Verteidigungskrieg gegen das zaristische Russland, während gleichzeitig die Hoffnung anklang, die Kriegsanstrengungen könnten innenpolitischen Niederschlag im Sinne sozialer und politischer Zugeständnisse finden. Vgl. etwa *Susanne Miller*, Burgfrieden und Klassenkampf. Die deutsche Sozialdemokratie im Ersten Weltkrieg, Düsseldorf 1974, S. 70 f.

wicklungen innerhalb der Angestelltenschaft zu berichten. Dadurch erhielt er vertiefende Einblicke in die strukturellen und inhaltlichen Debatten, Konfliktfelder und Bedürfnislagen der Bewegung. Indes wandelte sich das Tätigkeitsfeld der Gewerkschaften während des Kriegs grundsätzlich. Lohn- und Tarifkämpfe ruhten weitgehend, während Themengebiete wie Konsumenten- und Rechtsfragen sowie Kriegsfürsorge und Arbeitslosenunterstützung an Bedeutung gewannen. Aufhäuser, der aufgrund eines Augenleidens von der Kriegsteilnahme befreit war, wurden innerhalb des Butib bald weitere Aufgabengebiete übertragen. Von besonderer Bedeutung sollte sich im Rückblick sein Engagement bei der 1913 gegründeten Arbeitsgemeinschaft für das einheitliche Angestelltenrecht erweisen, die als Ausgangspunkt für die spätere Vereinheitlichung der freigewerkschaftlichen Angestelltenbewegung angesehen werden muss.[12] Was sich zunächst als lose Koalition aus etwa einem Dutzend Angestelltenorganisationen konstituierte, verfestigte sich im Zuge des Weltkriegs zu einer gemeinsamen Interessenvertretung mit Aufhäuser als Sprecher. Als Verfechter einer Vereinheitlichung der gewerkschaftlichen Angestelltenverbände nutzte er diese Verantwortlichkeit, um deren Tätigkeitsfeld nicht unwesentlich zu erweitern. Mitbestimmungs- und Gestaltungsmöglichkeiten vergrößerten sich vor allem nach Verabschiedung des Gesetzes über den vaterländischen Hilfsdienst (1916), in dessen Rahmen der Verband als Ansprechpartner für die Belange der Angestellten auftrat und Verhandlungen mit Zivil- und Militärbehörden führte. Gleichzeitig wurden Aktionen nun mit Angestelltenvertretungen anderer ideologischer Richtungen sowie den Gewerkschaften der Arbeiterschaft koordiniert und durch Kooperationen fundiert. Kompetenz- und Aufgabenerweiterung der Arbeitsgemeinschaft ließen es ebenfalls notwendig erscheinen, den losen Zusammenschluss organisatorisch zu fixieren, was Ende 1917 in der Gründung einer Arbeitsgemeinschaft freier Angestelltenverbände (AfA) resultierte.[13]

---

12 Für die »Arbeitsgemeinschaft« kursierten zunächst verschiedenen Bezeichnungen.
13 Deutsche Industriebeamten-Zeitung, 13. Jg., Nr. 23, 9.11.1917, »Die Gruppierung der Angestelltenverbände«.

2 Parteispaltung und revolutionäre Umwälzungen 1918/19

Als Sprecher dieser Dachorganisation fungierte erneut Siegfried Aufhäuser, dessen gewerkschaftliche Aktivitäten sich hier verhältnismäßig gut nachvollziehen lassen. Hinweise, wie er sich in diesem Zeitraum parteipolitisch verortete und welche Position er gegenüber der Kriegspolitik einnahm, bleiben demgegenüber rar. Seine zeitgenössischen Artikel stellten den Krieg oftmals als unabwendbare Gegebenheit dar, deren Erörterung außerhalb der Verbandspolitik stattzufinden habe, der aber im Sinne der Angestelltenschaft mit »einem für Deutschland günstigen Ergebnis« zu beenden sei.[14] Mit der Dauer des Kriegs häuften sich jedoch Äußerungen, die einen baldigen Friedensschluss als vordringlichste Aufgabe ins Blickfeld rückten.[15] Die Debatte über die Burgfriedenspolitik, wie sie innerhalb der Sozialdemokratie vehement geführt wurde, hatte allerdings keinen maßgeblichen Niederschlag in der Presse des Butib gefunden.[16] Aus den Reihen der AfA war zunächst lediglich vom Zentralverband der Handlungsgehilfen (ZdH) deutlich Position gegen den Burgfriedensschluss bezogen worden, wobei die Kritik sich insbesondere innerhalb der Generalkommission der Gewerkschaften Deutschlands entfaltete, deren Mitglieder sich überwiegend mit der Mehrheitssozialdemokratie solidarisiert hatten.[17] Erst allmählich begann sich auch

---

14 Ebd., 10. Jg., Nr. 37, 31.12.1914, »Zum Jahreswechsel«. Dieser Artikel kann paradigmatisch für Aufhäusers Position gelten, wurde jedoch nicht mit seinem Namen gezeichnet.
15 Vgl. ebd., 12. Jg., Nr. 1, 7.1.1916, »Ein Rückblick auf das Jahr 1915«; 13. Jg., Nr. 1, 5.1.1917, »Jahreswende«.
16 In deren Spalten war auch 1918 noch für Kriegsanleihen geworben worden. Vgl. hierzu *Ulf Kadritzke*, Angestellte – Die geduldigen Arbeiter. Zur Soziologie und sozialen Bewegung der Angestellten, Frankfurt a. M./Köln 1975, S. 260 f.
17 Der ZdH verfügte über eine Mitgliedschaft sowohl in der Arbeitsgemeinschaft freier Angestelltenverbände als auch in der Generalkommission. Anfang 1918 kumulierte dessen Kritik in einer Forderung nach dem Rücktritt der Generalkommission. Vgl. Konferenz der Verbandsvorstände am 1. Februar 1918, in: Quellen zur Geschichte der deutschen Gewerkschaftsbewegung im 20. Jahrhundert, Bd. 1, Die Gewerkschaften in Weltkrieg und Revolution 1914–1919, Köln 1985, S. 414-437, hier S. 418.

die AfA in ihrer Gesamtheit von der sozialfriedlichen Politik zu entfernen.[18] Dies fand seinen Niederschlag beispielsweise im März 1918, als die AfA sich weigerte, die von der Regierung initiierte Ludendorff-Spende zu unterstützen.[19] Ebenso ließ der Butib nun eine wachsende »Unbefangenheit gegenüber der politisch erstarkenden USPD« erkennen.[20]

Indes mangelt es an Anhaltspunkten, die über Aufhäusers Rolle in den Monaten vor den revolutionären Umbrüchen Aufschluss geben.[21] Als im Oktober 1918 in Anbetracht der bevorstehenden Kriegsniederlage die Parlamentarisierung des Reichs eingeleitet wurde, betonte er jedoch kritisch, dass »[d]ie Parlamentarisierung der Regierung [...] nicht gleichbedeutend mit einer sozialen Umschichtung« sei und »[d]er Kampf gegen die wirtschaftlichen Machthaber [...] erst an[fange]«.[22] Rege Anteilnahme ließ er schließlich an den Entwicklungen erkennen, die sich seit dem 9. November 1918 in Berlin entfalteten. Bei Ausbruch der Revolution hatte sich aus den Reihen der AfA unter Mitwirkung Aufhäusers ein zwölfköpfiger Aktionsausschuss gebildet.[23] Als Zentrale der Angestelltenräte veranstaltete dieser eine Massenkundgebung im Zirkus Busch, wo Aufhäuser in der Eröffnungsrede neben der Demokratisierung des Staatslebens »die weitgehendste Sozialisierung vor allem die sofortige

---

18 *Fattmann*, Die freigewerkschaftliche Angestelltenbewegung, S. 96.
19 Vgl. Konferenz der Verbandsvorstände am 25./26. März 1918, in: Gewerkschaftsbewegung Bd. 1, S. 445-459, hier S. 454.
20 Dies äußerte sich u. a. darin, dass die Bundesleitung in einer demonstrativen Aussprache mit dem USPD-Vorsitzenden Hugo Haase ihre Neutralität »gegenüber *allen* Parteien« betonte. *Kadritzke*, Die geduldigen Arbeiter, S. 273 f. Hier werden auch die verbandsinternen Debatten, die in diese Aussprache resultierten, beleuchtet.
21 Noch Anfang 1918 hatte er eine größere Abhandlung publiziert, in der die parteipolitische Neutralität der Angestelltenbewegung betont worden war. Vgl. *S[iegfried] Aufhäuser*, Weltkrieg und Angestelltenbewegung, Berlin 1918, S. 4.
22 Deutsche Industriebeamten-Zeitung, 14. Jg., Nr. 21, 18.10.1918, »Frieden und Freiheit«.
23 Aus Rücksicht auf die politische Aufklärungsarbeit war der Ausschuss formal von den beteiligten Einzelpersonen getragen worden. Vgl. ebd., 14. Jg., Nr. 23/24, 29.11.1918, »Zentrale der Angestelltenräte«.

Verstaatlichung der großen Industriebetriebe forderte«.²⁴ Auch in der Verbandsschrift des Butib wies er der Frage, »ob das Ergebnis dieser Revolution die Beibehaltung der privatkapitalistischen Wirtschaftsweise oder die weitgehendste Sozialisierung der Betriebe sein soll[e], [...] eminent gewerkschaftliche[] Bedeutung« zu.²⁵ Es gelte, die »Errungenschaften der Revolution zu sichern und im Sinne einer Sozialisierung der Industrie auszubauen«.²⁶ Bewusst war ihm dabei, dass der Zeitraum für solche Entscheidungen begrenzt blieb: »Solange die Arbeiter- und Soldatenräte die wirtschaftliche Macht in Händen haben, kann ein großer Teil der Industrie verstaatlicht werden. Sobald die durch die Revolution erkämpfte Vormachtstellung der Arbeiter an ein allgemeines Parlament abgetreten sein wird, ist der Zeitpunkt, die kapitalistische Ausbeutung zu beseitigen oder zu beschränken, verpaßt.«²⁷

Mit dieser Position artikulierte Aufhäuser einen in großen Teilen der USPD gängigen Argumentationsstrang. Laut Mitgliedbuch war er der Partei im Herbst 1918 beigetreten.²⁸ Er folgte damit seiner Ehefrau Anna, geborene Stein, die er 1912 geheiratet hatte. Bei der Suche nach Motiven für seinen Parteieintritt – wie überhaupt für seine politische Entwicklung – darf ihre Rolle keinesfalls außer Acht gelassen werden. Wie so häufig verstummen die Quellen auch hier nahezu gänzlich, wenn in Biografien männlicher Akteure die Einflüsse weiblicher Familienmitglieder sichtbar gemacht werden sollen. Anna Aufhäuser war innerhalb des ZdH aktiv und 1904 als sogenannte »freiwillige Beiträgerin« der SPD beigetreten. Nach der Parteispaltung hatte sie sich kurzerhand der USPD zugewandt. Schon vor dem Krieg hatte sich auch Siegfried Aufhäuser mit seinem Einsatz für den politischen Generalstreik und der Befürwortung gewerkschaftlicher Kampfmittel inhaltlich der SPD angenähert. Durch seine

---

24 Ebd.
25 Ebd., 14. Jg., Nr. 23/24, 29.11.1918, »Wider den Kapitalismus«.
26 Ebd.
27 Ebd.
28 Archiv der sozialen Demokratie, Kleine Erwerbungen, Mitgliedbuch Siegfried Aufhäuser.

Beschäftigung beim Butib und innerhalb der AfA hielt er zudem Kontakt zu zahlreichen SPD- und USPD-Vertretern. In Fragen zur Sozialisierung und zur Einberufung der Nationalversammlung lassen sich 1918 darüber hinaus zahlreiche inhaltliche Überschneidungen mit der USPD ausmachen. Hier agierten inzwischen zahlreiche Weggefährtinnen und Weggefährten, wie Nestriepke, Fabian sowie Tony und Rudolf Breitscheid, mit denen er bereits in der DV zusammengearbeitet hatte.[29] Zumal nun auch innerhalb des Butib eine gewisse Affinität zugunsten der USPD auszumachen war, schienen personelle Bezüge und persönliche Netzwerke einen Eintritt Aufhäusers in die USPD zumindest zu begünstigen.[30]

3 Die Frühphase der Republik

Siegfried Aufhäusers USPD-Beitritt und die Artikulation seiner wirtschaftspolitischen Forderungen erfolgten zu einem Zeitpunkt, als absehbar schien, dass eine grundlegende Erweiterung der parteipolitischen Einflussnahme in greifbare Nähe gerückt war. Inwiefern sich seine bis dato geübte Zurückhaltung in politischen Fragen auf seine Stellung als Angestelltenvertreter und Verhandlungspartner der Reichsbehörden zurückführen ließ – also strategischem Kalkül entsprach –, bleibt dahingestellt. Seine zeitgenössischen Verlautbarungen lassen ebenfalls keine Rückschlüsse zu, wie er sich gegenüber den Weihnachtsunruhen, dem Austritt der USPD aus dem Rat der Volksbeauftragten oder dem Januaraufstand positionierte. Das Zusammentreten der Nationalversammlung nahm er mit Skepsis zur

---

29 Weitere Beispiele bei *Detlef Lehnert*, Von der Liberaldemokratie zur Sozialdemokratie zwischen Kaiserreich und Weimarer Republik, in: *Ders.* (Hg.), Vom Liberalismus zur Sozialdemokratie. Politische Lebenswege in historischen Richtungskonflikten 1890–1945, Köln u. a. 2015, S. 7-35, hier S. 19-26.

30 Hinzu kommt, dass sich der organisatorische Schwerpunkt der USPD in Berlin befand, wo sie in ihrer Mitgliederstärke die SPD bei Weitem übertraf. Vgl. *Detlef Lehnert*, Das »rote« Berlin: Hauptstadt der deutschen Arbeiterbewegung?, in: *Gert-Joachim Glaessner/Ders./Klaus Sühl* (Hg.), Studien zur Arbeiterbewegung und Arbeiterkultur in Berlin, Berlin 1989, S. 1-36, hier S. 6.

Kenntnis, er bezweifelte, dass »die Vertreter dieses Regierungssystems [...] eine ernsthafte Sozialisierung bringen werden« und kritisierte das Ausbleiben einer vollumfänglichen »Demokratisierung der Betriebe«.[31] Gerade diese Frage der betrieblichen Mitbestimmung sollte Aufhäuser in der Folgezeit im Rahmen der Diskussion um das geplante Betriebsrätegesetz sichtlich beschäftigen. Auch wenn die Ausgestaltung des Gesetzes letztendlich weit hinter seinen Erwartungen zurückblieb, gab er die Losung aus, hier »ein Stück Vorarbeit für die Erringung der Macht des Proletariats zu leisten«.[32] Entsprechend beteiligte er sich initiativ an der Gründung einer freigewerkschaftlichen Betriebsrätezentrale, übernahm die Leitung eines Kongresses der Betriebsräte und ließ sich in den Vorläufigen Reichswirtschaftsrat entsenden.

Vehement widersprach er Plänen seines Parteikollegen Ernst Däumig, betriebliche Sonderorganisationen zu schaffen und damit eine organisationspolitische Trennung zwischen Gewerkschaften und Betriebsräten zu forcieren.[33] Stattdessen suchte er die Position der Gewerkschaften in der jungen Republik zu stärken. Die gewandelten politischen Verhältnisse und die Anerkennung als offizielle Tarifpartner hatten maßgeblich zum Anwachsen der Gewerkschaften beigetragen und Konzentrationsbestrebungen befördert, die bereits während des Kriegs eingesetzt hatten. Im Oktober 1921 schlossen sich auch die AfA-Verbände unter maßgeblichem Einsatz Aufhäusers, der den alleinigen Vorsitz übernahm, in einer Spitzenorganisation als Allgemeiner freier Angestelltenbund (AfA-Bund) zusammen. Mit dem Allgemeinen Deutschen Gewerkschaftsbund (ADGB), der sich im Juli 1919 als Nachfolgeorganisation der Generalkommission gegründet hatte, war zuvor ein Kartellvertrag ausgehandelt worden,

---

31 Freiheit. Berliner Organ der Unabhängigen Sozialdemokratie Deutschlands, 2. Jg., Nr. 25, 14.1.1919, »Demokratisierung der Betriebe«.
32 Ebd., 3. Jg., Nr. 178, 16.5.1920, »Revolutionierung oder Aushöhlung der Gewerkschaften?«.
33 Ebd.

in dem sich beide als gleichberechtigte Bündnispartner anerkannten.[34] Förderlich für diesen Schulterschluss auf Augenhöhe mag sich indes die gemeinsame Vorgehensweise während des sogenannten Kapp-Putschs ausgewirkt haben. In dieser Bewährungsprobe im Kampf um die Republik war Aufhäuser eine tragende Rolle zugefallen, hatte er doch gemeinsam mit dem damaligen ADGB-Vorsitzenden Carl Legien den Aufruf zum Generalstreik unterzeichnet, der maßgeblich zum Scheitern des Putschs beitrug.[35]

Während er als Vertreter der freigewerkschaftlichen Angestelltenbewegung an exponierter Stelle richtungsweisende Entscheidungen mitanzustoßen suchte, beteiligte sich Aufhäuser an parteiinternen Diskussionen der USPD nur mittelbar. Selbst der richtungsweisende Parteitag in Halle spielt in seinen zeitgenössischen Verlautbarungen keine maßgebliche Rolle. Deutlich wird, dass er innerhalb der USPD oftmals einen vergleichsweise gemäßigten Standpunkt einnahm. Im Zuge verschiedener Verhandlungen, unter anderem während des Putschversuchs 1920, positionierte sich Aufhäuser als AfA-Vertreter dabei auch offen gegen seine Parteigenossen und -genossinnen. So hatte sich der USPD-Vorstand gegenüber einem Zusammenwirken mit der SPD zunächst skeptisch gezeigt und eine eigene Streikleitung eingerichtet, während Aufhäuser und Legien in enger Kooperation mit der SPD geführten Regierung agierten.[36] Ungeachtet seiner weitgehenden Zurückhaltung innerhalb der Partei, gelangte Aufhäuser im Zuge einer Nachwahl über einen Reichswahlvorschlag 1921 für die USPD in den Reichstag.[37] Weitgehend geräuschlos schloss er sich

---

34 Sitzung des Bundesausschusses am 22./23. März 1921, in: Quellen zur Geschichte der deutschen Gewerkschaftsbewegung im 20. Jahrhundert, Bd. 2, Die Gewerkschaften in den Anfangsjahren der Republik 1919–1923, Köln 1985, S. 289-304, hier S. 297.
35 Abgedruckt in: Mitteilungsblatt der Arbeitsgemeinschaft freier Angestelltenverbände, 2. Jg., Nr. 4, April 1919, »Dokumente aus der Zeit des Generalstreiks«.
36 Sitzung des Bundesausschusses am 27. März 1920, in: Gewerkschaftsbewegung, Bd. 2, S. 157-163, hier S. 158.
37 Verhandlungen des Reichstags. I. Wahlperiode 1920, 7.3.1921, Bd. 348, Stenographische Berichte, S. 2685.

im folgenden Jahr mit einem Großteil der USPD-Fraktion der SPD an, die er fortan im Parlament vertreten sollte.

Als einschneidendes Moment jenes Zeitraums, das für Aufhäuser in der Retrospektive vielfach als maßgeblicher Bezugsrahmen fungierte und sich auch für seine späteren Handlungsweisen als wirkungsmächtig erweisen sollte, muss indes die Revolution 1918/19 selbst gelten. Die richtungsweisende Bedeutung dieser Umbruchsituation thematisierte Aufhäuser, um an dieser Stelle nur ein Beispiel zu nennen, etwa auf der Internationalen Konferenz der Sozialistischen Arbeiter-Internationale (SAI) im August 1933, als er sich in seinem Referat mit den »Voraussetzungen für die Machtergreifung Hitlers in Deutschland« beschäftigte und an dieser Stelle ausdrücklich die Versäumnisse der deutschen Sozialdemokratie im Jahr 1918 beklagte, die politische Macht nicht ökonomisch stabilisiert zu haben.[38]

---

38 Internationale Konferenz der Sozialistischen Arbeiter-Internationale. Protokoll, Paris 1933, S. 121-127, hier S. 122.

Reiner Tosstorff

Robert Dißmann – Opposition zwischen Partei und Metallarbeiterverband[1]

Robert Dißmann stand am Vorabend des Ersten Weltkriegs, wenn man so will, in der Mitte der Parteihierarchie – an der Verbindungsstelle zwischen der Reichsebene und den Wahlkreisvereinen, wie sie die Bezirke darstellten.[2] Geboren 1879 bei Gummersbach im Bergischen Land, kam er nach einer Lehre als Dreher und Maschinenbauer 1897 nach Barmen, wo er Mitglied der SPD und des Deutschen

---

1 Im Folgenden greife ich auf ein in der Endredaktion befindliches und von der Hans-Böckler-Stiftung unterstütztes biografisches Forschungsprojekt über Robert Dißmann zurück, das umfangreiche Nachweise enthalten wird, auf die hier aus Platzgründen weitgehend verzichtet wird. Zu Dißmann in den Jahren bis 1919 vgl. auch meine biografische Skizze: Robert Dißmann: Zwischen Metallarbeitergewerkschaft und linker Sozialdemokratie, in: Moving the Social, Nr. 51, 2014, Sondernr. Lives on the Left, S. 95-125.
2 Die »Agitationsbezirke« fassten die Wahlkreisvereine einer Region zusammen, im Fall Dißmanns also die zumeist zur preußischen Provinz Hessen-Nassau gehörenden Wahlkreise in – nach heutigem Sprachgebrauch – Südhessen mit Frankfurt als politischem Zentrum, mit Ausnahme der zum Großherzogtum Hessen-Darmstadt gehörenden angrenzenden Wahlkreise.

Metallarbeiterverbands (DMV) wurde. Bereits nach drei Jahren wurde Dißmann, den ein zeitgenössischer Beobachter als »energisch und geschickt« bezeichnete[3], Bevollmächtigter und Geschäftsführer der DMV-Verwaltungsstelle und begann so eine lebenslange hauptamtliche Tätigkeit in der deutschen Arbeiterbewegung.

Nach fünf Jahren wechselte er, ebenfalls als DMV-Geschäftsführer, nach Frankfurt, wo er zugleich begann, stärker in der SPD zu wirken, und in den örtlichen Parteivorstand eintrat. Dort fungierte Wilhelm Dittmann seit 1904 als Sekretär und beide waren mitverantwortlich, den Wahlkreisverein auf einen Linkskurs zu bringen. Dißmanns Verständnis zufolge hatten die Gewerkschaften fest auf dem Boden des Klassenkampfs zu stehen. Im Verhältnis zueinander hatten Partei und Gewerkschaften eins zu sein, mit einer gemeinsamen sozialistischen Zielsetzung.

Dißmann nahm die Chance war, im Jahre 1908 in eine Tätigkeit in der Partei zu wechseln. Nach vier Jahren als Sekretär in Hanau, eine Hochburg des linken Flügels, kehrte er im Dezember 1912 wieder nach Frankfurt zurück, diesmal als Sekretär für den Agitationsbezirk Frankfurt, der ungefähr das Rhein-Main-Gebiet umfasste. Seine unermüdliche Tätigkeit und sein großes organisatorisches Talent führten dazu, dass er zu Parteitagen und zu einer Reihe deutscher wie internationaler Gewerkschaftskongresse delegiert wurde. Damit rückte er zunehmend in den Blick als ein aktiver Vertreter der Parteilinken und nahm an deren informellen Zusammenkünften am Rande der verschiedensten Tagungen teil. Durch seine Vermittlung erhielt Rosa Luxemburg ein Mandat aus Hanau für den Parteitag 1913 in Jena. Ihr anschließender Bericht darüber auf einer Versammlung in Frankfurt-Bockenheim Ende September 1913 führte dann wegen der dabei gemachten Antikriegsäußerungen zum berühmten Hochverratsprozess gegen sie im folgenden Jahr. Wie ihre Briefe zeigen, war ihr Kontakt zu Dißmann am Vorabend des Kriegsausbruchs

---

3 Gewerkschafts-Commission Elberfeld. Jahresbericht für 1900/1901, Elberfeld 1901, S. 9.

vergleichsweise eng.[4] Doch gehörte Dißmann genaugenommen eher zum »linken Zentrum« als zur radikalen Linken, auch wenn alle Gruppierungen im Wesentlichen ohnehin nur informell existierten.[5] Besonders zum Organisator des »linken Zentrums«, Wilhelm Dittmann, pflegte er in Fortsetzung ihrer engen Zusammenarbeit im Frankfurter Parteivorstand intensive briefliche Kontakte.[6] Erfolglos aber blieb auf diesem Parteitag von 1913 seine Kandidatur für die Position eines Sekretärs im Parteivorstand, da noch ein weiterer Vertreter des linken Flügels antrat und damit die Stimmen der Parteilinken aufspaltete. Bereits zuvor waren Kandidaturen bei den Wahlen zum Reichstag und zum preußischen Landtag zuerst in Marburg und dann in Hanau gescheitert.

Somit war Dißmann am Vorabend des Kriegsausbruchs zwar ein deutlich profilierter Vertreter der Parteilinken, stand aber nur auf einer Zwischenposition in der Parteihierarchie. Er war einer der wenigen Bezirkssekretäre, die dem linken Flügel zuzurechnen waren. In dem neu geschaffenen Parteiausschuss zur Beratung des Vorstands gehörte Dißmann der klaren Minderheit an. In dessen Sitzungen in Berlin konnte er allerdings viele informelle Kontakte pflegen.

Da er kein Abgeordneter war, war Dißmann, der wie die gesamte Partei in den letzten Tagen vor Kriegsausbruch aktiv gegen den Krieg mobilisiert hatte, dem Zwang zur Unterwerfung unter die Fraktionsdisziplin enthoben. So nahm er unmittelbar den Kampf gegen den Krieg auf und war schon an den ersten Bemühungen vor

---

4   *Rosa Luxemburg*, Gesammelte Briefe, Bd. 4, 3. Aufl., Berlin 2003, S. 299, S. 318; Bd. 5, 2. Aufl., Berlin 1987, S. 438, S. 443-445. Hier werden auch Mitteilungen an Paul Levi vom März 1914 über Begegnungen mit einer Person »mit großem Schnurrbart« wiedergegeben, der von den Herausgebern als Leo Jogiches identifiziert wird. Allerdings lassen der Gesamtzusammenhang sowie die erhaltenen Fotografien von Robert Dißmann darauf schließen, dass es sich bei dieser Person um Dißmann handelte.
5   Zu den Strömungen innerhalb der Partei vgl. *Dieter Groh*, Negative Integration und revolutionärer Attentismus. Die deutsche Sozialdemokratie am Vorabend des Ersten Weltkrieges, Frankfurt a. M./Berlin 1973, S. 197-210.
6   Dißmanns Briefe an Dittmann (nicht aber die Briefe Dittmanns an ihn) sind im Dittmann-Nachlass vorhanden, der im ehemaligen Moskauer Parteiarchiv liegt und von dem die Friedrich-Ebert-Stiftung Mikrofilme besitzt.

allem Rosa Luxemburgs und Karl Liebknechts zur Sammlung der isolierten Kräfte der Kriegsgegner beteiligt. Dies führte zur Herausgabe der Zeitschrift Internationale, um die herum sich dann die Spartakusgruppe bilden sollte. Doch Luxemburg beklagte sich schon bald über Dißmanns Hin- und Herschwanken in der Frage eines konsequenten Kampfs gegen die Parteimehrheit, das heißt über eine fehlende Bereitschaft zur offenen Konfrontation.[7] Dißmann bewegte sich, wie etwa die Briefe an Dittmann belegen, immer stärker auf die von Haase und Dittmann angeführte Minderheit in der Fraktion zu. Diese stand der schnellen eigenständigen Organisierung der Opposition gegen die Parteimehrheit, wie es die radikale Linke um Luxemburg und Liebknecht in Angriff nahm, eher ablehnend gegenüber, weil sie dies, wenn nötig, auch außerhalb der offiziellen Parteistrukturen verfolgte und damit die Gefahr der Heraufbeschwörung einer Parteispaltung in Kauf nahm. Dabei verhielt sich Dißmann nicht unkritisch, wie sein ständiges Drängen gegenüber Dittmann im Verlaufe des Jahres 1915 zeigt, nicht erneut Kriegskrediten zuzustimmen und sich wenigstens – in der Fraktion – stärker abzusprechen. Doch insgesamt war sein Verhalten ganz auf die Festigung dieser Fraktionsminderheit ausgerichtet.

Neben diesen deutschlandweiten Kontakten stand für Dißmann die Einflussnahme auf die Frankfurter Parteiorganisation im Vordergrund. Hier war für ihn kurz nach Kriegsausbruch die Begegnung mit der aus Paris zurückgekehrten Toni Sender von besonderer Bedeutung. Sie hatte sich als junges Mitglied der Frankfurter SPD vier Jahre zuvor an die Seine begeben, wohin sie von der Firma, für die sie in Frankfurt arbeitete, geschickt worden war. Dort war sie auch Mitglied der französischen Sozialisten gewesen. Nun begann eine jahrelange, enge politische Zusammenarbeit, die dann auch zu einer Lebensgemeinschaft führen sollte. Durch ihre Memoiren[8] wissen wir auch viel von Dißmanns konspirativen Antikriegsaktivitäten. Detail-

---

7 *Luxemburg*, Gesammelte Briefe, Bd. 5, S. 124, S. 453, S. 456-458.
8 *Toni Sender*, Autobiographie einer deutschen Rebellin, Frankfurt a. M. 1981 [zuerst New York 1939]. Vgl. auch *Anette Hild-Berg*, Toni Sender (1888–1964). Ein Leben im Namen der Freiheit und der sozialen Gerechtigkeit, Köln 1994.

liert stellt sie heraus, wie er die Seele und der Motor der sozialdemokratischen Antikriegsminderheit in Frankfurt und darüber hinaus war. So sorgte er zum Beispiel aufgrund seiner engen Kontakte zu Clara Zetkin für Senders Teilnahme an der Berner Antikriegskonferenz der sozialistischen Frauen im März 1915. Die illegale Verteilung des Manifests von Bern im Rhein-Main-Gebiet wurde ein großer Propagandaerfolg, wie Sender in ihren Memoiren beschreibt.

Das nach den Lähmungen der ersten Wochen nach dem 4. August einsetzende intensive Wirken der Kritiker des Parteivorstands in Frankfurt schien zunächst erfolgreich zu sein. Trotz der erschwerten Bedingungen durch den Mitgliederverlust in Folge der Einberufungen zur Armee – die vornehmlich die jungen Arbeiter trafen und damit den aktiven Kern der Partei – konnte die Parteiopposition im ersten Halbjahr 1915 deutliche Erfolge auf den Mitgliederversammlungen und bei öffentlichen Auftritten von Fraktionsmitgliedern für oder gegen die Kriegsunterstützung (Carl Legien bzw. Hugo Haase) erzielen. Der Gewinn der Mehrheit schien in greifbare Nähe gerückt, woraufhin der Wahlkreisvorstand die Notbremse zog und weitere Mitgliederversammlungen aussetzte.

Einen zusätzlichen Schlag erhielt die Opposition durch die Einberufung Dißmanns zum Militär im August 1915. Damit reagierten die Behörden offensichtlich auf den wachsenden Zuspruch in den Reihen der Frankfurter Partei. Nur mühsam gelang es Dißmann, dem Kriegsdienst aufgrund seines Gesundheitszustandes zu entkommen, wobei er sich zudem den Ärzten gegenüber kräftig verstellte, die ihn von einem Militärlazarett zum anderen zur Untersuchung schickten. Im August 1916 musste er schließlich aus dem Militär entlassen werden. Umgehend nahm er seine politische Arbeit wieder auf.

Inzwischen hatte sich allerdings der Fraktionskampf auf allen Ebenen der Partei verschärft. Nachdem die Frankfurter Parteiorganisation durch die Aussetzung der Mitgliederversammlungen »ruhiggestellt« worden war, spitzten sich die Auseinandersetzungen im Rhein-Main-Gebiet auf den Kampf um die Kontrolle des Frankfurter (und faktischen Bezirks-)Organs der Partei, der »Volksstimme«, zu. Über andere Zeitungen verfügte die Parteiminderheit im Rhein-Main-

Gebiet nicht. Sie konnte ansonsten nur die wenigen Oppositionsblätter aus anderen Regionen vertreiben. Der Frankfurter Parteiorganisation gelang es schließlich, die Forderung der Opposition nach Beteiligung an der inhaltlichen Kontrolle der Zeitung mit Verweis auf die Besitzrechte abzuwehren.

Unmittelbar nach seiner Rückkehr geriet Dißmann in den Blick des Parteivorstandes. Schließlich nahm er wieder an den Sitzungen des Parteiausschusses teil, wo er in der Zwischenzeit durch einen Unterstützer des Parteivorstandes vertreten worden war. Dort war Dißmann weiterhin einer der wenigen Angehörigen der Parteiminderheit, und es lag auf der Hand, dass er seine Reisen nach Berlin dazu nutzte, die Kommunikation mit der seit März 1916 als eigenständige Fraktion im Reichstag agierenden Minderheit herzustellen. So machte ihm Ebert im Parteiausschuss den Vorwurf der »Sonderbündlerei«: Dißmann nutze seine Position als Bezirkssekretär illegitimer Weise zur Organisierung der Opposition mit den Mitteln der Partei.[9] Nachdem der Parteiausschuss die Opposition im Januar 1917 für außerhalb der Partei stehend erklärt und damit den Ausschluss der Minderheit in einer statutarisch höchst fragwürdigen Weise in die Wege geleitet hatte, folgte auch für Dißmann umgehend der Hinauswurf.

Nachdem die Spaltung der Partei somit trotz aller Bemühungen unvermeidlich geworden war, gründete sich im April 1917 die USPD in Gotha. Dißmann war einer derjenigen, der dabei deutlich für den Trennungsstrich plädierte.[10] Im Grunde genommen, so sein Tenor, seien die Unabhängigen die einzigen wahren Sozialdemokraten, die jetzt ausschließlich das Erbe der Partei und ihre Traditionen vertreten würden, da die Mehrheit der Fraktion mit ihrer Unterstützung des kapitalistischen Kriegs die Programmatik und Politik der Sozialdemokratie von vor 1914 aufgegeben habe.[11] Mit seinem Plädoyer,

---

9 Protokolle der Sitzungen des Parteiausschusses der SPD 1912 bis 1921, hg. v. *Dieter Dowe* und *Friedhelm Boll*, Bd. 1, Bonn 1980, S. 389-395; S. 403 f. die Replik Dißmanns.
10 Vgl. Protokoll über die Verhandlungen des Gründungs-Parteitags der U.S.P.D. vom 6. bis 8. April 1917 in Gotha, Berlin 1921.
11 Ebd., S. 32.

»unter dem alten Banner unsere alten Grundsätze in einer neuen Partei zu bestätigen«[12], sprach er sich für den dann angenommenen Parteinamen als besten Ausdruck für diese Verbindung aus. Mit der höchsten Stimmenzahl wählte man Dißmann in den Beirat der neuen Partei – dem Gegenstück zum Parteiausschuss der SPD –, was in der Folgezeit weiterhin ständige Reisen nach Berlin und damit die Aufrechterhaltung der direkten Kommunikation zwischen der Führungsebene und dem Rhein-Main-Gebiet erlaubte.

Mit dem Bezirkssekretär Dißmann wechselte auch die Mehrheit des Bezirks zur USPD. Das betraf vor allem die mitgliederstarken Wahlkreisvereine Hanau und Höchst, nicht aber die Frankfurter Organisation, die mehrheitlich – und mit der ganzen organisatorischen Infrastruktur – bei der SPD verblieb, sodass in Frankfurt eine USPD-Ortsgruppe ganz neu aufgebaut werden musste. Dißmann blieb auch in der neuen Partei Frankfurter Bezirkssekretär. Doch in dieser Aufbauphase reichte sein Aufgabenbereich über das Rhein-Main-Gebiet hinaus und umfasste ganz Südwestdeutschland. Sowohl im Großherzogtum Hessen-Darmstadt als auch in Baden und Württemberg absolvierte er zahlreiche Veranstaltungsauftritte und referierte auf Konferenzen zur Schaffung von USPD-Landesverbänden.

Trotz der dadurch verursachten häufigen Abwesenheit blieb Dißmann zunächst der wichtigste lokale Parteiführer in Frankfurt. Das galt erst recht für die ersten Monate nach der Novemberrevolution, die in Frankfurt einen besonderen Charakter annahm, nachdem auch hier ein Arbeiter- und Soldatenrat gebildet worden war und sich der liberal bestimmte Magistrat, die Regierung der Stadt mit dem Oberbürgermeister an der Spitze, dem Organ der neuen Macht zunächst untergeordnet hatte.[13] Denn die dem (wesentlich linksrheinischen) französischen Besatzungsgebiet vorgelagerte Stadt lag aufgrund der Waffenstillstandsbedingungen in einer neutralen Zone, ohne Zutrittsrecht zur Stadt für die Reichswehr. So konnte der Arbei-

---

12 Ebd., S. 49 f.
13 Die eindringlichste Lokalgeschichte der Revolution liefert noch immer *Erhard Lucas*, Frankfurt unter der Herrschaft des Arbeiter- und Soldatenrats 1918/19, Frankfurt a. M. 1969.

terrat, gestützt auf einen aus revolutionären Matrosen gebildeten Sicherheitsdienst, über viele Monate, bis in den Herbst 1919, zunächst eine Art Ko-Regierung ausüben, die aber kontinuierlich auf Kontrollfunktionen reduziert wurde. Zudem setzte der Arbeiterrat den Polizeipräsidenten ein. Das war das Ergebnis einer Absprache von USPD und SPD, die Exekutive des Arbeiterrates paritätisch zu besetzen und damit seine Ausrichtung zu bestimmen. Als im Verlauf des Frühjahrs 1919 die neugegründete KPD Zulauf erhielt, konnte sie auf die offizielle Politik des Arbeiterrats keinen Einfluss gewinnen. Dißmann selbst war im Arbeiterrat zwar zunächst der wichtigste Wortführer der USPD. Doch seine ständigen Aktivitäten außerhalb der Stadt brachten es mit sich, dass Toni Sender mehr und mehr die Führungsrolle übernahm.

Nachdem die USPD in den ersten Monaten nach dem Novemberumsturz ganz von ihrer außerparlamentarischen, betrieblichen Stärke getragen worden war, hatte sie nun auch Rückschläge zu erleiden. Bei den drei Wahlen Anfang 1919 – Nationalversammlung, preußische Landesversammlung und Kommunalparlamente – waren ihre Ergebnisse weit hinter den Erwartungen geblieben. Dißmann hatte zu allen drei Wahlen kandidiert, wurde jedoch nur in die Stadtverordnetenversammlung gewählt. Immerhin konnte die USPD einen organisatorischen Sprung nach vorn machen. Seit dem 1. Februar 1919 erschien endlich unter Leitung von Toni Sender, die diese Funktion auf dringenden Rat von Dißmann übernahm, ein Frankfurter USPD-Organ (»Volksrecht«).

Im Herbst 1919 allerdings konnte auch die Stadt ihre Sonderstellung nicht länger aufrechterhalten. Nach französischer Erlaubnis rückte die Reichswehr ein. Auch wenn dies aus verschiedenen Gründen viel unblutiger ablief als andernorts: Damit war auch in Frankfurt die Revolution beendet. Die SPD schied im November aus dem Arbeiterrat aus, der von der USPD zunächst noch geführte »Rumpfarbeiterrat« wurde schließlich im Januar 1920 aufgegeben.

In der Gesamtpartei hatte sich Dißmann auf dem Parteitag im März 1919 nicht in einer Führungsfunktion behaupten können. Er kandidierte auf abgeschlagener dritter Stelle für eine Position im zweiköpfigen Vorsitz. Auch bei der Wahl in den Beirat scheiterte er diesmal, wurde allerdings in die Organisationskommission gewählt, die ein neues Statut ausarbeiten sollte.[14] Dißmann bekannte sich nun klar zum linken Flügel, der für die Diktatur des Proletariats auf der Basis der Räte eintrat, aber andererseits auch Abstand zu der um die Jahreswende geschaffene KPD wegen deren putschistischen Tendenzen hielt. Als Referent zum Tagesordnungspunkt über die Haltung der USPD zu den Gewerkschaften trat er entschieden für die Beteiligung an ihnen sowie den Kampf um ihre Neuausrichtung und damit gegen jegliche Austrittsforderungen ein.[15] Damit zeigte er an, welche Aufgaben nun für ihn besonderes Gewicht besaßen.

Seit seinem Wechsel von einer Position im DMV auf eine in der SPD im Jahr 1908 hatte Dißmann weiterhin informelle Gewerkschaftskontakte unterhalten.[16] Mit Kriegsausbruch nahm er zweifellos die sich im DMV entwickelnden Auseinandersetzungen stärker wahr. Im Jahre 1917 war er wieder Delegierter auf der Generalversammlung, die ganz von den Auseinandersetzungen um die Burgfriedenspolitik beherrscht war. Die kriegsgegnerischen Delegierten bestimmten ihn als Korreferenten für die Positionen der Opposition zum Bericht des Vorsitzenden und damit zu ihrem offiziellen Wortführer. In der Folgezeit und insbesondere nach Ausbruch der Revolution bemühte er sich für die USPD, deren wachsenden Einfluss in den Gewerkschaften organisatorisch zusammenzufassen. Die Mitgliedszahlen der Gewerkschaften explodierten nun förmlich.

Hatte im Krieg der Kampf gegen den Burgfrieden im Mittelpunkt gestanden, ging es nun um die Ablehnung der von den Gewerkschaftsführungen betriebenen Arbeitsgemeinschaftspolitik mit den

---

14 Vgl. Protokoll über die Verhandlungen des außerordentlichen Parteitages vom 2. bis 6. März 1919 in Berlin, Berlin o. J., S. 58, 75, 254 f., 265.
15 Ebd., S. 191-197.
16 Er war sogar noch Delegierter auf der DMV-Generalversammlung im Jahre 1909 gewesen, für Parteisekretäre eher ungewöhnlich. Zur Geschichte des DMV jener Jahre mit zahlreichen Hinweisen auf Dißmann vgl. *Fritz Opel*, Der Deutsche Metallarbeiter-Verband während des ersten Weltkrieges und der Revolution, Hannover/Frankfurt a. M. 1957.

Unternehmerverbänden. Die USPD mit Dißmann an der Spitze konnte dabei ihren größten Erfolg wiederum im DMV erringen. Auf dessen Generalversammlung im Oktober 1919 konnte sich Dißmann mit deutlicher Mehrheit durchsetzen und wurde nun einer von drei formal gleichberechtigten Vorsitzenden, unter denen er aber faktisch »erster unter gleichen« war. Dafür wechselte er – unter Aufgabe des USPD-Bezirkssekretariats – von Frankfurt nach Stuttgart, dem Sitz des DMV. Von nun an sollte ihn die Ausübung dieser Position prägen und damit auch seine Stellung in der Politik bestimmen. Dabei wurde er im Juni 1920 auch in den Reichstag gewählt, dem er bis zu seinem Tod angehören sollte. Bereits seit dem Parteitag vom Dezember 1919 war Dißmann auch wieder Mitglied des Beirats und damit der erweiterten Parteiführung (bis zur Fusion mit der SPD im Jahre 1922).

Dabei ging es ihm nun vor allem um die Sicherung und den Ausbau der Gewerkschaften, was ihn umgehend in Konflikt zu dem am »reinen Rätesystem« ausgerichteten linken Flügel der USPD brachte. Dieser wollte das, was von der Revolution noch übriggeblieben war, die Betriebsräte, eigenständig erhalten und damit nicht in die Gewerkschaften einbinden. Das aber geschah schließlich mit deutlicher Mehrheit unter maßgeblicher Beteiligung Dißmanns auf dem von dem Allgemeinen Deutschen Gewerkschaftsbund einberufenen ersten Reichsbetriebsrätekongress, der vom 5. bis zum 7. Oktober 1920 stattfand. Ein anderes Thema der Auseinandersetzungen innerhalb der USPD des Jahres 1920 betraf die Ablehnung eines Beitritts zur Kommunistischen Internationale (Komintern). Diese hatte auf ihrem zweiten Kongress in Moskau vom 19. Juli bis zum 7. August 1920 unter Anwesenheit einer zwischen Befürwortern und Gegnern eines Anschlusses an Moskau gespaltenen Delegation der USPD Forderungen nach Umorganisierung der zum Beitritt entschlossenen Parteien in »wirkliche kommunistische Parteien«, wie sie sich die Führung der Komintern vorstellte, als Eintrittsbedingungen formuliert. Diese Mitgliedschaftskriterien hatten nicht zuletzt auch Konsequenzen für die Arbeit in den Gewerkschaften, von kommunistischer Zellenbildung bis zum Bruch mit dem Internationalen Gewerkschaftsbund.

Dißmann hatte noch im Laufe des Jahres 1919 enthusiastisch die russische Revolution unterstützt und – wenn auch vage – von der Notwendigkeit der Diktatur des Proletariats gesprochen. Dabei hatte er aber betont, die zu schaffende revolutionäre Masseninternationale müsse Ost und West vereinen. Jetzt rief der wachsende Zuspruch innerhalb der USPD für den direkten Anschluss an die Komintern den heftigen Widerstand von Dißmann und des gesamten Gewerkschaftsflügels der USPD hervor. Im Oktober 1920 spaltete sich die USPD auf ihrem Parteitag in Halle. Die Mehrheit der Mitglieder vereinigte sich mit den Kommunisten, während die Minderheit die Partei unter Verwendung ihres alten Namens fortführte.

Für die nächsten zwei Jahre manövrierte die übrig gebliebene USPD zwischen der KPD einerseits und der SPD andererseits. Eine gewisse Annäherung an die SPD ergab sich schon dadurch, dass man unter maßgeblichem Einfluss von Dißmann in den Gewerkschaften einen engen Block gegen die KPD bildete. Dies zeigte sich vor allem im Jahre 1921, als die KPD im März 1921 eine putschistische Aktion mit dem Ziel des Wiederauflebens der deutschen Revolution durchführte. In der daraus entstehenden Krise der KPD traten zahlreiche Gewerkschafter aus und kehrten größtenteils im Frühjahr 1922 in die USPD zurück, nachdem eine zunächst eigenständige Organisierung erfolglos geblieben war.

Dies bedeutete aber nur vordergründig eine Stabilisierung der USPD, auf die Dißmann hinarbeitete. Die sich langsam verschärfende Krise der Weimarer Republik, die im folgenden Jahr zur großen Inflation führen sollte, erschwerte die eigenständige Existenz der USPD zwischen ihren Konkurrenten links und rechts immer mehr, so zum Beispiel beim alltäglichen Kampf um die Aufrechterhaltung ihrer Parteipresse. Zudem führte das Auftreten der extremen Rechten, etwa mit den Attentaten zuerst auf Erzberger, dann auf Rathenau, zu einer wachsenden Absprache mit der SPD im Reichstag. Es gelang nicht, daraus einen Impuls für eine außerparlamentarische Massenbewegung zu entwickeln. Ansätze dazu verliefen sich sehr schnell aufgrund der Konflikte auf der Linken. Die maßgeblich von Dißmann vorgetragenen Vorstöße innerhalb des Allgemeinen Deutschen Gewerkschaftsbunds (ADGB), ein umfassendes Programm für alle von der zunehmenden Krise betroffenen Lohnabhängigen zu entwickeln (Zehn-Punkte-Programm gegen Arbeitslosigkeit, Februar 1921; Zehn-Punkte-Programm zur Wirtschafts- und Sozialpolitik, November 1921), führten zwar zur Annahme durch die Gremien des ADGB, nicht jedoch zu ihrer Umsetzung in Mobilisierungsaktionen der Arbeiterschaft, was Dißmann beklagte. Ebenso war er enttäuscht darüber, dass der ADGB eine umfassende und gemeinsame gewerkschaftliche Betriebsrätearbeit – für ihn die Voraussetzung für eine zukünftige sozialistische Wirtschaft – nicht entwickeln wollte. Er sollte dies zu einer Tätigkeit des DMV machen, der eine eigene Zusammenfassung der Betriebsräte in der Metallindustrie organisierte.[17]

Obwohl Dißmann zu jenen Führungsmitgliedern gehörte, die bis zuletzt für die Eigenständigkeit der USPD eintraten, schwenkte er schließlich im Verlauf des Sommers 1922 um. Allerdings war er der Wortführer für diejenigen, die auf dem die Vereinigung beschließenden USPD-Parteitag in Gera im September 1922 erklärten, auch in der neuen Partei für die Grundsätze einzutreten, die sie in der USPD geleitet hätten. Dieser Kreis um Dißmann sollte nun den schwachen linken Flügel der SPD bedeutend verstärken. Bis zu seinem frühen und unerwarteten Tod Ende Oktober 1926 war Dißmann einer seiner prominentesten Wortführer, wobei ihm seine Position als Vorsitzender des DMV in den Auseinandersetzungen innerhalb der Reichstagsfraktion wie in der Partei ein besonderes Gewicht verlieh. Er hinterließ auf dem linken Flügel sowohl der SPD wie der Gewerkschaften eine Lücke, die in den Krisen- und Endjahren der Weimarer Republik nicht mehr ausgefüllt werden konnte.[18]

---

17 Vgl. das Protokoll des ersten Reichsbetriebsräte-Kongreß für die Metallindustrie, abgehalten vom 5. bis 7. Dezember 1921 in Leipzig, Stuttgart 1921.
18 Vgl. die ein Jahr nach seinem Tod veröffentlichte Gedächtnisnummer der Sozialistischen Politik und Wirtschaft (SPW), dem Organ des linken SPD-Flügels (Nr. 43, 28.10.1927). Die dort enthaltenen Erinnerungsartikel und Würdigungen umfassten neben umfangreichem biografischem Material auch Einschätzungen seiner Rolle durch einige seiner engsten Weggefährten.

Karl Christian Führer

Carl Legien (1861–1920)

Carl Legien, der als Vorsitzender der »Generalkommission der Gewerkschaften Deutschlands« in den Jahren des Ersten Weltkriegs zu den wichtigsten sozialdemokratischen Gewerkschaftern im Kaiserreich gehörte und gleichzeitig auch für die SPD im Reichstag saß, darf zu den Politikern gezählt werden, die bei der Spaltung der deutschen Sozialdemokratie mitten im Krieg eine entscheidende Rolle spielten. Im Streit um die Legitimität der Politik des »Burgfriedens« bezog er schon früh eine unversöhnliche Position gegenüber Kritikern der offiziellen Parteilinie, den Krieg und die deutschen Kriegsanstrengungen mitzutragen. Er rief nach scharfen Sanktionen gegen alle Dissidenten und gehörte insofern ohne Frage zu den »Vätern« der Parteispaltung, die im März 1916 mit dem Ausschluss der nicht parteikonform votierenden Abgeordneten aus der SPD-Reichstagsfraktion eingeleitet und im April 1917 mit der Gründung der USPD vollendet wurde.

Andererseits zeigt ein genauerer Blick auf Legiens politische Positionen und Urteile aber auch, wie ungenau das Bild von den politischen Fronten innerhalb der Sozialdemokratie ist, das in der älteren Literatur gezeichnet wird: Seine Haltung zum Krieg war weitaus ambivalenter, als es das herkömmliche Schema nahelegt, das zwischen einer dominierenden Gruppe von kriegsbejahenden Reformisten und einer kleineren Schar von kriegskritischen Revolutionären unterscheidet.

So hegte Legien persönlich durchaus Zweifel, ob die deutsche Reichsleitung im Juli und August 1914 wirklich so friedenswillig war, wie Reichskanzler Bethmann Hollweg es in der Öffentlichkeit immer wieder darstellte. Kurz nach dem Attentat auf den österreichischen Thronfolger identifizierte Legien in einer öffentlichen Rede in Berlin die Machthaber der K.-u.-k.-Monarchie als kriegstreibende Kraft. Damit nahm er implizit auch die Führung des Kaiserreichs, die ihrem Bündnispartner Österreich im Umgang mit Serbien freie Hand gegeben hatte, in die politische Verantwortung für den Frieden.[1]

Wie der Reichstagsabgeordnete Eduard David, einer der engagiertesten Verfechter des »Burgfriedens« in der Sozialdemokratie, am 4. August 1914 in seinem Tagebuch notierte, wollte sich Legien ursprünglich bei der Abstimmung über die Kriegskredite im Reichstag der Stimme enthalten, bis er sich dann doch dem Mehrheitsbeschluss der Abgeordneten anschloss, den Krediten zuzustimmen, die es der Reichsleitung möglich machten, die deutschen Truppen und die deutsche Rüstung zu finanzieren.[2]

Noch im Januar 1915 erklärte Legien auf einer SPD-Versammlung in Kiel öffentlich und ohne Wenn und Aber, der Krieg sei »ein Unglück«. Auch äußerte er sich betont zurückhaltend zu der Frage, wer die Schuld am Krieg trage. Mit Bezug auf die Behauptung, Deutschland sei in Wahrheit der Angreifer, was sich unschwer an dem Überfall auf das neutrale Belgien zeige, sagte er: »Eine spätere Zeit wird erst ein Urteil fällen können, ob das zutrifft, ob eine rücksichtslose

---

1 Polizeibericht über den Referentenabend der Groß-Berliner SPD, 3.7.1914, Schleswig-Holsteinisches Landesarchiv Schleswig (SHLA), Abt. 309/8305. Zur Bedeutung der Generalkommission und Legiens Rolle vgl. die ausführliche Darstellung in: *Karl Christian Führer*, Carl Legien 1861–1920. Ein Gewerkschafter im Kampf um ein »möglichst gutes Leben« für alle Arbeiter, Essen 2009.
2 *Susanne Miller/Erich Matthias* (Bearb.), Das Kriegstagebuch des Reichstagsabgeordneten Eduard David 1914 bis 1918, Düsseldorf 1966, S. 12.

Neutralitätsverletzung Belgiens durch Deutschland vorliegt oder nicht.«³

Rückhaltlose Unterstützung für die offiziellen Verlautbarungen, das Reich führe einen Abwehrkampf gegen Gegner, die Deutschland planvoll umzingelt hätten, klingt anders – zumal im nationalistisch erregten Chor der zeitgenössischen Stimmen. Einen akuten Streit über die Ursachen des Krieges hielt Legien allerdings für völlig verfehlt: »Wenn das Haus brennt, stellt man sich nicht erst hin und sucht den Brandstifter, sondern sucht so schnell wie möglich zu löschen.« Die Entscheidung für den »Burgfrieden« vom 4. August 1914 begründete Legien daher rein pragmatisch: »Sollten wir den Genossen im Schützengraben die Waffen, Verpflegung usw. und ihren Angehörigen die Unterstützung verweigern? Nein! Warten wir, bis unsere Genossen aus dem Felde zurückkehren und hören wir ihre Meinung darüber.«⁴

Auch im Krieg bestand die Hauptaufgabe der Sozialdemokratie und der Gewerkschaften nach Legiens Verständnis darin, »das herauszuholen, was für die Arbeiterschaft gut ist. [...] Dazu ist aber die Einheit der Arbeiterklasse nötig. Wer an der Einheit rüttelt, versündigt sich an der Arbeiterschaft.« Dabei dachte er gerade auch an die in unbestimmter Zukunft liegende Zeit nach dem Krieg. Die Frage, ob die »Anerkennung der Regierung«, die Gewerkschaften und SPD im August 1914 errungen hatten, dann noch bestehen werde, hielt Legien für völlig offen: »Die wirtschaftlichen und politischen Kämpfe werden nach dem Krieg noch viel schwerer sein als vorher [...]. Bleibt unsere Organisation geschlossen und stärken wir sie noch, dann werden wir nach dem Kriege noch vieles erreichen können, und zwar aus eigener Kraft!«⁵

---

3 Kriegs-Wirtschaftspolitik, in: Schleswig-Holsteinische Volks-Zeitung, Nr. 25, 30.1.1915. Legien vertrat im Reichstag den Wahlkreis 7 in der preußischen Provinz Schleswig-Holstein, der die Region zwischen Kiel, Neumünster und Rendsburg umfasste.
4 Ebd.
5 Ebd.

Diese Positionen leiteten Legien in all seinen Auseinandersetzungen mit den sozialdemokratischen Dissidenten, die das Votum der Reichstagsfraktion für die Kriegskredite für fatal hielten und eine eindeutige Stellung der Partei gegen den Krieg verlangten. Dabei war es anfangs Legien, der den offenen Konflikt suchte. So protestierte die von ihm geleitete Generalkommission bereits im September 1914 (zunächst noch hinter den Kulissen) gegen die politische Linie des SPD-Parteiorgans, des »Vorwärts«. Die politisch links orientierte Chefredaktion, so der Vorwurf, berichte in internationalen Angelegenheiten höchst einseitig: Sie unterschlage gezielt Nachrichten aus dem Ausland, um den Eindruck zu erwecken, nur die deutsche Sozialdemokratie verfolge einen Kurs des nationalen »Burgfriedens«, um indirekt so die linke Kritik an der Entscheidung vom 4. August 1914 zu legitimieren. Dabei hätten die französischen und britischen Sozialisten dem Krieg früher und entschiedener zugestimmt als die SPD. Abseits der journalistischen Details (die Legien durchaus mit Recht kritisierte) ging es bei dieser Attacke um die politische Funktion des »Vorwärts«. Der Vorsitzende der Generalkommission hatte dazu eine entschiedene Ansicht, in der die journalistische Selbstbestimmung der »Vorwärts«-Redakteure keine Rolle spielte: »Das Zentralorgan der sozialdemokratischen Partei muß leitend sein für die Gesamtorganisation, es kann sich nicht in Widerspruch stellen zu der Auffassung der Mehrheit.«[6]

Bei einer gemeinsamen Beratung der »Vorwärts«-Redaktion, der Parteileitung, der Generalkommission und der Berliner »Preßkommission«, die den »Vorwärts« im Auftrag der Berliner SPD-Vereine kontrollierte, scheiterte Legien jedoch mit seiner Forderung, das führende Parteiblatt politisch zu disziplinieren, weil sich die mit Berliner Funktionären besetzte »Preßkommission« geschlossen hinter die »Vorwärts«-Redakteure stellte. Da das Blatt auch die Funktion eines Lokalorgans der Berliner Sozialdemokratie erfüllte, deren Füh-

---

6 *Carl Legien*, Warum müssen die Gewerkschaftsfunktionäre sich mehr am inneren Parteileben beteiligen? Ein Vortrag in der Versammlung der Gewerkschaftskommission Berlins und Umgebung am 27. Januar 1915, Berlin 1915, S. 25.

rungsgremien mehrheitlich weit links standen, gelang es der Generalkommission und auch dem Parteivorstand nicht, der innerparteilichen Opposition im »Vorwärts« das Wort zu entziehen. In der Folge entwickelte sich ein hässlicher und nun öffentlich ausgetragener publizistischer Kleinkrieg, in dem die Generalkommission und das von ihr herausgegebene »Correspondenzblatt« auf der einen Seite sowie die Berliner Parteiorganisation und der »Vorwärts« auf der anderen Seite einander mit Verdächtigungen, Erklärungen und Gegendarstellungen überzogen.[7]

Wohl auch vor dem Hintergrund dieser politisch frustrierenden Erfahrung verschärfte Carl Legien sofort und ohne zu zögern den Ton, als ihm im Januar 1915 im Berliner SPD-Ortsverein Niederbarnim, zu dem er als Bewohner dieses Bezirks gehörte, ein innerparteiliches Dokument in die Hände fiel, das ihn hochgradig verärgerte. Zwar handelte es sich eigentlich nur um ein recht nebensächliches Papier: Der Bildungsausschuss des Ortsvereins hatte »Referentenmaterial« erarbeitet, in dem die Ausschussmitglieder ihre Haltung zur Politik der SPD seit dem 4. August 1914 festhielten. Sie trugen dabei alle Argumente und Urteile zusammen, die weit links stehende Sozialdemokraten gegen die offizielle Linie der Partei formuliert hatten. Das Votum der SPD-Fraktion für die Kriegskredite war in dieser Sicht ein »historische[s] Verbrechen« und die Partei, so wie sie seitdem auftrat, eine »konterrevolutionäre Einrichtung«. Letztlich trug in der Sicht der Niederbarnimer Genossen sogar die SPD-Mehrheit die Schuld am Krieg, weil sie auf offenen Widerstand verzichtet hatte: »Der Ruf: unbedingt und mit allen Mitteln gegen den Krieg, hätte die Proletarier der ganzen Welt elektrisiert; und gegen den ausgesprochenen Willen der Volksmassen ist heute ein Krieg nicht einen Monat lang zu führen.« Im Fazit trug die sozialdemokratische Führung deshalb seit dem 4. August 1914 »die Verantwortung für die gesamte Politik der Regierung« und damit letztlich auch für den Krieg.[8]

---

7   Ausführlich dazu vgl. ebd., S. 9-32. Vgl. auch: Unstimmigkeiten in der Berliner Sozialdemokratie, in: Vossische Zeitung, Nr. 598, 24.11.1914; Die Erklärung der Preßkommission, in: Vorwärts, Nr. 325, 28.11.1914.
8   Zit. n.: *Legien*, Gewerkschaftsfunktionäre, S. 34 f.

Diese Ausführungen benutzte Legien, um noch im gleichen Monat alle Gewerkschaftsmitglieder, die auch in der SPD organisiert waren, zu ermahnen, sie müssten sich »mehr am inneren Parteileben« beteiligen. Dabei präsentierte er den Text der vorstädtischen Parteiaktivisten, der sonst wohl kaum eine größere Wirkung gehabt hätte, einer breiten Öffentlichkeit, denn sein Vortrag erschien anschließend ungekürzt im Druck. Das »Correspondenzblatt« druckte zudem Kernpassagen seiner Rede.[9] Legien appellierte darin an alle sozialdemokratischen Gewerkschaftsmitglieder, gegen jeden »Genossen« zu kämpfen, der sich öffentlich an der politischen Einheit der Sozialdemokratie versündigte. Legien sah in der Sozialdemokratie eine »Minorität« am Werk, die versuche, ihre politische Meinung »mit Gewaltmitteln« durchzusetzen, und er appellierte an alle Sozialdemokraten, »die es ernst meinen mit der Emanzipation des Proletariats, sich mit Leuten zu beschäftigen, die in dieser Weise die Einheit der Partei systematisch und bewußt zu stören versuchen.« Auf die Polemik der Niederbarminer Linken antwortete Legien ebenfalls mit bewusst polarisierenden Worten: Es gehe den Autoren des »Referentenmaterials« um die »Zertrümmerung unserer Organisationen, der politischen wie der gewerkschaftlichen«; hier sprächen »Phraseure«, die sich daran erfreuten, alle politischen Fragen mit einem einzigen Satz lösen zu können: »Diese Sorte Radikalismus habe ich mein Lebtag nicht ertragen können. Ich habe stets erklärt, die einzige wahre und revolutionäre Tätigkeit der Arbeiterklasse liegt in der Organisation der Arbeiter und nicht in dem Dreschen von Phrasen.« Die Formulierung der Berliner Linksradikalen vom »Verbrechen« des 4. August 1914 konterte Carl Legien mit den Worten, jeder Versuch, die Geschlossenheit der Partei zu stören, sei »ein Verbrechen an der Arbeiterklasse«.[10]

In Rede und Gegenrede war damit bereits im Januar 1915 der unversöhnliche Ton in der Welt, der die innerparteilichen Auseinandersetzungen in der SPD – und später dann auch den Streit zwischen MSPD und USPD – prägte. Eine Suche nach Gemeinsamkeiten gab

---

9 Eine Versammlung der Berliner Gewerkschaftsvorstände, in: CBl 25, 1915, S. 62-64.
10 Ebd., S. 38 f.

es dabei weder im positiven Sinne noch als Minimalkonsens durch die Frage nach einem gemeinsamen Feind, der zu bekämpfen war, bevor man über grundlegende politische Ziele debattierte. Gerade dieses zweite Manko halte ich für historisch höchst bedeutsam, bezeichnet es doch nach meinem Urteil das eigentliche politische Versagen der deutschen Sozialdemokraten (jeder Couleur) in den Jahren des Ersten Weltkriegs. Gegner, die der SPD als einigendes Element hätten dienen können, gab es im kriegführenden wilheminischen Kaiserreich nämlich in großer Zahl.

Bereits ein kurzer Blick auf die zeitlich parallel laufende öffentliche Debatte im bürgerlichen Lager über die deutschen Kriegsziele belegt dies. Seit dem Frühjahr 1915 bemühte sich in Deutschland eine ganze Heerschar selbst ernannter welt- und europapolitischer Strategen, die Zukunft des Landes zu planen. Je länger der Krieg dauerte, desto wilder schossen dabei die Fantasien ins Kraut, wie Deutschlands Macht nach dem selbstverständlich immer siegreich beendeten Waffengang auf Dauer zu sichern sei. In diesen Gedankenspielen verlor etwa Belgien seine Unabhängigkeit, die ost- und südosteuropäischen Länder endeten als deutsche Vasallenstaaten, ein massiv geschwächtes Russland wurde vom Kaiserreich in wirtschaftlicher und politischer Abhängigkeit gehalten und Afrika geriet mindestens zur Hälfte unter deutsche Kolonialherrschaft. Sowohl die zivile als auch die militärische Reichsleitung unternahmen nichts, um diese lautstarken Propheten der deutschen »Weltstellung« zum Schweigen zu bringen. Die Sozialdemokratie aber zerfleischte sich selbst in ihrem heftigen internen Streit, der zu einem guten Teil auch noch retrospektiven Charakter hatte – wenn es um die Möglichkeit ging, ob entschiedene Handlungen von Partei und Gewerkschaften Anfang August 1914 den Krieg nicht vielleicht doch hätten verhindern können –, anstatt die von politischem Größenwahn inspirierte und kriegstreibende »Kriegsziel«-Debatte, die den »Burgfrieden« von bürgerlicher Seite jeden Tag neu aufkündigte, geschlossen anzugreifen.

Wenn die Gräben zwischen den verschiedenen sozialdemokratischen Lagern nach 1915 immer tiefer wurden, dann lag das zu einem guten Teil auch an Carl Legien. Bereits am 2. Februar 1915 beantragte er in der SPD-Reichstagsfraktion den Ausschluss von Karl Liebknecht, der zuvor erstmals (und einstweilen auch noch als einziger Abgeordneter) nicht nur in der internen Abstimmung, sondern auch im Parlamentsplenum gegen die Kriegskredite gestimmt hatte. Die Mehrheit der Fraktion aber scheute diesen Schritt und begnügte sich damit, Liebknechts »Disziplinbruch« scharf zu rügen. Das gleiche Spiel wiederholte sich, als im Dezember 1915 bereits 20 SPD-Abgeordnete gegen die weitere Finanzierung des Krieges votierten (22 weitere blieben der Abstimmung fern, weil sie das von der Mehrheit beschlossene »Ja« nicht mehr mittragen wollten). Im November 1917, als die Parteispaltung vollzogen war, hat Legien diese beiden Beschlüsse der Fraktion rückblickend noch einmal scharf getadelt: Es sei die »Schuld« der zögerlichen Parteiführung, »daß sie dem Treiben der Opposition so lange tatenlos zusah.«[11]

Auch in den »Sozialistischen Monatsheften« rief Legien bereits im Sommer 1915 nach Aktionen gegen die »Parteizerstörer«, die den alten Grundsatz, die Sozialdemokratie streite intern, handele aber stets geschlossen, wegen des Krieges nicht mehr akzeptierten. Dabei polemisierte er scharf gegen zwei besonders prominente Dissidenten, gegen den Parteivorsitzenden Hugo Haase, dem er die Befähigung zu seinem Amt absprach, und gegen Karl Kautsky, der schon seit Langem »mit seinem Hirtenstab im Nebel der grauen Theorie« herumstochere, »ohne einen festen Halt zu gewinnen«.[12] Kautsky revanchierte sich, indem er Legien und die von ihm geführte Generalkommission als die Gruppierung in der Spitze der Partei porträtierte, die zielstrebig auf eine Spaltung der SPD hinarbeite: »Die Generalcommission ist dabei der drängende, entschiedene Teil, der Parteivorstand der unentschiedene, gedrängte, der vor der Konsequenz des eigenen Tuns zurückschreckt.«[13]

---

11 Sozialdemokratischer Parteitag für Schleswig-Holstein, in: Hamburger Echo, Nr. 261, 7.11.1917.
12 *Carl Legien*, Parteizerstörer, in: Sozialistische Monatshefte 19, 1915, H. 2, S. 621-627, hier S. 625.
13 *Viktor Adler*, Briefwechsel mit August Bebel und Karl Kautsky, gesammelt u. erläutert v. *Friedrich Adler*, Wien 1954, S. 631.

Schließlich und endlich verschärfte Legien den Streit um die Kriegspolitik der Partei, indem er den Beschluss, den Kriegskrediten zuzustimmen, mittlerweile nicht mehr nur rein pragmatisch begründete. Er argumentierte seit dem zweiten Kriegsjahr hingegen zunehmend mit Warnungen, gerade die Arbeiterschaft werde bei einer militärischen Niederlage Deutschlands besonders hart getroffen. So erklärte er im Juli 1915 in öffentlicher Rede in Frankfurt am Main:

> »Ich bin als Sekretär der internationalen Gewerkschaftsorganisation sicher nicht chauvinistisch angekränkelt, aber wenn dieser Krieg für uns ungünstig ausgeht, dann werden wir am stärksten getroffen, denn wir haben uns in Deutschland eine Arbeiterkultur geschaffen, wie sie in keinem anderen Land zu finden ist. [...] Wir haben das sozialdemokratische Klassenbewußtsein nicht preisgegeben, aber wir sind auch vaterländisch gesinnt in dem Sinne, daß wir eine Höchstleistung der kulturellen Entwicklung unserer Volksgemeinschaft vertreten.«[14]

Im September 1916 wurde er auf der Reichskonferenz der SPD in Berlin noch konkreter: »Bei einer Niederlage würden wir nicht mehr ein exportierendes Land sein, sondern ein Menschen exportierendes Land werden und exportiert werden dann nicht die Kapitalisten, sondern die Arbeiter. [...] Verliert Deutschland den Krieg, so verliert die Arbeiterklasse am meisten.«[15] Auf einer Parteiveranstaltung in Kiel hatte Legien wenige Monate zuvor bereits ganz ähnlich argumentiert und auch die Schlussfolgerung gezogen, interne Streitigkeiten im Reich spielten mitten im Krieg nur Deutschlands Gegnern in die Hände: »Alles Gerede vom Frieden wird in den anderen Ländern nur als Schwäche ausgelegt.« Sein wiederum scharf polemisches Fazit lautete, die parteiinterne Opposition betreibe mit ihrem »Dis-

---

14 Reichstagsabgeordneter Legien über die Lebensmittelteuerung, in: Frankfurter Zeitung, 17.7.1915.
15 Protokoll der Reichskonferenz der Sozialdemokratie Deutschlands vom 21., 22. und 23. September 1916 in Berlin, Berlin 1916 [Reprint: Glashütten i. Ts. 1974], S. 108.

ziplinbruch« deshalb nichts anderes als »die Vernichtung Deutschlands«.[16]

Der ebenfalls anwesende Georg Ledebour, den der Kieler Ortsverein als Vertreter der kriegskritischen »Minorität« in der Reichstagsfraktion ebenfalls eingeladen hatte, trug mit vergleichbarer Verve daraufhin die Gewissheiten der linken Sozialdemokraten vor. Deutschland führte in seiner Sicht eindeutig »einen Eroberungskrieg«; die Parteimehrheit, nicht aber er selbst und die anderen Kriegskritiker seien die wahren Abtrünnigen: »Die sozialdemokratische Partei ist nicht mehr die alte Partei, wenn sie nicht rücksichtslos gegen diese Reichsregierung Front macht. [...] Wir wollen nichts wissen von Anpassen, wir suchen keinen Anschluß bei der Regierung. Für uns gibt es nur den Kampf gegen diese Regierung.«[17]

Dieser unproduktive Schlagabtausch in einer Kieler Parteiversammlung Ende Januar 1916 belegt eindringlich, dass beide Flügel der Sozialdemokratie auf die politischen Herausforderungen, die der Krieg mit sich brachte, keine überzeugenden Antworten fanden. Die oppositionelle Minderheit wollte vor allem das sozialdemokratische »Ja« zum Krieg zurücknehmen und verfolgte damit einen Kurs, der mitten im Krieg nur zu einem sicheren Resultat führen konnte: zu einer schweren Schädigung der Partei und der gesamten Arbeiterbewegung. Auch ein geschlossenes Votum der SPD-Reichstagsfraktion gegen weitere Kriegskredite hätte die Maschinerie des Militärs und der Rüstungsindustrie ja nicht stillgelegt. Unter den Bedingungen des Belagerungszustandes im gesamten Reichsgebiet, bei strikter Pressezensur, widersprüchlichen Nachrichten von der Stimmung in der breiten Bevölkerung und bei einer intakten Befehlshierarchie im Heer bedeutete die Linie der Minderheit nichts anderes als eine Politik des totalen Vabanque.

Die Parteimehrheit, für die Legien hier einstehen kann, machte es sich auf andere Art ebenfalls leicht: Sie vermied es, genauer darüber nachzudenken, was es denn politisch für die Partei und die

---

16 Zit. n.: *Führer*, Legien, S. 320.
17 Zit. n.: ebd., S. 319 und S. 321.

Die Haltung der Gewerkschaften

Gewerkschaften bedeutete, wenn man das Wohlergehen der Arbeiter so stark mit dem der Nation in Eins setzte, wie etwa Legien das tat. Zudem tat sie wenig, um die militärischen und zivilen Mächtigen des Kaiserreichs auf defensive Kriegsziele festzulegen, und rief auch nicht lautstark nach den überfälligen demokratischen Reformen – beides aber wäre dringend nötig gewesen, um die wachsende Unzufriedenheit bei den Anhängern und Wählern der Partei einzudämmen.

Die Aufgabe, Politik auch während des »Burgfriedens« aktiv zu gestalten, hat die reformistische Mehrheit der Sozialdemokraten nach dem August 1914 nicht mit der Entschlossenheit angenommen, die ihr den Weg zum innenpolitischen Machtfaktor geebnet hätte. So beschäftigte sich die Partei insgesamt vor allem mit sich selbst und trieb auf die Spaltung zu, die beide Seiten doch angeblich unbedingt vermeiden wollten.

Regionaluntersuchungen

Bernd Rother

Die Wurzeln des Parteischismas – Erkenntnisse aus einem regionalgeschichtlichen Vergleich[1]

Die beiden deutschen Kleinstaaten Anhalt und Braunschweig hatten vieles gemeinsam: Ähnlich groß, erst Herzogtum, dann Freistaat, versehen mit fruchtbaren Böden, zügig industrialisiert, brachten sie ihre Verbindung selber dadurch zum Ausdruck, dass sie sich die Gesandtschaft in Berlin teilten. Im Kaiserreich entwickelten sich beide Länder zu Hochburgen der sozialdemokratischen Arbeiterbewegung. 1912 eroberte die SPD zwei der drei braunschweigischen und beide anhaltischen Sitze im Reichstag. Die starke Stellung der Sozialdemokratie setzte sich auch nach dem Ersten Weltkrieg

---

1 Dieser Beitrag basiert auf den Ergebnissen einer Studie, die ich 1990/91 mit Torsten Kupfer erarbeitet habe. Ermöglicht wurde sie durch die Friedrich-Ebert-Stiftung. Vgl. unsere gemeinsamen Publikationen: Der Weg zur Spaltung. Die Ursachen der Richtungskämpfe in der deutschen Sozialdemokratie 1890–1920 am Beispiel der Länder Anhalt und Braunschweig; in: IWK 29, 1993, H. 2, S. 139-177, und: Kooperation oder Konfrontation – SPD und Linksliberale in Anhalt und Braunschweig 1890–1914, in: *Helga Grebing/Hans Mommsen/Karsten Rudolph* (Hg.), Demokratie und Emanzipation zwischen Saale und Elbe. Beiträge zur Geschichte der sozialdemokratischen Arbeiterbewegung bis 1933, Essen 1993, S. 129-138.

fort. Bei der Wahl zur Nationalversammlung 1919 erhielt sie in Braunschweig 58,1 Prozent der gültigen Stimmen, in Anhalt 59,5 Prozent.[2] Aber: Während in Anhalt auf die USPD ganze 1,9 Prozent entfielen, erreichte sie in Braunschweig 28,3 Prozent. Noch krasser waren die Unterschiede bei den Parteimitgliedern. In Braunschweig ging 1917 die Parteiorganisation fast geschlossen zur USPD, in Anhalt blieb die SPD von Abspaltungen verschont.[3] Braunschweig und Anhalt erscheinen geradezu als idealtypische Beispiele einer radikalen beziehungsweise einer gemäßigten Sozialdemokratie.

Hier setzt nun die Untersuchung an: Wie lassen sich die eklatanten Unterschiede in der politischen Ausrichtung der Sozialdemokratien beider Länder erklären, obwohl doch sozioökonomische Faktoren nahelegten, dass sie sich ähnlich entwickeln würden?

1 Der soziale Hintergrund unterschiedlicher politischer Strategien

Im Verhältnis zwischen Arbeiterbewegung und Bürgertum lassen sich Tendenzen ausmachen, die die auseinanderlaufende Entwicklung begünstigten, wenn nicht sogar letztendlich begründeten. Anhaltische und braunschweigische Arbeitgeber zeigten stark konträre Verhaltensweisen, was die Stellung zu Arbeiterschaft, Sozialdemokratie und Gewerkschaften angeht. Der »Verein der Anhaltischen Arbeitgeber« trat für eine Liberalisierung der Innenpolitik ein und wollte die Sozialdemokratie durch eine Verbesserung des Loses der Arbeiter bekämpfen. In seiner Satzung hieß es: »Zwecke des Vereins sind die Verbesserung der sozialen Stellung und materiellen Lage des Arbeiterstandes, sowie die Förderung des friedlichen Zusammenwirkens von Arbeitgebern und Arbeitnehmern.«[4]

---

2   USPD und SPD zusammengerechnet.
3   *Bernd Rother*, Die Sozialdemokratie im Land Braunschweig 1918 bis 1933, Bonn 1990, S. 23 f.; Volksblatt für Anhalt (künftig: VfA), 18.5.1917.
4   Zit. n.: *Wilhelm Oechelhäuser*, Über die Durchführung der sozialen Aufgaben im Verein der Anhaltischen Arbeitgeber, Berlin 1888. S. 59.

August Bebel erklärte 1903, dass Richard Roesicke, Wortführer der anhaltischen Industriellen, in der Sozialpolitik der fortschrittlichste bürgerliche Politiker sei.[5] Aus Braunschweig werden solche Tendenzen auf Arbeitgeberseite nicht berichtet. Im Gegenteil: Der Tenor der Braunschweiger Gewerkschafts- und Parteiberichte lautete: Die zunehmend besser organisierten Arbeitgeber treten immer aggressiver auf.[6]

Waren diese konträren Grundorientierungen im betrieblichen und politischen Lebensumfeld der Arbeiterschaft erfahrbar? Erste Antworten gibt ein Vergleich der Streikstatistik beider Länder.[7] In einer in ganz Deutschland relativ ruhigen Phase zwischen 1899 und 1904[8] war der Umfang der Arbeitskämpfe in Braunschweig und Anhalt ähnlich groß und lag leicht unter dem Reichsdurchschnitt. Deutliche Unterschiede aber gab es beim Anteil erfolgloser Streiks: In Braunschweig lag er um 10 Prozentpunkte über dem anhaltischen Wert und um 7 Prozentpunkte über dem Reichsdurchschnitt. Die Durchsetzungskraft der Braunschweiger Arbeiter war deutlich schwächer als die ihrer Kollegen in Anhalt. Die nächste Phase von 1905 bis 1909 umfasst die Welle großer Arbeitskämpfe, die Deutschland 1905 und 1906 durchlief. Dass sich Braunschweig und Anhalt unterschiedlich entwickelten, lag weniger am Umfang der Streiks, als vielmehr am Verhalten der Arbeitgeber. Sie erwiesen sich als besonders intransigent. Im Jahresdurchschnitt waren nun in Braunschweig 14-mal so viele Arbeiter von Aussperrungen betroffen wie in der vorhergehenden Phase, in Anhalt nur dreimal so viele. Zugleich sank in Braun-

---

5 VfA, 23.6.1903.
6 Vgl. z. B. Verband der Fabrik-, Land-, Hilfsarbeiter und -arbeiterinnen Deutschlands, Jahresbericht der Verwaltungsstelle Braunschweig 1905, Braunschweig 1906, S. 5; SPD-Bezirk Braunschweig, Jahresbericht 1910/11, Braunschweig 1911, S. 10.
7 Statistik des Deutschen Reiches, Bd. 278, Berlin 1914, S. 52 f., S. 56, und Bd. 280, II, Berlin 1916, S. 25 f. Die amtliche Streikstatistik begann 1899.
8 Die Periodisierung erfolgt in Anlehnung an *Friedhelm Boll*, Arbeitskampf und Region. Arbeitskämpfe, Tarifverträge und Streikwellen im regionalen Vergleich 1871-1914, in: Der Aufstieg der deutschen Arbeiterbewegung, hg. v. *Gerhard A. Ritter*, München 1990, S. 379-414, hier S. 385.

schweig die Quote der erfolglosen Streiks. Der Gegner war kompromissloser denn je, die eigene Kraft aber war augenscheinlich gewachsen – ein hervorragender Nährboden für Radikalisierung. In Anhalt hingegen blieb es geradezu ruhig – egal ob man mit Braunschweig oder dem Reichsdurchschnitt vergleicht. Auch von 1910 bis 1914 blieben in Anhalt die Arbeitskämpfe auf einem relativ niedrigen Niveau. Die anhaltischen Arbeiter konnten den Anteil erfolgloser Streiks deutlich senken; er lag jetzt – wie schon 1899 bis 1904 – wieder unter dem Reichsdurchschnitt. Und es endete 1910 bis 1913 in Anhalt keine einzige Aussperrung mit einem vollen Erfolg der Arbeitgeber. In Braunschweig war zwar der Rückgang der Arbeitskämpfe relativ noch stärker als in Anhalt, wegen des hohen Ausgangsniveaus waren die Arbeitskämpfe absolut aber weit umfangreicher als in Anhalt, insbesondere was die Aussperrungen betrifft. Zudem stieg – entgegen dem Reichstrend – wieder der Anteil der erfolglosen Streiks auf über 50 Prozent. Von einer Entspannung der Beziehungen zwischen Arbeitnehmern und Arbeitgebern kann für Braunschweig nicht gesprochen werden.

Alles in allem konnte sich Anhalt ab 1905 von der in ganz Deutschland einsetzenden Verschlechterung der industriellen Beziehungen abkoppeln. Braunschweig hingegen lief in die genau entgegengesetzte Richtung: Hier erreichten die Beziehungen zwischen Arbeitnehmern und Arbeitgebern schon 1906/07 einen derart schlechten Stand wie im Reich erst ab 1910. Die unterschiedliche Entwicklung in Anhalt und Braunschweig wird auch deutlich anhand der Quoten für vollen beziehungsweise teilweisen Erfolg der Streiks. Zwar gingen in Braunschweig überdurchschnittlich viele Streiks verloren, die vollständig gewonnenen Streiks aber waren fast so häufig wie im Reichsdurchschnitt. Dies war für Braunschweigs Arbeiterbewegung die Quelle für Selbstbewusstsein und Ansporn gegen Resignation, trotz des aggressiven Gegners. Was sich bei diesen radikalen Auseinandersetzungen in Braunschweig nicht entwickeln konnte, war die gegenseitige Kompromissbereitschaft.

2 Die SPD und die bürgerlichen Parteien

Dies gilt auch für die politische Szene Braunschweigs. Ende des 19. Jahrhunderts gab es in der dortigen SPD eine Mehrheit für Wahlbündnisse mit Bürgerlichen bei den Landtagswahlen. Doch bald folgte die Ernüchterung: »Die Hoffnung, daß sich eine bürgerliche Opposition zeigen würde, mit der ein Zusammengehen möglich sei, habe sich nicht erfüllt.«[9] Nicht prinzipielle Negation der Beteiligung an ungleichen Wahlen hatte zum Stimmungsumschwung bei der SPD geführt, sondern die Haltung des Braunschweiger Bürgertums, das reaktionärer war als erwartet. Daran änderte sich bis 1914 nichts.

In Anhalt waren seit Mitte der 1890er-Jahre die Linksliberalen bei Reichstagswahlen erheblich erfolgreicher als in Braunschweig. Sanken sie dort auf eine Quantité négligeable herab, so vereinten sie in Anhalt zwischen 1898 und 1912 stets zwischen einem Drittel und der Hälfte der bürgerlichen Stimmen auf sich. Die Konservativen blieben schwach, die Antisemiten – in Braunschweig eine bedeutende Strömung – spielten keine Rolle.[10] Anfang des Jahrhunderts kam es bei den Landtags- und Kommunalwahlen in Anhalt erstmals zu Absprachen der SPD mit Liberalen, um die »an Alleinherrschaft grenzende Übermacht der Rechten im Landesparlament« zu brechen.[11]

3 SPD und Staat

Getrennt vom Verhältnis der braunschweigischen und anhaltischen SPD zum Bürgertum müssen wir die Beziehungen zwischen Staat und SPD in beiden Herzogtümern behandeln. Bis 1918 beherrschte weder in Braunschweig noch in Anhalt »das Bürgertum« den Staatsapparat. In beiden Landtagen dominierten die ländlichen Oberschichten, in der vom jeweiligen Herzog eingesetzten Regierung saßen

---

9 Volksfreund (Braunschweig), (künftig: Vf), 22.8.1900.
10 Handbuch über den Freistaat Anhalt, hg. v. Anhaltischen Staatsministerium unter Mitwirkung des Anhaltischen Statistischen Landesamts, Dessau 1929, S. 127 f.
11 *Fritz Hesse*, Von der Residenz zur Bauhausstadt, Bad Pyrmont 1963, S. 37.

Adlige. Aber die überwiegende Mehrheit des Bürgertums stand in beiden Ländern hinter der Politik der herzoglichen Regierungen, insbesondere hinter der Politik gegenüber der Sozialdemokratie. Diese Politik war in Braunschweig und Anhalt sehr unterschiedlich. In Braunschweig war das Verhältnis zwischen Staat und SPD 1890 bis 1914 durchgängig gespannt. Bis 1918 zog kein einziger Sozialdemokrat in den Braunschweiger Landtag ein, obwohl die Partei bei Reichstagswahlen nahe an die 50 Prozent kam. Mit dem Beginn der Wahlrechtskämpfe in der Mitte des ersten Jahrzehnts des 20. Jahrhunderts eskalierten die Konflikte. Die Publikationen der braunschweigischen Sozialdemokraten waren nun voll von Beispielen kleinlichster Schikanen von staatlichen Behörden oder von Gerichten. In der Landeshauptstadt kam es insbesondere im Zusammenhang mit den Wahlrechtsdemonstrationen zu Auseinandersetzungen. Ihren Höhepunkt erreichten sie Anfang 1914, als berittene Polizisten mit Säbeln und Gummiknüppeln gegen Demonstranten vorgingen, ohne sie aber auseinandertreiben zu können.[12]

In den ersten Jahren nach dem Fall des Sozialistengesetzes gestalteten sich die Beziehungen zwischen Sozialdemokratie und Staat in Anhalt ähnlich konfliktreich wie in Braunschweig. Nach Einschätzung von Heinrich Peus, dem Chefredakteur des Parteiblatts »Volksblatt für Anhalt«, wurde die Sozialdemokratie in Anhalt bis 1902 so drangsaliert wie die Partei in ganz Deutschland. 1902 gelang es, trotz einer vorhergehenden, gegen die SPD gerichteten Wahlrechtsänderung zwei sozialdemokratische Abgeordnete in den Landtag zu entsenden. Nun entspannte sich das Klima in Anhalt. Peus sah die Ursache darin, dass ein personeller Wechsel in der Regierung stattgefunden hatte und sie seit 1902 »immer damit rechnen [musste], daß dann der Krach im Landtage los ginge.«[13] Für die Folgejahre fehlen in den sozialdemokratischen Publikationen aus Anhalt weit-

---

12 Jahresbericht des SPD-Ortsvereins Braunschweig 1913/15, in: Vf, 2.9.1915.
13 *Heinrich Peus*, 35 Jahre Sozialdemokratie in Anhalt. 1890–1925. Festschrift zum 25jährigen Bestehen der Sozialdemokratischen Parteiorganisation in Anhalt, Dessau 1925, S. 6; dort auch Beispiele für Schikanen bis 1902.

gehend die für Braunschweig typischen Anklagen gegen das schikanöse Vorgehen staatlicher Stellen.

Als Resümee bleibt der Eindruck einer allmählichen Liberalisierung der Behandlung der Sozialdemokratie durch den Staat in Anhalt, der in Braunschweig eine bis 1914 unvermindert scharfe Repression der Arbeiterbewegung gegenüberstand.

4 Innerparteiliche Positionierung vor 1914

Mit Heinrich Peus stand an der Spitze der anhaltischen Sozialdemokraten ein Mann, der nach eigenem Bekunden von Anfang an »Reformist« war.[14] In der Revisionismusdebatte ab 1898 finden wir ihn folgerichtig als einen der engagiertesten Mitstreiter von Eduard Bernstein. Peus ging es insbesondere darum, Fatalismus und Immobilismus in der Partei, beruhend auf der Erwartung eines gesetzmäßigen Sieges des Sozialismus, zu bekämpfen. »Alltägliche Revolutionsarbeit« – das war das Schlüsselwort für seine politische Grundposition.[15] Auf Widerspruch stieß die Unterstützung des Revisionismus durch Peus unter den anhaltischen Sozialdemokraten fast nie.

In Braunschweig war die Haltung der Parteiorganisation im Revisionismusstreit bei Weitem nicht so einheitlich wie in Anhalt. Weder gab es eine Person, die die Diskussion dominierte, noch war die Position der Braunschweiger Sozialdemokraten über die Jahre hinweg unverändert, noch mangelte es an kontroversen inhaltlichen Stellungnahmen im hauptstädtischen Ortsverein. 1898, zu Beginn der Polemik um Bernsteins Thesen, fanden sie eindeutige Unterstützung beim Braunschweiger Parteiorgan.[16] Nach dem Parteitag von 1903 kam es im Braunschweiger Ortsverein zu kontroversen Debatten über den Revisionismus.[17] Erst als Otto Antrick, ein damals schon prominen-

---

14 Zit. n.: *Alfred Krüger*, Die Entwicklung der Arbeiterbewegung nach dem Fall des Sozialistengesetzes (1890–1898), Dessau 1976, S. 20.
15 VfA, 21.4.1902.
16 Vgl. Vf, 2. und 22.10.1898.
17 Vf, 25.9. und 6.10.1903.

ter Parteigänger des linken Parteiflügels, 1906 Landesparteisekretär und der nicht minder radikale Richard Wagner 1908 Redakteur beim »Volksfreund« wurden, wurde die Debatte über den Revisionismus intensiver. Otto Antrick forderte immer wieder einen schärferen Kampf gegen den rechten Flügel.[18] Richard Wagner definierte 1909 das Parteiblatt als Teil des radikal linken Flügels in der SPD, ohne dass er Widerspruch erntete: »In Braunschweig käme man nicht leicht in Versuchung, den revisionistischen Lockungen zu folgen, weil die Braunschweigische Regierung eine der reaktionärsten in Deutschland wäre [...].«[19]

5 Unterschiedliche »Kulturen«

Einer der hervorstechendsten Unterschiede zwischen Braunschweig und Anhalt war die innerparteiliche Machtverteilung. Einem multipolaren System in Braunschweig stand ein monopolares in Anhalt gegenüber. Dort dominierten – zumindest in Fragen der grundsätzlichen politischen Orientierung – Heinrich Peus und der Geschäftsführer der SPD-Zeitung Heinrich Deist während der gesamten hier betrachteten Jahre die Partei. Wichtigstes Instrument dafür war das unter Leitung von Peus stehende »Volksblatt für Anhalt«. In Braunschweig hingegen gab es zwischen 1890 und 1918 gerade in den Führungspositionen erheblich häufiger personelle Wechsel und zudem auch jeweils gleichzeitig mehrere führende Köpfe mit sehr unterschiedlichen politischen Positionen. Von 1890 bis 1898 wurde Braunschweigs SPD von schweren inneren Auseinandersetzungen erschüttert, bis hin zu organisierten Abspaltungen. Die in den Folgejahren an der Spitze stehenden Sozialdemokraten dominierten nur als Gruppe, nicht aber einzeln. Der zum rechten Parteiflügel gehö-

---

18 Vf, 11.10.1907 und 1.10.1910.
19 Vf, 1.9.1909.

rende Reichstagsabgeordnete Wilhelm Blos lebte in Württemberg und hatte daher kaum Einfluss auf das örtliche Parteileben.[20] Mit dem Rechtsanwalt Dr. Heinrich Jasper (1903 erstmals Delegierter zum Reichsparteitag) sowie den bereits erwähnten Otto Antrick und Richard Wagner erhielt Braunschweigs Sozialdemokratie im ersten Jahrzehnt des neuen Jahrhunderts drei Führungspersönlichkeiten, die das bisherige Mittelmaß übertrafen, aber unterschiedliche politische Orientierungen aufwiesen: Jasper als Gemäßigter (ohne eindeutig den Revisionisten oder den Reformisten zugehörig zu sein), Antrick und Wagner als Vertreter des linken Parteiflügels, ohne dass beide miteinander kooperierten. Trotzdem wäre aber angesichts der radikalen Orientierung der Braunschweiger Arbeiterbewegung spätestens ab 1906 zu erwarten gewesen, dass Jasper an den Rand gedrängt werden würde. Dies trat nicht ein. 1907 bis 1909 und 1913 bis 1915 war Jasper Vorsitzender der Wahlkreisorganisation.[21] Mehrfach war er Delegierter zum SPD-Parteitag. 1913 entsandten die sonst so radikalen Sozialdemokraten der Landeshauptstadt Jasper gar als Delegierten zum Parteitag, der über den Massenstreik entscheiden sollte.

Schließlich unterschied sich das Parteileben in Braunschweigs und Anhalts Vorkriegssozialdemokratie noch in einem weiteren wichtigen Punkt. Aus Anhalt sind sehr wenige interne Streitigkeiten überliefert, die zudem nicht um Inhalte, sondern um Formen der Politik gingen; charakteristisch sind die immer wiederkehrenden Kritiken an den »Streitereien« unter den führenden Genossen in Berlin, womit die kontroversen Debatten über Revisionismus, Massenstreiks et cetera gemeint waren. Die Parteikonzeption des führenden anhaltischen Sozialdemokraten Peus orientierte sich am kirch-

---

20 *Hans-Ulrich Ludewig*, Industriearbeiterschaft und Organisation. Die Arbeitergeschichte im Herzogtum Braunschweig 1890–1905, in: Moderne Braunschweigische Geschichte, hg. v. *Werner Pöls* und *Klaus-Erich Pollmann*, Hildesheim 1982, S. 150-174, hier S. 167-170.
21 *Friedhelm Boll*, Massenbewegungen in Niedersachsen 1906–1920. Eine sozialgeschichtliche Untersuchung zu den unterschiedlichen Entwicklungstypen Braunschweig und Hannover, Bonn 1981, S. 111, S. 113.

lichen Vorbild. Die Parteiarbeit war weniger auf Schulung offensiver Auseinandersetzungsfähigkeit denn auf Erzeugung eines »sozialistischen Glaubens« unter den Arbeitern gerichtet.[22]

Ganz anders in Braunschweig. Seit 1890 war die Geschichte der Braunschweiger Sozialdemokratie gekennzeichnet von öffentlich ausgetragenen (d. h. in der Parteipresse berichteten) Konflikten. Teils ging es um persönliche Animositäten (so die fast zum Ritual der Landesparteitage gehörende Kritik am Vorsitzenden Heinrich Rieke, der dann doch stets wiedergewählt wurde), teils vermischten sich persönliche Zwiste und inhaltliche Differenzen (z. B. bei den Auseinandersetzungen zwischen Jasper und Antrick 1912 und 1914)[23], teils waren es rein inhaltliche Differenzen. Wichtiger noch als die Existenz und Häufigkeit solcher Konflikte in Braunschweigs Sozialdemokratie ist, dass sie im krassen Gegensatz zu Anhalt nicht negativ bewertet wurden. Charakteristisch ist ein »Volksfreund«-Leitartikel von 1911: »So lange die Partei besteht, boten ihre Parteitage das Bild gegenseitiger Kämpfe, aber wir haben uns nicht nur nicht geschadet, sondern wir sind vielmehr groß und stark dabei geworden [...]. Autoritätsduselei und Verehrung der Tradition sind nirgends so schlecht zu Hause als in der Sozialdemokratie.«[24] In Anhalt wurden interne Konflikte negativ bewertet, während sie in Braunschweig als normaler Bestandteil des sozialdemokratischen Parteilebens angesehen wurden.

Die sehr unterschiedliche »Streitkultur« der anhaltischen und der braunschweigischen Vorkriegssozialdemokratie hatte erhebliche Auswirkungen auf die Entwicklung im Kriege. Während Braunschweigs »Streitlust« ein Fundament für Kritik an der Parteiführung bildete, waren abweichende Meinungen in Anhalt stigmatisiert; sie schadeten der Partei, so die dort dominierende Sicht. Alleine konnte

---

22 *Heinrich Peus*, Das Volkshaus wie es sein soll. In Deutsch und in IDO, Berlin 1913, S. 6 und S. 13. Peus 1929 rückblickend: »Die Sozialdemokratie in all ihren verzweigten Betätigungen ist die weltliche Religion des anhaltischen Volkes geworden.« Volkswacht, Bernburg, 1.8.1929. Er selbst stammte aus dem katholischen Milieu und hatte vor seinem Beitritt zur SPD 1890 u. a. auch Theologie studiert.
23 Vf, 26.8.1912 und 14.7.1914.
24 Vf, 10.9.1911.

diese Differenz nicht den unterschiedlichen Weg der beiden Parteiorganisationen begründen, ein beschleunigender Faktor für die jeweilige Entwicklung aber war sie allemal.

6 Die organisatorische Trennung im 1. Weltkrieg

Die unterschiedliche Haltung beider Parteiorganisationen wurde schon 1915 deutlich, als im ganzen Reich Unterschriften unter ein Flugblatt gesammelt wurden, mit dem oppositionelle Sozialdemokraten gegen die Burgfriedenspolitik protestierten. In Anhalt unterschrieb niemand, in Braunschweig hingegen gab es 37 Unterzeichner.[25] Damit war die weitere Entwicklung vorgezeichnet. In Anhalt besaßen kritische Positionen gegenüber dem Kurs der Parteimehrheit, so es sie vereinzelt gegeben haben sollte, keinerlei Kristallisationspunkt, weder in organisatorischer noch in personeller Hinsicht, während im Herzogtum Braunschweig die innerparteiliche Opposition im ganzen Land vertreten war und die Mehrheit der Parteimitglieder hinter sich wusste.

Die Entwicklung in Braunschweig ab 1914 würde missverstanden, wenn man sie als Radikalisierung der örtlichen Sozialdemokratie bezeichnen wollte. Weder die Formen (insbesondere Massendemonstrationen) noch die Inhalte waren Produkte der Kriegsverhältnisse. Auch die Akteure selbst empfanden ihre Politik nicht als Veränderung gegenüber der Vorkriegsposition, sondern als Bewahren der ursprünglichen sozialdemokratischen Haltung, wie sie sie verstanden. Die Erfahrungen während des Krieges in politischer, ökonomischer und sozialer Hinsicht bestärkten den schon vor 1914 eingeschlagenen Weg. Dies gilt auch für Anhalt, wo es nur nicht so auffiel, denn dort war und blieb man in der SPD.

---

25 Dokumente und Materialien zur Geschichte der Deutschen Arbeiterbewegung, Reihe II, 1914–1945, Bd. 1, Juli 1914 bis Oktober 1917, Berlin 1958, S. 169 ff.

Regionaluntersuchungen

Bild 3 Generalstreik Linksradikaler in Braunschweig, gefangene Arbeiter der Volkswehr werden abgeführt, 16. April 1919

7 Fazit

Am Anfang des Untersuchungszeitraums, bis circa 1900, war es zumindest in Braunschweig noch offen, ob sich die Sozialdemokratie in gemäßigter oder radikaler Richtung entwickeln würde; die personelle Konstellation ließ sogar eher eine gemäßigte Entwicklung erwarten. In Anhalt war durch die prägende Persönlichkeit von Peus die Position schon eindeutiger geklärt. Die betrieblichen und gewerkschaftlichen Erfahrungen der Arbeiter verstärkten in Braunschweig die Überzeugungskraft radikal-linker, den Konflikt mit dem Bürgertum betonender Positionen, während in Anhalt die partielle Kooperation mit bürgerlichen Kräften einherging mit der Erfahrung eines milderen Sozialklimas. Die entscheidenden Jahre für die unterschiedliche Entwicklung waren 1902 bis 1908, als in Anhalt die politische

Repression nachließ, während in Braunschweig nicht nur die Arbeitskämpfe erheblich härter wurden, sondern auch die Auseinandersetzungen um das Wahlrecht zu einer Massenbewegung führten, gegen die die Staatsgewalt mit aller Schärfe vorging.

Die Differentia specifica zwischen beiden Parteiorganisationen ab der Jahrhundertwende wurde von außen in sie hineingetragen: es war die politische Haltung des jeweiligen Bürgertums. Von dessen Haltung hing es ab, ob radikale oder gemäßigte Kräfte in der Sozialdemokratie die Oberhand gewannen. Die Dominanz linksradikaler Positionen in der Braunschweiger SPD ging der Ablehnung der Zusammenarbeit mit dem örtlichen Bürgertum nicht voraus, sondern umgekehrt wurde sie erst durch das Verhalten dieses Bürgertums befördert. In Anhalt seinerseits konnte der schon vor 1900 starke gemäßigte Parteiflügel sich erst richtig durchsetzen, als seine Strategie der Kooperation mit Teilen des Bürgertums praxisrelevant werden und Wahlerfolge aufweisen konnte.

Aus dem Zusammenspiel politischer Rahmenbedingungen und innerparteilicher personeller Konstellationen heraus wurden während des Ersten Weltkriegs die Unterschiede zwischen beiden Ländern auf die Spitze getrieben und fanden schließlich auch organisatorisch ihren Ausdruck. In der revolutionären Phase 1918/19 gewannen sie eine neue Qualität, da in Braunschweig das Gewicht der im Weltkrieg entstandenen, von den sozialdemokratischen Organisationen teilweise autonomen Massenbewegung rapide zunahm. Parlamentarisch-demokratische Republik oder Weltrevolution und Diktatur des Proletariats waren im Januar 1919 die unterschiedlichen Perspektiven der Arbeiterbewegung in Anhalt und Braunschweig.

Mike Schmeitzner

Die Räterepublik als Diktatur des Proletariats

Linksparteien und Regionalentwicklungen in Bremen, München, Leipzig und Gotha 1918/19 im Vergleich[1]

1 Problemstellung

Die Diktatur des Proletariats als Begriff und Legitimationsressource bezeichnet bekanntermaßen die revolutionär gestaltete Übergangsperiode zwischen kapitalistischer und klassenloser Gesellschaft, in der das Proletariat als Klasse die eigene Herrschaft aufrichten, somit die kapitalistischen Produktionsverhältnisse in sozialistische umwandeln und dabei gegebenenfalls den Widerstand der zu enteignenden Bourgeoisie brechen soll. Im Zuge dieser zeitlich kontingentierten Klassenherrschaft sollte sich das Proletariat aus jeglichen ökonomischen Entfremdungszusammenhängen lösen, die Produktionsprozesse selbst zu steuern beginnen, den »Staat« als politisches Unterdrückungsinstrument zum Absterben bringen und sukzessive jegliche Klassenherr-

---

1 Bei dem Beitrag handelt es sich um einen Teilaspekt aus einem größeren Projekt, zu dem gerade eine Monografie entsteht.

schaft aufheben. In dieser verkürzten Form formulierten dies jedenfalls Karl Marx und Friedrich Engels in mehreren – wenn auch nicht zentralen – Werken. Eine Systematisierung des Begriffes »Diktatur des Proletariats« unterblieb in ihren Einlassungen aber ebenso wie eine Thematisierung der dafür nötigen politischen Institutionen. Wer genau die Macht ergreifen und die neue Herrschaft aufrichten sollte – das Proletariat als Klasse oder eine politische Vorhut – blieb bei diesem utopisch angelegten Projekt weithin unbeantwortet. Marx und Engels verwendeten den Begriff je nach Zeit- und Landesspezifika zudem unterschiedlich – mal als Minderheitendiktatur im blanquistischen Sinne (1850), mal als Klassendiktatur in demokratischer Gewandung. Im Nachgang interpretierten sowohl Marx als auch Engels die Pariser Kommune (1871) – eine kommunale Räterepublik mit allgemeinem Wahlrecht – als eine Form der Diktatur des Proletariats.[2]

Der späte Engels hat sich nach 1890 die Diktatur des Proletariats nur mehr in Form einer demokratischen Republik mit allgemeinem Wahlrecht vorstellen können, was angesichts der scheinbar unaufhaltsam fortschreitenden Wahlerfolge der deutschen Sozialdemokratie nachvollziehbar erschien. Karl Kautsky und Rudolf Hilferding sind ihm bei diesem Versuch, die Grenzen zwischen Demokratie und Diktatur faktisch einzuebnen, weiter gefolgt, wobei sie die repressiven Tendenzen einer solchen Diktatur nicht völlig ausblendeten, wie Kautsky in seinem »Anti-Bernstein« 1899 verdeutlichte. Eduard Bernstein und Friedrich Stampfer lehnten die Diktatur des Proletariats als Begriff und Ressource dagegen wegen der ihr innewohnenden mangelnden Trennschärfe konsequent ab. Umgekehrt entdeckte der intellektuelle Kern der russischen Sozialdemokratie (u. a. Georgi Plechanow und Wladimir I. Lenin) die Diktatur des Proletariats als

---

2   Vgl. *Mike Schmeitzner*, Diktatur des Proletariats, in: Staatslexikon der Görres-Gesellschaft, Bd. 1, 8. Aufl., Freiburg i. Br. 2017, S. 1420-1424; *Walter Euchner*, Die Degradierung der politischen Institutionen im Marxismus, in: Leviathan. Zeitschrift für Sozialwissenschaft 18, 1990, S. 487-505; *Thomas Meyer*, Der Zwiespalt in der Marx'schen Emanzipationstheorie. Studie zur Rolle des proletarischen Subjekts, Kronberg Taunus 1973, S. 80 f.; *Eric Hobsbawm*, Wie man die Welt verändert. Über Marx und Marxismus, München 2012, S. 72.

Begriff und Ressource im Zuge der Bernstein-Kontroverse für sich; 1903 platzierten sie den Begriff zusammen mit den späteren Menschewiki (u. a. Julius Martow) ins eigene Programm, was angesichts der Minoritätenrolle des russischen Proletariats besonders merkwürdig anmutete. Plechanow, vor allem aber Lenin plädierten früh für einen Wahlentzug für das Bürgertum, letzterer darüber hinaus auch für Gewalt und Voluntarismus sowie für die Sowjets (Räte) als künftige Staatsform. Bei Lenin spielte jedoch bald die von ihm verabsolutierte (Kader-)Partei die alles entscheidende Rolle.[3]

Bis 1918 hatten sich also wenigstens zwei Interpretationsstränge innerhalb der Arbeiterbewegung herausgeschält: die parlamentarische Form (demokratische Republik), an der das parteimarxistische Zentrum der SPD und im Kern die österreichische Sozialdemokratie (und zwar sowohl Karl Renner wie Otto Bauer) festhielten, und eine Rätetradition, die mit den Sowjets an Marx› Beschreibung der Pariser Kommune anzuknüpfen versuchte, dabei aber das allgemeine Wahlrecht ausschloss. In Russland setzte sich ab Herbst 1917 die zweite, stark von Lenin beeinflusste Interpretationslinie durch, die in der Praxis jedoch schon 1918 das Primat der Kaderpartei über die Räte zum Dogma erhob. Diese Wirklichkeit der Rätediktatur blieb in Deutschland vorerst wenig diskutiert, obwohl Kautsky noch im selben Jahr (1918) die bereits herrschende Praxis der Parteidiktatur erörterte. Ungeachtet dessen vermochte sich der Nexus von Räteherrschaft und Diktatur des Proletariats bald auf der deutschen Linken zu verbreiten – das sowjetische Vorbild wirkte hier ebenso ein wie der ausgebliebene parlamentarische Sieg der Linken (MSPD, USPD) bei den Wahlen zur Nationalversammlung im Januar 1919, was jeglicher Sozialisierung einen Riegel vorschob.[4]

---

3 *Karl Kautsky*, Bernstein und das Sozialdemokratische Programm. Eine Antikritik, Berlin (West) 1976, S. 172 (Reprint der Erstausgabe von 1899); *Uli Schöler*, Demokratie und Diktatur des Proletariats bei Karl Marx, Friedrich Engels und Wladimir Iljitsch Lenin, in: Ders., Herausforderungen an die Sozialdemokratie, Essen 2016, S. 77-98, hier S. 91 f.; *Mike Schmeitzner*, Lenin und die Diktatur des Proletariats. Begriff, Konzeption, Ermöglichung, in: Totalitarismus und Demokratie. Zeitschrift für Internationale Diktatur- und Freiheitsforschung 14, 2017, H. 1, S. 17-69.

Vor diesem Hintergrund und einer regional von weiten Teilen der Arbeiterschaft unterstützten Sozialisierungskampagne bildeten sich auch in der jungen deutschen Republik Anfang 1919 vereinzelt Räterepubliken, die sich selbst als Diktatur des Proletariats bezeichneten. Doch welche politischen Konzepte sollten sich hier als maßgeblich erweisen? Wie stark war dabei die russische Vorbildwirkung? Wie stand es um Faktoren wie Spontanität und charismatisches Führertum? Wer waren die sozialen Träger dieser Form der Diktatur? Wie vollzog sich die Diktaturentfaltung im Einzelnen und welche gesellschaftlichen Veränderungen brachte diese hervor? Welchen Stellenwert nahmen Gewalt und opferträchtiges Handeln ein? Wie reagierte das Bürgertum? Diese Fragen sind am ehesten auf der Basis regionaler Erfahrungen zu beantworten, da sich nur in bestimmten deutschen Regionen derartige Diktaturen überhaupt zu entfalten vermochten.

Die Auswahl der dafür in Betracht gezogenen vier (Groß-)Städte (im Falle Gothas beziehe ich mich auf den Freistaat Sachsen-Gotha) erfolgte repräsentativ für diverse regionale Entwicklungen, in deren Rahmen (radikalere) linke Kräfte versuchten, die Diktatur des Proletariats via Räteherrschaft durchzusetzen. Bremen und München dürfen dabei gewiss als die bekannteren und in der Räteentwicklung (nämlich in der Form der Räterepublik) am weitesten fortgeschrittenen Fälle gelten. Ungeachtet dessen sind Leipzig und Gotha aufgrund der Stärke der linken Kräfte, der zeitweiligen Dominanz der Räteinstitutionen (im Frühjahr 1919) und der (partiellen) Ausschaltung des Bürgertums als weitere interessante Vergleichsfälle mit heranzuziehen. Nur mit dieser Ausweitung der Vergleichsfälle lassen sich die aufgeworfenen Fragen nach den sozialen und politischen Trägern der Entwicklung(en) sowie nach den (regional abweichenden?) konzeptionellen Vorstellungen und Realisierungsgraden und nach den exogenen und endogenen Faktoren für die Diktaturentfaltungen beantworten.

---

4   Zur Interpretation in Deutschland und Österreich vgl. grundsätzlich Uli Schöler, »Despotischer Sozialismus oder Staatsklaverei«? Die theoretische Verarbeitung der sowjetrussischen Entwicklung in der Sozialdemokratie Deutschlands und Österreichs (1917 bis 1929), 2 Teile, Münster i. Westf. 1990.

2 Merkmale der Herrschaftsgründungen

Im Folgenden sollen zuerst die charakteristischen Merkmale dieser kurzlebigen Gründungen beleuchtet werden.

Bremen

Singulär für Bremen war die organisatorisch längst ausgereifte Dreiteilung der Arbeiterbewegung (MSPD, USPD, IKD) in der hoch industrialisierten Stadt. Entsprechend dreigeteilt war auch der Arbeiter- und Soldaten-Rat (ASR) nach dem 9. November 1918, der allerdings den Senat als Exekutive weiter bestehen ließ. Um diesen Status quo aufzubrechen und Wahlen zu den Parlamenten zu verhindern, hatte es schon Ende November 1918 Versuche der relativ starken und in der Werftarbeiterschaft verankerten IKD gegeben, den ASR mithilfe der revolutionären Werftarbeiter unter Druck zu setzen. Doch diese Versuche blieben vorerst erfolglos, da sich die linke USPD (vor allem Alfred Henke und Adam Frasunkiewicz) noch nicht bereitfand, die MSPD auszubooten, den Senat zu liquidieren und die Diktatur des Proletariats (ohne Einberufung eines Parlamentes, wie es Johann Knief/IKD wollte) voranzutreiben. Die »Schaukel-Politik« der USPD, die in Bremen (ähnlich wie in München) nicht zwischen Räten und Parlamenten wählen, sondern diese verbinden wollte, wurde erst mit Ausrufung der Räterepublik am 10. Januar 1919 vorübergehend aufgegeben. Nun wurde die MSPD aus dem ASR ausgebootet, der Senat aufgelöst und eine revolutionäre Koalitionsregierung aus USPD und IKD/KPD gebildet. Zum Vorsitzenden dieses neuen Rates der Volksbeauftragten avancierte – halb gedrängt, halb gewollt – Alfred Henke. Womöglich wäre jedoch diese Räteregierung, die im Übrigen schon nach wenigen Tagen an inneren Problemen scheiterte, bevor sie von außen liquidiert wurde, nie zustande gekommen, hätten sich nicht Führer der IKD/KPD aus Solidarität gegenüber dem Berliner Januar-Aufstand und als Konsequenz aus dem besseren Abschneiden der MSPD bei den Arbeiterratswahlen am 6. Januar 1919 zur revolutionären Aktion entschlossen. Der Ausschluss der MSPD-Delegierten aus dem ASR verdeutlichte unterdessen, wohin es führen würde, wenn politische Kräfte damit begannen, das allgemeine Wahlrecht nach (»revolutionärem«) Belieben immer weiter zu kontingentieren.[5]

München

Hier schien die revolutionäre Entwicklung aufgrund der Ergebnisse der Landtagswahlen vom 12. Januar 1919 eigentlich beendet: Knapper Sieger der Wahl war die Bayerische Volkspartei gewesen, dicht gefolgt von einer deutlich erstarkenden MSPD; die Partei des bisherigen Ministerpräsidenten Kurt Eisner (USPD) hatte hingegen eine vernichtende Niederlage erlitten. Eine rasante Wendung erfolgte ab dem 21. Februar 1919, als der nur noch geschäftsführende Ministerpräsident Eisner seinen Rücktritt einreichen wollte, aber auf dem Weg zum Landtag von einem rechtsradikalen Adligen ermordet wurde. Der Eisner-Mord erregte die Gemüter in weitesten Teilen der Arbeiterschaft und bereitete mit der Selbstausschaltung des Landtags einer Diktatur des Proletariats zumindest in München, dem wichtigsten industrialisierten Zentrum des Landes, allmählich den Weg: Die Vertagung des Landtags, in dem MSPD und USPD auch nicht annähernd gemeinsam über eine Mehrheit verfügten, forcierte jetzt die Rätebewegung. Der Zentralrat der bayerischen Räte erfuhr so einen beachtlichen Bedeutungsgewinn, wobei auch hier die Dreiteilung der Arbeiterbewegung zu ähnlichen Konzeptualisierungen wie in Bremen führte, allerdings mit einer wesentlichen Spezifizierung: Die bayerische MSPD erklärte sich bereit, ein sozialistisches Minderheitenkabinett zusammen mit der USPD zu bilden, das sowohl vom kurzfristig einberufenen Landtag als auch vom Zentralrat legitimiert wurde. Es war diese Akzeptanz der Räte durch die MSPD, die etwa

---

5 Vgl. *Peter Kuckuk* (Hg.), Revolution und Räterepublik in Bremen, Frankfurt a. M. 1969, S. 19 f. Bei der Wahl zum AR hatte die MSPD 104, die KPD 60 und die USPD 59 Mandate erhalten. Zusammen mit den Vertretern des Soldatenrats hätte die SPD über die Mehrheit der Gesamtmandate verfügt.

im Zentralrat selbst prominent vertreten war, *und* die Implementierung eines auf »Vollsozialisierung« orientierten Zentralwirtschaftsamtes unter Vorsitz Otto Neuraths (MSPD-nah), die es meines Erachtens zulassen, von einem Dreiphasenmodell hin zur Entfaltung einer solchen Diktatur zu sprechen, die allerdings nur im Großraum München – der Hochburg der Sozialdemokratie – kurzzeitig zu reüssieren vermochte: Nicht der 6. April 1919 als Ausrufungsdatum der ersten Räterepublik (aus anarchistischer Boheme und linker USPD) erscheint hier als zentral, sondern die Grundlegung dieser hybriden sozialistischen Regierung, die den Weg für eine Räterepublik erst vorbereitete. Die Etablierung der zweiten Räterepublik durch die KPD unter ihrem tatkräftigen jungen Führer Eugen Leviné am 13. April 1919 einschließlich der Schaffung der Machtfaktoren Rote Armee und Revolutionstribunale und des Umstands der Geiselerschießung ließen Parallelen zur russischen Entwicklung zumindest erahnen, wobei diese Form der Diktatur noch Ende April unter dem Druck von außen und dem inneren Machtkampf mit der wieder erstarkenden linken USPD zerbröselte. Dass sich in diesem Machtkampf die entsprechenden linken Führer der USPD (etwa Ernst Toller) auf das Instrument der Räte stützen konnten, erscheint bemerkenswert.[6]

Leipzig

Im hoch industrialisierten Zentrum Mitteldeutschlands, das zugleich als »Wiege der deutschen Sozialdemokratie« galt, agierte die USPD seit 1917 als die nahezu allein herrschende Kraft der Arbeiterbewegung. Im Zuge der Parteispaltung war fast der gesamte Parteibezirk mit der so bedeutsamen »Leipziger Volkszeitung« (LVZ) zur USPD gewechselt. Allerdings kristallisierten sich spätestens Ende 1918 zwei

---

6 Vgl. *Allan Mitchell*, Revolution in Bayern 1918/19. Die Eisner-Regierung und die Räterepublik, München 1967, S. 183-293; *Günther Sandner*, Otto Neurath. Eine politische Biographie, Wien 2014, S. 109-138. Neurath hatte zuvor in Sachsen gemeinsam mit MSPD-Funktionären sein Konzept einer »Vollsozialisierung« entwickelt, was aber wiederum auf Widerstand in der MSPD-geführten Landesregierung gestoßen war.

Flügel in der USPD heraus, die unterschiedliche Zielvorstellungen entwickelten: Während sich der bislang dominierende gemäßigte Flügel auf die Diktatur des Proletariats im Rahmen von Parlamentarismus *und* Räten sowie einer nicht überstürzten Sozialisierung fokussierte, orientierte sich der rasch an Einfluss gewinnende linke Flügel an einer Diktatur allein im Rahmen der Rätebewegung; zudem favorisierte der linke Flügel die sofortige Sozialisierung von Schlüsselindustrien. Im Laufe des Februar 1919 konnte sich der linke Flügel in den Räten durchsetzen und die Machtpositionen im Präsidium des ASR mit eigenen Vertretern besetzen – vor allem mit den tatkräftigen jungen Funktionären Curt Geyer und Arthur Lieberasch. Im Zuge der Ausrufung des Generalstreiks Ende Februar 1919 und der damit Hand in Hand gehenden Solidarisierung mit der neuen Welle der Streikbewegung im Reich rief das Präsidium des ASR zur sofortigen Umsetzung der Sozialisierung und zur Amtsenthebung der Berliner Regierung auf. Geyer zielte zudem auf eine »zentrale Staatsmacht« und – wie in München – auf ein zentrales Wirtschaftsamt zwecks Sozialisierung und Planung der Produktion ab.[7] Der ASR entwickelte sich nun rasch zum entscheidenden Machtfaktor der Stadt, zumal er mit der Sicherheitswehr über einen bewaffneten Arm verfügte. Zwar musste der Streik aufgrund des erfolgreichen Gegenstreiks des Bürgertums im März 1919 abgebrochen werden. Doch behauptete der ASR seine Machtstellung und beharrte auf einen Leipziger Sonderweg – das hieß, dass Leipziger Vertreter des ASR und des linken Flügels der USPD das sächsische Parlament und dessen Regierung nicht anerkannten; sie wollten diese Institutionen sachsenweit durch eine Diktatur auf Rätegrundlage ersetzen. Die vollständige Kontrolle des ASR durch die USPD-Linke und deren Versuch, neue autokratische Führungsstrukturen im ASR zu schaffen, veranlassten den langjährigen USPD-Vorsitzenden und Parlamentarier Friedrich Seger sogar zu dem Vorwurf, dass eben diese Linke gerade dabei sei, eine »diktatorische Autokratie mit revolutionär-

---

7 Vgl. *Curt Geyer*, Sozialismus und Rätesystem, Leipzig 1919, S. 12-19.

konspiratorischem Einschlag«[8] aufzurichten. Der Einmarsch der Maercker-Truppen zum 9. Mai 1919 veränderte indes die Lage grundlegend.[9]

Gotha

Zu diesem Zeitpunkt und über den Mai 1919 hinaus hatte sich die Lage im Freistaat Sachsen-Gotha völlig anders gestaltet: Stadt und Umkreis waren früh industrialisiert gewesen und galten als eine der »Hochburgen« der thüringischen SPD. Im Zuge der Parteispaltung war auch hier fast der gesamte Parteibezirk unter dem alten und erfahrenen Parlamentarier Wilhelm Bock zur USPD übergewechselt. Doch büßten Bock und der gemäßigte USPD-Flügel schnell zugunsten der USPD-Linken an Einfluss ein; im November 1918 hatte der linke Flügel fast im Alleingang die Republik ausgerufen und sich unter Führung ihres linken Sprechers Otto Geithner innerparteilich durchgesetzt. Die USPD-Linke war seit Ende 1918 die maßgebliche Kraft der regionalen Arbeiterbewegung, die mit dem »Gothaer Volksblatt« auch über das zentrale Presseorgan verfügte. Der ASR, der Vollzugsausschuss des ASR und die wenig später berufenen drei Volksbeauftragten übernahmen nunmehr die Führung des Landes. Die USPD-Linke stellte früh die Weichen in Richtung einer Diktatur des Proletariats als Räteherrschaft, indem sie diese im »Volksblatt« medial äußerst wirksam als einzige Alternative darstellte und dazu den roten Terror der Bolschewiki im selben Atemzug beschönigte.[10] Die Abhaltung von Wahlen zur Nationalversammlung und zum Freistaat Sachsen-Gotha wurde von der Regierungspartei USPD nur durch Druck von außen akzeptiert; im Februar 1919 erfolgte gar die zeitweilige Besetzung durch Maercker-Truppen. Doch in den Wahlen zum neuen Landtag erzielte die von ihrem linken Flügel dominierte

---

8 Die »Verfassung« des Leipziger A.- u. S.-Rates, in: Leipziger Neueste Nachrichten, 27.3.1919.
9 Zur Entwicklung in Leipzig vgl. grundsätzlich: *Werner Bramke/Silvio Reisinger*, Leipzig in der Revolution von 1918/1919, Leipzig 2009.
10 Die Diktatur des Proletariats, in: Gothaer Volksblatt, 16.12.1918.

USPD einen großen Erfolg – die absolute Mehrheit der Stimmen, was deutlich macht, dass die übergroße Mehrheit der regionalen Arbeiterschaft diese angestrebte Diktatur tatsächlich wollte (USPD 51 %, MSPD 9 %). So kam die bemerkenswerte Situation zustande, dass sich die drei Volksbeauftragten der USPD im Landtag ein Vertrauensvotum ausstellen ließen, aber ihre eigentliche Legitimation vom ASR herleiteten. Dieser sei »die oberste Regierungsinstanz«, der Landtag nur »zur Mitarbeit berufen«.[11] Die Nichtakzeptanz des Parlamentarismus sollte jedoch in nur wenigen Monaten zur langwierigen Zerreißprobe innerhalb der USPD-Linken führen, da sie in ihren Verfassungsberatungen von außen – durch die Reichsregierung – unter Druck gesetzt und zu Zugeständnissen gezwungen wurde. Doch gerade in diesem Machtkampf um den Verfassungsentwurf für den Gothaer Freistaat zeigte sich, dass sich ein Großteil der Industriearbeiter für den reinen Rätecharakter der Verfassung einsetzte. Erst im blutigen Bürgerkrieg vom März 1920, als die regierende USPD-Linke den Rechtsputsch zum Anlass nahm, die Räteherrschaft durchzusetzen, verlor sie schließlich die gesamte Macht.[12] Die Reichsregierung schritt nun mit geballter Macht ein und ersetzte die USPD-Landesregierung durch einen Reichskommissar.

3 Vergleichsaspekte

Mit Blick auf die Gemeinsamkeiten der regionalen Entwicklungen lässt sich zunächst Folgendes festhalten: Alle vier Beispielregionen waren Hochburgen der Arbeiterbewegung mit einem ausgeprägten Netz an Vorfeldorganisationen. Bewusstseinsbildend wirkte für viele Anhänger die geistige Prägung durch die Parteiblätter vor Ort,

---

11 Rede von Otto Geithner, in: Verhandlungen der Landesversammlung für den Staat Gotha, 3. Sitzung, 29.3.1919, S. 13. Der ASR könne – so Geithner – auch ohne Parlament regieren. Ebd.
12 Vgl. *Helge Matthiesen*, Bürgertum und Nationalsozialismus in Thüringen. Das bürgerliche Gotha von 1918 bis 1930, Jena 1994, S. 69-102; *Mario Hesselbarth*, Zur Geschichte der USPD Thüringen, Jena 2017, S. 53-58.

vornehmlich die LVZ, das »Gothaer Volksblatt« und die Bremer »Arbeiterpolitik«. Als politischer Träger ist in erster Linie der linke Flügel der USPD zu erkennen, der zumeist die Funktion eines Motors übernahm. Im Laufe einer relativ kurzen Radikalisierungsphase trat auch die KPD in Erscheinung, wobei dies für die Bremer IKD/KPD von Anfang an galt. Die Münchner KPD gewann nach einer Umstrukturierung im Frühjahr 1919 rasch an Schlagkraft. Bei den Führern der Bewegung handelte es sich häufig um jüngere Personen, die meist über keinerlei Parlamentserfahrungen verfügten und von daher eine deutliche Räteaffinität besaßen (z. B. Curt Geyer, Ernst Toller, Eugen Leviné). Von daher war es nicht verwunderlich, dass sie das allgemeine Wahlrecht zu liquidieren suchten. Als soziale Träger traten Teile der Industriearbeiterschaft in Erscheinung, die im Bergbau oder in der metallverarbeitenden (Rüstungs-)Industrie beschäftigt waren. Auch bei ihnen handelte es sich häufig um eher jüngere und vom Krieg geprägte Personen.[13] Sie waren aufgrund der eigenen prekären Lage (Erfahrungen mit der Militarisierung im Bergbau, rasch steigende Arbeitslosigkeit u. a.) entsprechend »sensibilisiert«. Ihre Hoffnungen beruhten auf der bislang »verschleppten« Sozialisierung. Diese Sozialisierung – als Kernstück des Sozialismus – schien in der Tat im Frühjahr 1919 nur mehr über die Räteorganisation als Klassenorganisation realisierbar und nicht über die bürgerlich dominierte Nationalversammlung.

Als bemerkenswerte Differenz darf die eigentümliche Entwicklung in München/Südbayern und die Rolle der MSPD bei dieser Entwicklung gelten: Ihr linker Räteflügel unter Ernst Niekisch (Augsburg) trieb die Revolution bewusst weiter und war führend an der Gründung der Räterepublik beteiligt, während der machtaffin beziehungsweise opportunistisch agierende Flügel unter Ernst Schneppenhorst Machtpositionen in der Regierung und die Kontrolle über die nach links gleitende Mitgliedschaft nicht verlieren wollte und deswegen bereit war, zumindest anfänglich am Experiment einer Räterepublik mit-

---

13 Vgl. etwa *Volker Ullrich*, Der ruhelose Rebell. Karl Plättner 1893–1945. Eine politische Biographie, München 2000.

zuwirken. Über ein ausformuliertes Wirtschaftsprogramm verfügte indes nur die Bayerische Räterepublik, was allerdings nichts über dessen Realisierungsgehalt aussagt. Dass dieses Wirtschaftsprogramm ausgerechnet vom MSPD-nahen Otto Neurath erarbeitet wurde, zeigt ein weiteres Detail der besonderen Umstände der Münchner Linksentwicklung. Gleiches trifft für den anfänglichen Einfluss der »Schwabinger Boheme« zu, die mit revolutionären Publizisten wie Gustav Landauer und Erich Mühsam eigenständig wirkte.

Was Gewalt und opferträchtiges Handeln betrifft, so können entsprechende Erscheinungen in den vier Beispielregionen – lässt man einmal die militärischen Auseinandersetzungen außer Acht – nicht als Massenphänomen bezeichnet werden: Bremen machte mit der Übernahme der »Bürger-Zeitung« der MSPD, der Androhung von Geiselerschießungen und der Erstürmung von öffentlichen Gebäuden durch Linksutopisten wie Karl Jörn und Karl Plättner von sich reden[14], Leipzig mit vereinzelten Festnahmen und der Gelderpressung des Oberbürgermeisters, München ebenfalls mit vereinzelten Festnahmen und einer einmaligen Geiselerschießung. In Gotha erfolgte ein eruptiver Gewaltausbruch erst ein Jahr später – anlässlich des Kapp-Putsches. Im Allgemeinen waren die politischen Träger der Rätebewegung bereit, opferträchtiges Handeln zu vermeiden: In Bremen etwa bot Henke den Rückbau der Diktatur und die Beteiligung der MSPD an der Regierung an, einschließlich der Niederlegung der Waffen; doch dies wurde von Noske abgelehnt.[15] Ähnliches passierte Ende April/Anfang Mai 1919 auf Betreiben der linken USPD in München. In Leipzig verzichtete die USPD im Zuge des Maercker-Einmarsches auf bewaffnete Gegenwehr, um Opfer unter der Arbeiterschaft zu minimieren. Anders als in Leipzig kam es im Zuge der militärischen Einnahme Münchens zur Gewalteskalation durch die Eroberer, die vielfach und zu Recht als »weißer Terror« beschrieben worden ist.

---

14 Vgl. ebd., S. 62-66.
15 Vgl. Der Kampf um Bremen im Februar 1919, S. 7 f., Archiv der sozialen Demokratie (AdsD), NL Alfred Henke, 1/AHA0000010.

Dass für die selbst ernannten oder von ihren Gegnern so bezeichneten Räterepubliken gleichwohl diktatorische Züge kennzeichnend waren, wird mit Blick auf die Beschneidung der Pressefreiheit deutlich: Die bürgerliche und mehrheitssozialistische Presse konnte zeitweise gar nicht oder nur sehr eingeschränkt erscheinen. Das hatte vor allem politische Beweggründe und war somit Teil einer repressiv gehandhabten proletarischen Diktatur, wie sie etwa Curt Geyer schon im Dezember 1918 umzusetzen versucht hatte. Dahinter standen aber auch geschäftliche Motive. So erschien die LVZ während des Generalstreiks als einziges Leipziger Blatt und konnte so wirtschaftlich expandieren. Diese Art der Verhinderung von Meinungspluralismus wurde von den bürgerlichen Parteien und der Leipziger MSPD gleichermaßen als »Terror« charakterisiert.[16]

Nimmt man die nicht militärische Reaktion des Bürgertums in den Blick, dann lassen sich zumindest ansatzweise zwei gegenläufige Tendenzen auf den beiden größten revolutionären »Inseln« – nämlich Leipzig und München – beobachten. In Leipzig sammelte sich das Bildungs- und Besitzbürgertum rasch in Bürgerräten, die der linksliberale Universalhistoriker Walter Goetz organisierte. In der offenen Auseinandersetzung mit dem revolutionären linken Flügel der USPD im Frühjahr 1919 ging dieses wohlorganisierte und selbstbewusste Bürgertum zur Gegenoffensive über, in dem es einen Gegenstreik initiierte und so den revolutionären Streik erfolgreich unterlief. Ganz anders reagierten große Teile des Münchner Bürgertums im April 1919 auf die Herausforderung der Räterepublik und auf jene Revolutionäre, die jüdischer Herkunft waren: Diese bürgerlichen Kreise reagierten mit Antisemitismus. Kein Geringerer als Viktor Klemperer, der beide Städte gut kannte und als Privatdozent an der LMU München lehrte, hat auf diese Differenz verwiesen. Bereits am 9. April 1919 notierte er: »Man muss die schöne Gemütsruhe des Münchner Bürgertums miterlebt haben, um den gelungenen Hand-

---

16 Vgl. Bericht über die Entwicklung der Sozialdemokratischen Partei Bezirk Leipzig seit der Spaltung der Partei 1917 und Jahresabrechnung für das Geschäftsjahr 1920/1921, hg. v. Bezirkssekretariat der MSPD Leipzig, Leipzig 1921, S. 29-32.

streich der Rätepartei nicht allzusehr zu bewundern.«Im Gegensatz zum »Bürgerstreik nach Leipziger Art« äußere sich die bürgerliche »Erregung« in München »weder schön noch klug«, sondern »antisemitisch«. Dies habe der »tyrannischen Regierung« die Möglichkeit verschafft, sich »freiheitlich zu gebärden«.[17]

4 Resümee

Die Räterepublik als Diktatur des Proletariats blieb in Deutschland eine singuläre und vor allem äußerst fragile Erscheinung, die nicht nur aufgrund der äußeren militärischen Bedrängnis scheiterte. Denn im Gegensatz zu Russland war hier die Tradition des Parlamentarismus zu stark ausgeprägt und die Sozialdemokratie als Ganzes über Jahrzehnte hinweg zu stark in dieser Tradition verwurzelt gewesen, als dass in dieser Frage die USPD-Linke und die KPD hätten größere Erfolge erzielen können. Die MSPD und der rechte Flügel der USPD konnten sich mit einigem Recht auch auf den späten Engels berufen, der die proletarische Diktatur auf parlamentarischer Basis gefordert hatte. In dieser Frage war sicherlich Kautsky der berufenere Interpret und nicht Lenin oder Geyer. Da die hier beschriebenen Entwicklungen auch und gerade sozialisierungspolitisch motiviert waren, ist abschließend ein kurzer Blick auf mögliche wirtschaftliche Umgestaltungen zu richten: Das große Ziel dieser zweiten Phase der Revolution – eine Teil- oder Vollsozialisierung der Wirtschaft – wurde nicht erreicht. Parlamentarisch durchsetzbar blieb einzig das Instrument der Betriebsräte, das Anfang 1920 in der Reichsverfassung verankert wurde.

---

17 *Viktor Klemperer*, »Man möchte immer weinen und lachen in einem«. Revolutionstagebuch 1919, Berlin 2015, S. 109-115.

Ralf Regener

Heinrich Peus, Heinrich Deist und der eigentümliche Weg der anhaltischen Sozialdemokratie im Ersten Weltkrieg

Das Agieren der anhaltischen Sozialdemokratie im späten 19. und frühen 20. Jahrhundert, allen voran ihrer führenden Persönlichkeiten Heinrich Peus (1862–1937) und Heinrich Deist (1874–1963), weist im Gegensatz zum allgemeinen Reichstrend einige interessante Spezifika auf. Diesen beiden prägenden Männern gelang es – abgesehen von einigen nahezu einflusslosen Gruppierungen – die anhaltische SPD bis zum Ende des Ersten Weltkrieges und der unmittelbaren Folgezeit zusammenzuhalten. Diese Arbeit fragt nach den Ursachen und Gründen dieser eigentümlichen Entwicklung.

1 Personelle Kontinuität

Heinrich Peus wurde am 24. Juli 1862 in Elberfeld geboren. Die Gemeinde im östlichen Rheinland wurde 1929 mit vier anderen Orten zur Stadt Wuppertal fusioniert. Die Familie war protestantisch; Heinrich das älteste von insgesamt sieben Kindern. Der väterliche Betrieb, eine Tischlerei, geriet in den Gründerjahren in die Krise, sodass die Familie verarmte. Heinrich Peus musste deshalb schon früh zum Familieneinkommen beitragen und neben der Schule täglich arbeiten. Trotzdem schaffte er es über die Volksschule und die Oberrealschule bis auf das örtliche Gymnasium. Ein Stipendium, finanziert von der Familie eines Mitschülers und vom Gymnasium, ermöglichte es ihm sogar, von 1883 bis 1889 in Berlin zu studieren.[1]

Mit der unkonkreten Zielsetzung Universitätsprofessor zu werden, belegte er zunächst Theologie und Philosophie. Sein wacher Geist ließ ihn schnell an der Vereinbarkeit von kirchlichem Dogmatismus und Freiheit der modernen Wissenschaften zweifeln. Deshalb hörte er verstärkt Vorlesungen in Philologie, Geschichte und Nationalökonomie. Einen akademischen Abschluss konnte er in keinem der Fächer erwerben. Geprägt hat ihn die Zeit des Studiums dafür außerordentlich. Einerseits arbeitete er für einflussreiche Persönlichkeiten der Zeit, so für den liberalen Historiker Theodor Mommsen als Korrektor. Andererseits vertiefte er sich in die Shiften Kants, Fichtes, Schoppenhauers und anderer, um letztlich bei Marx und Engels anzukommen. Seine Studien brachten ihn schließlich zur Sozialdemokratie. Am 6. Februar 1890 trat er in die Sozialistische Arbeiterpartei Deutschlands ein. Die Überzeugung, nun den richtigen Weg erkannt zu haben, und eine allgemeine Lust an der Politik machten Peus schnell zu einem der aktivsten Redner in Berlin.

Das Ende der Sozialistengesetze im Jahr 1890 eröffnete für einen aktiven und redegewandten jungen Mann viele Möglichkeiten. Gerade in ländlichen Gebieten waren Parteistrukturen – so sie denn überhaupt vor 1878 vorhanden waren – fast gänzlich verschwunden. Teilweise musste man bei null anfangen, was allerdings auch großes Entwicklungspotenzial in sich barg. 1891 kam Heinrich Peus für einen Vortrag nach Dessau. Scheinbar beeindruckt von seinen rhetorischen

---

1 Vgl. *Rüdiger Fikentscher*, Heinrich Peus, Heinrich Deist und die Rolle der Sozialdemokratie in Anhalt zwischen Erstem Weltkrieg und Naziherrschaft, in: *Justus H. Ulbricht* (Hg.), Anhalts Weg ins »Zeitalter der Extreme« 1871–1945, Halle (Saale) 2014, S. 50-68, hier S. 51.

Fähigkeiten trugen die Dessauer Genossen ihm die Kandidatur bei den bevorstehenden Reichstagswahlen für den Wahlkreis Anhalt I (Dessau-Zerbst) an. Dort schon eine langfristige Perspektive im Blick, sagte Peus unter der Bedingung zu, dass man gemeinsam und ernsthaft an der Etablierung einer Parteizeitung arbeiten müsse. Noch im gleichen Jahr erschien die erste Ausgabe des »Volksblatt für Anhalt« mit Peus als erstem Redakteur. Verbreitung fand die Zeitung bald in ganz Anhalt, relativ schnell folgten weitere Kopfblätter für die größeren Städte Bernburg, Köthen und Zerbst.[2]

Schon fast eine Generation später wurde Heinrich Deist am 9. Juli 1874 in Mittenrode geboren. Wie Peus war er somit auch kein gebürtiger Anhalter, sondern stammte aus dem nordöstlichen Hessen. Als Bauernsohn besuchte er sechs Jahre die Dorfschule. Der wirtschaftliche Niedergang des elterlichen Hofes hatte den Verkauf desselben zur Folge; die Familie zog nach Kassel und der Vater musste dort als Fabrikarbeiter anfangen. Nach weiteren kurzen schulischen Stationen und einem Jahr als ungelernter Fabrikarbeiter begann Heinrich Deist eine Lehre zum Schriftsetzer. In der Zeit seiner Ausbildung geschah auch die aktive Hinwendung zur Sozialdemokratie.

> »In meinem 16. Lebensjahr besuchte mein Vater mit mir eine öffentliche Versammlung, in welcher der damalige Reichstagskandidat für Kassel, Melzinger, sprach. Der Redner hat mich mit seinem Vortrag dermaßen gepackt, daß ich von da ab alle Versammlungen besuchte, in die ich hinein kommen konnte und alle erreichbare sozialistische Literatur verschlang. So ist es geblieben. Meine ganze Freizeit gehörte der sozialistischen Bewegung.«[3]

Nach dem Abschluss ging Deist im Jahr 1894 auf Wanderschaft. Auch in den folgenden Jahren gab es keinen konstanten Lebensmittelpunkt. Bis 1903 arbeitete er als Schriftsetzer in Orten wie Koblenz, Hamburg,

---

2 Vgl. *Torsten Kupfer*, Sozialdemokratie im Freistaat Anhalt 1918–1933, Köln/Weimar/Wien 1996, S. 45 f.
3 *Heinrich Deist*, Sozialismus in Anhalt. Erinnerungen, Dessau 1962, S. 1.

Oldenburg und Berlin. Überall war er Teil des aktiven sozialdemokratischen Milieus, so in der Partei, der Gewerkschaft oder dem Turnverein. In Bant bei Wilhelmshaven wurde er 1898 vorläufig sesshaft; 1901 heiratete er, ein Jahr später wurde dort sein erster Sohn geboren.

Den Weg nach Anhalt fand Heinrich Deist über eine Stellenanzeige: »Geschäftsführer gesucht! Für das ›Volksblatt für Anhalt‹ in Dessau.« Den Hinweis darauf hatte er vom Redakteur des »Correspondent für Deutschlands Buchdrucker und Schriftgießer«, Ludwig Rexhäuser, erhalten. Deist bewarb sich auf diese Stelle und erhielt den Zuschlag. Mitte 1903 begann seine Tätigkeit sogleich mit der Organisation des Wahlkampfes für den sozialdemokratischen Reichstagskandidaten Hermann Käppler, der nur knapp dem bürgerlichen Kandidaten unterlag. Im September 1903 übernahm Deist die Geschäftsleitung des Volksblatts und der angegliederten Buchhandlung. Sein wirtschaftliches Vorgehen war überaus erfolgreich. Binnen eines Jahres hatte er es geschafft, eine eigene betriebsfähige Druckerei aufzubauen. Dazu gehörten der Erwerb eines passenden Grundstücks und der Neubau des Gebäudes. Die Inbetriebnahme erfolgte letztlich ohne Schulden.[4]

Peus und Deist einte der feste Glaube an die Sache der Sozialdemokratie. Waren sie auch auf unterschiedlichen Wegen zur Bewegung gekommen – Peus über die wissenschaftliche Auseinandersetzung, Deist über einen bewegenden öffentlichen Auftritt eines Sozialdemokraten –, sie widmeten den Großteil ihrer Zeit fortan der Politik. Bemerkenswerte Ähnlichkeit herrschte auch in der Methode, also letztlich in der Frage, wie die Ziele der Sozialdemokratie durchzusetzen seien. Beide könnte man als Reformer bezeichnen. Ihr Agieren zeichnete sich dadurch aus, eben nicht mit Fundamentalopposition, Maximalforderungen und letztlich Revolution den gesellschaftlichen Wandeln erreichen zu wollen. Sie waren viel mehr der Meinung,

---

4 Vgl. *Günter Ziegler*, Die politischen Verhältnisse während der Weimarer Republik und das Wirken des Ministerpräsidenten Heinrich Deist in Anhalt, Halle (Saale) 2000, S. 7-33, hier S. 8-13.

dass man unter den gegebenen Bedingungen mit stetiger Arbeit Schritt für Schritt vorankommen sollte. Das beinhaltete vor allem die Möglichkeit, Kompromisse mit dem politischen Gegner zu schließen, auch Koalitionen mit gemäßigten Bürgerlichen einzugehen. Alle Veränderungen, angefangen bei besseren Arbeitsbedingungen bis zum demokratischen Wahlrecht, sollten auf vernünftigem und friedlichem Wege erreicht werden. Auf dem Stuttgarter SPD-Parteitag im Jahr 1898 formulierte es Peus so: »Der ganze Begriff Endziel ist mir zuwider, denn es gibt gar keine Endziele. Denn über die Endziele hinaus wird es selbstverständlich auch eine Welt voll neuen Zielen geben. Heute kommt es darauf an, auf praktischem Boden zu arbeiten, die Massen zu veranlassen, mit uns zu gehen [...].«[5] Diese Überzeugung und das daraus resultierende Handeln brachte Peus vor allem auf Reichsparteitagen immer wieder viel Kritik ein. Für die Entwicklung in Anhalt war sein Wirken dafür umso prägender.

Demgegenüber gab es zwischen Peus und Deist beträchtliche Unterschiede, was Arbeitsweise, Temperament und Wirkung auf andere betrifft. Heinrich Peus könnte man ein gewisses Charisma attestieren. Er war ein großartiger Redner und konnte Menschen schnell begeistern.[6] Fritz Hesse, liberaler Oberbürgermeister Dessaus von 1918 bis 1933, traf in seinen Memoiren folgende Einschätzung zu Peus: »Und Zweck und Ziel war für ihn: Hebung des materiellen und nicht minder des geistigen Niveaus der arbeitenden Bevölkerung. Für alles, was seiner Meinung nach diesem Zweck dienen konnte, setzte er sich leidenschaftlich ein.«[7]

Dazu passend ist das Urteil von Heinrich Deist, das gleichzeitig viel über die Zusammenarbeit der beiden aussagt: »Die Schwierigkeiten, die in Wirklichkeit der Verwirklichung seiner Pläne entgegenstanden, kannte er nicht. Aber gerade in diesem von keinem Wirk-

---

5 Protokoll über die Verhandlungen des Parteitages der Sozialdemokratischen Partei Deutschlands, abgehalten zu Stuttgart vom 3. bis 8. Oktober 1898, Berlin 1898, S. 89.
6 Vgl. *Kupfer*, Sozialdemokratie im Freistaat Anhalt, S. 45.
7 *Fritz Hesse*, Erinnerungen an Dessau, Bd. 1: Von der Residenz zur Bauhausstadt, 3. Aufl., Dessau 1995, S. 18 f.

lichkeitsbedenken gehemmten Propagandareden bestand der Erfolg, den er für die Arbeiterbewegung erzielte. [...] Um die Umsetzung seiner Pläne brauchte er sich auch nicht zu kümmern. Dazu war ich da.«[8] Die Einschätzung von Fritz Hesse wiederum lässt einige typische Charakterzüge von Heinrich Deist deutlich werden. Er sei

»kein Eiferer und Himmelsstürmer wie Peus, sondern stand fest auf der Erde. Keineswegs temperamentlos, verlor er doch nie seine Selbstbeherrschung und hatte einen untrüglichen Blick für die Realitäten. Seine Ehrlichkeit und Zuverlässigkeit stand außer Zweifel. Er sprach nur, wenn er etwas zu sagen hatte und seine Reden erzielten durch Klarheit der Gedanken und Prägnanz der Sprache beträchtliche Wirkung. Niemals stellte er die Person vor die Sache, und immer schaute er über die engen Parteizäune hinweg.«[9]

2 Kompromissbereitschaft und reformistische Erfolge

Zur Beantwortung der entscheidenden Frage nach den Gründen für den Zusammenhalt der anhaltischen SPD im Ersten Weltkrieg ist es notwendig, die Zeit zwischen 1890 und 1914 in den Blick zu nehmen.

Das von reformistischen Ansichten geleitete Vorgehen der anhaltischen Sozialdemokraten konnte nur Erfolg haben, wenn die staatlichen Institutionen nicht mit übertriebener Härte agierten und der politische Gegner wenigstens teilweise kompromissbereit war. So kann man für das erste Jahrzehnt nach dem Ende der Sozialistengesetze noch diverse Repressionen und Schikanen gegen die Arbeit der Sozialdemokraten ausmachen, wie Gefängnisstrafen für Parteimitglieder oder willkürliche Versammlungsauflösungen. Dies alles ließ aber nach der Jahrhundertwende spürbar nach. Wenn gelegentliche Polizeiaktionen auch in Anhalt nicht ausblieben, so konnte man doch angstfreier Agitation betreiben, als beispielsweise in Preußen

---

8 *Deist*, Sozialismus in Anhalt, S. 12.
9 *Hesse*, Erinnerungen, Bd. 1, S. 138.

oder Braunschweig.[10] Vor diesem Hintergrund entwickelte sich Anhalt zu einem Land mit einer außerordentlich hohen SPD-Organisationsdichte. Im Jahr 1911 waren 10 Prozent der Arbeiter auch SPD-Mitglied; der Durchschnittswert des Reiches lag bei 5 Prozent. Damit einhergehend hatte auch das Volksblatt als Sprachrohr der anhaltischen Parteiführung relativ hohe Abonnementzahlen aufzuweisen.[11]

Die grundsätzliche Kompromissbereitschaft der einflussreichen anhaltischen Arbeitgeber verdeutlicht am besten der 1887 von ebendiesen gegründete und in dieser Form einzigartige Verein der Anhaltischen Arbeiter. Das hochgesteckte Ziel, die soziale und materielle Lage der Arbeitnehmer zu verbessern und ein friedvolles Kooperieren von Arbeitgebern und Arbeitnehmern zu bewirken, konnte über weite Strecken tatsächlich erreicht werden. Die dabei federführenden Großindustriellen und Initiatoren des Vereins, Wilhelm Oeschelhäuser, Generaldirektor der Deutschen Continental-Gas-Gesellschaft, und Brauhausinhaber Richard Roesicke, zeigten damit beispielgebend sozialverantwortliches Handeln und waren entscheidend für die anhaltische Tendenz der friedlichen Konfliktbewältigung in den Jahrzehnten des Kaiserreichs mitverantwortlich. Bestätigt wird dies durch den geringeren Anteil an Streiks und Aussperrungen beziehungsweise den hohen Anteil von Kompromissen bei Arbeitskämpfen im Vergleich zum Reichsdurchschnitt.[12] Der hohe Anteil von circa 20 Prozent Hirsch-Dunckerschen Gewerkvereinen unter allen Gewerkschaftsmitgliedern wird diese Entwicklung ebenfalls positiv beeinflusst haben, weil man auf diese relativ große Gruppe in etwaigen Arbeitskämpfen immer Rücksicht nehmen musste.[13]

Diese sozialpolitischen Erfolge wurden ergänzt durch den wachsenden Einfluss der Sozialdemokratischen Partei, was sich insbeson-

---

10 Vgl. *Torsten Kupfer*, Der Weg zum Bündnis. Entschieden Liberale und Sozialdemokraten in Dessau und Anhalt im Kaiserreich, Weimar/Köln/Wien 1998, S. 66.
11 Vgl. *Kupfer*, Sozialdemokratie im Freistaat Anhalt, S. 22-26.
12 Vgl. Ebd., S. 53 f.
13 Vgl. *Torsten Kupfer/Bernd Rother*, Der Weg zur Spaltung. Die Ursachen der Richtungskämpfe in der deutschen Sozialdemokratie 1890–1920 am Beispiel der Länder Anhalt und Braunschweig, in: IWK 29, 1993, H. 2, S. 139-177, hier S. 149.

dere in Wahlerfolgen und Bündnisbildungen widerspiegelt. Ein auch insgesamt gemäßigt eingestelltes Bürgertum mit entsprechenden politischen Vertretern machte relativ früh eine Zusammenarbeit möglich. Grundsätzlich gab es in Anhalt eine starke linksliberale Richtung bei gleichzeitig schwachen Konservativen und kaum vorhandenen Antisemiten. Schon kurz nach der Jahrhundertwende gab es in Anhalt Wahlabsprachen zwischen Sozialdemokraten und Linksliberalen, die durchaus von Erfolg gekrönt waren. Zwar wurde schon 1908 dieses Bündnis nicht erneuert. Das hatte einerseits persönliche Gründe, der stärkste Fürsprecher dieses Bündnisses, Richard Roesicke, war 1903 gestorben, andererseits folgten die Linksliberalen damit eher dem Reichstrend, da sich ab 1906 die Bildung des Bülow-Blocks abzeichnete. Wenig später gab es jedoch eine linke Abspaltung von den Liberalen, die noch einige Jahre vor dem Krieg zur Zusammenarbeit mit den Sozialdemokraten bereitstand.[14]

In dieser politischen Konstellation darf man nicht das Herrscherhaus vergessen. Das zurückhaltende Agieren hatte ebenfalls einen Anteil an der gemäßigten politischen Kultur Anhalts. Bezeichnend dafür ist der von 1904 bis 1918 regierende Herzog Friedrich II. Der ihm verliehene Beiname »Theaterherzog« ist bezeichnend für seine Herrschaftsauffassung und -ausübung. Viele politische Felder überließ Friedrich II. seinen Ministern und Vertrauten und kümmerte sich stattdessen intensiv und persönlich um das anhaltische Kulturleben, im Besonderen um das Dessauer Theater. Der Fokus auf repräsentative und kulturelle Aufgaben war ein nicht zu verkennender Grund für das relativ entspannte Klima in der politischen Auseinandersetzung.[15]

Ergänzt wurden die parteipolitischen Erfolge durch ganz praktische Initiativen von Heinrich Peus und Heinrich Deist. Im Jahr 1901 wurde ein Konsumverein gegründet, um Arbeiterfamilien preisgünstig mit Lebensmitteln und anderen Waren des täglichen Bedarfs

---

14 Vgl. ebd., S. 151 f.
15 Vgl. *Ralf Regener*, Ein vergessener Herrscher – Biographische Studien zu Herzog Friedrich II. von Anhalt (1856-1918), in: Mitteilungen des Vereins für Anhaltische Landeskunde 25, 2016, S. 137-154.

zu versorgen. In großen Teilen erwirkte dies eine spürbare Verbesserung der wirtschaftlichen Situation. In die gleiche Richtung gingen die Gründungen von Sparervereinen, Jugendhäusern und Volksheimen. Symbolischer Ausdruck der erfolgreichen Arbeit war 1910 der Ankauf des eigentlich »bürgerlichen Hauses« Tivoli, dass von da an als Versammlungs- und Kulturstätte von den Arbeitern genutzt wurde.[16]

Natürlich blieb Kritik an dem Kurs von Peus und Deist nicht aus. Gelegentlich wurde ihnen sogar Schädigung der innerparteilichen Demokratie vorgeworfen oder sie wurden in parteiinternen Wahlen mit sehr dürftigen Ergebnissen abgestraft.[17] Doch bis 1914 hatte sich die Parteistruktur mit Peus und Deist an der Spitze gefestigt und war sehr stabil. Zum einen konnten sie die eben geschilderten Erfolge vorweisen. Zum anderen gab es in Anhalt schlichtweg niemanden, der diesem Gespann rhetorisch und organisatorisch das Wasser reichen konnte. In dieser Verfassung ging die anhaltische SPD in den Ersten Weltkrieg. Krönender Abschluss dieser Entwicklung war der Gewinn beider anhaltischer Reichstagsmandate bei den Wahlen von 1912.[18]

3 Verspätete Spaltung

Im Sommer 1914 ist auch in Anhalt eine ambivalente Situation aus Begeisterung und Euphorie aber ebenso Unsicherheit und Angst zu beobachten. Das Attentat auf den österreichischen Thronfolger nahmen die Sozialdemokraten zum Anlass, gegen einen möglichen Krieg zu protestieren.[19] Als dieser dann tatsächlich da war, wandelte sich

---

16 Vgl. *Klaus Wettig*, Peus als Politiker, in: *Helga Grebing/Walter Scheiffele/Klaus Wettig* (Hg.), Ein Politiker aus dem Kraftfeld der Moderne. Festakt zum 150. Geburtstag von Heinrich Peus, Bonn 2014, S. 26-38, hier S. 30 f.
17 Vgl. *Kupfer*, Der Weg zum Bündnis, S. 136 f.
18 Vgl. *Mathias Tullner*, Anhalt von 1848 bis zur ersten NS-Landesregierung in Deutschland 1932, in: 800 Jahre Anhalt, Wettin-Löbejün 2012, S. 375-389, hier S. 381.
19 Vgl. Volksblatt für Anhalt, 27.7.1914.

die Stimmung jedoch. Innerhalb der SPD war man nun der Meinung, dass es sich allgemein um eine russische Aggression und demzufolge um einen Verteidigungskrieg handele, bei dem auch die Sozialdemokraten ihre patriotische Pflicht erfüllen müssten.[20]

Die relativ breite Begeisterung für den Krieg nahm jedoch spätestens ab 1915 spürbar ab. Auf Reichsebene entwickelte sich langsam eine Bewegung innerhalb der SPD, die nun auch offiziell nicht mehr bereit war, den Krieg mitzutragen. Ausdruck dafür war beispielsweise ein Protestschreiben oppositioneller Parteimitglieder gegen die Burgfriedenspolitik an die Reichstagsfraktion. Obwohl reichsweit hundertfach unterzeichnet, findet sich nicht eine Unterschrift aus Anhalt darunter.[21]

Seine grundsätzliche Ablehnung jeglicher innerparteilicher Opposition brachte Heinrich Peus als Chefredakteur des Volksblattes dazu, immer wieder Stellung zu beziehen. Ein Ausdruck für den allgemeinen Durchhaltewillen war die andauernde Aufforderung, die Kriegsanleihen zu zeichnen. Als im März 1916 die Situation akuter wurde und sich 18 Reichstagsabgeordnete der Bewilligung weiterer Kriegskredite verweigerten, warnte Peus eindringlich vor den sogenannten »Spaltern«. Ähnliches schrieb er im Januar 1917 als die Unabhängigen zu einer Reichskonferenz zusammenkamen. Wer die Beschlüsse dieser Konferenz begrüße, könne nicht mehr Mitglied der SPD sein. Seine unnachgiebige Haltung blieb während der Gründung der USPD im März 1917 und nach dem Beginn der Russischen Oktoberrevolution unverändert. In diesem Zusammenhang wurde im Volksblatt in aller Deutlichkeit vor Straßendemonstrationen gewarnt: »Wir widerraten daher unseren Lesern auch die geringfügigste Beteiligung an solchen Dingen auf das allerdringlichste. Irgendwelchen Nutzen für die Friedenssache haben weder Straßendemonstrationen noch Arbeitseinstellungen.«[22]

---

20 Vgl. Volksblatt für Anhalt, 18.8.1914.
21 Vgl. *Kupfer*, Sozialdemokratie im Freistaat Anhalt, S. 26.
22 Vgl. Volksblatt für Anhalt, 25.11.1917.

Oppositionelle Stimmen hatten somit in Anhalt wenig Raum. Hinzu kam, dass Peus auch in den Jahren des Krieges keine ebenbürtigen Gegenspieler hatte, die sich an die Spitze der innerparteilichen Opposition hätten setzen können. Weitere einflussreiche Parteimitglieder, wie der Reichstagsabgeordnete Ferdinand Bender[23] oder die Bernburger Parteichefs Karl Röder und Max Günther[24], waren ganz auf der offiziellen Linie und verteidigten in Versammlungen weiterhin den Krieg. Als in vielen deutschen Städten im Verlauf der Jahre 1917 und 1918 große Streiks stattfanden, fand sich in Anhalt keine Gruppe, die Ähnliches organisieren und durchführen wollte. Natürlich fanden diverse Flugblätter, beispielsweise mit dem Aufruf zum Generalstreik, auch den Weg in die anhaltischen Orte. Doch fast im Einklang mit den Warnungen der Militärbehörden wurden die verschiedenen Aufrufe zum Streik im Volksblatt als Verbrechen und Feindpropaganda abgetan und verurteilt. »Das Flugblatt fordert auf zur Revolution und zur Erringung der Volksrepublik durch die Arbeiterklasse, durch Massenkampf, durch Massenauflehnung und durch Massenstreiks […] Wir glauben nicht an die Gewalt, wir rechnen und hoffen nur auf die organische Entwicklung.«[25] Einzelne offensichtliche und kriegsbedingte Missstände, wie die Arbeitssituation in den Betrieben, wurden zwar im Volksblatt angesprochen, doch von der Aufforderung zum Streik war man weit entfernt.[26]

So vergingen die kritischen Jahre von 1916 bis zum November 1918, ohne dass sich in Anhalt eine einflussreiche Gruppe unabhängiger oder offen oppositioneller Sozialdemokraten gebildet hätte. Vereinzelt gab es sicherlich USPD-Mitglieder. Doch die dazu nötigen Kontakte ergaben sich außerhalb Anhalts und oftmals bekannte man

---

23 Vgl. Kreiskommission zur Erforschung der Geschichte der örtlichen Arbeiterbewegung (Hg.), Zur Geschichte der deutschen Novemberrevolution 1918 im Kreise Köthen, o. O. 1958, S. 16.
24 Vgl. Kreisleitung der SED Bernburg (Hg.), Die Novemberrevolution 1918. Beiträge aus der Geschichte der Arbeiterbewegung des Kreises Bernburg, Bernburg 1958, S. 18.
25 Volksblatt für Anhalt, 31.1.1918.
26 Vgl. *Bernd G. Ulbrich*, 800 Jahre Dessau-Roßlau, Bd. 2: Dessau im 20. Jahrhundert, Halle (Saale) 2013, S. 87.

sich vorerst nicht offen dazu.[27] Erst im Spätsommer des letzten Kriegsjahres begannen sich oppositionelle Sozialdemokraten langsam zu organisieren. Die erste USPD-Ortsgruppe in Anhalt ist für den August 1918 in Zerbst nachweisbar.[28]

Doch auch diese erste Gründung änderte nichts daran, dass die Revolution vom November 1918 in Anhalt ohne spürbaren Einfluss der USPD beziehungsweise von Kräften links der SPD vonstattenging. Auch deshalb verliefen die Monate November und Dezember in Anhalt relativ friedlich.[29] Schon kurz vor der Revolution hatte Prinzregent Aribert eine neue Staatsregierung eingesetzt, die zwar mit Max Gutknecht ein Liberaler führte, aber der auch Sozialdemokraten wie Heinrich Deist angehören sollten. Als dann die Soldaten nach Dessau kamen und die Kasernen übernahmen, mündete das nicht in überstürzte oder gewaltsame Aktionen. In Dessau konnte die Situation relativ schnell von Deist und Bürgermeister Fritz Hesse beruhigt werden. Überdies war Deist vollkommen überrascht von den anfänglichen Ereignissen, er sprach Jahre später gar von einem militärischen Aufstand.[30] Ein Arbeiter- und Soldatenrat wurde gebildet, doch alle Akteure – Revolutionäre und etablierte Kräfte – versuchten vernünftig zusammenzuarbeiten. Insgesamt blieb es in Dessau und in ganz Anhalt friedlich. Am 12. November dankte relativ unspektakulär und ohne die geringste Eskalation der Prinzregent für die Askanier ab. Die nach der Revolution gebildete Staatsregierung – mit dem sozialdemokratischen Reichstagsabgeordneten für den Wahlkreis Dessau-Zerbst, Wolfgang Heine, an der Spitze – setzte den Termin für die nächsten Landtagswahlen auf den 15. Dezember 1918 fest. Dieses Datum kann als Endpunkt der Novemberrevolution für

---

27 Vgl. *Kupfer*, Sozialdemokratie im Freistaat Anhalt, S. 65 f.
28 *Kupfer/Rother*, Der Weg zur Spaltung, S. 164.
29 Vgl. *Ralf Regener*, Der Sturz der Askanier 1918 in Anhalt. Bedingungen, Verlauf und Nachwirkungen des Untergangs einer kleinstaatlichen deutschen Monarchie, 2., korr. Aufl., Dessau-Roßlau 2014, S. 62-89.
30 Vgl. *Rüdiger Fikentscher/Udo Krause*, Viermal vorwärts. Sozialdemokraten im heutigen Sachsen-Anhalt von den Anfängen bis in die Gegenwart, Halle (Saale) 2014, S. 70.

Anhalt angesehen werden. Bemerkenswert bei dieser Wahl ist, dass die USPD immer noch keinen Organisationsgrad erreicht hatte, der eine Wahlbeteiligung ermöglichte. Die SPD errang mit 58 Prozent der Stimmen einen grandiosen Sieg, schloss aber trotzdem eine Koalition mit den ebenfalls sehr starken Linksliberalen.[31]

Erst im Verlauf der Jahres 1919 entwickelte sich die USPD zu einem politischen Faktor. Gleichwohl hatten sich in den Städten Dessau und Bernburg die Ortsvereine bereits Ende 1918 gegründet.[32] Die mit der Novemberrevolution geschaffenen politischen Freiheiten und Kommunikationsmöglichkeiten ließen die Mitgliederzahl und die Ortsvereine anwachsen.[33] Bei der einzigen anhaltischen Landtagswahl, bei der die USPD angetreten war, erhielt sie immerhin 18,3 Prozent, was wahrscheinlich größtenteils auf Kosten der SPD ging, die nun noch 35,8 Prozent auf sich vereinte.

Ein westlicher Grund für das Erstarken der USPD war das lange Festhalten an der Befürwortung des Krieges, inklusive Aufruf zur Zeichnung der Kriegskredite seitens der SPD.[34] Das führte zu einem nicht zu unterschätzenden Unzufriedenheitspotenzial. Allerdings konnte in Anhalt lange Zeit, bis Ende 1918, keine kritische Masse erreicht werden, sodass der auch hier vorhandene Unmut und alle Aktionen unkoordiniert blieben. Nachdem der kritische Punkt überschritten war, war es leichter, sich offen gegen die Parteiführung zu stellen. Nun hatte man mit der USPD eine wirkliche Alternative.[35]

---

31 Vgl. *Günter Ziegler/Rüdiger Hachtmann*, Parlamentarismus in Anhalt, Bd. 3: Die anhaltischen Land- und Reichstagsabgeordneten zwischen 1918 (1919) und 1933, Dessau 1995, S. 4 ff.
32 Vgl. Kreisleitung der SED Dessau (Hg.), Die Novemberrevolution 1918. Ein geschichtlicher Abriß unter Darstellung der Ereignisse in Dessau, Dessau 1958, S. 17.
33 Vgl. *Kupfer*, Sozialdemokratie im Freistaat Anhalt, S. 65.
34 Vgl. Kreiskommission zur Erforschung der Geschichte der örtlichen Arbeiterbewegung (Hg.), Zur Geschichte der deutschen Novemberrevolution 1918 im Kreise Köthen, o. O. 1958, S. 9 ff.
35 Vgl. *Kupfer*, Sozialdemokratie im Freistaat Anhalt, S. 65-78.

4 Fazit

Die verspätete Gründung der schließlich auch in Anhalt an Bedeutung gewinnenden USPD hatte unterschiedliche Ursachen. Die bemerkenswerte personelle Kontinuität mit Peus und Deist an der Spitze, die reformistischen Ansichten der beiden Führungskräfte sowie die praktischen und theoretischen Erfolge ihrer Arbeit hatten zur Folge, dass die anhaltische SPD eine sehr gefestigte und geschlossene Institution war.

Die Ursachen für die bemerkenswerte und außergewöhnliche Leistung des Zusammenhalts der SPD zwischen 1916 und 1918 in Anhalt ist nicht vordergründig in diesen zwei Jahren zu suchen, sondern in Entwicklungen, die bereits vor Beginn des Ersten Weltkriegs eingesetzt hatten. In den letzten Kriegsjahren wurde nur erfolgreich rhetorisch verteidigt, was in zwei Jahrzehnten zuvor mühsam aufgebaut und etabliert wurde.

Die Revolution schaffte aber letztlich eine völlig neue Situation, die die Streitpunkte, die natürlich vorhanden waren, offen zu Tage treten ließ. Die Befürwortung des Krieges mit allen Konsequenzen, die Zusammenarbeit mit den Bürgerlichen und gerade die auf den ersten Blick unnötige Koalitionsbildung mit den Liberalen nach der Landtagswahl vom Dezember 1918 stellten schließlich Entscheidungen dar, die einigen Parteigenossen einfach nicht mehr zu vermitteln waren. Für nicht wenige hatte die SPD damit zu viel proletarische Substanz verloren. Die logische Konsequenz war dann auch in Anhalt die Abspaltung von der alten Sozialdemokratischen Partei und die Hinwendung zu weiter links stehenden Kräften.

Demokratie und/oder Diktatur des Proletariats

Bernd Braun

Drei Reichskanzler, drei Parteispalter? Philipp Scheidemann, Gustav Bauer und Hermann Müller

Die in diesem Beitrag vorgestellte Trias – Philipp Scheidemann, Gustav Bauer und Hermann Müller – weist als größte Gemeinsamkeit auf, dass alle drei SPD-Spitzenpolitiker während der Weimarer Republik das Amt des Regierungschefs innehatten.[1] Sie stammten alle drei aus der sogenannten »Generation Ebert«, also der zwei-

---

1   Vgl. die vorliegenden Biografien bzw. biografischen Skizzen: *Helmut Schmersal*, Philipp Scheidemann 1865–1939. Ein vergessener Sozialdemokrat, Frankfurt a. M. 1999; *Walter Mühlhausen*, »Das große Ganze im Auge behalten«. Philipp Scheidemann. Oberbürgermeister von Kassel (1920–1925), Marburg 2011; *Karlludwig Rintelen*, Ein undemokratischer Demokrat: Gustav Bauer, Gewerkschaftsführer, Freund Friedrich Eberts, Reichskanzler. Eine politische Biographie, Frankfurt a. M. 1993; *Andrea Hoffend*, »Mut zur Verantwortung«. Hermann Müller, Parteivorsitzender und Reichskanzler aus Mannheim, Mannheim 2001; sowie die entsprechenden Bände aus der Reihe: Akten der Reichskanzlei. Das Kabinett Scheidemann, bearb. v. *Hagen Schulze*, Berlin 1971; Das Kabinett Bauer, bearb. v. *Anton Golecki*, Berlin 1980; Das Kabinett Müller I, bearb. v. *Martin Vogt*, Berlin 1971; Das Kabinett Müller II, bearb. v. *Martin Vogt*, Berlin 1970.

ten Generation sozialdemokratischer Parteiführer, welche die Parteieinigung in Gotha 1875 nicht mehr bewusst miterlebt hatte, sich während oder nach dem Sozialistengesetz der Partei angeschlossen, aber dadurch keine Nachteile in Kauf zu nehmen hatte, während des Kaiserreiches ihren politischen Aufstieg gestaltete und ihren Karrierehöhepunkt während der Weimarer Republik erreichte. Die Angehörigen dieser »Generation Ebert« waren »pragmatischer, technokratischer, realpolitischer und letztlich revisionistischer als ihre Vorgänger.«[2] Es war allerdings auch diese Generation, die maßgeblich in den Prozess der Parteispaltung der Jahre 1914 bis 1917 verwickelt war, und dann nach 1918 die Wiederannäherung und letztlich auch die Wiedervereinigung zwischen SPD und USPD organisierte.

Philipp Scheidemann, Gustav Bauer und Hermann Müller spielten in jeweils unterschiedlicher Intensität eine entscheidende Rolle in diesem Prozess. Der Grad der Intensität hing von ihrer jeweiligen Positionierung innerhalb der Hierarchie von Partei und Gewerkschaften, ihrer Zugehörigkeit zu den verschiedenen staatlichen und parteilichen Körperschaften, ihrer ideologischen Verortung und ihrer charakterlichen Disposition ab.

Die Gegensätze der sich im Zuge des fortdauernden Krieges mehr und mehr entfremdenden Anhänger und Gegner der Burgfriedenspolitik prallten nicht in den unterschiedlichen Zirkeln der Parteiflügel aufeinander, die damals auch Konventikel genannt wurden und sich bereits in der Vorkriegszeit in Berliner Stammkneipen zum Meinungsaustausch getroffen hatten – falls man bei ein und derselben Meinung überhaupt von Meinungsaustausch sprechen kann –, sondern in den Mitgliederversammlungen der Partei, sofern diese von den Behörden zugelassen wurden, vor allem aber innerhalb der Reichstagsfraktion und ihres Vorstandes und in erster Linie innerhalb des Parteivorstandes. Da der normalerweise einmal jährlich tagende Parteitag kriegsbedingt erst nach über vier Jahren Unterbrechung im Oktober 1917 wieder zusammentreten konnte, gewann der 1912 in-

---

2 Vgl. *Bernd Braun*, Die »Generation Ebert«, in: *Klaus Schönhoven/Ders.* (Hg.), Generationen in der Arbeiterbewegung, München 2005, S. 69-86, hier S. 84.

stallierte Parteiausschuss – heute würde man vom »Kleinen Parteitag« sprechen – an Bedeutung. Während des Krieges fanden insgesamt 22, zum Teil mehrtägige Sitzungen des Parteiausschusses statt. Scheidemann nennt in seinen Memoiren exakt diese Gremien (Parteivorstand, Parteiausschuss und Reichstagsfraktion) als Schauplätze der innerparteilichen Kämpfe:

> »Anfänglich waren die Diskussionen [...] mehr oder weniger leichtes Geplänkel, immer noch getragen vom Geiste der Brüderlichkeit, sehr bald aber wurde aus dem Geplänkel heftiger Kampf mit persönlicher Zuspitzung. Schließlich war von sachlichen Auseinandersetzungen kaum noch die Rede, es wurde vielmehr in der gehässigsten Weise gegen die Leitung der SPD und ihre Reichstagsfraktion gewühlt.«[3]

Für diese sehr einseitige Schuldzuschreibung gibt es genügend Entsprechungen aufseiten der Parteiminderheit und in der Historiografie über die USPD und ihre Wortführer.[4]

Die Dreiergruppe Scheidemann/Bauer/Müller war in diesen parteispaltungsrelevanten Gremien und Instanzen mit variierendem politischem Gewicht vertreten. An anderer Stelle wurde bereits dargelegt, dass Scheidemann ein Mann des Parlamentes, Bauer ein Mann der Gewerkschaften und Müller ein Mann des Parteiapparates war – zumindest gilt dies für die Phase ihres politischen Aufstiegs.[5] Scheidemann war seit 1903 Mitglied des Reichstages, wo er sich aufgrund seines herausragenden Redetalents zu einem der profiliertesten Abgeordneten entwickelt hatte, was seine Wahl in den Parteivorstand 1911 und zum Fraktionsvorsitzenden nach dem Tod August Bebels 1913

---

3 Vgl. *Philipp Scheidemann*, Memoiren eines Sozialdemokraten, Bd. 1, Dresden 1928, S. 297 f.
4 Vgl. etwa jüngst *Ernst-Albert Seils*, Hugo Haase. Ein jüdischer Sozialdemokrat im deutschen Kaiserreich. Sein Kampf für Frieden und soziale Gerechtigkeit, Frankfurt a. M. 2016.
5 Vgl. *Bernd Braun*, Die Weimarer Reichskanzler. Zwölf Lebensläufe in Bildern, Düsseldorf 2011; Ders., Die Reichskanzler der Weimarer Republik. Von Scheidemann bis Schleicher, Stuttgart 2013.

bewirkte. Scheidemann war kein Aktenfresser und darum auch kein Spezialist auf einem begrenzten Politikfeld, sondern ein Generalist. Nach dem Tod Paul Singers, August Bebels und Ludwig Franks war er der führende Generalist innerhalb der SPD-Reichstagsfraktion.

Gustav Bauer war 1908 in die Generalkommission der Gewerkschaften berufen worden, wo er als stellvertretender Vorsitzender neben Carl Legien fungierte, über längere Phasen auch als deren eigentlicher geschäftsführender Vorsitzender. In den Reichstag wurde er 1912 gewählt und etablierte sich als Sozialexperte. Obwohl er weder dem Partei- noch dem Fraktionsvorstand angehörte, sicherte ihm sein herausgehobenes Gewerkschaftsamt die Position eines führenden Abgeordneten, wie dies bei zahlreichen Anlässen sichtbar wurde, etwa bei der Sozialistenkonferenz in Stockholm 1917, an der Legien und Bauer als Delegierte teilnahmen.

Hermann Müller wurde 1906 in den Parteivorstand gewählt, dem er bis zu seinem Tod 1931 fast 25 Jahre angehören sollte. In den Reichstag rückte er erst durch eine Nachwahl am 23. Juni 1916 ein, als die Spaltung der Reichstagsfraktion bereits vollzogen war. Zu einem führenden Parlamentarier entwickelte sich Müller erst nach seiner ersten Reichskanzlerschaft 1920, dann allerdings zu *dem* führenden SPD-Abgeordneten der Weimarer Republik, was durch seinen frühen Tod 1931 und die Rede von Otto Wels gegen das am 23. März 1933 verabschiedete Ermächtigungsgesetz leider in den Hintergrund der Wahrnehmung gerückt ist.

In den vier genannten Gremien saßen Scheidemann, Bauer und Müller mit den beiden führenden Köpfen der späteren USPD Hugo Haase und Georg Ledebour in unterschiedlicher Konstellation zusammen: im Parteiausschuss alle fünf, in der Reichstagsfraktion zu viert ohne Müller, im Fraktionsvorstand Scheidemann, Haase und Ledebour sowie schließlich im Parteivorstand Scheidemann, Müller und Haase. Hier spielten in ganz entscheidender Weise die menschlichen Verkehrsbeziehungen eine Rolle. Haase war als Partei- *und* Fraktionsvorsitzender zwar innerhalb der SPD-Hierarchie die offizielle Nummer Eins und der zweite Partei-, aber nicht Fraktionsvorsitzende Friedrich Ebert stand in der Parteirangordnung auf dem

Papier vor Scheidemann, aber der Arbeiterführer aus Kassel war spätestens seit August 1914 der bekannteste deutsche Sozialdemokrat. Sein Name stand stellvertretend für den von der SPD angestrebten Frieden ohne Annexionen und Kontributionen (»Scheidemann-Frieden«) und der Begriff »Scheidemänner« galt nach der Parteispaltung als Synonym für die MSPD. Nicht Ebert, sondern Scheidemann war das Gesicht der Burgfriedenspolitik.

Zu der von ihm kritisierten »persönlichen Zuspitzung« hat Scheidemann selbst sehr stark beigetragen. Dies betrifft vor allem sein Verhältnis zu Haase. War dies seit jeher »äußerst distanziert«, so kann man ihre Beziehung seit August 1914 mit Hagen Schulze als einen »offenen Kriegszustand« bezeichnen.[6] Während Scheidemann Ebert unterschätzte und deshalb lange Zeit freundschaftliche Beziehungen zu ihm unterhielt, betrachtete er Haase als Konkurrenten. Drei Beispiele sollen aufzeigen, wie sich die personale Rivalität Scheidemanns, die er gegenüber Haase empfand, äußerte.

Auf der Parteiausschusssitzung am 12. Januar 1915 hatte sich Haase in der Debatte nach Eberts Referat über die »gegenwärtige Lage« zu Wort gemeldet und sowohl den mit der Parteiminderheit sympathisierenden »Vorwärts« gegen Kritik verteidigt als auch davor gewarnt, gegen Deutschland gerichtete, chauvinistische Äußerungen aus den Reihen sozialistischer Bruderparteien in Europa überzubewerten, da innerhalb der SPD vergleichbare Stellungnahmen vorgekommen seien. An der Fortsetzung der Debatte am 13. Januar 1915 beteiligte sich dann auch Scheidemann und zog seine Kritik an der Argumentation Haases schon zu Beginn seiner Rede auf die persönliche Ebene: »Haase kann als geschickter Anwalt jeden Augenblick plädieren; das hat er gestern mit erstaunlicher Fixigkeit zugunsten der Engländer, Franzosen und des ›Vorwärts‹ getan. Die Fixigkeit ist aber nicht gleichbedeutend mit Richtigkeit.«[7]

---

6 Vgl. *Hagen Schulze*, Otto Braun oder Preußens demokratische Sendung, Frankfurt a. M. u. a. 1977, S. 181.
7 Vgl. Protokolle der Sitzungen des Parteiausschusses der SPD 1912 bis 1921, Bd. 1, Berlin/Bonn 1980, S. 124.

Während der unerwarteten Rede von Haase zur Ablehnung der Kriegskredite am 24. März 1916 im Reichstag, welche die Fraktionsspaltung auslöste, kam es zu zahlreichen erregten Zwischenrufen und Beleidigungen aus den Reihen der SPD-Fraktion, von denen Eduard David zwei in seinem Tagebuch festgehalten hat: Scheidemann soll »Dreckseele« gerufen haben, Ebert »Schamloser Kerl«.[8] In der an diese Pöbelszenen folgenden Sitzung des Vorstandes der Reichstagsfraktion waren nach den Angaben von David alle Anwesenden zum Bruch mit der Minderheit entschlossen, »nur Molkenbuhr schien noch leimen zu wollen«.[9] Dass sich mit Hermann Molkenbuhr, der als junger Delegierter auf dem Parteitag in Gotha 1875 die Einigung zwischen Lassalleanern und Eisenachern mitvollzogen hatte, das älteste Mitglied des Fraktionsvorstandes (Jahrgang 1851) als Einziger gegen die Fraktionsspaltung stemmte, zeigt eindrücklich, dass der Wille, die Parteieinheit unbedingt zu bewahren, nicht *nur*, aber *auch* eine Generationenfrage war.[10]

Auf der Sitzung der Reichskonferenz im September 1916 verstärkte Scheidemann seine antiintellektuelle Äußerung vom Januar 1915 noch einmal: »Wenn ich Rechtsanwälte über Arbeiter sprechen höre, dann wird mir schlecht!« Haase entgegnete zwar, er habe sich von Scheidemanns Invektive nicht angesprochen gefühlt, wies sie dafür aber umso entschiedener zurück: »Was ist das anders als jener Appell an die schwielige Faust? Wie kann eine Partei wie die Sozialdemokratie, die doch Männern wie Marx, Lassalle, Engels das Größte verdankt, einen solchen Unterschied konstruieren wollen zwischen Akademikern und Arbeitern?«[11] Haase wurde als erster und bis zum Ende des Kaiserreiches einziger Akademiker im Parteivorstand der SPD offensichtlich zumindest von einem Teil seiner Kollegen als

---

8 Vgl. Das Kriegstagebuch des Reichstagsabgeordneten Eduard David 1914 bis 1918, in Verbindung mit *Erich Matthias*, bearb. v. *Susanne Miller*, Düsseldorf 1966, S. 168.
9 Ebd.
10 Vgl. *Bernd Braun*, Hermann Molkenbuhr (1851–1927). Eine politische Biographie, Düsseldorf 1999, bes. S. 305-310.
11 Protokoll der Reichskonferenz der Sozialdemokratie Deutschlands vom 21., 22. und 23. September 1916 in Berlin, Glashütten i. Ts. 1974 (Nachdruck), S. 53.

Fremdkörper empfunden. Ein nicht unwichtiges Indiz dafür: Haase blieb mit allen Kollegen per Sie, während sich zumindest Scheidemann, Ebert und Müller duzten.

In den Debatten der SPD-Reichstagsfraktion waren die Gewerkschafter, allen voran Carl Legien, von Anfang an als schärfste Kritiker der Parteiminderheit aufgetreten. Legien hatte in der Sitzung vom 2. Februar 1915 den Ausschluss Karl Liebknechts beantragt und für den Fall einer Ablehnung dieses Antrages seinerseits mit einem Austritt aus der Fraktion gedroht.[12] Am 21. Dezember 1915 hatte er nach der Abgabe des Sondervotums durch Friedrich Geyer den 20 Abweichlern vorgeworfen, es fehle ihnen das Ehrgefühl, um die Konsequenzen zu ziehen.[13] Die Tatsache, dass der zur Minderheit gehörende Abgeordnete Fritz Kunert dieses Statement Legiens mit dem Zwischenruf »Bitte, einen Kognak!« unterbrach und damit offen auf das Alkoholproblem des Gewerkschaftsführers anspielte, mag als Hinweis genügen, dass auch die Gegner der Burgfriedenspolitik die Gürtellinie als Grenze der politischen Auseinandersetzung nicht immer anerkannten. Wie sehr Legien sich zur Zielscheibe der Parteiminderheit entwickelt hatte, unterstreicht ein Artikel von Julian Borchardt, einem der exponiertesten Vertreter der Parteilinken, in seiner Zeitschrift »Die Lichtstrahlen«. Auf knapp vier Seiten nennt Borchardt als Personifizierung der von ihm verdammten Burgfriedenspolitik gleich sechsmal das Dreigestirn »Scheidemann, David, Legien«.[14]

In den Gremiensitzungen, in denen Legien sich massiv einschaltete, hielt sich Bauer weitgehend zurück, auch wenn er inhaltlich sicher mit ihm übereinstimmte; allerdings hatte er Haases Beitrag in der Debatte der Reichstagsfraktion am 20. Dezember 1915 mit dem Zwischenruf »Advokatenkniffe« bedacht und damit Scheidemanns Tonart angeschlagen.[15] In der Sitzung vom 12. Januar 1916 hatte er

---

12 Vgl. *Wilhelm Dittmann*, Erinnerungen, bearb. u. eingel. v. *Jürgen Rojahn*, Bd. 2, Frankfurt a. M./New York 1995, S. 279.
13 Ebd., S. 414.
14 *Julian Borchardt*, »Sein und Schein«, in: Die Lichtstrahlen, 3.10.1915, S. 5-8.
15 Vgl. *Dittmann*, Erinnerungen, Bd. 2, S. 411.

in der Debatte um die von Liebknecht intensiv genutzten »Kurzen Anfragen« vorgeschlagen, dem einzelnen Abgeordneten dieses mühsam erkämpfte Parlamentsrecht wieder zu entziehen; die Geschäftsordnung des Reichstages sollte dahingehend geändert werden, dass nur noch durch den Vorstand einer Fraktion gebilligte Anfragen gestellt werden durften.[16]

Karlludwig Rintelen, der bisher einzige Biograf des zweiten Reichskanzlers der Weimarer Republik, suggeriert, dass Bauers und Legiens Ablehnung der Parteiminderheit auch von antisemitischen Motiven geleitet gewesen sei. Bauer habe im Reichstag bei der Sitzung am 24. März 1916 gerufen: »Die Judenjungen müssen heraus!«, und Legien zitiert Rintelen mit der Beleidigung: »Mit der Judenbande muss Schicht gemacht werden!«[17] Diesen Vorwurf erhob ein Delegierter auf dem Verbandstag der Büroangestellten Anfang November 1918. Da Bauer diesem Vorwurf nicht explizit widersprochen habe, nimmt Rintelen ihn für gegeben an.[18] Allerdings erwähnen weder David noch Wilhelm Dittmann, noch der Reichstagsabgeordnete der däni-

---

16 Vgl. Die Reichstagsfraktion der deutschen Sozialdemokratie 1898 bis 1918, Bd. 2, bearb. v. *Erich Matthias* und *Eberhard Pikart*, Düsseldorf 1966, S. 154.
17 Vgl. *Rintelen*, Gustav Bauer, S. 116 f. Karl Christian Führer steht Rintelens Sichtweise in seiner Legien-Biografie skeptisch bis ablehnend gegenüber. Vgl. *Karl Christian Führer*, Carl Legien 1861–1920. Ein Gewerkschafter im Kampf um ein »möglichst gutes Leben« für alle Arbeiter, Essen 2009, S. 197 f.
18 In der entsprechenden Passage im Protokoll der Tagung der Büroangestellten heißt es im Wortlaut: »Bedauerlich ist der Vorgang, der sich am 24. März 1916 im Reichstage abspielte, wo der Vorsitzende der Generalkommission nach einem Bericht gesagt hat, daß mit der Judenbande Schicht gemacht werden muß und wo Bauer gesagt haben soll: die Judenjungen müssen heraus. Unsere Vertreter dürfen doch keine Antisemiten werden.« Welchen »Bericht« – offensichtlich einen Zeitungsbericht – der Delegierte Volquarts aus Hamburg meinte, konnte bisher nicht geklärt werden; er stand jedenfalls zeitnah zum 24. März 1916 weder im »Hamburger Echo«, noch im »Vorwärts« oder in der »Leipziger Volkszeitung«. Während die Delegierten auf die Rede von Volquarts nicht reagierten, spendeten sie Gustav Bauer als einzigem Redner in der Debatte über den Vorstandsbericht »lebhaften Beifall«. Der Vorstand – inklusive des zweiten Vorsitzenden Gustav Bauer – wurde von den Delegierten einstimmig im Amt bestätigt. Vgl. Verband der Bureauangestellten Deutschlands, Protokoll des III. Verbandstages, abgehalten vom 3. bis 5. November 1918 zu Berlin, Berlin 1919, S. 22 f. (Rede Volquarts), S. 25-29 (Rede Bauer) und S. 135 (Wiederwahl des Vorstands).

schen Minderheit Hans Peter Hanssen diese Zwischenrufe[19], die nicht nur antisemitisch, sondern darüber hinaus höchst unlogisch gewesen wären, da auch nach der Parteispaltung etliche jüdische Abgeordnete bei der MSPD geblieben waren, etwa Max Cohen, Georg Davidsohn, Gustav Hoch, Georg Gradnauer oder Otto Landsberg. Außerdem war, das wusste Rintelen nicht, der Ehemann von Bauers einziger Schwester Käthe, Max Behrendt, Jude. Gustav und seine Frau Hedwig Bauer waren bis zu deren Tod 1937 beziehungsweise 1938 mit Max und Käthe Behrendt sehr eng verbunden; beide Männer hatten als Trauzeugen bei den jeweiligen Hochzeiten fungiert.[20] Diese familiäre Komponente schließt den Vorwurf des Antisemitismus zwar nicht grundsätzlich aus, macht ihn aber weniger wahrscheinlich.

Rintelen unterstellt Bauer außerdem extreme nationalistische Tendenzen. In der Sitzung der SPD-Reichstagsfraktion vom 22. März 1918, in der über das Abstimmungsverhalten im Reichstag zum Vertrag von Brest-Litowsk diskutiert wurde, hatten 26 Abgeordnete, darunter Bauer, für Zustimmung plädiert, 13 für Ablehnung und 31 für Enthaltung.[21] Der Fraktionsvorstand hatte die letztlich beschlossene Enthaltung vorgeschlagen – vermutlich, um so eine für möglich gehaltene Zustimmung zu verhindern. Diese Haltung Bauers und der 25 übrigen Abgeordneten nennt Rintelen eine »Barbarei«.[22] Dabei hat der Biograf ein eigentlich bereits seit Kriegsbeginn auf der Hand liegendes Motiv für Bauers Haltung komplett ausgeblendet. Auf einer Konferenz der Berliner Referenten am 25. September 1914 hatte Eduard Bernstein Kriegsgräuel der deutschen Truppen gegenüber russischen Soldaten in Ostpreußen beklagt, was von Bauer sehr scharf

---

19 Vgl. *Hans Peter Hanssen*, Diary of a Dying Empire, Port Washington, N. Y./London 1973, S. 134 f.
20 Landesarchiv Berlin, P Rep. 520, Nr. 479, Standesamt VIIa, Nr. 804: Heiratsurkunde von Gustav Bauer und Hedwig Moch vom 2. Oktober 1911; Standesamt 1 Berlin 9, Nr. 670: Heiratsurkunde von Katharine (»Käthe«) Bauer und Max Behrendt vom 21. Oktober 1901.
21 Vgl. Die Reichstagsfraktion der deutschen Sozialdemokratie, S. 392; Bauer nahm an der Sitzung nicht teil, gab aber sein Votum schriftlich ab.
22 Vgl. *Rintelen*, Gustav Bauer, S. 157.

zurückgewiesen worden war.[23] Hier hatte nicht der vermeintliche Nationalist, sondern der Ostpreuße gesprochen, dessen Heimatstadt Darkehmen durch russischen Artilleriebeschuss schwere Schäden erlitten hatte. Die im März 1915 in München gegründete »Ostpreußenhilfe« warb auf einer Reklamemarke, die den zerstörten Marktplatz von Darkehmen zeigte, um Spenden für den Wiederaufbau der östlichen Grenzregion.[24] Es war ebenfalls der Ostpreuße Gustav Bauer, der durch einen Frieden wie denjenigen von Brest-Litowsk Russland so weit schwächen wollte, dass eine künftige Invasion russischer Truppen in Ostpreußen möglichst ausgeschlossen sein würde. Und die gemeinsame geografische Herkunft ist vermutlich auch die Ursache, warum Bauer die Haltung seines ostpreußischen Landsmannes Haase zur Burgfriedenspolitik nicht nachvollziehen konnte.[25] Auch der Königsberger Otto Braun, Kassierer im SPD-Parteivorstand und später preußischer Ministerpräsident, entfremdete sich während des Krieges von Haase, der ihm menschlich viel näher gestanden hatte, als sich dies für das Verhältnis Bauers zu Haase nachweisen lässt.[26]

Wie auch immer man die persönlichen Invektiven von Scheidemann und Bauer gegenüber der Parteiminderheit einordnen mag – sie haben ebenso zur Vergiftung des innerparteilichen Klimas beigetragen wie entsprechende Entgleisungen auf der Gegenseite. Bemerkenswert ist, dass Hermann Müller nicht einmal in den Verdacht geriet, in den politischen Auseinandersetzungen zu diesen Mitteln gegriffen zu haben. Und dies obwohl er im Frühjahr 1916 die heikle und undankbare Aufgabe übernommen hatte, beim Zentralorgan »Vorwärts« als Vorzensor zu fungieren. Selbst der führende USPD-Politiker Dittmann bescheinigt Müller, er habe im politischen Kampfe selten persönlich verletzt, »so daß er auch von seinen Gegnern mit Achtung

---

23 Vgl. *David*, Kriegstagebuch, S. 43.
24 Vgl. Ostpreußisches Landesmuseum Lüneburg (Hg.), Die Ostpreußenhilfe im Ersten Weltkrieg, Husum 2006.
25 Zur ostpreußischen Herkunft von Hugo Hasse vgl. *Ernst-Albert Seils*, Hugo Haase (1863-1919). Ein deutscher Politiker aus dem Ermland, in: Zeitschrift für die Geschichte und Altertumskunde Ermlands 48, 1996, S. 99-137.
26 Vgl. *Schulze*, Otto Braun, S. 72-74 und S. 181-183.

behandelt wurde. Auch in der Partei hatte er keine persönlichen Anfechtungen zu bestehen.«[27]

Hedwig Wachenheim, die Lebensgefährtin des badischen SPD-Parteiführers Ludwig Frank und Historikerin der Arbeiterbewegung, charakterisiert in ihren Lebenserinnerungen Müller als »konziliant«, was von ihr unmissverständlich als Zeichen der Charakterschwäche gemeint war.[28] Felicia Fuss, die Privatsekretärin und Vertraute Müllers während seiner zweiten Kanzlerschaft, kritisierte 1930, dass der SPD-Vorsitzende sich immer zu sehr auf die Kraft seiner Argumente verlassen und zu oft an die Vernunft appelliert habe, statt gelegentlich Leidenschaften zu wecken. Er sei außerdem zu »gerade« im Umgang mit anderen Menschen. Darauf antwortete der Kritisierte mit einem Hinweis auf seine Rolle bei der Wiedervereinigung der beiden sozialdemokratischen Parteien im Jahr 1922: »Nun schreiben Sie, dass es mir oft an der Menschenbehandlung fehle, dass ich zu grade sei usw. […] Ich glaube bei dem Verschmelzungsprozess von S. P.D. und U.S. P. den Beweis geliefert zu haben, dass ich politisch Menschen behandeln kann.«[29]

Tatsächlich hatte Müller an der Wiederannäherung zwischen SPD und USPD entscheidenden Anteil. Im September 1922 hielt er auf dem Parteitag der MSPD in Augsburg ebenso wie auf dem unmittelbar folgenden Fusionsparteitag in Nürnberg zentrale Referate für seine Partei.[30] Schaut man sich die Delegiertenlisten von Augsburg und Nürnberg an, dann fällt auf, dass Scheidemann im Gegensatz zu dem nicht anwesenden Bauer zwar Delegierter war, aber nicht das Wort ergriff. Nicht vertreten waren die Wortführer des rechten Parteiflügels während des Ersten Weltkrieges: Eduard David, Gustav

---

27 Vgl. *Dittmann*, Erinnerungen, Bd. 3, S. 967.
28 *Hedwig Wachenheim*, Vom Großbürgertum zur Sozialdemokratie. Memoiren einer Reformistin, Berlin 1973, S. 101 und S. 125. Auch Otto Braun verwendete in Bezug auf Hermann Müller den Begriff »konziliant« in negativer Konnotation; vgl. *Schulze*, Otto Braun, S. 406.
29 Archiv der sozialen Demokratie (AdsD), HIKO-NL Hermann Müller, Brief von Hermann Müller an Felicia Fuss vom 3. Mai 1930.
30 Protokoll der Sozialdemokratischen Parteitage in Augsburg, Gera und Nürnberg 1922, Glashütten i. Ts. 1973 (Nachdruck), S. 3-5 und S. 183-186.

Noske, Albert Südekum, Wolfgang Heine und Heinrich Peus, um nur die prominentesten Vertreter zu nennen. Sie spielten seit 1920 so gut wie keine Rolle mehr innerhalb der Sozialdemokratie. Überhaupt war die Personenkonstellation entscheidend für die Verhandlungen im Vorfeld und den letztlichen Erfolg der Vereinigung zwischen SPD und USPD. Nur sechs beziehungsweise fünf Jahre nach der Fraktions- und Parteispaltung waren die meisten Hauptbeteiligten entweder nicht mehr am Leben (Rosa Luxemburg, Karl Liebknecht und Hugo Haase waren 1919 Opfer rechtsextremer Gewalt geworden, Carl Legien war 1920 einem Magenkrebsleiden erlegen, Artur Stadthagen, einer der profiliertesten Vertreter der Minderheit, war bereits 1917 verstorben, das zur USPD gewechselte frühere Parteivorstandsmitglied Luise Zietz im Januar 1922), oder sie waren politisch tot (Scheidemann und David waren als Oberbürgermeister von Kassel beziehungsweise als Gesandter des Reiches in Hessen mit Sitz in Darmstadt in die Provinz abgetaucht, die meisten Mitglieder des David-Kreises lebten nach 1920 als Privatiers oder Politrentner). Andere, wie Reichspräsident Friedrich Ebert, waren zur Überparteilichkeit verdammt oder manövrierten sich gerade ins politische Abseits, wie Georg Ledebour, der auf dem USPD-Parteitag in Gera vergeblich gegen die Fusion mit der MSPD eingetreten war.

Nach dem Tod Hermann Müllers am 20. März 1931 veröffentlichte Luise Kautsky, die Ehefrau von Karl Kautsky, auch im Namen ihres erkrankten Mannes einen sehr persönlichen Nachruf im »Vorwärts«, in dem sie auch die Haltung des Verstorbenen nach 1917 streifte: »Selbst als noch die unselige Spaltung in der deutschen Partei bestand, die weit über ihr politisches Unglück hinaus als schwerstes, persönliches Seelenleid von meinem Mann und mir empfunden wurde, fanden wir, die USP-Vertreter, bei dem Mehrheitler Hermann Müller Sympathie und freundliches Entgegenkommen.«[31]

Die Worte von Luise Kautsky lenken den Blick noch einmal auf die individuelle charakterliche Veranlagung der Akteure als aus-

---

31 *Luise Kautsky*, »Ein letzter Gruß – dem Freunde Hermann Müller«, in: »Vorwärts«, Nr. 156, 2.4.1931.

Demokratie und/oder Diktatur des Proletariats

Bild 4 Ministerpräsident Philipp Scheidemann, 1919

schlaggebender Faktor in der Phase der Parteispaltung. Sie unterstreichen damit einmal mehr die Bedeutung des über lange Jahre vernachlässigten biografischen Ansatzes auch und gerade für dieses entscheidende Kapitel in der Geschichte der deutschen Sozialdemokratie: Nur, weil die profiliertesten Parteispalter keine aktive Rolle mehr in der Politik spielten, konnte die Wiedervereinigung von SPD und USPD angedacht und realisiert werden. Nur diejenigen, die, wie Hermann Müller, während des Prozesses der Parteitrennung keine verbrannte Erde hinterlassen hatten, konnten die Parteieinigung vorantreiben und in der wieder geeinten Sozialdemokratie eine führende Position einnehmen.

Siegfried Heimann

Otto Braun (1917–1920)

Otto Braun war während der Weimarer Republik – neben Friedrich Ebert – wohl der bekannteste Sozialdemokrat nicht nur in Preußen. Den Beinamen »Der rote Zar von Preußen« ließ sich Braun nicht ohne wohlwollendes Schmunzeln gerne gefallen. Nach seinem Weg in die Schweizer Emigration und nach dem von ihm herbeigesehnten Ende der Nazidiktatur aber war er vergessen.

Bekannt ist die kleine Episode, die Paul Löbe im Jahre 1950 erlebte und in der »Zeit« beschrieb. Löbe stellte den 1950 zu einem Besuch in Bonn weilenden Otto Braun dem amtierenden Bundestagspräsidenten Hermann Ehlers als Ministerpräsident Braun vor. Ehlers begrüßte ihn freundlich, fragte dann aber nach: »Ich weiß im Moment nicht – in welchem Land sind Sie doch Ministerpräsident?«

Dieses Bild vom vergessenen preußischen Ministerpräsidenten hat sich seit dem Erscheinen der Biografie von Hagen Schulze zumindest in der Geschichtsschreibung gewandelt. Seine Leistungen als sozialdemokratischer Ministerpräsident werden mit großem Lob hervorgehoben, sein resignierter Rückzug aus der Politik nach dem »Preußenputsch« im Jahre 1932/33 dagegen wird als »Rätsel« beschrieben, das weiterhin viele Fragen aufwirft. Während der deutschen

Revolution von 1918/19 blieb Braun ein Sozialdemokrat in der zweiten Reihe – dazu einige Anmerkungen, zunächst zu seiner Biografie.[1]
Otto Braun, der Sohn eines Schuhmachermeisters ohne Fortune und späteren Eisenbahnarbeiters wurde im Januar 1872 in Königsberg geboren. Seine Mutter war die Tochter eines Landarbeiters. Braun erlernte nach der Grundschule den angesehenen Beruf eines Steindruckers, fand 1888 eher zufällig zur damals noch illegalen Sozialdemokratie. Er gehörte zur linken Opposition der »Jungen«, machte dennoch schnell Karriere in der Königsberger SPD sowie in der Kommunalpolitik der Stadt und war Mitbegründer einer Zeitung. Er war damals schon besonders an der sozialen Situation und an der politischen Organisation der Landarbeiter interessiert und regte die Gründung eines Landarbeiterverbandes an. Wegen »Majestätsbeleidigung« erhielt er zwei Wochen Gefängnis und wenig später war er wegen »Hochverrats« mehrere Wochen in Untersuchungshaft. Im Jahre 1898 war er Vorsitzender der SPD Ostpreußens und langjähriger Stadtverordneter in Königsberg. Im Jahre 1905 begann sein Aufstieg in der SPD auf Reichsebene. Zuvor hatte er 1894 geheiratet und war mit seiner selbstbewussten Frau Emilie nach Berlin umgezogen. Zunächst Mitglied der Kontrollkommission, wurde er 1911 als »Vertreter des linken Flügels« in den Parteivorstand gewählt und übernahm bald die Aufsicht über die Parteikasse.

1913 erhielt er in der letzten Wahl nach dem Dreiklassenwahlrecht im Wahlkreis Niederbarnim eines der wenigen SPD-Mandate im preußischen Haus der Abgeordneten. In den Debatten über den politischen Massenstreik blieb er skeptisch, umso überraschter waren seine Genossen, als er nach dem Scheitern der Forderungen nach

---

1 Der Beitrag fußt auf einem längeren Aufsatz des Autors. Vgl. *Siegfried Heimann*, Otto Braun (1872–1955.). Als Ministerpräsident der »rote Zar von Preußen«, in: *Detlef Lehnert* (Hg.), Sozialdemokratische Regierungschefs, Bonn 2017. Zur Biografie Brauns und für die Belege der Zitate vgl. *Otto Braun*, Von Weimar zu Hitler, Hamburg 1949 sowie *Hagen Schulze*, Otto Braun oder Preußens demokratische Sendung, Frankfurt a. M. u. a. 1977. Zur Politik Brauns zwischen 1914 und 1922 vgl. auch *Siegfried Heimann*, Der Preußische Landtag 1899–1947. Eine politische Geschichte, Berlin 2011.

einer Wahlrechtsreform in Preußen energisch den Massenstreik als letztes Kampfmittel propagierte. Bei Kriegsausbruch 1914 stand er auf der Seite der Mehrheitssozialdemokratie; dem linken Flügel, vor allem dem Kreis um Luxemburg, aus dem später die KPD hervorging, stand er sehr kritisch gegenüber. Dennoch blieb er, wenn auch zunehmend distanzierter, weiterhin mit dem Unabhängigen Karl Kautsky befreundet. Die Parteiführung rechnete im Juli 1914 mit Verbot und Verfolgung. Braun und Ebert reisten mit der Kasse in die Schweiz, um den Weg der Partei in die Illegalität vorzubereiten. Aber der Kaiser kannte keine Parteien mehr, die Gefahr schien gebannt. Ebert und Braun kehrten nach Berlin zurück und die Mehrheit der Reichstagsfraktion stimmte den Kriegskrediten zu. Im Februar 1915 starb sein Sohn als Sanitäter im Krieg. Die drohende Parteispaltung versuchte er zu verhindern, die Haltung der späteren Unabhängigen aber stieß bei ihm auf Unverständnis. Er gehörte dennoch nicht zum rechten Parteiflügel und hatte zu dessen Hauptvertretern keine persönlichen Kontakte. Sie fanden ihn, wie etwa Eduard David schrieb, »zum Verzweifeln«. Bei der sich bald ankündigenden Parteispaltung aber blieb er bei den Mehrheitssozialdemokraten, obwohl seine Parteigenossen in seinem Wahlkreis sein Verhalten missbilligten.

Braun war jedoch bereits im Jahre 1915 einer der ersten Mehrheitssozialdemokraten, die im preußischen Landtag die Kriegsziele der Reichsregierung scharf kritisierten. Die von der Reichsregierung betriebene »Eroberungspolitik« verstoße gegen das »Selbstbestimmungsrecht der Völker« und trage den »Keim zu neuen Kriegen« in sich, so Braun. Die SPD sei jedoch darüber hinaus gegen jede »Annexionspolitik«, da diese den Krieg verlängere und den ersehnten Frieden verzögere. Er schloss seine Rede: »Das deutsche Volk will keine Eroberungen, will keine Annexionen; das deutsche Volk will den Frieden, einen dauerhaften Frieden, also einen Frieden ohne Demütigung und ohne Vergewaltigung fremder Völker.« Nicht wenigen Mitgliedern seiner Fraktion ging diese Kritik an der Annexionspolitik zu weit, er habe nur in seinem Namen, nicht im Namen der Fraktion gesprochen. Die Veröffentlichung seiner Rede wurde von der Militärzensur verboten. In weiteren Reden im Landtag prangerte er immer wieder die Not und den Hunger im deutschen Volke an und machte sich die Großagrarier erneut zum Feinde. Vor allem aber war Braun im September 1918 ein Gegner einer Regierungsbeteiligung der SPD in der Reichsregierung. Er sah darin nur eine »Feigenblattfunktion« und machte sich mit dieser ablehnenden Haltung besonders Friedrich Ebert zum innerparteilichen Widersacher.

Otto Braun war auch einer der ersten Mehrheitssozialdemokraten, der sehr entschieden Kritik an der Oktoberrevolution und an der Machtausübung der russischen Bolschewiki seit Ende 1917/Anfang 1918 übte. Er folgte dabei sogar in der Wortwahl der Kritik seines alten Parteifreundes und jetzigen Unabhängigen Sozialdemokraten Karl Kautsky, der in seiner kleinen Schrift »Demokratie oder Diktatur« für die Ereignisse im Oktober 1917 den Begriff »Oktoberputsch« gewählt hatte. Anfang Februar 1918 schrieb Otto Braun einen Leitartikel im SPD-Parteiorgan »Vorwärts«. Braun verneinte zunächst die angeblich in Deutschland drohende Gefahr einer ähnlichen revolutionären Entwicklung wie in Russland. Die ökonomischen und sozialen Verhältnisse seien in Deutschland ganz anders als in Russland und eine gewaltsame Veränderung wie in Russland sei daher nicht zu erwarten. Aber, so fügte er ausdrücklich hinzu, eine solche Gewaltpolitik sei auch mit der deutschen Sozialdemokratie nicht zu machen:

> »Es muß aber auch offen und ganz unzweideutig ausgesprochen werden, daß wir als Sozialdemokraten diese Gewaltmethoden der Bolschewiki auf das schärfste verurteilen. [...] Der Sozialismus kann nicht auf Bajonetten und Maschinengewehren aufgerichtet werden. Soll er Dauer und Bestand haben, muß er auf demokratischem Wege verwirklicht werden. Dafür ist freilich Vorbedingung, daß die wirtschaftlichen und sozialen Verhältnisse für die Sozialisierung der Gesellschaft reif sind.«

Die Bolschewiki hätten

»eine Säbelherrschaft etabliert, wie sie brutaler und rücksichtsloser unter dem Schandregiment des Zaren nicht bestand. [...] Was die Bolschewiki in Rußland treiben, ist weder Sozialismus noch Demokratie, es ist vielmehr gewalttätigster Putschismus und Anarchie. Deshalb müssen wir zwischen den Bolschewiki und uns einen dicken, sichtbaren Trennungsstrich ziehen.«

Der Artikel brachte Braun manche Kritik auch aus den eigenen Reihen ein, aber er blieb bei seiner eindeutigen Kritik an der Oktoberrevolution und wusste sich dabei mit Karl Kautsky einig.

Die deutschen Arbeiterparteien (auch die Mehrheitssozialdemokratie) hatten Ende 1917 die Machtübernahme der Bolschewiki in Russland ja verhalten begrüßt, erhofften sie sich doch (zumindest im Osten) ein Ende des Krieges. Auch in Deutschland war aufgrund der vielen Opfer, die die Grabenkämpfe an allen Fronten, aber auch die »Hungerwinter« in der Heimat forderten, eine revolutionäre Stimmung vor allem unter den in der Rüstungsindustrie beschäftigten Arbeiterinnen und Arbeitern erkennbar. Im Januar 1918 entlud sich diese Stimmung in einem großen Massenstreik besonders in Berlin. Am 28. Januar 1918 folgten über 200.000 Arbeiter dem Aufruf der Revolutionären Obleute zum Streik. In die elfköpfige Streikleitung sollten auch drei Mitglieder der USPD und – nur mit knapper Mehrheit beschlossen – drei Mitglieder der MSPD eintreten. Das waren Haase, Dittmann und Ledebour von der USPD und Ebert, Scheidemann und Braun von der MSPD. Otto Braun sei, wie er später sagte, in die Streikleitung nur eingetreten, um die streikenden Arbeiter nicht in radikaleres Fahrwasser geraten zu lassen – weshalb ihn später der Hochverratsprozess gegen den Reichspräsidenten Ebert so empörte. Da er jedoch die Berliner Verhältnisse nicht gut kannte, übernahm Otto Wels bald seinen Platz in der Streikleitung.

Braun war allerdings weit davon entfernt, die harten Maßnahmen der Reichsregierung gegen die Streikenden zu billigen. In einer Rede im Haushaltsausschuss des preußischen Abgeordnetenhauses fand er klare Worte. Verantwortlich für den Streik sei »die ganz ungehemmte und provozierende Agitation insbesondere der Vaterlandspartei«, die einen baldigen Frieden ohne Annexionen aussichtslos erscheinen ließ. Dazu käme die »furchtbare Not durch die unzulängliche Lebensmittelversorgung« und die »schikanöse Ausübung des Versammlungsverbots«. Vertreter der anderen Fraktionen widersprachen vehement und die Verbreitung der Rede wurde durch die Zensurbehörde verboten.

Den Beginn der deutschen Revolution von 1918/19 sah Braun als Mitglied im Vollzugsrat des Berliner Arbeiter- und Soldatenrates, freilich nur für wenige Tage. Der Parteivorstand hatte ihn delegiert. Hermann Müller löste ihn bald ab. Seine Erfahrungen in der praktischen Arbeit des Vollzugsrates machten ihn nicht zum Freund der Rätebewegung. Er war und blieb der Landwirtschaftsexperte der Partei, als Abgeordneter war er ein verlässlicher Arbeiter, jedoch kein großer Rhetoriker – auch als Ministerpräsident und als Wahlredner sprach er später sachlich-nüchtern und wenig mitreißend.

Der am 10. November 1918 von einer Versammlung der Arbeiter- und Soldatenräte gewählte »Vollzugsrat des Arbeiter- und Soldatenrates Großberlin« »ernannte« Paul Hirsch und Heinrich Ströbel, ferner Otto Braun, Eugen Ernst und Adolph Hoffmann zu Mitgliedern des politischen Kabinetts für Preußen. Im Auftrag des Vollzugsrates erschienen diese am 12. November 1918 um 11 Uhr beim Vizepräsidenten des ehemals königlich-preußischen Staatsministeriums Robert Friedberg, um dessen Geschäfte für beendet zu erklären und selbst die Regierungsgeschäfte ab sofort zu übernehmen.

»Der Vizepräsident Dr. Friedberg erkannte an, daß die faktische Gewalt sich in den Händen des Vollzugsrats des Arbeiter- und Soldatenrats befinde und er sich dem gemäß fügen müsse. Er hält seine Amtstätigkeit somit für beendet. [...] Er hat somit die Dienstgeschäfte seines Ministeriums an die ihm dafür bezeichneten Herren Hirsch und Ströbel übergeben [...]«,

wie Otto Braun später in seinen Erinnerungen die knappe Mitteilung über die Regierungsübernahme in Preußen beschrieb. Er fügte nicht ohne Pathos an:

»Damit hatte [...] ein in Jahrhunderten durch militärische Machtentfaltung und Tradition aufgebautes und gefestigtes Staatsgefüge, wie es das alte Preußen darstellte [...], ein jähes und ruhmloses Ende gefunden. [...] Diese machtvolle Institution war tot und ich hatte den Totenschein mit unterschrieben. Das hatte ich in meinen kühnsten Träumen nicht gehofft.«

Seit dem 12. November 1918 war Braun in der revolutionären Regierung Hirsch-Ströbel von SPD und USPD zusammen mit Adolf Hofer von der USPD Landwirtschaftsminister in der ersten preußischen Regierung der Republik. Braun beschränkte sich bei seinen Wortmeldungen in den Kabinettssitzungen nicht auf seinen engen Arbeitsbereich als Landwirtschaftsminister und forderte damit öfter auch den eher betulichen Ministerpräsidenten heraus. Er galt bald, wie der »Vorwärts« später schrieb, als der Vertreter der »Linkstendenz in unserer Partei«. Er mochte nicht die Augen vor dem auf dem Lande drohenden Rechtsputschismus verschließen und forderte eine auf Demokratisierung zielende Personalpolitik in allen Behörden. Auch im preußischen Landwirtschaftsministerium war die alte Bürokratie geblieben. »Haß, Ablehnung und mißtrauische Neugier« begegneten ihm und keinerlei Sympathie für das neue Regime. Es war für ihn ein »Schlüsselerlebnis«, wie er später schrieb: »Mit dieser agrarkonservativ ausgerichteten Beamtenschaft, die wohl zu der reaktionärsten der preußischen Verwaltung gehört, sollte ich nun arbeiten und die schwierigen Aufgaben lösen, die der Landwirtschaft [...] gestellt waren.« Aber Braun behauptete sich gegen die Vertreter des preußischen Agrarkonservatismus nicht nur in seiner Beamtenschaft, sondern vor allem auch in den konservativ-reaktionären preußischen Parteien.

Braun blieb auch in allen folgenden preußischen Regierungen von Paul Hirsch in den Jahren 1919 und 1920 und sogar noch in der ersten preußischen Regierung, die er als Ministerpräsident leitete, Landwirtschaftsminister und konnte im Jahre 1927 mit der Abschaffung der preußischen Gutsbezirke, eines feudalen Relikts, einen großen Sieg feiern. Die Landwirtschaftspolitik war für die preußische Regierung, nicht zuletzt für den Landwirtschaftsminister Otto Braun, von 1919 an von großer Bedeutung. Der ostelbische Grundbesitz bildete weiterhin den sozialen Rückhalt der konservativen preußischen Parteien. »Die preußischen Junker hatten ihren Besitzstand mit großem Geschick über den Novemberumsturz hinweggerettet. Aber aus dem Zentrum der Macht waren sie verbannt, und in der wesentlichsten revolutionären Errungenschaft der Landarbeiter – dem Koalitionsrecht – sahen sie eine unerträgliche Herausforderung«, wie Heinrich August Winkler die Haltung der preußischen Junker beschrieb.

Landarbeiter hatten in Preußen durch die »Vorläufige Landarbeiterverordnung« vom 24. Januar 1919 erstmals die Koalitionsfreiheit erhalten. Der freigewerkschaftliche »Deutsche Landarbeiter-Verband« entstand. Die Zahl der gewerkschaftlich organisierten Landarbeiter stieg sehr schnell an. Den preußischen Junkern war besonders der Landarbeiterbund ein Dorn im Auge. Sie versuchten, ihn zu zerschlagen, und gründeten den Pommerschen Landbund als eine Art Arbeitgeberverband. Der Bund stellte bald eigene bewaffnete »Freischaren« auf. Die preußische Regierung versuchte zwar Mitte 1919 zunächst mit Erfolg, den Landbund zur Anerkennung von Tarifverträgen zu zwingen: Aber es war klar, dass die Junker hofften, das Ruder auch wieder herumreißen zu können. Der Kapp-Putsch 1920 sollte dazu die Möglichkeit geben, scheiterte jedoch am Widerstand der demokratisch gesinnten Republikaner im Reich und in Preußen. Im Jahre 1920 waren bereits über 700.000 Landarbeiter im Deutschen Landarbeiter-Verband organisiert. Die Zahl nahm zwar nach 1922/23 wieder stark ab, vor allem wegen des massiven Drucks und offenen Terrors der Arbeitgeber. Die Mitgliederzahlen stiegen erst später wieder langsam an, aber der politische Einfluss der preußischen Junker war auf dem Lande ungebrochen.

Dennoch gingen in Ostelbien die Uhren noch lange anders. Großen Teilen der preußischen Landarbeiter schien noch lange Zeit ihr Verhältnis zum Gutsbesitzer als »gottgewollte Abhängigkeit und Rangordnung«, wie es der preußische Innenminister Albert Grzesinski auf dem Preußentag der SPD später einmal formulierte. Verantwortlich dafür war ein »feudales« Relikt in der preußischen Gemeindeverfassung, da es den preußischen Innenministern nicht gelungen war, nach 1918 eine moderne Verwaltungsreform einschließlich einer neuen Landgemeindeordnung durchzusetzen. Die revolutionäre preußische Regierung hatte in ihrem Aufruf »An das preußische Volk« vom 13. November versprochen, das »reaktionäre Preußen« radikal zu verändern, und daher in die lange Liste der zu bewältigenden Aufgaben auch lapidar die Forderung »Beseitigung der Gutsbezirke« mit aufgenommen.

Behaupten musste Braun sich freilich auch gegen das ständige »Hineinregieren« vonseiten des Vollzugsrates und in ersten Wochen auch in dem »ununterbrochenen Grabenkampf« zwischen den Vertretern der MSPD und der USPD in der preußischen Regierung. Der »gegenseitige intime Haß« aus der Zeit von 1915/16 ließ, wie Hagen Schulze schrieb, kein gedeihliches Zusammenarbeiten entstehen. Darüber hinaus besaß der mehrheitssozialdemokratische Ministerpräsident Paul Hirsch wenig Durchsetzungskraft, was dazu führte, dass Otto Braun schon bald der starke Mann im Kabinett wurde, was er auch blieb, als noch vor Jahresende die Unabhängigen aus der Regierung ausschieden.

Nun war Braun wieder der »Linksaußen« in der preußischen Regierung, der sich ohne Wenn und Aber für den Sozialismus und für die parlamentarische Demokratie einsetzte. »[O]hne Demokratie [ist] der Sozialismus unmöglich; er verspricht nur Erfolg, wenn er auf der breitesten Grundlage des Mehrheitswillens der Bevölkerung basiert«, schrieb er später. Die anstehenden Wahlen im Januar 1919 im Reich und in Preußen machten freilich deutlich, dass die MSPD und die USPD zusammen noch weit entfernt davon waren, die Mehrheit der Wahlbevölkerung auf ihrer Seite zu haben. Es begannen auch für Braun die Mühen der Ebene, die in Preußen – anders als im Reich –, nicht zuletzt durch das politische Wirken Brauns zu bemerkenswerten Erfolgen führten.

Im März 1920 erschütterte der Kapp-Putsch die Weimarer Republik im Reich und in Preußen. Nach der Niederlage der Putschisten schlug die Stunde für einen weiteren Karriereschritt von Otto Braun. Er verstand es, die Gunst dieser Stunde erfolgreich nutzen. Nach dem

Putsch war eine Regierungsumbildung in Preußen überfällig. Die Nominierung des Landwirtschaftsministers Otto Braun zum Ministerpräsidenten kam dann doch für einige in der SPD-Fraktion eher überraschend, zumal andere Kandidaten im Gespräch gewesen waren. Da der neue Ministerpräsident weiterhin Landwirtschaftsminister blieb, verlor die SPD die Mehrheit im Kabinett. Der preußische Ministerpräsident war noch mehr als zuvor Primus inter Pares nur durch die Autorität seiner Persönlichkeit. Die war jedoch bei Otto Braun ohne Zweifel vorhanden.

Otto Braun hatte darüber hinaus auch eine preußische Sozialdemokratie an seiner Seite, die sich von der Partei im Reich sehr unterschied, was nicht zuletzt auch in der unterschiedlich erfolgreichen praktischen Politik der SPD-Fraktionen im Reichstag und im preußischen Landtag erkennbar war.

Im preußischen Landtag war die SPD-Fraktion bis 1932, als sie von der Fraktion der NSDAP überholt wurde, stets stärkste Fraktion. Im Gegensatz zur Reichstagsfraktion waren die meisten Abgeordneten Neulinge im Landtag, da vor 1918 nur zehn SPD-Abgeordnete überhaupt im preußischen Haus der Abgeordneten Erfahrungen hatten sammeln können. Für jüngere Sozialdemokraten war darüber hinaus der Weg in den Reichstag versperrt, da verdiente ältere Sozialdemokraten, die schon vor 1918 Mitglied im Reichstag gewesen waren, darauf wieder Anspruch erhoben. Diese jüngeren Parteimitglieder fanden sich, soweit sie Erfahrungen als Partei- und Gewerkschaftsfunktionäre und als Kommunalpolitiker hatten, nun im preußischen Landtag wieder. Dagegen waren nur wenige »dezidierte« Linke in der Landtagsfraktion und hatten auch keinen Einfluss. Diese Konstellation machte es dem langjährigen und fast ohne Unterbrechung bis 1932 regierenden preußischen Ministerpräsidenten Otto Braun leicht, politisch erfolgreich zu agieren und aus Preußen – wenn auch nur für kurze Zeit – ein »Bollwerk der Demokratie« zu machen.

Als Fazit bleibt: Brauns politische Persönlichkeit zeichnete sich seit Beginn seiner Zeit als Parlamentarier und Minister durch Besonnenheit und Pragmatismus aus, die die Weimarer Koalition in

Preußen anders als im Reich zu einem Erfolgsmodell werden ließen. Er besaß eine tiefe »Verbundenheit mit Preußen und hatte großen Respekt vor […] der Legitimität des preußischen Staates«. Aber er war zugleich der »Antityp zur altpreußischen Agrarelite«, wie Christopher Clark ihn später charakterisierte. Sein autoritärer Führungsstil brachte ihm freilich den nicht nur beifällig gemeinten Beinamen »Roter Zar von Preußen« ein.

Otto Braun sah sich auch als Emigrant in der Schweiz weiterhin als preußischer Ministerpräsident. Die alliierten Sieger kümmerte freilich die Sicht dieses einsamen Rufers aus der Schweiz nicht. Fritz Stern nannte Braun, den Mann einfacher Herkunft aus Ostpreußen, daher wohl zu Recht, »eine heute weitgehend vergessene Schlüsselfigur der Weimarer Politik«.

Stefan Hillger

Rudolf Hilferding – Mittler zwischen USPD und SPD?

1 Einleitung

Rudolf Hilferding (1877–1941) ist heute als einer der führenden sozialistischen Wirtschaftstheoretiker und späterer Reichsfinanzminister bekannt. Sein Wirken sowie seine theoretischen Schriften geben Einblicke in die Zeit der Spaltung der Sozialdemokratie. Hilferding war als Redakteur der »Neuen Zeit«, des »Vorwärts« sowie der »Freiheit«, der Parteizeitung der USPD, an zentralen publizistischen Stellen tätig.

Er war Mitglied im Parteivorstand der USPD und später Beisitzer im Vorstand der wiedervereinigten SPD. Seine Schriften reflektieren die damals die Arbeiterbewegung prägenden Konfliktlinien, wie die Frage nach Krieg und/oder Frieden, die Auseinandersetzung um die parlamentarische Demokratie oder die Einführung des Rätesystems.

2 Spaltung wider Willen – Hilferding und die Parteispaltung

Nach seiner Promotion in Wien war Rudolf Hilferding zunächst als Arzt tätig, wechselte aber an die Parteischule der SPD. 1907 wurde er politischer Redakteur des »Vorwärts«, womit er sich von einer beruflichen Laufbahn als Mediziner verabschiedete und hauptamtlich für die Sozialdemokratie arbeitete. Dies prägte seine berufliche Existenz fortan. Gleichzeitig verfügte er durch seine Tätigkeit für den Vorwärts über einen Zugang zu allen Führungspersonen der SPD.[1]

Die Zustimmung der Sozialdemokratie zu den Kriegskrediten und die damit verbundene Burgfriedenspolitik stellte Hilferding vor ein großes Dilemma: Einerseits lehnte er den Krieg (und damit auch jede ihn unterstützende Politik wie zum Beispiel die Zustimmung zu den Kriegskrediten) ab, andererseits fühlte er sich zur Loyalität gegenüber der SPD verpflichtet und war um ihre Einheit bemüht. Hilferding charakterisierte den Ersten Weltkrieg und die mit ihm verbundenen Kriegsziele des Deutschen Kaiserreichs als imperialistische Politik, die er ablehnte. Dies geht unter anderem aus einem Aufsatz Hilferdings hervor, in dem er, auch wirtschaftspolitisch[2] argumentierend, gegen die Position Friedrich Naumanns Stellung bezog. Diesbezüglich artikulierte er 1915, der Weltkrieg sei »[eine] das gewöhnliche Denken überwältigende Wucht«, die bei zahlreichen Akteuren, darunter auch bei der als »Umlerner« bezeichneten Mehr-

---

1 William Smaldone skizziert in seiner Hilferding-Biografie den Aufbau sowie die Vergrößerung des sozialdemokratischen Parteiapparates während der Wachstumsphase der Partei vor dem Ersten Weltkrieg. In diesem Zusammenhang stellt er heraus, dass sich eine Art Funktionsapparat gebildet habe, in dem in weiten Teilen die Parteijournalisten auch noch wichtige Parteifunktionen wie Reichstagsmandate, Parteivorstandsposten oder Führungspositionen in lokalen Parteiorganisationen innegehabt hätten. Vgl. *William Smaldone*, Rudolf Hilferding. Tragödie eines deutschen Sozialdemokraten, Bonn 2000, S. 71.
2 Dabei lehnte Hilferding die diskutierten Pläne über die Bildung eines mitteleuropäischen Schutzzollgebietes ab, da er der Ansicht war, der Freihandel senke die Lebenshaltungskosten. Vgl. *Wilfried Gottschalch*, Strukturveränderung der Gesellschaft und politisches Handeln in der Lehre von Rudolf Hilferding, Berlin 1962, S. 157.

heit der Reichstagsfraktion, zu einem Umdenken bezüglich der Machtposition des Deutschen Kaiserreichs geführt habe. Dies führe dazu, dass sich ein Staatenkonstrukt bilde, »in dem alle angeschlossenen Nationen die Hintersassen der deutschen würden, das deutsche Volk selbst aber das Instrument einer Politik, deren Inhalte die herrschenden Klassen Deutschlands bestimmen würden.«[3] Des Weiteren zeigt sich in diesem Zitat Hilferdings Befürchtung, der Krieg würde die bestehenden gesellschaftlichen Machtverhältnisse eher stärken als verändern. Jedoch scheute Hilferding lange den offenen Bruch mit der offiziellen Parteilinie. Intern kritisierte er jedoch die Entscheidung und legte seine Kritik in einem gemeinsamen Schreiben der Redakteure des »Vorwärts« am 4. August 1914 dem Parteivorstand dar.[4] Des Weiteren sei das Verhalten der Reichstagsfraktion »ein schwerer Schlag für die Internationale« und bewirke die »Lockerung des Zusammenhanges zwischen den verschiedenen Zweigen der internationalen Arbeiterbewegung.«[5] Aus »Rücksicht auf die jetzige gefährliche Lage« der SPD und mit Blick auf den Erhalt der Parteipresse[6] wurde diese Erklärung aber nicht veröffentlicht.

Im weiteren Verlauf des Weltkrieges erfüllten sich die Hoffnungen Hilferdings, die SPD würde ihre Position revidieren, nicht. Seitdem er 1915 von der österreichisch-ungarischen Armee eingezogen und als Arzt an der italienischen Front eingesetzt wurde, informierte ihn sein persönlicher Freund Karl Kautsky regelmäßig über die Entwicklungen innerhalb der Sozialdemokratie.[7] 1917 verließ er die SPD und schloss sich der USPD an. Aufgrund seiner Ansichten und seines Verhaltens ist davon auszugehen, dass Hilferding durch seine Loyalität zur SPD bis zu einem Zeitpunkt bereit war, sich den Mehrheits-

---

3 *Rudolf Hilferding*, Europäer, nicht Mitteleuropäer!, in: Der Kampf 8, 1915, S. 357, zit. n.: *Gottschalch*, Strukturveränderung, S. 157 f.
4 Vgl. Erklärung der Redakteure des Vorwärts vom 3.8.1914, abgedruckt in: *Eugen Prager*, Geschichte der USPD. Entstehung und Entwicklung der Unabhängigen Sozialdemokratischen Partei, Glashütten i. Ts. 1970, S. 30 f.
5 Ebd., S. 31.
6 Ebd.
7 Vgl. *Smaldone*, Rudolf Hilferding, S. 85.

positionen der Reichstagsfraktion zu beugen, wenngleich der Ausschluss der Minderheit aus der Reichstagsfraktion im März 1917 für ihn offenbar das Überschreiten einer Grenze darstellte. Nach seinem Austritt und seinem Eintritt in die USPD betrachtete sich Hilferding als politisch heimatlos. Dies geht aus einem Schreiben an Kautsky vom 8. September 1918 hervor, in dem er schrieb, es existiere »[...] heute kaum eine Fraktion im Sozialismus, mit der wir uns identifizieren können [...].«[8]

3 Teil der Minderheit – Hilferdings Wirken in der USPD

Nach seiner Rückkehr nach Berlin Mitte November 1918 wurde Hilferding zum Chefredakteur der USPD-Parteizeitung »Freiheit« ernannt. Innerhalb der USPD war Hilferding als ehemaliger Zentrist in der SPD jedoch in der Minderheit. Dies zeigt sich an den grundsätzlichen Fragen der Zeit, die den Diskurs innerhalb der USPD prägten. Nach Berlin kehrte er erst Mitte November 1918 zurück.

Als die USPD intern noch über ihren Kurs diskutierte, vertrat Hilferding grundsätzlich die Ansicht, die Partei solle sich an den Wahlen zur Nationalversammlung beteiligen.[9] Inhaltlich befürwortete der Redakteur eine Erweiterung der parlamentarischen Demokratie mit Elementen der Räte, damit »eine Reaktion [konservativer Kräfte] unmöglich werde.« In diesem Zusammenhang betonte Hilferding in der ersten Ausgabe der »Freiheit«, die USPD müsse zeigen, dass »wir nicht nur Demokraten, sondern auch Sozialisten«[10] seien. In diesem Kontext ist auch der Aufruf des Parteivorstandes zu sehen,

---

8 Schreiben Hilferdings an Kautsky vom 8.9.1918, zit. n.: *Cora Stephan* (Hg.), Zwischen den Stühlen oder die Unvereinbarkeit von Theorie und Praxis, Berlin 1982, S. 90.
9 In einem Aufruf des Parteivorstandes der USPD vom 12.11.1918 hieß es diesbezüglich, es sei eine paritätisch besetzte sozialistische Regierung zu bilden, die »die Gewalt nur aus den Händen der Arbeiter- und Soldatenräte« empfangen könne. Über die konkreteren Maßnahmen solle ein Parteitag entscheiden. Abgedruckt in: *Prager*, Geschichte der USPD, S. 181 f.
10 Hilferding in der ersten Ausgabe der »Freiheit«, zit nach: *Prager*, Geschichte der USPD, S. 183.

der davon spricht, »die deutsche Republik mit sozialistischem Inhalt«[11] zu füllen. Hilferdings Vorstellungen schienen dementsprechend auf einen evolutionären gesellschaftlichen Wandel im Rahmen der parlamentarischen Demokratie mit der Vergesellschaftung einiger Industriezweige hinaus zu laufen.[12] Dabei wurde er während der Umbruchsphase 1918/1919 von einer revolutionären Euphorie erfasst, sodass er von einem politischen Sieg des Proletariats in den Wahlen ausging. Diesbezüglich fragte Hilferding in der »Freiheit« am 18. November 1918: »Kann wirklich jemand zweifeln, daß dieses Proletariat in dieser historischen Situation nach dem katastrophalen Zusammenbruch im Wahlkampf besiegt werden kann?«[13] Des Weiteren wirkte Hilferding in der Sozialisierungskommission mit, um dort für seine wirtschaftspolitischen Ziele zu kämpfen.[14]

Interessante Erkenntnisse ergeben sich hinsichtlich der politischen Einordnung Hilferdings. Einerseits kritisierte er die MSPD, die seiner Ansicht nach zu wenig auf einen Wandel ausgerichtet sei und ihm, auch im Hinblick auf einzuleitende Transformationsprozesse, nicht weit genug ging. Dementsprechend sei die Mehrheitssozialdemokratie nur mit der »Abfassung von Wählerlisten«[15] beschäftigt. Differenzen zwischen Hilferding und der Mehrheitssozialdemokratie zeigten sich auch in der Bewertung der Revolution. So schrieb er beispielsweise 1919, die MSPD habe durch die Niederschlagung der Revolution die konservativen Kräfte gestärkt.[16] Jedoch verbanden Hilferding und die MSPD prinzipiell das Bekenntnis zur parlamentarischen Demokratie und er hatte sich mit seinen Positionen

---

11 Aufruf der Parteileitung der Unabhängigen Sozialdemokratischen Partei Deutschlands, abgedruckt in: *Prager*, Geschichte der USPD, S. 184.
12 Vgl. diesbezüglich auch *Smaldone*, Rudolf Hilferding, S. 112 f.
13 *Rudolf Hilfering*, Revolutionäres Vertrauen, in: Die Freiheit 1, Nr. 6, 18.11.1918, zit. n.: *Gottschalch*, Strukturveränderung, S. 163.
14 Dort fungierte er als Gegenspieler Rathenaus, konnte aber, auch bedingt durch die politischen Entwicklungen, keine substanziellen Erfolge hinsichtlich wirtschaftlicher Sozialisierungen erzielen.
15 *Rudolf Hilfering*, Klarheit!, in: Die Freiheit 1, Nr. 15, 23.11.1918, zit. n.: *Gottschalch*, Strukturveränderung, S. 165.
16 Vgl. *Smaldone*, Rudolf Hilferding, S. 117.

grundsätzlich nicht vom Erfurter Programm der SPD von 1891 entfernt. Die Kriegsfrage, die zum Parteiaustritt geführt hatte, hatte 1918/1919 an Relevanz verloren. Seiner Ansicht nach hätte eine geeinte Sozialdemokratie während der Revolution politisch mehr erreichen können.

Andererseits lehnte Hilferding die Einführung eines Rätesystems nach sowjetischem Vorbild entschieden ab. Er vertrat eine Mittlerposition zwischen Rätesystem und Parlamentarismus. Die Räte stellten für ihn vielmehr ein Instrument dar, um die Geschlossenheit der Arbeiterschaft wieder zu erreichen und um vereint die politischen Ziele durchzusetzen. Gleichwohl ging er davon aus, dass die Beschlüsse der Räte auch von der Nationalversammlung mitgetragen und damit legitimiert würden. Deswegen definierte er den Terminus »Diktatur des Proletariats« in der »Freiheit« am 23. November 1918 als »Mehrheitswille, Mehrheitsregierung, und wir haben keinen Zweifel, daß die Nationalversammlung sie bestätigen wird.«[17]

Die bolschewistische Losung »alle Macht den Räten!« lehnte er sowohl aus grundsätzlichen als auch aus strategischen Überlegungen ab. Seiner Ansicht nach könne im Gegensatz zum rückständigen Russland der Transformationsprozess friedlich sowie parlamentarisch erfolgen, ohne dass eine Minderheit Gewalt ausübte.[18]

1919 diskutierte die USPD kontrovers die Frage parlamentarische Demokratie oder Rätesystem sowie den Beitritt der Partei zur Komintern. Hilferding vertrat dabei die Position der deutlich unterlegenen Minderheit. Dabei argumentierte er, die Partei müsse eine Strategie verfolgen, »die uns nicht isoliert von dem westeuropäischen Proletariat.«[19] Seiner Ansicht nach werde der zentrale Konflikt zwischen Arbeit und Kapital in den industrialisierten westlichen Ländern

---

17 Zit. n.: *Gottschalch*, Strukturveränderung, S. 164.
18 Vgl. *Smaldone*, Rudolf Hilferding, S. 97.
19 Protokoll über die Verhandlungen des außerordentlichen Parteitages in Leipzig vom 30. November bis 6. Dezember 1919, hg. v. der Unabhängigen Sozialdemokratischen Partei Deutschlands, Berlin o. J., S. 316.

entschieden, aber nicht in Russland.[20] Des Weiteren warnte Hilferding seine Partei davor, sich »unterwürfig zu machen [gegenüber] den Beschlüssen der Dritten Internationale, wie sie in Moskau gebraucht werden.«[21] Grundsätzlich hatte sich die USPD 1919 hinsichtlich der Frage Räte oder parlamentarische Demokratie auf einen interpretierbaren Beschluss festgelegt, der den offenen Bruch verhinderte. Dort hieß es, die USPD »steht auf dem Boden des Rätesystems«, obgleich zum Erreichen der politischen Ziele sich »aller politischen, parlamentarischen und wirtschaftlichen Kampfmittel«[22] bedient werden dürfe. Trotz der Abstimmungsniederlage verhielt sich Hilferding, wie zu Beginn des Burgfriedens, nach außen hin gegenüber seiner Partei loyal. Nach innen vertrat er aber seine Ansichten konsequent und versuchte die Positionen der USPD in seinem Sinne umzukehren. In diesem Sinne kämpfte er erneut um die Einheit (und den Fortbestand) seiner Partei.

4 Der Wortführer – Hilferdings Rolle auf dem Parteitag von Halle 1920

Hilferdings Wirken innerhalb der USPD bis zum Parteitag in Halle 1920 ist nicht ohne den äußeren Rahmen, die Frage des Beitritts der Partei zur Komintern, zu verstehen. In den artikulierten 21 Bedingungen verbarg sich der zentrale Konflikt, der die Spaltung der Partei bedingte. Dabei ging es auch um zentrale inhaltlich Fragen, die die USPD zu klären hatte: die Rolle der Staatsordnung, Räte oder parlamentarische Demokratie. Aufgrund seiner hauptamtlichen

---

20 Vgl. *Prager*, Geschichte der USPD, S. 211. Außerdem fürchtete Hilferding, die USPD würde durch den Beitritt zur Komintern ihre Eigenständigkeit gegenüber Moskau verlieren. Vgl. *Smaldone*, Rudolf Hilferding, S. 117.
21 Protokoll über die Verhandlungen des außerordentlichen Parteitages in Leipzig vom 30. November bis 6. Dezember 1919, S. 321.
22 Aktionsprogramm der Unabhängigen Sozialdemokratischen Partei Deutschlands vom Dezember 1919, abgedruckt in: *Prager*, Geschichte der USPD, S. 209 f.

Tätigkeit als Redakteur der »Freiheit« stand auch Hilferdings berufliche Zukunft im Falle einer Parteispaltung auf dem Spiel.

In der Debatte vor der Abstimmung, die über die Annahme der 21 Bedingungen zum Beitritt zur Komintern entscheiden sollte, kam es zur zentralen Auseinandersetzung, in der die beiden unterschiedlichen Positionen deutlich wurden. Mit Grigori Sinowjew, dem Chef des Exekutivkomitees der Komintern, warb erstmals in Deutschland ein führender Bolschewist um eine Entscheidung im Sinne Moskaus. Die Gegenrede hielt Hilferding, wobei er sich sowohl gegenüber der MSPD als auch von der Komintern abgrenzte. In diesem Zusammenhang warf er Ebert und Scheidemann vor, sie hätten der Revolution durch die Zusammenarbeit mit den alten Eilten geschadet: »Was für ein Einfall, Hindenburg die Befehlsgewalt zu lassen. Doch was für eine Genugtuung [...] mit dem Feldmarschall sozusagen auf du und du zu stehen.«[23] Des Weiteren rechtfertigte er die Position der USPD und die bisher vollzogene Ablehnung des radikalen sowjetischen Weges, weil eine »Republik besser [sei] als Monarchie, und eine bürgerliche Republik mit einer Nationalversammlung besser [sei] als eine Republik ohne Nationalversammlung.«[24]

Insgesamt lässt sich feststellen, dass Hilferdings Rede auf dem Parteitag die bisherige Parteipolitik stützte und dass er um ihre Fortführung als eine von Moskau unabhängige Politik warb. Dementsprechend erfolgten sowohl Abgrenzungen zur MSPD als auch zu den russischen Bolschewisten, wobei letztere aufgrund der politisch brisanten Lage schwächer ausfiel. Er betonte zum Abschluss seiner Grundsatzrede, die Spaltung der USPD »spiele [...] die revolutionäre Sache in die Hände der Konterrevolutionäre.«[25]

---

23 *Rudolf Hilferding*, Revolutionäre Politik oder Machtillusionen? Rede gegen Sinowjew auf dem Parteitag der USPD in Halle 1920, Berlin 1922, S. 20.
24 Ebd., S. 22.
25 Ebd.

5 Der Brückenbauer – Hilferdings Wirken im Wiedervereinigungsprozess von MSPD und USPD

Als mögliches Hindernis für eine Kooperation mit der MSPD stellte sich die Koalitionsfrage im Falle einer Regierungsbeteiligung heraus, weil die USPD an ihrem Paradigma, »frei von jedweder Regierungskoalition mit bürgerlichen Parteien«[26] zu sein, festhielt. Auch widersprachen die im Görlitzer Programm formulierten Grundsätze der MSPD den Prinzipien der Unabhängigen. Hilferding, der im Januar 1922 in den Zentralausschuss der USPD gewählt wurde, vertrat jedoch bezüglich einer möglichen Zusammenarbeit mit der MSPD und einer möglichen Tolerierung von bürgerlichen Kabinetten eine andere Ansicht. Diese grundlegende Differenz wurde auch am 15. Februar 1922 deutlich, als 13 der knapp 60 verbliebenen Reichstagsmitglieder der USPD durch das Verlassen des Plenums und der damit verbundenen Nichtteilnahme an einer Vertrauensabstimmung die Abwahl des Kabinetts Wirths verhinderten. In der »Freiheit« erschien am 23. Februar 1922 ein Artikel, der sowohl die Meinung der Fraktionsmehrheit als auch der Minderheit darlegte. Darin wird die nicht von Hilferding geteilte Mehrheitsmeinung rekapituliert, »die Möglichkeit einer Rechtsregierung dürfe von einem Sturz der Wirth-Regierung nicht abschrecken.«[27] Diese Meinungsverschiedenheit führte im März 1922 zum mehrheitlichen Rücktritt der Redaktion um Hilferding, die sich zahlreichen Vorwürfen (Abweichen von Parteigrundsätzen, Untergrabung der Unabhängigkeit der Partei) ausgesetzt sah.[28]

Die Furcht vor einem rechten Umsturz nach der Ermordung Rathenaus im Sommer 1922 führte dazu, dass die USPD ihre Haltung

---

26 Protokoll über die Verhandlungen des Parteitages in Leipzig vom 08. bis 12. Januar 1922, hg. v. der Unabhängigen Sozialdemokratischen Partei Deutschlands, Leipzig o. J., S. 7.
27 *Rudolf Hilferding*, Reichskonferenz der USPD, in: Die Freiheit 5, Nr. 91, 23.2.1922, zit. n.: *Hartfried Krause*, USPD. Zur Geschichte der Unabhängigen Sozialdemokratischen Partei Deutschlands, Frankfurt a. M. 1975, S. 245.
28 Vgl. *Smaldone*, Rudolf Hilferding, S. 125. Wheeler verweist darauf, dass in den Landesregierungen in Braunschweig, Sachsen und Thüringen eine erfolgreiche Zusammenarbeit beider Parteien stattgefunden habe. Vgl. *Robert Wheeler*, USPD

bezüglich der Zusammenarbeit mit der MSPD, sogar im Hinblick auf eine Regierungsbeteiligung, mehrheitlich allmählich änderte, wobei die Bildung einer Arbeitsgemeinschaft der Reichstagsfraktionen am 14. Juli 1922 einen ersten Schritt bildete. Hilferding spielte in dem Vereinigungsprozess eine Schlüsselrolle, weil er eine wichtige Funktion innerhalb der Verhandlungsdelegation der USPD innehatte und konsequent für die Wiedervereinigung eintrat. Auf dem Parteitag der wiedervereinigten Sozialdemokratie wurde Hilferding als Beisitzer in den neuen Parteivorstand gewählt. Des Weiteren wurde er 1923 zum Chefredakteur der neuen sozialdemokratischen Theoriezeitung »Die Gesellschaft« ernannt.[29]

6 Zusammenfassung

Aufgrund der Burgfriedenspolitik brach Hilferding mit der SPD und schloss sich schweren Herzens im Frühjahr 1917 der USPD an. Als demokratischer Sozialist hoffte er anfangs auf eine stärkere sozialistische Umgestaltung Deutschlands im Zuge der Revolution (weitgehend im wirtschaftspolitischen Sinne), wenngleich seine Hoffnungen enttäuscht wurden.

Innerhalb der USPD war Hilferding mit seinen Positionen in der Minderheit, da er sich für die parlamentarische Demokratie aussprach. In dieser Frage stand er der MSPD prinzipiell näher und lehnte den Beitritt seiner Partei zur Komintern konsequent ab, wenngleich die Politik der Sozialdemokratie im Zuge der Niederschlagung der Revolution sowie eine mögliche Koalitionsregierung mit bürgerlichen Parteien eine Wiederannäherung vorerst ausschlossen. Als einer der Protagonisten auf dem Parteitag in Halle 1920 warb er intensiv für die Eigenständigkeit der USPD, obgleich er in der zentralen Abstimmung unterlag. Nach der Parteispaltung spielte Hilferding im Ver-

---

und Internationale. Sozialistischer Internationalismus in der Zeit der Revolution, Frankfurt a. M. 1974, S. 277. Weitere Faktoren, die die Wiedervereinigung beförderten, waren sinkende Mitgliederzahlen und Wahlniederlagen.

29 Vgl. ebd., S. 128.

einigungsprozess von MSPD und USPD eine zentrale Rolle, wobei die Furcht vor weiteren reaktionären Umstürzen ein zentrales Motiv war, welches den Positionswechsel der Unabhängigen bedingte. Nichtsdestotrotz lässt sich feststellen, dass die inhaltlichen Differenzen zwischen Hilferding und der MSPD sich von 1920 bis 1922 verringerten. Hierbei muss auch unterstrichen werden, dass Hilferding erkannte, dass sich das Fenster für eine weitere revolutionäre Umgestaltung Deutschlands geschlossen hatte und die parlamentarische Demokratie von rechts infrage gestellt wurde. Deswegen müsse eine wiedervereinigte Sozialdemokratie die Demokratie schützen und einige Verbesserungen im Vergleich zum Kaiserreich herbeiführen, anstatt »die bloße Propaganda, das reine Bekenntnis« zu artikulieren. Um die inhaltlichen Ziele realisieren zu können, sei es notwendig, »die Majorität allein oder mit Bundesgenossen zu erobern«, auch weil »die Anwendung außerparlamentarischer Mittel in der entwickelten Demokratie [...] begrenzt« sei.[30] Dies formulierte er in seinem Artikel »Wandel in der Politik«, der am 31. Dezember 1922 in der Frankfurter Zeitung erschien.[31] Die Fragen der Zeit (sowie der partielle Positionswechsel Hilferdings) werden in seinen Reden und Artikeln deutlich, obgleich persönliche Ausführungen, zum Beispiel in Form von Briefen, nicht überliefert sind.

---

30 *Rudolf Hilferding*, Wandel in der Politik, in: Die Frankfurter Zeitung, 31.12.1922, zit. n.: *Smaldone*, Rudolf Hilferding, S. 126.
31 Vgl. ebd.

Uli Schöler

Verzweifeltes Festhalten am Ziel der Einheit der Sozialdemokratie: Karl Kautsky

Über Karl Kautsky zu schreiben ist ein risikoreiches Unterfangen. Jahrzehntelang galt er als der intellektuelle Nachlassverwalter der beiden theoretischen Überväter der frühen sozialistischen Arbeiterbewegung Karl Marx und Friedrich Engels. Seine Autorität in der Zweiten Internationale war über lange Perioden unbestritten. Begründet wurde seine internationale Reputation durch das Erfurter Programm der deutschen Sozialdemokratie von 1890, dessen theoretischen Teil er entworfen hatte. Dieser fand auch die Zustimmung von Friedrich Engels und damit »höhere Weihen« im Sinne »marxistischer« Anforderungen.[1] Kautskys Kommentar zum Programm wurde in 23 Sprachen übersetzt und erreichte allein in Deutschland bis 1914 zwölf Auflagen. Vom Kurzkommentar »Grundsätze und Forderungen« wurden bis 1913 eine Millionen Exemplare gedruckt.[2]

---

[1] Aus einem Brief von Engels ist der bemerkenswerte Satz überliefert: »Ich verlasse mich auf Kautsky wie auf mich selbst«; *Friedrich Engels*, Brief an Friedrich Adolph Sorge vom 6. April 1887, in: MEW, Bd. 36, S. 635.

Mit seinen Popularisierungen insbesondere der ökonomischen Schriften von Marx trug Kautsky enorm zu deren Verbreitung in der Arbeiterschaft und unter den Parteimitgliedern bei. Sein wissenschaftliches und schriftstellerisches Schaffen war enorm.[3] Es dürfte wohl niemand unter denjenigen, die sich mit seiner intellektuellen Biografie befasst haben, den Anspruch erheben können, sich mit diesem *Gesamt*werk und den sich darin ausdrückenden vielfältigen Wendungen und Wandlungen bis ins Detail auseinandergesetzt zu haben.

Hinzu kommt, dass uns bislang – mit einer Ausnahme[4] – nahezu ausschließlich *intellektuelle* Biografien vorliegen[5], in denen die konkreten lebensweltlichen Einbettungen seines Wirkens weitgehend ausgeblendet bleiben (und denen dadurch mancher Erklärungszusammenhang entgeht). Und schließlich ist das Bild Kautskys stark überformt durch eine Reihe von Kontroversen, in deren Mittelpunkt er beziehungsweise seine Positionsbestimmungen standen, und aus denen vielfältige Wertungen und Außenbetrachtungen stammen, die vielfach mehr über seine Kontrahenten und weniger über ihn aussagen: den Revisionismusstreit mit Eduard Bernstein, die Massenstreikdebatte mit Rosa Luxemburg, Anton Pannekoek und anderen und vor allem die Debatte über die russische Revolution und ihre Folgen, an der alle wichtigen Köpfe der Bolschewiki – Lenin, Trotzki, Radek und Bucharin – teilnahmen.[6] Insofern ist das Bild Kautskys

---

2   *Ingrid Gilcher-Holtey*, Das Mandat des Intellektuellen. Karl Kautsky und die Sozialdemokratie, Berlin 1986, S. 252.
3   Vgl. die Bibliografie: *Hans Blumenberg*, Karl Kautskys literarisches Werk. Eine bibliographische Übersicht, Amsterdam 1960.
4   *Harald Koth,* »Meine Zeit wird wieder kommen ...« Das Leben des Karl Kautsky, Berlin 1993.
5   Als wichtigste seien genannt: *Gilcher-Holtey*, Das Mandat; *Erich Matthias*, Kautsky und der Kautskyanismus, Tübingen 1957; *Massimo Salvadori*, Sozialismus und Demokratie. Karl Kautsky 1880–1938, Stuttgart 1982; *Till Schelz-Brandenburg*, Eduard Bernstein und Karl Kautsky, Köln/Weimar/Wien 1992; *Gary P. Steenson*, Karl Kautsky, 1854–1938. Marxism in the Classical Years, Pittsburgh 1978.
6   Zum Inhalt dieser Debatte vgl. ausführlich *Uli Schöler*, »Despotischer Sozialismus« oder »Staatssklaverei«? Die theoretische Verarbeitung der sowjetrussischen Entwicklung in der Sozialdemokratie Deutschlands und Österreichs (1917 bis 1929), Münster i. Westf. 1991, 2 Bde., bes. S. 290 ff.

häufig überformt durch Außenbetrachtungen und durch die Übernahme von Argumenten seiner Kontrahenten.[7]

Wer also war dieser Karl Kautsky und was machte ihn aus? Geboren wurde er 1854 in Prag in einer »Künstlerfamilie« als Sohn einer österreichischen Mutter und eines tschechischen Vaters. Seit 1863 lebte die Familie in Wien. Diskriminierungserfahrung ob seiner Herkunft machte der junge Karl früh. In der Schule wurde er von Mitschülern und Lehrern als »Mischling« tituliert. Mit knapp 20 Jahren trat er 1874 als Student der Sozialdemokratischen Arbeiterpartei (SDAP) bei und begann schon während seiner Studienzeit für sozialdemokratische Zeitungen zu schreiben. Seine Freundschaft mit dem vier Jahre älteren Eduard Bernstein datiert aus den frühen 1880er-Jahren. In diesen Jahren lernte er bei einer Reise nach London Karl Marx und Friedrich Engels kennen. Von zentraler Bedeutung für ihn wurde die Gründung der Theoriezeitschrift *Die Neue Zeit*, die zunächst Eigentum des Verlegers Dietz in Stuttgart war, später aber vom Parteivorstand der SPD übernommen wurde. Seine Stellung als Chefredakteur des Theorieorgans ermöglichte Kautsky eine einzigartige, herausgehobene Position in der deutschen (und internationalen) Sozialdemokratie. Mit der Zeitschrift zog er 1897 von Stuttgart nach Berlin, das er aber 1923 mit Familie wieder Richtung Wien verließ. 1938 floh die Familie über Prag nach Amsterdam, wo Kautsky im gleichen Jahr verstarb.[8]

1 Die Friedensfrage

Angesichts der Breite von Kautskys Publikationstätigkeit fällt es schwer, auf knappem Raum eine Wiedergabe seiner Haltung zur Kriegs- und Friedensfrage zu versuchen. Einige Streiflichter müssen

---

7 Auch Gilcher-Holtey schreibt mit Recht: »Die heute überwiegend negative Beurteilung Kautskys wird seiner Bedeutung nicht gerecht. Die vielfach ideologische und politische Etikettierung verfehlt die Einzigartigkeit seiner Stellung und Wirkung.«; *Gilcher-Holtey*, Das Mandat, S. 252.
8 Vgl. im Einzelnen *Koth*, Meine Zeit.

genügen: Sein Verhalten in den Jahren ab 1914 ist nicht zu verstehen, ohne den Blick sieben Jahre zurück zu richten. In seiner Schrift »Patriotismus und Sozialdemokratie« hob er als neue Erfahrung nach der russischen Revolution von 1905 hervor, dass die Bedrohung Mittel- und Westeuropas durch den Zarismus nicht mehr existiere. Daher seien sich die Sozialisten aller Länder darin einig, *jedem* drohenden Krieg »auf das energischste entgegenzutreten, weil seit dem Ausbruch der russischen Revolution kein Krieg mehr erwartet werden könne, zu dem nicht der Patriotismus des Proletariats, alle seine Interessen und Ziele, im schroffsten Widerspruch ständen«.[9] Über diesen Text kam es auf dem Essener SPD-Parteitag zu einer intensiven Kontroverse. Kautsky positionierte sich so: »Wir haben uns nicht von dem Gesichtspunkt leiten zu lassen, ob Angriffs- oder Verteidigungskrieg, sondern davon, ob ein proletarisches oder demokratisches Interesse in Gefahr ist.« Es handele sich um eine internationale Frage, »denn ein Krieg zwischen Großstaaten wird zum Weltkrieg. […] Die deutsche Regierung könnte aber auch eines Tages den deutschen Proletariern weismachen, daß sie die Angegriffenen seien, die französische Regierung könnte das gleiche den Franzosen weismachen, und wir hätten dann einen Krieg, in dem deutsche und französische Proletarier mit gleicher Begeisterung ihren Regierungen nachgehen und sich gegenseitig morden und die Hälse abschneiden.«[10] Seine Schlussfolgerung lautete wenige Jahre später: Wenn die Masse des Volkes den Krieg wolle, »werden wir außer Protesten in der Parteipresse und von den Tribünen der Volksversammlungen und Parlamente gegen den Krieg und zugunsten des Friedens nicht viel machen können.«[11] Seine frühere Überlegung eines Weitertreibens der Antikriegsagitation in Richtung auf eine soziale Revolution, wie sie von den russischen wie den deutschen Linken angestellt wurde, hielt Kautsky mittlerweile für aussichtslos.

---

9 *Karl Kautsky*, Patriotismus und Sozialdemokratie, Leipzig 1907, S. 3.
10 *Ders.*, in: Protokoll über die Verhandlungen des Parteitages der Sozialdemokratischen Partei Deutschlands, abgehalten zu Essen vom 15. bis 21. September 1907, Berlin 1907, S. 261.
11 *Ders.*, Der zweite Parteitag von Jena, in: Die Neue Zeit 29, 1911/12, Bd. 2, S. 874.

Kautsky ist im Gefolge der Auseinandersetzungen nach dem 4. August 1914 um die Bewilligung der Kriegskredite durch die sozialdemokratische Reichstagsfraktion von links vorgeworfen worden, er habe sich nicht ausreichend klar antimilitaristisch positioniert. Betrachtet man aus heutiger Perspektive nüchtern die Ereignisse der Jahre nach 1914, wird man allerdings kaum umhinkönnen, seinen bereits 1907 vorgenommenen Einschätzungen begrenzter Einflussmöglichkeiten eine hohe Plausibilität hinsichtlich der dann stattfindenden Abläufe und Ereignisse zuzumessen. Insofern erklärt sich dann auch sein Verhalten in der ersten entscheidenden Debatte in der Reichstagsfraktion am 3. August, zu der er als beratender Gast hinzugeladen worden war. Auch heute noch wird ihm kritisch vorgehalten, er habe innerhalb von vier Tagen gleich vier verschiedene Standpunkte eingenommen: Ablehnung, Enthaltung, bedingte Zustimmung, Zustimmung.[12] Das liest sich wahrlich beschämend für einen »Cheftheoretiker«, wird den Motiven für Kautskys Verhalten aber nur bedingt gerecht.

Die hier vorstehend zitierte Einschätzung, das Verhalten der Massen angesichts der psychologischen Gesamtsituation nur bedingt beeinflussen zu können, bedeutete für Kautsky, dass es zunächst vorrangig darauf ankomme, sich in der sozialdemokratischen Reichstagsfraktion auf eine möglichst gemeinsame Haltung zu verständigen. Nach seiner eigenen späteren Darstellung hatte er deshalb die Absicht gehabt, den Fraktionsmitgliedern eine Stimmenthaltung zu empfehlen (wie sie im Übrigen auch von Marx und Engels angesichts des deutsch-französischen Krieges gutgeheißen worden war).[13] Dafür fand sich aber in beiden Lagern – links wie rechts – keine Unterstützung. Signifikant ist die Ablehnung von rechts: Eduard David, zum Wortführer der Rechten aufgestiegen, charakterisierte Kautskys

---

12 Vgl. *Jürgen Rojahn*, Karl Kautsky im Ersten Weltkrieg, in: *Ders.* (Hg.), Marxismus und Demokratie. Karl Kautskys Bedeutung in der sozialistischen Arbeiterbewegung, Frankfurt a. M. 1991, S. 203; *Schelz-Brandenburg*, Eduard Bernstein, S. 370.
13 *Karl Kautsky*, Sozialisten und Krieg, Prag 1937, S. 446 ff.

Vorschläge als »Produkt eines nicht mehr normalen Gehirns«.[14] Daher zielte Kautsky nun darauf ab, die Zustimmung zur Bewilligung der Kriegsanleihen von Zusicherungen über die Kriegsziele abhängig zu machen, weil er nur so die Chance sah, ein einheitliches Abstimmungsverhalten ohne Bruch in der Fraktion erreichen zu können. Angesichts der noch ungeklärten Frage, wer welche Verantwortung für den Krieg trage, sah er sich (noch) nicht in der Lage, eine uneingeschränkte Ablehnung der Bewilligung zu empfehlen.[15] Ob ihm zu diesem Zeitpunkt schon klar geworden war, dass eine deutliche Mehrheit der Fraktion ohne Wenn und Aber zur Bewilligung entschlossen war, dürfte zweifelhaft sein.

Obwohl auch dieser Vorschlag keine Mehrheit fand, erklärte Kautsky sich bereit, an der Erstellung des Begründungstextes für eine öffentliche Erklärung mitzuwirken. In dieser Kommission erreichte er die Aufnahme eines Satzes, der ausdrückte, dass sich die Sozialdemokratie dem Krieg sofort entschieden wiedersetzen würde, sobald dieser aufseiten der Deutschen den Charakter eines Eroberungskriegs annehmen würde. Auf diese Weise schien ihm nunmehr eine Zustimmung möglich. Womit er wohl nicht gerechnet haben dürfte, ist die Tatsache, dass sich die Fraktionsführung auf Drängen von Reichskanzler Bethmann Hollweg dazu veranlasst sah, genau diesen Satz wieder aus dem Text herauszunehmen.[16] Kautsky sah sich getäuscht; ihm dämmerte nun auch, dass der rechte Parteiflügel es darauf anlegte, seine neu errungene Majorität jetzt mit aller Konsequenz und unter Verweis auf die Fraktionsdisziplin in die Tat umzusetzen. Zwischen Robert Schmidt und Eduard David wurden bereits am 15. August Möglichkeiten und Voraussetzungen einer Spaltung erörtert.[17]

---

14 *Eduard David*, Tagebucheintrag vom 3. August 1914, in: Das Kriegstagebuch des Reichstagsabgeordneten Eduard David 1914 bis 1918, Düsseldorf 1966, S. 8. Anfang Juni 1915 schrieb er über Kautsky: »Dieser verknöcherte Doktrinär und literarische Demagoge muß endlich unschädlich gemacht werden«, ebd., S. 131.
15 *Karl Kautsky*, Die Wahrheit über den 3. August, in: Vorwärts, 1.1.1916.
16 Vgl. *Salvadori*, Sozialismus und Demokratie, S. 263; *Rojahn*, Karl Kautsky.
17 *David*, Tagebucheintrag vom 15. August 1914, in: Das Kriegstagebuch, S. 17.

Kautsky befürchtete jedoch vor allem, dass das Ausscheren aus der Fraktionsdisziplin von Vertretern der Linken wie Liebknecht zum Ausgangspunkt einer Spaltung werden könnte und dass diese damit wider Willen der Gruppe um David in die Hände arbeiten würden.[18] Im Februar 1915 schrieb er an Victor Adler: »Ich habe bisher zum Parteifrieden gemahnt, so viel ich konnte. Jetzt aber fängt mir die Galle an, überzugehn.« Das konkrete Verhalten der Partei- und Fraktionsmehrheit strapaziere seine Duldsamkeit:

> »Vor einigen Monaten noch schien die größte Gefahr für die Einigkeit von links zu drohen, von den ›Rosauriern‹[19]. Heute kommt sie von rechts. Die um David und die Gewerkschafter glauben, der Moment sei günstig, die Partei von allem ›Marxismus‹ zu reinigen. Uns einfach hinauszuwerfen, dürfte ihnen schwer fallen, aber sie dominieren den Vorstand und besetzen eine Position nach der anderen mit ihren Leuten. Dabei gehen sie mit einem rücksichtslosen Terrorismus vor, der sich schwer ertragen läßt. Natürlich wollen sie nicht die Spaltung, aber die Beherrschung des ganzen Parteiapparates und unsere Verurteilung zu stummen Hunden.«[20]

Aber in letztem Punkte irrte sich Kautsky. Dem Tagebuch Eduard Davids lässt sich entnehmen, dass die ehemalige Parteirechte und nunmehrige Mehrheit durchaus zur Spaltung bereit war und die Gelegenheit dazu für günstig erachtete. Festzuhalten gilt zunächst, dass diese Gruppe, die sich regelmäßig zu Vorbesprechungen traf, bereits vor dem 4. August fest entschlossen war, den Kriegskrediten zuzustimmen, selbst wenn das Mehrheitsvotum der Fraktion anders ausgefallen wäre.[21] Anfang 1916 notierte David schließlich: »Gefühl

---

18 *Karl Kautsky*, Brief an Victor Adler vom 28. November 1914, in: Parteivorstand der Sozialistischen Partei Österreichs (Hg.), Victor Adler. Briefwechsel mit August Bebel und Karl Kautsky, Wien 1954, S. 606 f.
19 Den Begriff »Rosaurier« hatte Georg Ledebour in Anlehnung an Luxemburgs Vornamen geprägt.
20 *Karl Kautsky*, Brief an Victor Adler vom 11. Februar 1915, in: ebd., S. 611.
21 Vgl. *David*, Tagebucheintrag vom 4. August 1914, in: Das Kriegstagebuch, S. 13.

der Befreiung [...] das Geschwür [!] war ganz reif. [...] Es ist vollbracht. Scheidung auf dieser Linie mein Ziel. [...] Ich habe gesiegt. Nun gilt es, Zentrum und Rechte innerlich zu konsolidieren auf dem Boden einer ehrlich reformistischen Politik.«[22]

Die weitere Geschichte zu Kautskys Haltung in der Friedenfrage ist schnell erzählt: Die Unklarheit, ob es sich um einen Angriffs- oder Verteidigungskrieg handele, wich bald der Überzeugung, dass es sich um den ersteren handelte. Auf der Basis eines Entwurfs von Eduard Bernstein veröffentlichten der Parteivorsitzende Hugo Haase, Bernstein und Kautsky am 19. Juli 1915 in der *Leipziger Volkszeitung* (LVZ) den berühmt gewordenen Text »Das Gebot der Stunde«. Nach einer klaren Charakterisierung des Krieges als Eroberungskrieg schloss der Aufruf mit den Worten:

»Ein wirklicher und dauernder Friede ist nur möglich auf der Grundlage freier Vereinbarungen. Die gegenwärtige Gestaltung der Dinge ruft die deutsche Sozialdemokratie auf, einen entscheidenden Schritt auf diesem Wege zu tun. Hat unsere Partei nicht die Macht, die Entscheidung zu treffen, so fällt doch uns die Aufgabe zu, als drängende Kraft die Politik in die Richtung vorwärts zu drängen, die wir als die richtige erkannt haben.«[23]

Am Tage der Veröffentlichung wurde die LVZ für eine Woche verboten, die meisten anderen SPD-Zeitungen druckten den Text erst gar nicht ab.

---

22 *Ders.*, Tagebucheintrag vom 24. März 1916, in: ebd., S. 168.
23 Zit. n.: *Ernst-Albert Seils*, Hugo Haase. Ein jüdischer Sozialdemokrat im deutschen Kaiserreich. Sein Kampf für Frieden und soziale Gerechtigkeit, Frankfurt a. M. 2016, S. 506.

2 Partielle Isolation – und Versuch einer Neubestimmung der Parteidisziplin

Um Kautskys Verhalten in diesen schwierigen Zeiten zu verstehen, muss man noch einmal einen genaueren Blick auf seine persönliche Lebenssituation wie auf sein politisches Selbstverständnis verwerfen. Denn immer wieder wurde ihm rückblickend vorgehalten, sich nicht ausreichend oder richtig in die politische Auseinandersetzung begeben, es sich bequem am Schreibtisch eingerichtet zu haben, ja es war sogar abfällig vom »Schreibtischrevolutionär« die Rede.[24] Eine derartige, eher abwertend konnotierte Einschätzung verkennt völlig seine Situation. Obwohl zunächst tschechischer Herkunft besaß er die österreichische, aber nicht die deutsche Staatsbürgerschaft. Dies bedeutete, dass er als politischer Propagandist der Sozialdemokratie mit seiner Familie ständig unter dem Damoklesschwert der Verhaftung und Ausweisung lebte. In einem Brief aus 1908 legte er nachvollziehbar dar: »Ich kann jeden Tag ausgewiesen werden – deshalb trete ich auch in der Öffentlichkeit nicht auf, da ich Wert darauf lege, in Deutschland tätig zu sein. In Österreich würde ich wohl in den Reichstag gewählt, aber ich halte es für nützlicher, in Deutschland als Theoretiker zu wirken, wie in Österreich als Parlamentarier.«[25] Seine Haupteinnahmequelle waren die Zahlungen des Parteivorstandes für seine Tätigkeit bei der *Neuen Zeit*. Die fristlose Kündigung dort nach erfolgter Parteispaltung 1917 entzog dem über 60-Jährigen mitten im Krieg faktisch die Existenzgrundlage.

Zu beachten ist jedoch auch, dass sich Kautsky zeit seines Lebens eher an der Nahtstelle von Wissenschaft und Politik sah und weit weniger an der zwischen politischer Theorie und politischer Praxis. Worin dabei für ihn die Probleme lagen, hat er in einem Brief an den

---

24 Vgl. den Untertitel bei *Peter Guggemos*, Karl Kautsky. Schreibtischrevolutionär zwischen materialistischer Sozialismustheorie und Demokratiebegründung, in: *Arno Waschkuhn/Alexander Thumfart* (Hg.), Politisch-kulturelle Zugänge zur Weimarer Staatsdiskussion, Baden-Baden 2002, S. 197.

25 *Karl Kautsky*, Brief an W. Grutz vom 6. November 1908, zit. n.: *Koth*, Meine Zeit, S. 82.

österreichischen Parteivorsitzenden Victor Adler in bemerkenswerter Offenheit und selbstkritischen Einschätzung dargelegt:

> »Mich bedrückt nicht wenig das Gefühl, daß ich jetzt praktische Politik machen muß, ohne einem Führer folgen zu können. Bisher hatte ich, um mit Engels zu sprechen, in der praktischen Politik immer zweite Violine gespielt, und keine andere spielen wollen, aus sehr guten Gründen. Einmal fehlt mir die Kunst der Menschenkenntnis und Menschenbehandlung, und zweitens bin ich zu kritisch veranlagt, um in entscheidenden Momenten ohne Weiteres Entschlüsse zu fassen, die eine große Verantwortung in sich bergen. [...] Ich war daher immer glücklich, wenn ich einen Führer fand, der rascher als ich sah und entschied und dem ich hinterdrein bei genauer Überlegung in jedem wesentlichen Punkt recht geben mußte. Das war mir Bebel.«[26]

Für wenige Jahre, nach dem Tode Bebels 1913, trat Hugo Haase in diese Rolle ein. Mit Haases gewaltsamem Tod 1919 verlor Kautsky jedoch erneut seine wichtigste Orientierungsfigur. Frühere freundschaftliche Beziehungen zu Franz Mehring oder Rosa Luxemburg, die phasenweise im Hause Kautsky ein und aus ging, hatten angesichts ihrer inhaltlichen Kontroversen stark gelitten. Für Luxemburg war er inzwischen zum Theoretiker des »Sumpfes«[27] herabgestiegen, eine eher sie denn Kautsky disqualifizierende Einschätzung. So kann es nicht verwundern, dass sich Kautskys freundschaftliche Beziehungen in diesen Jahren ganz stark auf Eduard Bernstein bezogen, nachdem sie sich in der Friedensfrage politisch wieder stark angenähert hatten. In die SPD hinein fungierte Adolf Braun als eine Art Verbindungsmann; auch dies ist nicht verwunderlich, schließlich stammte der Nürnberger aus Wien und war Schwiegersohn des mit Kautsky befreundeten Parteiführers Victor Adler.

---

26 Ders., Brief an Victor Adler vom 28. November 1914, S. 605.
27 Vgl. etwa den Text *Rosa Luxemburg*, Von Spaltung, Einheit und Austritt [Januar 1917], in: *Dies.*, Gesammelte Werke, Berlin/DDR 1974, S. 232 ff., in dem sie die Gruppe um Haase und Ledebour nur mit dem Begriff des »Sumpfes« versieht.

Wie sehr Kautsky bestrebt war, angesichts der sich immer weiter verschärfenden Konflikte auf Kompromissfindungen zu setzen, wird in mehreren Aufsätzen deutlich, in denen er sich für die Freiheit der Meinungsäußerung sowohl für den einzelnen Abgeordneten wie für Fraktionsminderheiten einsetzte, insbesondere in einer Situation, in welcher der Reichstag der einzige Ort für unzensierte Meinungsäußerung geworden sei: »Fraktionsdisziplin, die der Minderheit verbietet, im Reichstag zu reden«, hindere sie damit daran, »überhaupt zu reden«.[28] Für die Fraktionsmehrheit erwies er sich damit als der geistige Urheber der »Sonderaktion«, in der die Opposition am 21. Dezember 1915 ihr Sondervotum im Reichstag vortrug.[29]

Dass sich Kautsky trotz seiner Verzweiflung über die schädlichen Folgen einer Parteispaltung schließlich in den Reihen der USPD wiederfand (obwohl er mit Bernstein und Kurt Eisner zu der Minderheit gehörte, die auf der Gothaer Konferenz im April 1917 gegen die Parteigründung stimmte), dürfte nicht verwundern. Immerhin wurde ihm die Ehre zuteil, ihr Gründungsmanifest, das gegen nur eine Stimme (also auch mit denen der Spartakusvertreter) angenommen wurde, zu formulieren. Aber angesichts einer sich mit enormer Geschwindigkeit radikalisierenden USPD im Zuge der Novemberrevolution geriet er auch dort bald in eine eher isolierte Lage.

3 Kautskys programmatische Positionen in der deutschen Revolution

Die Beendigung des Krieges und eine aus MSPD- und USPD-Vertretern zusammengesetzte Regierung der Volksbeauftragten schienen für Kautsky neue Chancen für eine Überwindung der Spaltung zu

---

28 *Karl Kautsky*, Freiheit der Meinungsäußerung und Parteidisziplin, in: Die Neue Zeit 34, 1915/16, Bd. 1, S. 166.
29 Scheidemann nannte in der Sitzung des Parteiausschusses vom Januar 1916 »Das Gebot der Stunde« den »Vorboten« und Kautskys Artikel den »markanteste[n] Vorstoß« für die Sonderaktion am 21. Dezember; zit. n.: *Schelz-Brandenburg*, Eduard Bernstein, S. 382.

eröffnen. Für ihn stand fest, dass eine Eroberung der politischen Macht durch das Proletariat und die dauerhafte Stabilisierung einer sozialistischen Umgestaltung nur auf der Basis der Klasseneinheit[30] und auf dem Wege demokratischer Mehrheitsentscheidungen möglich sein werde. Die Abkehr nicht nur der sich neu formierenden KPD, sondern auch eines großen Teils der USPD von einer derartigen Perspektive und die Orientierung auf eine reine Räteherrschaft (ob mit oder ohne Anlehnung an das russische Beispiel) lehnte er mit guten Gründen ab. Da über Kautskys konzeptionelle Vorstellungen nicht nur von ihm selbst, sondern auch in der Forschung unzählige Texte verfasst worden sind, seien hier nur die wesentlichsten Punkte genannt:

Für die staatliche Struktur setzte Kautsky auf die einzuberufende Nationalversammlung, wollte aber auf die Räte keineswegs verzichten. Er hielt die Räte zum einen für ein unverzichtbares Instrument in der Phase der Zerstörung der alten Ordnung, weil sie als Organe für den Kampf der Massen außerordentlich wirksam seien. Er hob aber auch ihre Bedeutung für die Phase des Aufbaus der neuen Ordnung hervor: Als Instrument der Kontrolle, der Verteidigung und der Organisation auf der Ebene der Betriebe und der Arbeitsplätze könnten sie wichtige Aufgaben übernehmen.[31] Instrumente für »gewaltsame Abkürzungen« auf dem Weg zum Sozialismus konnten sie aus seiner Sicht nicht sein.

Diese Auffassung zum Komplex Nationalversammlung und/oder Räte oder – anders ausgedrückt – zur Frage Demokratie und/oder Diktatur des Proletariats korrespondierte bei Kautsky eng mit seiner Wahrnehmung des Entwicklungsgangs der russischen Revolution und der Politik der bolschewistischen Regierung. Die Fachliteratur füllt auch über dieses Thema ganze Bibliotheken, sodass hier eben-

---

30 1918 schrieb er: »Nur Unwissenheit und Zwiespalt unter den Arbeitern vermag in der demokratischen Republik das Kommen des Sozialismus zu verzögern.« *Karl Kautsky*, Was will die deutsche sozialistische Republik?, o. O. o. J. [1918], S. 3.

31 *Ders.*, Nationalversammlung und Räteversammlung, Berlin o. J. [1918]; vgl. die gute zusammenfassende Darstellung bei *Salvadori*, Sozialismus und Demokratie, S. 343 ff.

falls wenige Bemerkungen genügen.[32] Kautskys zunehmend kritische Sicht auf die russischen Verhältnisse führte dazu, dass er in den folgenden Jahren einen gehörigen Teil seines Schaffens auf diese Auseinandersetzung verlegte, und – auch ausgelöst durch die Schärfe der Attacken seiner bolschewistischen Kontrahenten – in seinen eigenen Urteilen immer unnachgiebiger wurde. Auch wohlmeinende Betrachter sprechen von seinem »Kreuzzug gegen den Bolschewismus«[33], in welchem sich Kautsky von ihm eigentlich nahestehenden Mitstreitern in der USPD wie Haase, Rudolf Hilferding oder Rudolf Breitscheid entfernte. In den Folgejahren isolierte sich Kautsky auch zunehmend von den österreichischen Sozialdemokraten um Otto Bauer oder den Menschewiki im Exil um Theodor Dan.

So sehr Kautsky dabei in vielen seiner kritischen Beobachtungen Recht hatte[34], so schossen doch viele seiner Prognosen und Empfehlungen über das Ziel hinaus. Was bleibt, sind aber die ganz grundsätzlichen Schlussfolgerungen über das Verhältnis von Sozialismus und Demokratie, die er schon früh in unbestechlicher Klarheit festgehalten hatte: »Für uns also ist Sozialismus ohne Demokratie undenkbar. Wir verstehen unter dem modernen Sozialismus nicht bloß gesellschaftliche Organisation der Produktion, sondern auch demokratische Organisierung der Gesellschaft. Der Sozialismus ist demnach für uns untrennbar verbunden mit der Demokratie. Kein Sozialismus ohne Demokratie.«[35]

---

32 Vgl. vom Autor ausführlich *Schöler*, »Despotischer Sozialismus« oder »Staatssklaverei«?, S. 290 ff.
33 Vgl. das so lautende Kapitel bei *Salvadori*, Sozialismus und Demokratie, S. 365 ff.
34 Vgl. *Uli Schöler*, »Despotischer Sozialismus« oder »Staatssklaverei« revisited, in: *Wladislaw Hedeler/Klaus Kinner* (Hg.), »Die Wache ist müde«. Neue Sichten auf die russische Revolution 1917 und ihre Wirkungen, Berlin 2008, S. 167 ff.
35 *Karl Kautsky*, Die Diktatur des Proletariats, Wien 1918, S. 4 f.

Holger Czitrich-Stahl

Georg Ledebour: Revolutionärer Sozialist, Mensch und Kämpfer, Novemberrevolutionär

»Er bedarf unseres Nachrufs nicht, wir aber bedürfen um so mehr seines Vorbildes und seines lebendigen Wertes, je weniger wir seinesgleichen heute sehen werden.«[1]

»Da lehnen sie, die weichen Besen. So fegt man nicht. Du stehst allein. Du bist ein Sozialist gewesen. Und das hieß einst: ein Kämpfer sein.«[2]

1 Der familiäre Hintergrund

Georg Ledebour war ein Zeuge zweier halber Jahrhunderte und somit ein Genosse, der die Aufstiegsperiode der sozialistischen Arbeiterbewegung in Deutschland, die unvollendete Revolution von

---

1 *Anna Siemsen*, Georg Ledebour, in: Georg Ledebour, Mensch und Kämpfer. Zusammengestellt von Minna Ledebour, Zürich 1954, S. 11.
2 *Kurt Tucholsky*, Ledebour zum 75. (1925), in: Georg Ledebour, Mensch und Kämpfer, S. 5.

1918/19, die demokratische Weimarer Republik und ihr Scheitern und den Untergang Deutschlands in der Barbarei am eigenen Leibe miterlebte. Mehr noch: Georg Ledebour gestaltete seine Zeit mit, an der Seite der sozialistischen Bewegung als »organischer Intellektueller«, also als konzeptionell gestaltendes Mitglied der Arbeiterbewegung. Er war ein »Solitär«, ein eigenwilliger Sozialist und zugleich ein »alter sozialistischer Haudegen«, wie ihn Elke Keller 1984 charakterisierte.

Georg Ledebour gehörte wie Rosa Luxemburg, Karl Liebknecht, Arthur Stadthagen, Hugo Haase, August Thalheimer, Heinrich Brandler, Wolfgang Abendroth, Paul Levi, Kurt Rosenfeld und Max Seydewitz zu jenen Linkssozialisten, deren Namen heute immer mehr verblassen beziehungsweise höchstens noch Insidern ein Begriff sein dürften. Aber wie beinahe alle diese Genossinnen und Genossen verdient es gerade auch Georg Ledebour, dass man sich an ihn erinnert – wie alle Genannten, die uns heute fremd scheinen, denn fast alle von ihnen waren bis 1918/19 Kämpfer oder Augenzeugen der Entwicklung, die zur Novemberrevolution führte.

Ledebour erblickte am 7. März 1850 als Sohn des Kanzleiinspektors Ernst Ledebour und dessen Frau Caroline (geb. Lübrecht) in Hannover das Licht der Welt. Seine Großeltern waren Hofbauern. Der Vater starb 1859 mit 48 Jahren durch Ertrinken, seine Mutter folgte ihm, gleichaltrig, 1860 durch »Lungenschlag«, sodass Georg als Zehnjähriger Vollwaise wurde.[3] Sein Onkel, ein Offizier, übernahm die Sorge, Georg erhielt eine kleine staatliche Erziehungsbeihilfe und besuchte die Realschule. Als Achtjähriger erkrankte der junge Georg an Knochentuberkulose und blieb aufgrund einer falschen Behandlung zeitlebens gehbehindert. Doch schon damals zeigte Georg einen seiner späteren politischen Charakterzüge, eine unbeugsame Willensstärke. Durch Schwimmen und lange Wandertouren gewann er seine Bewegungsfähigkeit wieder zurück. Zum Kaufmann ausgebildet, fand er an diesem Beruf keinen rechten Gefallen. Am Krieg gegen Frankreich 1870/71 nahm er als Sanitäter teil. Weil sein Onkel fiel, sah Georg sich erneut auf sich allein gestellt.[4]

---

3   *Ursula Ratz*, Georg Ledebour (1850–1947), Berlin 1969, S. 7.

Ledebour ging nicht zurück in den Kaufmannsberuf, sondern brachte Engländern, die mit Vorliebe Hannover besuchten, die deutsche Sprache bei; Hannover hatte schließlich im 18. Jahrhundert zum Besitz der englischen Krone gehört. Außerdem wandte er sich zu jener Zeit dem Journalismus zu. Dabei führte ihn sein Weg auch nach England selbst, wo er als Korrespondent für Berliner Zeitungen schrieb, vor allem für die »Berliner Blätter«. Zurück in Deutschland, betätigte sich Georg Ledebour als Redakteur der »Demokratischen Blätter« und der »Berliner Volkszeitung«. Dort traf er mit Franz Mehring zusammen, der ebenfalls noch nicht Mitglied der Sozialdemokratie war. Damals noch linksliberal und ein radikaler Demokrat, trat Ledebour 1882 der »Deutschen Fortschrittspartei« bei und beteiligte sich 1886 an der Gründung der »Demokratischen Partei Norddeutschlands«.[5]

Anna Siemsen (1882–1951), die Düsseldorfer Sozialistin und Schulpädagogin, später Mitglied der USPD und der SAP, schrieb über Ledebour und Mehring als Kollegen:

»Beide gewannen in dieser Zeit wachsendes Interesse für die sozialen Verhältnisse. Und dieses Studium und der daraus sich ergebende Wandel ihrer Anschauungen zu einem entschiedenen Sozialismus hin führte zum Konflikt mit der Redaktion. Sie verließen beide die Volkszeitung. Ledebour trat der SPD bei. Ledebour wurde zunächst freier Mitarbeiter am ›Vorwärts‹ und trat dann, im Jahre 1895, in die Redaktion ein.«[6]

2 Der revolutionäre Sozialist

In der Redaktion des Zentralblattes der SPD arbeitete Ledebour unter anderem mit Arthur Stadthagen zusammen, der seit 1893 für den »Vorwärts« als freier Mitarbeiter und Rechtsberater wirkte und ab

---
4 Ebd., S. 7-9.
5 Vgl. ebd., S. 15-27.
6 *Siemsen,* Georg Ledebour, S. 18.

1905 fester Redakteur war. Gerade in den Jahren des Weltkrieges bis zu Stadthagens Tod am 5. Dezember 1917 traten beide häufig gemeinsam gegen den Krieg und für ein sozialistisches Deutschland auf.

Ledebour war 1890 aus der Fortschrittspartei ausgetreten und 1891, dem Jahr der Verabschiedung des »Erfurter Programms«, der Sozialdemokratie beigetreten. »Er war ein entschiedener Marxist geworden, ein radikaler Demokrat geblieben«, so Anna Siemsen.[7] Wie auch Stadthagen bewährte sich Ledebour in der Arbeiterbildung. Er lehrte sowohl am von Wilhelm Liebknecht gegründeten Arbeiterbildungsinstitut als auch an der Parteischule der SPD. Am Arbeiterbildungsinstitut lernte Ledebour, der ein begnadeter Redner war, auch seine spätere Frau, die 17 Jahre jüngere Minna Starnfuß kennen, die er am 1. Mai 1895 heiratete.[8] Seine Wahlheimat Berlin verließ der Freidenker Ledebour nur von 1898 bis 1900, als er zum Redakteur der »Dresdner Volkszeitung« berufen wurde.

Ledebour gehörte seit seinem Parteieintritt im Jahr 1891 zum marxistischen Flügel der SPD, speziell zum »marxistischen Zentrum« um August Bebel und Karl Kautsky. Er galt als außenpolitischer Experte der Sozialdemokratie und verfasste in ihrem Auftrag seine Grundsatzschrift »Die deutsche Kolonialpolitik«.[9] Ihm galten das unbedingte und demokratische Selbstbestimmungsrecht der Völker und die weltbürgerliche und internationale Zusammenarbeit der Sozialisten und der Arbeiterklasse als Leitprinzipien. Diese Synthese aus radikaldemokratischem und konsequent sozialistischem Denken brachte ihn mit Ausbruch des Ersten Weltkrieges und angesichts des Einbrechens der Mehrheit der Sozialdemokratie vor dem nationalen Taumel an die Seite der Kriegsgegner in der SPD.

Seit dem Jahr 1900 vertrat Ledebour den Wahlkreis Berlin VI, den vormals Wilhelm Hasenclever und Wilhelm Liebknecht für die So-

---

7   Ebd.
8   *Ratz*, Georg Ledebour, S. 39.
9   Diese 1907 verfasste Auftragsschrift erschien anonym als 16-seitige Broschüre und wurde durch einen handschriftlichen Vermerk Wilhelm Dittmanns als von Ledebour geschrieben identifiziert. Vgl. auch *Ratz*, Georg Ledebour, S. 102.

zialdemokratie erobert hatten. Als Liebknecht am 8. August 1900 starb, folgte ihm Ledebour im Oktober ins Parlament. Aus dieser Zeit stammt sein legendärer Ruf als Redner.

»Ledebour! Der Name hatte Klang, den Klang einer Fanfare. [...] Und wie viel Reden hatten doch den schmetternden Ton der Fanfare! Wenn er, der 1850 Geborene, im Deutschen Reichstag, dem er seit 1900 angehörte, mit Feuer, Geist, Witz und Ironie, mit Humor, aber auch mit zwingender Schärfe und immer bewegt von hohem sittlichen Ernst die Zustände unter dem persönlichen und halbabsolutistischen Regime des Kaisers Wilhelm II. geißelte, wie er prophetisch vor dem Unheil warnte, das 1914 ausbrach, dann lauschte nicht nur das Plenum des Parlaments, dann horchte man auch draußen auf.«[10]

Und so gelangte auch Wilhelm Dittmann, sein Genosse aus der Reichstagsopposition und der USPD, zu der Feststellung:»Georg Ledebour war eine der markantesten Persönlichkeiten des deutschen Reichstages und einer der großen Parlamentarier der deutschen Sozialdemokratie.«[11]

Ledebours Wahlergebnisse gehörten zu den imposantesten in der SPD. Bei der Nachwahl zum Reichstag 1900 gewann er mit 53.895 Stimmen, 1903 schon stieg seine Wählerzahl auf 79.478, selbst die »Hottentottenwahl« von 1907 erbrachte eine Steigerung auf 99.560 Stimmen. Bei der »Viermillionenwahl« vom Januar 1912 mobilisierte Ledebour 142.502 Wähler. Seit 1913 gehörte er dem Fraktionsvorstand an.[12]

---

10 Klappentext zu: Georg Ledebour, Mensch und Kämpfer.
11 *Wilhelm Dittmann*, Georg Ledebour. Der Parlamentarier, in: Georg Ledebour, Mensch und Kämpfer, S. 48.
12 *Sozialdemokratischer Wahlverein für den 6. Berliner Reichstagswahlkreis*, Festschrift zur Feier des 25jährigen Bestehens, im Auftrage des Vorstandes, verf. v. *Eugen Ernst*, Berlin 1914, S. 48.

3 Weltkrieg und Spaltung

Als die Mehrheit der SPD-Reichstagsfraktion am Vorabend des Kriegsausbruchs 1914 dem Hurrapatriotismus erlag und den Kriegskrediten ihre Zustimmung gab, war es Ledebour, der zusammen mit Hugo Haase vergeblich das Votum des Fraktionsvorstandes der SPD pro Kriegskredite zu verhindern suchte. Auf der entscheidenden Fraktionssitzung versuchte er ebenfalls, nun gemeinsam mit Karl Liebknecht, das vorher Undenkbare, die Zustimmung der Sozialdemokratie zum Krieg, der ja vor allem ein Krieg der Arbeiter gegen Arbeiter bedeutete, zu verhindern. Vergebens!

Als sich Karl Liebknecht am 2. Dezember 1914 mutig als erster der Sozialisten offen gegen Kriegskredite aussprach, stimmten ihm Ledebour, Haase, Stadthagen und andere Vertreter des linken Flügels zwar in der Sache zu, vermochten sich jedoch noch nicht zur offenen Opposition durchzuringen, um die Einheit der SPD nicht aufs Spiel zu setzen. Doch im Herbst 1915 erkannte die Opposition in der Partei, dass offener Widerstand das Gebot der Stunde war. Sie fügte sich nicht länger dem Fraktionszwang. Seitdem begann der Prozess der Ausgrenzung der linken Opposition aus der Partei, die im Frühjahr 1916 mit dem Ausschluss von Haase, Ledebour, Stadthagen, Dittmann und anderen ihren ersten Höhepunkt erreichte und zur Bildung der »Sozialdemokratischen Arbeitsgemeinschaft« (SAG) führte. Georg Ledebour wurde ihr Vorsitzender.[13]

Als das deutsche Volk unter Krieg, Militärdiktatur und Belagerungszustand litt, sprachen Stadthagen und nach ihm Ledebour im Reichstag heftige Anklagen gegen den Krieg aus, die als illegale Druckschriften unter der Arbeiterschaft Verbreitung fanden. Den Scheinpatriotismus der Monarchie geißelte Ledebour scharf:

»Ich weiß nicht, wer von Ihnen die Parole ausgegeben hat: gegen den Zarismus! Wenn Sie diese Parole im Ernst durchführen woll-

---

13 *Eugen Prager*, Das Gebot der Stunde. Geschichte der USPD, Bonn 1980, S. 16-22 und S. 57-92.

ten, müßten Sie zuerst bei sich im Hause anfangen, indem Sie alle zaristischen Allüren der deutschen Politik beseitigen. Darin ähnelt leider die deutsche Regierungspolitik der zaristischen, daß sie durch sprachliche Vergewaltigungen große Teile unseres Volkes unterdrückt. Dieselben Russen, die sich gegenüber den Balkanvölkern, gegenüber der Türkei als Befreier aufspielen, sind im eigenen Land ja auch die schlimmsten Unterdrücker.«[14]

Als die Militärdiktatur im Kaiserreich dazu überging, Missliebige wie Karl Liebknecht an die Front zu befehlen oder in »Schutzhaft« zu nehmen – wie Rosa Luxemburg und Franz Mehring –, blieb Ledebour unversehrt, weil sein Parlamentsmandat ihm Immunität garantierte. Als im Winter 1917 die SAG aus der SPD ausgeschlossen wurde, gehörte Ledebour zu den Gründern der USPD auf dem Gothaer Parteitag im April 1917. Dort wurde er auch zu einem ihrer Vorsitzenden gewählt. Im Gegensatz zur radikalen Linken um den »Spartakusbund« verhielt sich Georg Ledebour zunächst noch skeptisch gegenüber verstärkten außerparlamentarischen Aktionen zur revolutionären Stärkung der Arbeiterklasse. Doch während der Streikbewegungen 1917/18 gelangte auch er zu der Erkenntnis, dass eine Revolution in Deutschland bevorstehe und hier Massenaktivitäten ein entscheidender Hebel seien. Im »Verfassungsausschuss« wiederum wirkten Stadthagen und Ledebour 1917 vergeblich darauf hin, ein künftiges deutsches Parlament auf den Weg zu bringen, das zur entscheidenden Verfassungskomponente hätte werden und analog zur revolutionären Nationalversammlung Frankreichs von 1789 in einem revolutionären Prozess die Geschicke des Neuanfangs hätte leiten können.

---

14 *O. Verf.*, Unter dem Belagerungszustand: Stenographischer amtlicher Bericht über die Reden der Abgeordneten Stadthagen und Ledebour nebst einigen anderen Reden im Reichstage am 20. März 1915 (32 S.), o. O., S. 25.

4 Ledebour und die Novemberrevolution

Als die Revolution schließlich im November 1918 ausbrach und die Monarchie hinwegfegte, beteiligte sich Ledebour als Mitglied des Vollzugsrates der Arbeiter- und Soldatenräte, also an der Spitze der revolutionären Massen. Einen Eintritt in den »Rat der Volksbeauftragten« lehnte er ab, weil er Friedrich Ebert, Philipp Scheidemann und Otto Landsberg von der MSPD wegen ihrer Nähe zur kaiserlichen Politik der Kriegsjahre als kompromittiert ansah. Wegen seiner Aktivitäten an der Seite der Rätebewegung und der radikalen Kräfte der Berliner Arbeiterbewegung wurde Ledebour angeklagt. Der Vorwurf lautete auf Hochverrat. Der Prozessband, von Ledebour selbst eingeleitet und dokumentiert, ist eine erstrangige Quelle zu seiner sozialistischen Haltung, die nicht auf eine bürgerlich-demokratische, sondern auf die Errichtung einer sozialistischen Republik abzielte. So gab Ledebour zu Protokoll, dass er, Wilhelm Dittmann und Ewald Vogtherr (beide USPD) in der Nacht vom 8. auf den 9. November im Reichstag übernachtet hatten, da für den folgenden Morgen des 9. ein bewaffneter Aufstand geplant war und man die Parole dafür ausgegeben hatte. Als dann am Morgen des 9. November durch den Generalstreik die Massen zum Reichstag strömten, erschien plötzlich eine Verhandlungsdelegation der MSPD, bestehend aus Ebert, Scheidemann und Otto Braun bei den drei Unabhängigen und schlug ihnen vor, die Revolution gemeinsam anzuführen: »Sie wussten, dass wir bereits die Parole der Revolution gegen die Regierung, an deren Spitze Ebert stand, ausgegeben hatten und nun machen sie den Revolutionären, die gegen sie selbst die Revolution machen wollen, das Angebot: ›Bitte meine Herren, wir sind bereit, mitzumachen, wir haben auch so etwas im Werke.‹«[15] Als die Verhandlungen zwischen MSPD und USPD über die Bildung des »Rates der Volksbeauftragten«, einer provisorischen Revolutionsregierung, aufgenommen wurden, fiel auch Ledebours Name als einer von je drei Volksbeauftragten von beiden Parteien. Er lehnte ab: »Ich konn-

---

15 *Georg Ledebour*, in: Der Ledebour-Prozess, Berlin 1919, S. 31 f.

te neben den sachlichen auch aus persönlichen Gründen es nicht über mich gewinnen, mich mit den Herren auf eine Ministerbank zu setzen. Aus politischen Gründen aber hielt ich es nicht für gut, ein Koalitionskabinett zu bilden, in dem die beiden Kräfte einander die Waage halten, weil drei Pferde vor und drei Pferde hinter den Wagen gespannt waren.«[16]

Am 23./24. Dezember brachen vor dem Berliner Schloss die Weihnachtskämpfe aus, nachdem die Regierung den Soldaten der Volksmarinedivision im Schloss den Sold verweigert hatte. Die Matrosen forderten ihn ein, woraufhin es zu Gefechten zwischen den revolutionären Soldaten und der Gardekavallerie-Schützendivision als Regierungstruppen kam. Um zu deeskalieren, wirkte Ledebour als von der Volksmarinedivision benannter Vermittler mit der Regierung. Man einigte sich auf die fällige Auszahlung des Solds und auf einen Abzug beider militärischer Einheiten. Für die Einigung spielte ganz offenkundig Ledebours persönliche Autorität eine große Rolle, sogar für Mannschaftsteile der reaktionären Gardekavallerie-Schützendivision.[17]

Ledebour blieb ein revolutionärer Sozialist, als er den Januaraufstand des Jahres 1919 als Mitglied des Revolutionsausschusses aktiv anführte. Er wandte sich entschieden gegen die Absetzung von Emil Eichhorn (USPD) als Polizeipräsident und kritisierte heftig das Vorgehen des seit dem 29. Dezember ausschließlich von der MSPD gestellten Rates der Volksbeauftragten. In diesem Kontext hob er die aus der Revolution herrührende Legitimität der politischen Ämter deutlich hervor: »Die ganze Regierung ist nicht auf ›legalem‹ Wege zustandegekommen, sondern durch die Erhebung der revolutionären Arbeiterschaft.«[18] Für die Massendemonstrationen am 5. Januar 1919 gegen die Absetzung Eichhorns und den Versuch, die Regierung Ebert zu stürzen, übernahm Ledebour die volle Verantwortung. Die Besetzung des Berliner Zeitungsviertels hingegen, mit der der Janu-

---
16 Ebd., S. 35.
17 Ebd., S. 41 f.
18 Ebd., S. 44.

araufstand seinen tragischen Höhepunkt erreichte, war ohne sein Wissen erfolgt, wie er im Prozess verlautbarte.

Als der Aufstand blutig niedergeschlagen war und Rosa Luxemburg und Karl Liebknecht der Rache der Konterrevolution zum Opfer fielen, wurde Ledebour wegen Hochverrats angeklagt und verhaftet. Im Hochverratsprozess verteidigten ihn unter anderem Joseph Herzfeld, Theodor Liebknecht und Kurt Rosenfeld, der spätere linke Reichstagsabgeordnete der SPD in der Weimarer Republik und Mitbegründer der SAP. Die entscheidenden Reden zu den Anklagepunkten und zum Urteilsplädoyer hielt Ledebour selbst. Rückblickend schrieb er zu diesem Prozess, den er stets vor allem als Element der Klassenauseinandersetzungen begriff:

»Politisch kam es hauptsächlich auf Folgendes an: Unzweifelhaft hatte im Januar und März die revolutionäre sozialistische Bewegung Schlappen erlitten, die lähmend auf die Siegeszuversicht der Arbeiterschaft eingewirkt hatten. Es galt, ihr Selbstvertrauen zu heben, ihre Hoffnungsfreudigkeit und Tatkraft neu zu beleben. [...] Nichts weckt so sehr den Mut und die Entschlußkraft wie das lebendige Beispiel.«[19]

Außerdem schrieb er an gleicher Stelle den Sozialisten ins Stammbuch:

»Die Hebung des proletarischen Selbstbewusstseins sollte mir aber weiter dazu dienen, in den kampfgewillten sozialistischen Arbeitermassen die Erkenntnis zu fördern, daß es seine Ziele nur erreichen kann durch Überwindung aller sektenartigen Zersplitterungen und durch den Zusammenschluß zu einer großen opfer- und tatbereiten revolutionären Partei. Deshalb mahnte ich von der Anklagebank aus das Proletariat, insbesondere die Unabhängigen und die Kommunisten: Im gemeinsamen Kampfe sollt Ihr Eure Einigung finden!«[20]

---

19 Ebd., S. 4.
20 Ebd.

Ledebour wurde im Juli 1919 freigesprochen, ein einmaliger Fall in der politischen Justiz der frühen Weimarer Republik, als die Richter auf dem rechten Auge blind waren. Der Freispruch betraf unter anderem auch den Anklagepunkt, er habe am 6. und 7. Januar, als die bewaffneten Auseinandersetzungen im Zeitungsviertel an Schärfe zunahmen, Waffen an die Aufständischen verteilt.[21]

Die Wirkung seines Auftretens im Prozess faszinierte sogar den damals dreizehnjährigen Wolfgang Abendroth, der über die Verteidigungsrede Ledebours schrieb:»Ich habe diese Rede, die auch historisch ein wichtiges Dokument ist, damals fast auswendig gekannt.«[22] Ledebour wurde von Abendroth, selbst später eine Zentralfigur des Linkssozialismus in der BRD, als sein erstes großes politisches Vorbild bezeichnet.

Ledebours weiterer Lebensweg soll hier nun in Kürze dargelegt werden. Noch 1920 wurde er für die USPD als Vorsitzender bestätigt und gewann erneut ein Reichstagsmandat. Den Zusammenschluss des linken Flügels der USPD mit der KPD im selben Jahr lehnte er ab. Als sich die Mehrheit der Rest-USPD 1922 mit der MSPD wieder zur SPD vereinigte, blieb Ledebour dem fern und führte mit Theodor Liebknecht zusammen die USPD weiter. Auch ein Übertritt zur KPD kam nicht infrage.

1924 gründete er den »Sozialistischen Bund«, der politisch einflusslos blieb und sich 1931 mit anderen Linken und den aus der SPD ausgeschlossenen Marxisten Max Seydewitz und Kurt Rosenfeld zur SAP zusammenschloss. Lieber blieb er ein Einzelgänger mit der Vision einer pluralistischen linkssozialistischen Partei nach dem Vorbild der Vorkriegs-SPD. Diese Unbedingtheit schien ein elementarer Wesenszug zu sein, der gleichzeitig politischen Kompromissen Grenzen setzte. Vielleicht aber zog gerade diese Unbedingtheit und Prinzipientreue zahlreiche politische Weggefährten in ihren Bann, sodass er zu einem politischen »Übervater« wurde, in all seiner Widersprüchlich-

---

21 Ebd., S. 795.
22 *Andreas Diers*, Arbeiterbewegung, Demokratie, Staat. Wolfgang Abendroth 1906–1948, Hamburg 2006, S. 83.

keit zwischen einem radikalsozialistischen Recken und einem kantigen Parlamentarier und Revolutionär, an dem sich viele Geister schieden.

Nach der Machtübertragung an Adolf Hitler emigrierte Ledebour mit seiner Frau in die Schweiz, wo sie ihr materiell bescheidenes Leben weiterführten. Ledebour erkrankte, wurde fast taub und musste die Kriegszeit in einem Schweizer Sanatorium verbringen. Vorher hatte er die Hitlerdiktatur von der Schweiz aus publizistisch bekämpft. Die Befreiung vom Faschismus erlebte Georg Ledebour noch als 95-Jähriger mit. Als sich SPD und KPD in der Sowjetischen Besatzungszone (SBZ) zur SED zusammenschlossen, sah Ledebour darin zunächst die Verwirklichung seines Ideals einer revolutionär-sozialistischen Partei. Die Stalinisierung in der SED und der SBZ erlebte der Veteran der sozialistischen Bewegung kaum mehr mit. Georg Ledebour starb mit 97 Jahren am 31. Mai 1947 in Bern.[23] Noch immer fehlt eine biografische Gesamtdarstellung seines Lebens und Wirkens. Nachlassbestandteile finden sich zum Beispiel in Bonn, Amsterdam und in der Schweiz.[24]

Zu seinen Ehren sei Kurt Tucholsky zitiert:

»Laß es mich Dir auf Hochdeutsch sagen:
Du gingst den graden Weg der Pflicht.
Umfielen die aus alten Tagen –
Du nicht.«

---

23 Ratz, Georg Ledebour, S. 222.
24 Beispielsweise im Archiv der sozialen Demokratie (Bonn) und im IISG (Amsterdam).

Volker Stalmann

Ein Theoretiker des Rätesystems: Ernst Däumig (1866–1922)

»›Kennen Sie unseren neuen Kollegen schon?‹, fragte ich einen Freund, nachdem Däumig in Berlin eingetroffen war. ›Nein‹, erwiderte der Gefragte, ›aber ich habe gehört, es soll eine Landsknechtsgestalt sein.‹ Landsknechtsgestalt ist für Däumig nicht übel. Er steht anfangs der fünfziger Jahre, ist mittelgroß, kräftig, untersetzt. Das Profil ebenmäßig, die Farbe frisch und gesund, der Schnurrbart graumeliert und das schlicht in der Mitte gescheitelte Haar weiß. Früher war es siegfriedblond, nun, da die Stürme des Krieges und der Revolution darüber hinweggegangen sind, hat sich Schnee darauf gelegt, der dem Kopf eine interessante Note gibt.«[1]

Ernst Däumig war einer der führenden Vertreter des radikallinken Flügels der Arbeiterbewegung, Mitvorsitzender der USPD und der frühen KPD, ein Politiker, der nach dem Krieg aus seiner Ab-

---

1 *Emil Unger*, Politische Köpfe des sozialistischen Deutschlands. Skizzen, Leipzig 1920, S. 121-124, hier S. 121.

lehnung des parlamentarischen Systems keinen Hehl machte. Bekanntheit erlangte er durch seine Forderung nach Einführung des Rätesystems in Deutschland, die er auf dem Ersten Kongress der Arbeiter- und Soldatenräte Deutschlands Mitte Dezember 1918 engagiert erhob.[2]

Durch Herkunft und Lebensweg unterschied sich Däumig fundamental vom Gros der sozialdemokratischen Arbeiterführer. Als Sohn eines Küsters in Merseburg geboren, wuchs er in einem kleinbürgerlichen Milieu in Halle auf. Ein Theologiestudium brach er ab, um von 1887 bis 1893 in der französischen Fremdenlegion und nach seiner Rückkehr nach Deutschland bis 1898 als Offizier in der preußischen Armee zu dienen. Seine Erlebnisse und Erfahrungen in der Fremdenlegion wie auch seine militärtechnischen Kenntnisse brachte er in den folgenden Jahren zu Papier.

Nach 1901 fand er als Redakteur verschiedener Parteizeitungen, der »Reußischen Tribüne« in Gera, des »Volksblatts« in Halle und der »Tribüne« in Erfurt, Beschäftigung, bis er 1911 in die Redaktion des »Vorwärts« berufen wurde.[3] Daneben engagierte er sich im Bildungs- und Schulungswesen der Partei[4] und trat auch in den Wahlkämpfen als Redner hervor, obschon er nicht selbst für den Reichstag und das preußische Abgeordnetenhaus kandidierte.[5]

Als Kriegsgegner und Kritiker der Burgfriedenspolitik geriet er während des Ersten Weltkrieges in Opposition zur Parteiführung und wurde im Oktober 1916 aus der Redaktion des »Vorwärts« entfernt. Im April 1917 zählte er zu den Gründern der Unabhängigen Sozialdemokratischen Partei Deutschlands (USPD) in Gotha. Die Parteineugründung sollte der Arbeiterklasse wieder das Vertrauen

---

2   Zu Däumig vgl. *Georg Kotowski*, Däumig, Ernst Friedrich, in: NDB, Bd. 3, Berlin 1957, S. 472 f.; *Hermann Weber/Andreas Herbst* (Hg.), Deutsche Kommunisten. Biographisches Handbuch 1918–1945, 2., erw. Aufl., Berlin 2008, S. 169 f.
3   Vgl. *Weber/Herbst*, Däumig, S. 169.
4   Vgl. *Unger*, Politische Köpfe, S. 122.
5   Vgl. *Carl-Wilhelm Reibel* (Bearb.), Handbuch der Reichstagswahlen 1890–1918. Bündnisse, Ergebnisse, Kandidaten, 2 Bde., Düsseldorf 2007; *Thomas Kühne*, Handbuch der Wahlen zum preußischen Abgeordnetenhaus 1867–1918. Wahlergebnisse, Wahlbündnisse und Wahlkandidaten, Düsseldorf 1994.

in Demokratie und Sozialismus zurückgeben und es ihr ermöglichen, zum alten sozialdemokratischen Geiste zurückzufinden.[6] Langsam arbeitete sich Däumig in der neuen Partei nach oben und erlangte politischen Einfluss. So übernahm er die Herausgabe des Groß-Berliner Mitteilungsblattes der USPD und wurde im Mai 1918 als Sekretär in das Zentralkomitee der USPD gewählt.[7] Im Sommer 1918 stieß er zu den Revolutionären Obleuten von Groß-Berlin, von den Gewerkschaften unabhängige Vertrauensleute in der Metallindustrie, zu deren Führer er neben Richard Müller rasch avancieren sollte.[8] Als führender Repräsentant der Revolutionären Obleute wurde bei Ausbruch der Revolution Mitglied des Vollzugsrates des Groß-Berliner Arbeiter- und Soldatenrates.[9]

Als Vertreter des linken Flügels der USPD sympathisierte Däumig mit den radikalsozialistischen Forderungen von Rosa Luxemburg und Karl Liebknecht, lehnte die Einberufung einer Nationalversammlung ab und sprach sich für ein Rätesystem aus, verwarf jedoch die vom Spartakusbund propagierte Taktik, die die Massen agitatorisch zu putschistischen Aktionen animieren wollte. Er setzte auf ein diszipliniertes Vorgehen der Arbeiterbewegung.

Doch auf dem ersten Allgemeinen Kongress der Arbeiter- und Soldatenräte, der vom 16. bis 21. Dezember 1918 in Berlin stattfand, vermochte er sich nicht durchzusetzen. Die Einberufung des Rätekongresses ging auf eine Initiative des Berliner Vollzugsrates der Arbeiter- und Soldatenräte zurück, der sich als provisorische Spitze der Arbeiter- und Soldatenräte des Reiches verstand. Auf dem Rätekongress befanden sich die Vertreter der USPD hoffnungslos in der

---

6 Vgl. *Ossip K. Flechtheim*, Die KPD in der Weimarer Republik, Hamburg 1986, S. 81.
7 Vgl. *Weber/Herbst*, Däumig, S. 169.
8 Vgl. *Ralf Hoffrogge*, Richard Müller. Der Mann hinter der Novemberrevolution, Berlin 2008, S. 59 f.
9 Vgl. Groß-Berliner Arbeiter- und Soldatenräte in der Revolution 1918/1919. Dokumente der Vollversammlungen und des Vollzugsrates. Vom Ausbruch der Revolution bis zum 1. Reichsrätekongreß, Berlin 1993, 3 Bde., hg. v. *Gerhard Engel, Bärbel Holtz* und *Ingo Materna*, Berlin 1993–2002. Vgl. auch *Richard Müller*, Eine Geschichte der Novemberrevolution. Bd. 1–3, hg. v. *Jochen Gester, Ralf Hoffrogge* und *Rainer Knirsch*, 9. Aufl., Berlin 2016, bes. Bd. 2.

Minderheit. Von den rund 500 Delegierten waren 288 der SPD, jedoch nur 88, unter ihnen auch Däumig, der USPD zuzuordnen.[10]

Angesichts dieser Mehrheitsverhältnisse mochte es nicht überraschen, dass Däumig mit seiner Forderung, »unter allen Umständen an dem Rätesystem als Grundlage der Verfassung der sozialistischen Republik« festzuhalten, keine Resonanz fand. Nach dem von ihm eingebrachten Antrag sollte den Räten »die höchste gesetzgebende und Vollzugsgewalt« zustehen. In erster Linie sollte die Arbeiterschaft wahlberechtigt sein. Es sei eine »Frage der Technik, das Rätesystem so zu vervollkommnen, daß wir für ganz Deutschland ein einheitliches Wahlsystem durchführen können, in erster Linie natürlich für die Arbeiterschaft und, soweit es notwendig, für die Soldatenräte, die ja mehr und mehr in den großen proletarischen Kreis aufgenommen werden, und auch für die Bauernräte, wo es erforderlich ist.«[11] Sein »alle Macht den Arbeiterräten!« verhallte weitgehend ungehört.[12] Sein Antrag auf Beibehaltung und Ausgestaltung des Rätesystems als Grundlage der Verfassung einer deutschen sozialistischen Republik wurde mit 344 gegen 98 Stimmen abgelehnt.[13] Dagegen bekannte sich der Kongress mit der Annahme des Antrags des Mehrheitssozialdemokraten Max Cohen, der für die Wahl zur verfassunggebenden Nationalversammlung den 19. Januar 1919 bestimmte, mit überwältigender Mehrheit zur parlamentarischen Demokratie.[14]

Die Enttäuschung Däumigs über den Verlauf des Rätekongresses war groß. »Ich habe damals«, schrieb er ein gutes Jahr später, »diesen Rätekongreß einen Klub politischer Selbstmörder genannt, und die weitere Entwicklung der Dinge in Deutschland hat diesen Ausdruck

---

10 Vgl. dazu *Sabine Roß*, Biographisches Handbuch der Reichsrätekongresse 1918/19, Düsseldorf 2000; *Dies.*, Revolution ohne Revolutionäre? Kollektive Biographie der Delegierten der deutschen Reichsrätekongresse 1918/1919, in: Historical Social Research Bd. 23, 1998, Nr. 3, S. 38-57.
11 Allgemeiner Kongreß der Arbeiter- und Soldatenräte Deutschlands. Vom 16. bis 21. Dezember 1918 im Abgeordnetenhause zu Berlin. Stenographische Berichte, ND der Ausgabe von 1918, 2. Aufl., Berlin 1975, Sp. 225-236, hier Sp. 225, 233.
12 Vgl. ebd., Sp. 281.
13 Vgl. ebd., Sp. 300.
14 Vgl. ebd., Sp. 282.

bestätigt, denn es war vorauszusehen, daß ›das freieste aller Wahlrechte‹ in erster Linie den kapitalistischen Kreisen zunutze komme und daß damit weiter auch der militaristischen Gegenrevolution die Bahn geöffnet werde.« Der Kongress habe letztlich »den politischen Arbeiterräten das Genick gebrochen«.[15]

»Wenn man uns Anhänger des Rätesystems zu Feinden der Demokratie stempelt«, so schrieb Däumig wenig später,

> »so sagen wir: Das, was ihr heute Demokratie nennt, ist nur ein formales, unwahres Prinzip. Wir sind noch meilenweit von wirklicher Volksherrschaft und politischer Gleichheit entfernt. So lange es die Unterschiede des Besitzes, so lange es Klassengegensätze gibt, kann niemals von wahrer Demokratie geredet werden. Nein, wir erstreben eine höhere Form der Demokratie; wir wollen, daß die formale politische Gleichberechtigung gegründet sei auf der wirtschaftlichen Gleichberechtigung aller. Darum sagen wir: Nicht durch Demokratie zum Sozialismus, sondern durch den Sozialismus zur Demokratie!«[16]

Da Däumig bereits vor dem Krieg als Redakteur verschiedener sozialdemokratischer Zeitungen gearbeitet und während des Krieges als Herausgeber eines USPD-Mitteilungsblattes firmiert hatte, war es in gewisser Weise folgerichtig, dass er 1919/20 die Schriftleitung der Zeitschrift »Der Arbeiter-Rat«, die nicht nur Berichte über die praktische Arbeit der Arbeiter- und Soldaten-Räte bringen, sondern auch über Wege und Ziele des Rätesystems diskutieren wollte, innehatte. Darüber hinaus war Däumig im Juni 1919 Schriftleiter der Zeitschrift »Die Republik«, vom Oktober bis Dezember 1920 Herausgeber der »Kommunistischen Rundschau« und nach seinem Ausscheiden aus der VKPD und der Gründung der Kommunistischen Arbeitsgemein-

---

15 Vgl. Däumigs Artikel »Deutsche Rätekongresse«, in: Der Arbeiter-Rat, Nr. 38/39, 1920, S. 1-4, hier S. 2.
16 Vgl. das Vorwort Däumigs, in: *Richard Müller*, Was die Arbeiterräte wollen und sollen. Mit einem Vorwort von *Ernst Däumig*, Berlin 1919, S. 3.

schaft (KAG) 1921 Mitherausgeber des »Mitteilungsblatts« der Arbeitsgemeinschaft.[17]
Däumig plädierte für ein reines Rätesystem.[18] »Das«, so formulierte er in der Zeitschrift »Arbeiterrat«,

»was in unserem Organisationsplane niedergelegt ist, ist der reine, der konsequente Rätegedanke, der kein Paktieren mit der formalen Demokratie und dem Parlamentarismus, keine Anpassung an die alte Staatsbureaukratie durch Aufpfropfung ›sozialistischer‹ Minister, Unterstaatssekretäre, Ministerialdirektoren usw., keine Arbeitsgemeinschaft, keine ›Parität‹, keine Interessenharmonie mit der kapitalistischen Unternehmerklasse und deren am Kapitalprofit interessierten Direktoren, Prokuristen usw. kennt. Das Rätesystem, das wir durchsetzen wollen und für das wir kämpfen, will das Proletariat, d. h. die Hand- und Kopfarbeiter, zu den ausschlaggebenden Faktoren im Wirtschaftsleben machen und ›das alte morsche Ding, den Staat‹ zu einem dezentralisierten, aber doch nach einheitlichen, unter ständiger Kontrolle der Allgemeinheit stehenden Gesichtspunkten geleiteten Selbstverwaltungsapparat umgestalten«.[19]

---

17 Vgl. *Hartfrid Krause*, USPD. Zur Geschichte der Unabhängigen Sozialdemokratischen Partei Deutschlands, Frankfurt a. M. 1975, S. 353. Vgl. Die Republik, Nr. 111–126, Juni 1919; Kommunistische Rundschau, Nr. 1–6, Oktober bis Dezember 1920; Mitteilungsblatt der Kommunistischen Arbeitsgemeinschaft, Oktober 1921–Februar 1922.
18 Vgl. *Volker Arnold*, Rätebewegung und Rätetheorien in der Novemberrevolution. Die Räte als Organisationsformen des Kampfes und der Selbstbestimmung, 2., überarb. Neuaufl., Hamburg 1985, S. 184-211.
19 *Ernst Däumig*, Auf ans Werk, in: Der Arbeiter-Rat, 1919, Nr. 25, S. 1 f., hier S. 2. Seine Verachtung gegenüber dem parlamentarischen System brachte Däumig wiederholt zum Ausdruck. So waren die Abgeordneten der Weimarer Nationalversammlung für ihn »kleine Epigonen, die mit parlamentarischen und demokratischen Quacksalbereien das in seinen Grundfesten erschütterte deutsche Wirtschafts- und Staatsleben wieder aufrichten« wollten. Vgl. den Artikel »Kapitulieren oder Kämpfen?«, in: Der Arbeiter-Rat, 1919, Nr. 3, 7. Woche, S. 3-5, hier S. 3.

Die Entwicklung des Rätesystems sollte in mehreren Etappen erfolgen.

»Im Rätesystem soll zunächst die Diktatur des Proletariats organisatorisch vorbereitet werden. Zum Zweiten soll mit ihm die politische Macht erkämpft und zum Dritten nach erfolgtem Siege die Diktatur des Proletariats im Wirtschaftsprozeß sowohl wie im Staatsapparat durchgeführt werden. Für die Praxis heißt das, daß die Errichtung der Diktatur des Proletariats unbedingt zur Folge haben muß eine durchgreifende Enteignung des kapitalistischen Unternehmertums: deren Privateigentum an Produktionsmitteln wird Allgemeineigentum.«[20]

Kennzeichen des Rätesystems waren die weitgehende Beschränkung des Wahlrechts auf die Zugehörigkeit zum Proletariat, das heißt zur Arbeiterschaft, die Ablehnung des Interessenpluralismus, die Aufhebung der Gewaltenteilung durch die die legislative, exekutive und zum Teil auch judikative Gewalt für sich beanspruchenden Räte sowie ihre Bindung an den Wählerwillen durch ein imperatives Mandat, das die jederzeitige Abberufung der Räte durch die sie wählenden Vollversammlungen ermöglichen sollte.[21]

Im Gegensatz zur KPD, die zur Jahreswende 1918/1919 gegründet wurde, lehnte Däumig einen gewaltsamen Umsturz ebenso wie die von der KPD reklamierte Diktatur einer Minderheit durch eine revolutionäre Partei ab. »Eine Diktatur, die sich nicht auf proletarische Massen, sondern nur auf eine proletarische Minderheit aufbaut und ihre Herrschaft nur mit militärischen Gewaltmitteln aufrechterhalten

---

20 *Ernst Däumig*, Der Rätegedanke und seine Verwirklichung, in: *Udo Bermbach*, Theorie und Praxis der direkten Demokratie. Texte und Materialien zur Räte-Diskussion, Opladen 1973, S. 79-87, hier S. 85. Vgl. auch *Ernst Däumig*, Zu neuen Ufern, in: Die Republik, Nr. 111, 4.6.1919, S. 1 f.
21 Vgl. *Gerhard A. Ritter*, »Direkte Demokratie« und Rätewesen in Geschichte und Theorie, in: *Ders.* (Hg.), Arbeiterbewegung, Parteien und Parlamentarismus. Aufsätze zur deutschen Sozial- und Verfassungsgeschichte des 19. und 20. Jahrhunderts, Göttingen 1976, S. 292-316, bes. S. 312-316; *Arnold*, Rätebewegung, S. 184-211.

kann, trägt den Keim des Verfalls in sich.«[22] Insofern mochte es nicht überraschen, dass er der KPD anfangs nicht beitrat.[23]

Nachdem Ernst Däumig auf dem Ersten Rätekongress im Dezember 1918 mit seinem Antrag auf Einführung des Rätesystems in Deutschland keinen Erfolg gehabt hatte, versuchte er wenige Monate später, die USPD auf ihrem außerordentlichen Parteitag im März 1919 in Berlin auf das reine Rätesystem und die Ablehnung des Parlamentarismus zu verpflichten. Doch vermochte er sich nicht durchzusetzen. Zwar bekannte sich der Parteitag zum Rätesystem als Kampforganisation des Proletariats und zur Sozialisierung der Wirtschaft, erhob jedoch gleichzeitig die Forderung nach Einordnung des Rätesystems in die Verfassung und bejahte die Mitarbeit im parlamentarischen System. Wegen der erheblich divergierenden Vorstellungen lehnte Hugo Haase es auch ab, zusammen mit Däumig, der zum Mitvorsitzenden gewählt worden war, die Partei zu führen. Däumig trat deshalb vom Vorsitz zurück.[24]

Die Hoffnungen, dass der Zweite Rätekongress im April 1919 die »zweite Etappe der Räteentwicklung in Deutschland einleiten« würde[25], erfüllten sich nicht.[26] Mit seiner Forderung nach Einführung des Rätesystems fand Däumig nur wenig Zustimmung.[27] Der Kongress war lediglich dazu bereit, die Einrichtung einer auf Wirtschaftsräten aufbauenden zweiten Kammer zu fordern.[28]

---

22 *Däumig*, Der Rätegedanke, S. 85.
23 Vgl. *Krause*, USPD, S. 353.
24 Vgl. ebd., S. 124-129. Vgl. allgemein auch *Axel Weipert*, Die Zweite Revolution. Rätebewegung in Berlin 1919/1920, Berlin 2015, S. 396-419.
25 Vgl. das Vorwort Däumigs, in: *Richard Müller*, Was die Arbeiterräte wollen und sollen. Mit einem Vorwort von Ernst Däumig, Berlin 1919, S. 5.
26 Zum Zweiten Rätekongress vgl. *Arnold*, Rätebewegung, S. 60. Vgl. auch *Ernst Däumig*, Die Bilanz des Räte-Kongresses, in: Die Republik, Nr. 101, 18.4.1919, S. 1.
27 Vgl. Das Rätesystem führt zu wahrer Demokratie. Ernst Däumigs Rede im zweiten Rätekongreß, in: Die Republik, Nr. 96, 13.4.1919, S. 1 f.
28 Vgl. *Arnold*, Rätebewegung, S. 60. Vgl. auch den Artikel Däumigs »Stationen«, in: Der Arbeiter-Rat, 1919, Nr. 12, 17. Woche, S. 3-6. Zum Arbeitskammergesetz vgl. auch »Blutige Etappen!«, in: Der Arbeiter-Rat, 1919, Nr. 5, 9. Woche, S. 1-3, hier S. 3.

Vor dem Hintergrund der Massenstreikbewegung vom Frühjahr 1919 war die Reichsregierung schließlich zu Zugeständnissen bereit. Ausdruck fand dieses Entgegenkommen in der Aufnahme des Artikels 165 in die Weimarer Reichsverfassung über den Aufbau von Arbeiter- und Wirtschaftsräten auf Betriebs-, Bezirks- und Reichsebene sowie im Betriebsrätegesetz und im Vorläufigen Reichswirtschaftsrat von 1920.[29] »Die ganze schöne Betriebsdemokratie«, so Däumig, »läuft darauf hinaus, die alten Fabrikausschüsse etwas fester zu fundieren und ihnen das Etikett ›Arbeiterräte‹ aufzukleben.« Dies alles sei »nichts weiter als ein Schaugericht, das den Kapitalismus nicht radikal beseitigen, ihm vielmehr die Anpassung an die neuen Verhältnisse erleichtern soll.«[30] Den Reichswirtschaftsrat nannte Däumig gar eine »Spottgeburt eines Rätegebildes«.[31]

»Das Rätesystem«, so Däumig im Oktober 1919, »das jetzt von Regierung und Parlament zusammengestoppelt werden soll, hat die Aufgabe, die gesamte Arbeiterklasse an den Wagen des Kapitals zu spannen.« Das sei jedoch verhängnisvoll. Denn die Sozialisierung würde bestenfalls auf »eine fiskalische Monopolisierung bestimmter Produktionszweige« hinauslaufen, »wobei sicher das große und mittlere Kapital durch fette Entschädigungssummen noch ein gutes Geschäft machen würde«. Das Rätesystem, das »die Logik des historischen Fortschritts für sich« habe, kenne dagegen »kein Paktieren mit der kapitalistischen Wirtschaft«. Vielmehr wolle es »das Privateigentum an Produktionsmitteln und damit die kapitalistische Konjunktur – Konkurrenz und Profitwirtschaft – planmäßig [...] beseitigen«.[32] Verbittert nahm Däumig zur Kenntnis, wie »eifrig« die Mehrheitssozialdemokraten bemüht waren, das Rätesystem zu liquidieren

---

29 Vgl. *Gerhard A. Ritter*, Die Entstehung des Räteartikels 165 der Weimarer Reichsverfassung, in: HZ 258, 1994, S. 73-112.
30 Vgl. den Artikel Däumigs »Kipper und Wipper«, in: Der Arbeiter-Rat, 1919, Nr. 8, 13. Woche, S. 1-3, hier S. 2.
31 Vgl. den Artikel Däumigs »Deutsche Rätekongresse«, in: Der Arbeiter-Rat, 1920, Nr. 38/39, S. 1-4, hier S. 3.
32 Vgl. Däumigs Artikel »Der Wechselbalg«, in: Der Arbeiter-Rat, 1919, Nr. 35, 41. Woche, S. 1-3, hier S. 2.

und »die Institution der Arbeiterräte an der Schwindsucht eingehen zu lassen«.[33]

Auf dem Parteitag in Leipzig vom 30. November bis 6. Dezember 1919 vermochte sich Däumig mit seiner Forderung nach der Errichtung eines Rätestaates schließlich durchzusetzen. Der Parteivorsitzende Haase war kurz zuvor an den Folgen eines Attentats gestorben. Neben Arthur Crispien wurde Däumig zum gleichberechtigten Vorsitzenden der Partei gewählt.[34] Dass er dem radikallinken Flügel zuzuordnen war, zeigte sich während des Kapp-Putsches im März 1920, als er das Angebot des Gewerkschaftsführers Legien, eine Arbeiterregierung von den Christlichen Gewerkschaften bis zur USPD zu bilden, ablehnte, da er selbst in einer demokratischen Linksregierung nur die Diktatur des Kapitals sehen wollte.[35]

Im Juni 1920 wurde Däumig in den Reichstag gewählt. In den zwei Jahren, in denen er dem Reichsparlament angehörte, hielt er insgesamt drei Reden, in denen er sich besonders militärpolitischen Fragen widmete[36], wozu er aufgrund seines biografischen Hintergrundes letztlich auch prädestiniert war. Scharf wandte er sich gegen das kaiserliche Heer sowie gegen den in Politik und Gesellschaft herrschenden Militarismus und lehnte auch die Reichswehr als »Klassenarmee« ab. Sie sei »eine Söldnerarmee, die dafür gut bezahlt wird, daß sie die Besitzenden vor irgendwelchen Angriffen schützt«.[37]

1920 trat Däumig für den Anschluss der USPD an die im März 1919 gegründete Kommunistische Internationale ein und plädierte für die Annahme der vom Zweiten Weltkongress verabschiedeten sogenannten 21 Bedingungen für die Aufnahme von Parteien in die Komintern, zu denen die bedingungslose Unterordnung unter

---

33 Vgl. Däumigs Artikel »Totengräber des Rätesystems!«, in: Der Arbeiter-Rat, 1919, Nr. 22, 28. Woche, S. 1-3, hier S. 1.
34 Vgl. *Flechtheim*, KPD, S. 123; *Krause*, USPD, S. 148-156.
35 Vgl. *Flechtheim*, KPD, S. 119.
36 Vgl. die Rede Däumigs am 30. Oktober 1920, in: SBR 1920/24, Bd. 345, 25. Sitzung, S. 918-926; die Rede am 28.1.1921, in: SBR 1920/24, Bd. 347, 59. Sitzung, S. 2238-2243; die Rede am 18. März 1921, in: SBR 1920/24, Bd. 348, 88. Sitzung, S. 3207-3210.
37 Vgl. die Reichstagsrede Däumigs am 28. Januar 1921, in: SBR 1920/24, Bd. 347, 59. Sitzung, S. 2238-2243, hier S. 2241.

die Komintern und das Exekutivkomitee, der Aufbau der Partei nach dem sogenannten demokratischen Zentralismus und die Entfernung der Reformisten aus allen verantwortlichen Positionen zählten.[38] Nachdem Däumig am 2. Kongress der Dritten Internationale in Moskau im Sommer 1920 teilgenommen hatte, gelang es ihm, die Mehrheit der Delegierten des USPD-Parteitages in Halle im Oktober von der Notwendigkeit eines Anschlusses an die Komintern zu überzeugen.[39] Man habe sich, so erläuterte Däumig diesen Schritt,

> »zur Dritten, zur Kommunistischen Internationale bekannt, nicht aus parteipolitischem Krimskrams heraus, sondern aus diesen großen weltgeschichtlichen Gesichtspunkten, weil wir sehen, es gibt keine andere Macht, die jetzt dem Herrn der Welt, [...] dem Ententekapital, zu Leibe gehen kann, als die konzentrierte Macht des Weltproletariats, wie es sich organisatorisch in der Kommunistischen Internationale zusammenfindet.«[40]

Mit etwa 300.000 Mitgliedern wechselte Däumig von der USPD zur Kommunistischen Partei.[41] Auf dem Vereinigungsparteitag der Vereinigten Kommunistischen Partei Deutschlands (VKPD) im Dezember 1920 wurde er gemeinsam mit Paul Levi zum Parteivorsitzenden gewählt.[42] Zusammen mit dem rechten Flügel der VKPD um Levi, Clara Zetkin und Curt Geyer versuchte er, eine den Realitäten Rechnung tragende Politik zu entwickeln.

---

38 Vgl. *Flechtheim*, KPD, S. 123 f. Ferner das Vorwort Däumigs, in: *Curt Geyer*, Für die dritte Internationale! Die U.S. P.D. am Scheidewege, Berlin 1920, S. 5-8.
39 Vgl. Barch Berlin, RY/19/11: Außerordentlicher Parteitag der USPD in Halle vom 12. bis 17.10.1920. In seiner Rede am 16. Oktober 1920 betonte er, dass er überzeugt sei, dass mit dem Anschluss an die Kommunistische Internationale »der Kampf gegen Weltreaktion und Gegenrevolution in den einzelnen Ländern viel schneller und viel erfolgreicher vor sich gehen wird als bisher«. Ebd., Bl. 40. Vgl. auch *Krause*, USPD, S. 186-215.
40 Vgl. die Reichstagsrede Däumigs am 30. Oktober 1920, in: SBR 1920/24, Bd. 345, 25. Sitzung, S. 918-926, hier S. 920.
41 Vgl. *Flechtheim*, KPD, S. 125; *Krause*, USPD, S. 207-215.
42 Vgl. *Flechtheim*, KPD, S. 125.

Doch bald überwarf er sich mit der Führung der Komintern und der im Zentralausschuss der VKPD vertretenen Mehrheit. Aus Protest gegen die von der Komintern betriebene Spaltung der Sozialistischen Partei Italiens und die putschistische Taktik der KPD beim Märzaufstand 1921 in Mitteldeutschland verließ er zusammen mit anderen Vertretern des rechten Flügels im September die Partei. Mit ihnen gründete er die Kommunistische Arbeitsgemeinschaft (KAG), die zwar im Reichstag zeitweise 15 Abgeordnete zählte, jedoch keinen größeren Einfluss mehr erlangen sollte.[43] Im Februar 1922 trat Däumig zusammen mit sämtlichen Mitgliedern der KAG wieder der USPD bei.[44] Ein langes Leben sollte Däumig nicht beschieden sein. Während einer Sitzung des Reichstages erlitt er am 13. Juni 1922 einen Schlaganfall, an dessen Folgen er am 7. Juli verstarb.[45]

Däumig, so schrieb die »Vossische Zeitung« in ihrem Nachruf, sei »einer der leidenschaftlichsten Verfechter des Gedankens der Rätediktatur« gewesen und habe »in der Berliner Rätebewegung eine führende Rolle« gespielt. Er »wurde Ende März 1919 im Zusammenhange mit den Januarunruhen verhaftet, aber sogleich wieder freigelassen, im Januar 1920 nach den blutigen Zusammenstößen vor dem Reichstagsgebäude noch einmal verhaftet, und nach eineinhalb Monaten in Freiheit gesetzt. Vom linken Flügel der Unabhängigen ging er zur K.P.D. über, kehrte aber dann, zusammen mit Levy [sic], wieder zur U.S. P.D. zurück. Er war kein Gewaltmensch, wie manche seiner Gesinnungsfreunde, persönlich vielmehr harmlos und sogar vielleicht ein wenig weich; sein Radikalismus entsprang einem zähen und etwas unklar-beschränktem [sic] Doktrinarismus.«[46]

---

43 Vgl. *Bernd Dieter Fritz*, Die Kommunistische Arbeitsgemeinschaft (KAG) im Vergleich mit der KPO und SAP. Eine Studie zur politischen Ideologie des deutschen »Rechts«-Kommunismus in der Zeit der Weimarer Republik, Diss., Bonn 1966; *Flechtheim*, KPD, S. 127 und S. 129; *Krause*, USPD, S. 243.
44 Vgl. *Krause*, USPD, S. 244 f.
45 Vgl. Vossische Zeitung, Abendausgabe vom 12.7.1922, S. 6: »Ernst Däumig †«.
46 Vgl. ebd.

Thilo Scholle

Paul Levi und die Revolution

Paul Levi (1883–1930) gehört zu den interessantesten Persönlichkeiten der Arbeiterbewegung der Weimarer Republik.[1] In den Jahren 1919 und 1920 noch einer der wichtigsten Funktionäre der gerade gegründeten Kommunistischen Partei, zählte er von 1922 bis zu seinem frühen Tod im Jahr 1930 zu den einflussreichsten Vertretern der sozialdemokratischen Linken. Im Jahr 1909 ließ er sich als Rechtsanwalt in Frankfurt am Main nieder und trat der SPD bei. Reichsweite Bekanntheit erlangte er 1914 als Verteidiger Rosa Luxemburgs in zwei Prozessen, in denen sie wegen ihres antimilitaristischen Engagements angeklagt war. Während des Krieges als Soldat eingezogen, verbrachte Levi zu Erholungszwecken immer wieder Zeit in der Schweiz, wo er auch politische Kontakte zur Zimmerwalder Bewegung und den in die Schweiz exilierten Bolschewiki knüpfte.

---

1 *Thilo Scholle*, Paul Levi. Linkssozialist – Rechtsanwalt – Reichstagsmitglied, Berlin 2017 (im Erscheinen); sowie ausführlich *Charlotte Beradt*, Paul Levi. Ein demokratischer Sozialist in der Weimarer Republik, Frankfurt a. M. 1969; *Sibylle Quack*, Geistig frei und niemandes Knecht. Paul Levi/Rosa Luxemburg. Politische Arbeit und persönliche Beziehung, Köln 1983.

Die russische (Februar-)Revolution interpretierte Levi als Aufgabe und Herausforderung für ein deutsches Proletariat, das durch sein passives Verhalten rund um den Ausbruch des Ersten Weltkrieges seinen internationalen Führungsanspruch verloren habe.[2] Für Levi bestand die Entwicklung der Sozialdemokratie während des Krieges nicht nur im Versagen der Parteiführung. Die besondere Tragik habe darin bestanden, »dass die Massen, die brüderlich für einander gefühlt, die ehrlich aneinander geglaubt hatten, für die die Internationale mehr als ein kluges Wort gewesen war: dass sie so willenlos gingen, wohin nationalistische Hetzapostel sie führten [...].«[3] In Deutschland war er Mitgründer der Gruppe Internationale sowie der Spartakus-Gruppe. Mit der Gründung des Spartakus-Bundes im November 1918 gehörte Levi der Zentrale an und trat in die Redaktion der neu gegründeten »Roten Fahne« ein. Paul Levis Bedeutung auf der großen politischen Bühne entwickelte sich erst während der letzten Phase des Ersten Weltkrieges ab Ende 1918. Im Umfeld der sozialdemokratischen Kriegsgegner bereits seit 1914 gut vernetzt, stand er bis dahin im Schatten der wesentlich bekannteren Akteure Rosa Luxemburg und Karl Liebknecht.

Levi war von der Notwendigkeit einer Neuorganisation der Arbeiterbewegung überzeugt. Ein schlichtes »Zurück« zur alten Arbeiterbewegung vor 1914 konnte es für ihn nicht geben. Der USPD mit ihrer zunächst stark am alten marxistischen Zentrum der Vorkriegssozialdemokratie orientierten Parteimehrheit stand er ablehnend gegenüber. Die Oktoberrevolution und die Bolschewiki waren für Levi im Herbst und Winter 1918/19 durchaus ein politischer Orientierungspunkt. Zugleich war er mit Blick auf die nötigen politischen Handlungsschritte nüchtern und pragmatisch: Auf der radikalen Linken verbreitete Vorstellungen, die ein einfaches Nachahmen des Agierens der russischen Genossen verlangten, lehnte er ab. Auf dem Gründungsparteitag der Kommunistischen Partei hielt Levi für die

---

2   *Paul Levi* (Paul Hartstein), Die Pflicht des deutschen Proletariats, in: Jugend-Internationale, Zürich, 1. Mai 1917, S. 8-9.
3   *Paul Levi*, Wiederkehr, in: Die Internationale, 30. Mai 1919, (Reprint, Mailand 1967), S. 1-8, hier S. 2.

Zentrale das Referat, mit dem eine Teilnahme an den Wahlen zur Nationalversammlung begründet werden sollte. Rednern, die einer Strategie der revolutionären Machtübernahme durch die Kommunisten das Wort redeten, hielt er entgegen, die Revolution sei in Deutschland wohl kaum in einem so fortgeschrittenen Stadium, wie manche glauben würden.[4] Levi bekannte sich zum Rätesystem, das aus seiner Sicht eine Möglichkeit für das Proletariat darstellte, »das ganze staatliche und wirtschaftliche Gebiet zu durchdringen mit sozialistischem Geist«. Die Nationalversammlung bezeichnete er als »das Panier der Gegenrevolution«[5]. Zugleich hielt er jedoch fest, es sei »unsere Aufgabe, den Kampf mit der Bourgeoisie aufzunehmen um jede Position, in der sie sich befindet.«[6] Das Parlament sei heute ein anderes als zu Vorkriegszeiten. Die Vertreter der Kommunisten würden nicht hin und her lavieren müssen, sondern sie würden »stehen und fechten müssen mit der Androhung der offenen Gewalt, die hinter diesen proletarischen Vertretern steht«.[7] Levi war sich sicher, dass die Nationalversammlung Realität werden würde und dass die öffentliche Aufmerksamkeit auch der proletarischen Massen auf die Versammlung gerichtet sein würde. Ein Abseitsstehen der Kommunisten kam für ihn vor diesem Hintergrund einer Selbstausschaltung aus einer wichtigen öffentlichen Debatte gleich. Levi und Luxemburg konnten sich mit diesem Kurs nicht durchsetzen. Die KPD blieb den Wahlen zur Nationalversammlung fern und betrat erst mit den Reichstagswahlen von 1920 – unter anderen mit dem Abgeordneten Paul Levi – die parlamentarische Bühne.

Inhaltlich blieb Levi der Nationalversammlung ablehnend gegenüber eingestellt, da sie durch ihren politischen Ausgangspunkt nur die Interessen der alten Machteliten berücksichtigen würde: »Was ist eine Verfassung? Nichts anderes als das Machtverhältnis der einzelnen Klassen der Gesellschaft zueinander. Es gibt und gab keine menschliche Gruppe, die nicht in diesem Sinne eine Verfassung

---

4 *Hermann Weber* (Hg.), Die Gründung der KPD, Berlin 1993, S. 93.
5 Ebd., S. 89.
6 Ebd., S. 91.
7 Ebd., S. 92.

gehabt hätte.«[8] Die Bourgeoisie habe gelernt, dass unter dem Deckmantel formaler juristischer Gleichheit es sich fast noch besser herrschen lasse, als ohne diese »juristischen Bekleidungsstücke«.

»Es ist daher auch nichts anderes als die Neuanwendung dieser alten Kunst, wenn jetzt in Weimar die Bourgeoisie wiederum versucht, nicht eine Verfassung zu geben, sondern eine Verfassung durch eine ›Verfassung‹ zu verkleiden. Wollte die Bourgeoisie die Verfassung geben, die dem Augenblicke entspricht: die würde aus einem Paragraphen bestehen und lauten: Noske soll Herr sein, der General Lüttwitz sein Prophet und die Garde-Kavallerie-Schützen-Division sind seine Heerscharen. Das wäre das ganze Gesetz, alles übrige nur die Erklärung.«[9]

Mit Blick auf die Entwicklung der Weimarer Republik letztlich sehr weitsichtig kommentierte er die weiteren Aussichten der neuen Verfassungsordnung:

»Und doch ist dieses Verfassungswerk zum Tode verurteilt, ehe es den Lenden und dem Schoße der Weimarer Väter und Mütter entsprossen [sic]. [P]olitischen Fortschritt und sozialen Stillstand gleichzeitig zu geben ist nur möglich dann und solange, als die politische Bewegung, die zum Verfassungswerk führt, nicht entstand aus dem sozialen Machtverhältnis, das diese selbe Verfassung aufrecht erhalten will. […] Hier, in Weimar und in der Geschichte dieser deutschen Revolution ist kein Zweifel: die politische Bewegung, die zum Sturze des Kaisertums, die zum Einsturz der alten ›Verfassung‹ führte, ist eine Bewegung des Proletariats gewesen und ist identisch mit der Bewegung, die auf Sturz des Machtverhältnisses der Bourgeoisie selbst hinzielt.«[10]

---

8   *Paul Levi*, Theater in Weimar, in: Die Internationale, 19. Juli 1919, (Reprint, Mailand 1967), S. 1-6, hier S. 2 f.
9   Ebd. S. 4.
10 Ebd. S. 5.

Levi hat in den weiteren Jahren der Weimarer Republik die Verfassung als Errungenschaft auch der Arbeiterbewegung interpretiert. Ihre Festigung und Verteidigung sei jedoch nur mit einem Weitertreiben der sozialen Revolution möglich, da sonst formaler Rahmen und soziale Substanz der Verfassung nicht zu einander passen würden[11] – Gedanken, die sich bereits in seinem Text über die Nationalversammlung im Jahr 1919 angedeutet hatten. Sie sprechen zugleich eines der Grundprobleme der Gesellschaftsstruktur der Weimarer Republik an. Levi hatte keinerlei Vertrauen, dass die »besitzenden Klassen« in ihrer Mehrheit tatsächlich ein Interesse am Bestehen von Demokratie und Republik hatten.

Nach den Ermordungen von Luxemburg, Liebknecht und kurze Zeit später von Leo Jogiches rückte Levi im Frühjahr 1919 zum wichtigsten Parteiführer der KPD auf. Levis Aufstieg an die Parteispitze war keineswegs zwangsläufig; ohne die politischen Morde wäre es mit relativer Sicherheit auch nicht dazu gekommen. Levi übernahm mit der Leitung der Partei seine erste Führungsposition auf Reichsebene in keiner einfachen Situation: Die Partei war die meiste Zeit des Jahres 1919 verboten, an den Wahlen zur Nationalversammlung hatte man sich nicht beteiligt, Zusammenkünfte konnten nur sehr eingeschränkt stattfinden und auch die Parteipresse konnte nicht kontinuierlich erscheinen. Die führenden Funktionäre, auch Levi, saßen zudem immer wieder im Gefängnis. Vor diesem Hintergrund war eine ungestörte Entwicklung der Partei kaum möglich.

In den Januarkämpfen 1919 hielt Levi sich zurück. Während der Tage der Ermordung von Luxemburg und Liebknecht saß er im Moabiter Gefängnis, ein Umstand, der ihm möglicherweise das Leben rettete. Vom Tod seiner engen politischen Weggefährtin erfuhr er quasi im Vorbeigehen durch ausliegende Zeitungen in einem Büro der Gefängnisverwaltung: »Es gibt Minuten, die ein langes Leben

---

11 Paul Levi, Das Reich und die Arbeiter, Sozialistische Politik und Wirtschaft vom 12. Oktober 1923, in: Schriften/Reden/Briefe, Bd. II/2, S. 240 ff., bes. S. 242 f.

aufwiegen: Die zwei Minuten nach dem Lesen dieser Zeilen sind solche Minuten gewesen.«[12]

Die Berliner März-Streiks von 1919 begrüßte Levi. In einer unter einem Pseudonym erschienenen Broschüre versuchte er, eine Unterscheidung zwischen »Putschen« und »notwendigen Kämpfen« zu entwickeln. Putsche zeichneten sich in diesem Verständnis vor allem dadurch aus, dass vorzeitig und direkt die schlichte Erkämpfung eines Endziels propagiert werde, während in notwendigen Kämpfen konkrete Forderungen gestellt würden.[13] Mit Forderungen nach der »Einräumung gewisser wirtschaftlicher Rechte an die Arbeiter- und Betriebsräte« oder nach Amnestie für die politischen Gefangenen sei genau dies geschehen.[14] Die Verstrickung der KPD in die Münchener Räterepublik sah Levi demgegenüber mangels ernsthafter Umsturzperspektiven als sehr problematisch. Kommunistische Politik treiben, heiße vom Standpunkt der Revolution aus, vernünftig handeln: »Schreitet die Masse zu Aktionen, die nur scheinbar revolutionär sind, in Wirklichkeit nur zu Rückschlägen führen, dann haben wir die Pflicht, warnend aufzutreten, Kritik anzusetzen, […] uns aber, wenn die Massen dessen ungeachtet sich in Bewegung setzen, an die Spitze zu setzen, obgleich es ins Unheil führt, die Verpflichtung haben wir nicht.«[15]

Für die KPD ging es nach Levi darum, nüchtern den jeweils passenden politischen Kampfboden zu wählen. Innerhalb der Partei sah er diese Strategie vor allem durch den um die Hamburger Fritz Wolffheim und Heinrich Laufenberg gruppierten »syndikalistischen« Flügel gefährdet, der die Beteiligung an den Parlamentswahlen ablehnte und außerdem gegen die Mitarbeit in den etablierten freien Gewerkschaften auf eigene Arbeiterunionen setzte. Die von der Parteiführung unter Levi dem Parteitag zur Abstimmung vorgelegten »Leitsätze über kommunistische Grundsätze und Taktik«, nach

---

12 *Paul Levi*, Rosa Luxemburg und Karl Liebknecht zum Gedächtnis, Der Klassenkampf, 15.1.1929, in: Schriften/Reden/Briefe, Bd. II/2, S. 1276ff, hier S. 1278.
13 *Cairns (Paul Levi)*, Generalstreik und Noske-Blutbad in Berlin, o. J., o. O., S. 3.
14 Ebd., S. 4.
15 Ebd. S. 10 ff.

welchen die KPD auf kein politisches Mittel grundsätzlich verzichten dürfe, sollten Klarheit schaffen und zugleich die Gegner dieses Kurses aus der Partei herausdrängen. In seiner Parteitagsrede argumentiere Levi in diesem Sinne:

»Freilich geht die Ausbeutung nur in den Betrieben vor sich, aber die Mittel, mit denen die Bourgeoisie das Proletariat zur Ausbeutung zwingt, sind politische Mittel. Die Staatsgewalt mit allen ihren Ausdrucksformen, Polizei und Militär, Presse und Gerichte, Parlament und Propaganda sind die Mittel, mit denen sie des Proletariats Nacken unter das Joch beugt. Diese politischen Mittel müssen wir mit politischen Mitteln bekämpfen: die erste Etappe in dem Befreiungskampf des Proletariats ist für uns die Eroberung der politischen Macht und deren Ausübung in diktatorischem Wege. Der Syndikalismus lehnt den Kampf um die politische Macht ab: Wir stellen ihn in den Vordergrund.«[16]

Für Revolution gebe es kein Rezept: »Revolution heißt dauernder politischer und wirtschaftlicher Kampf. Kampf in allen Formen und Kampf mit allen Mitteln. Kein Mittel ist uns zu klein und keines ist uns zu groß.«[17]

In der folgenden Abstimmung konnte sich die Linie der Zentrale durchsetzen, die Minderheit schied aus dem Parteitag aus, verließ in den nächsten Wochen größtenteils die Partei und sammelte sich in der Kommunistischen Arbeiterpartei (KAPD). Der Erfolg von Heidelberg war zugleich Levis strittigste politische Handlung. Von einer Reihe Interpreten wird ihm zwar zugebilligt, inhaltlich im Recht gewesen zu sein, zugleich sei sein Vorgehen aber durch seine überrumpelnde Art und die Einbeziehung der Mitglieder der Zentrale als stimmberechtigte Delegierte »durchaus zentralistisch-bürokratisch-diktatorisch und ein böses Beispiel, das in der Folge sowohl von

---

16 Bericht über den 2. Parteitag der Kommunistischen Partei Deutschlands (Spartakusbund) vom 20. bis 24. Oktober 1919, S. 18.
17 Ebd., S. 18.

der deutschen Parteibürokratie wie auch von Moskau nur allzu gern nachgeahmt wurde.«[18] Demgegenüber verweisen Bois und Wilde zu Recht darauf, dass es eine Mehrheit für Levis »Leitsätze« auch ohne die Stimmen der Zentrale gegeben habe. »Das Vorgehen der Zentrale 1919 führte keineswegs zu einem Absterben der innerparteilichen Demokratie und Diskussionsfreiheit – und zielte auch nicht darauf ab.«[19]

Nach der Spaltung der KPD arbeitete die Parteiführung an einer Vereinigung mit dem linken Teil der USPD. Anders als bei den in den ersten Monaten der Revolution neu politisierten »lumpenproletarischen Elementen«[20] im Umfeld der KPD sah Levi in der Mitgliedschaft der USPD die Gruppierung, mit der sich eine disziplinierte und kampfstarke Partei im Zentrum der Arbeiterbewegung etablieren lassen könnte: Die KPD könne nun mit den Massen verwachsen, »für die sie bestimmt war vom ersten Tage der Revolution an.«[21] Fragen des Umgangs mit den anderen Parteien der Arbeiterbewegung gehörten zu den großen Diskussionsthemen innerhalb der kommunistischen Bewegung. Den »21 Bedingungen« für die Aufnahme einer Partei in die Kommunistische Internationale stand Levi skeptisch gegenüber. Den Sinn der Komintern sah Levi vor allem in der Sammlung all derjenigen Kräfte, die sich in ihrem tatsächlichen Agieren als revolutionäre Parteien bewiesen hatten. Auf dem 2. Weltkongress der Komintern im Juli und August 1920 hielt er fest: »Ich selbst bin viel zu viel Advokat, als dass ich nicht wüßte, wie mangelhaft Advokatenwerk ist. Und deshalb muss ich gestehen, dass ich der Formulierung von […] Paragraphen sehr skeptisch gegenüber stehe. Damit erreicht man nicht das, was innerhalb des Lebens der U.S. P. heute das Wichtigste ist: dass die Massen erfassen, um was es

---

18 *Ossip K. Flechtheim*, Die KPD in der Weimarer Republik, Offenbach 1948, S. 61.
19 *Marcel Bois/Florian Wilde*, »Modell für den künftigen Umgang mit innerparteilicher Diskussion?« Der Heidelberger Parteitag der KPD 1919, in: Jahrbuch für Forschungen zur Geschichte der Arbeiterbewegung 6, 2007, H. 2, S. 33-46.
20 *Paul Levi*, Der Parteitag der Kommunistischen Partei, in: Die Internationale, 1. Dezember 1920, (Reprint, Mailand 1967), S. 41-44, hier S. 42 f.
21 Ebd., S. 44.

geht [...].«[22] Dennoch trug er dieses Vorgehen mit und bezeichnete auch später die Vereinigung als Erfolg. Mit der Vereinigung schlossen sich etwa 300.000 Mitglieder der linken USPD mit 70.000 Mitgliedern der KPD zusammen[23] – Levis Ziel einer kommunistischen Massenpartei schien in greifbarer Nähe.

Levi blieb nur kurze Zeit an der Spitze der neuen Partei. Nach der von der Komintern durchgesetzten Spaltung der Italienischen Sozialistischen Partei trat er aus der Zentrale zurück – seine Ablehnung des »Advokatenwerks« der »21 Bedingungen« wurde sichtbar. Zum endgültigen Bruch mit der KPD kam es wenige Monate später in der Folge der um Ostern 1921 von der Parteiführung ausgelösten »März-Aktionen« in den mitteldeutschen Industrierevieren.[24] Wohl auch angetrieben von Emissären aus Moskau hatten Einheiten der KPD die Kämpfe aufgenommen, während der Großteil der anderweitig organisierten Arbeiter abseits oder sogar ablehnend blieb. Die neue KP-Führung wertete den nach wenigen Tagen abgebrochenen Aufstandsversuch dennoch als Erfolg: »Das allgemeinste Ergebnis des Kampfes ist das, dass die bleierne Stagnation, in die die Arbeiterschaft versunken war, gebrochen ist.«[25] Im Hintergrund stand dabei die neu angenommene »Offensivtheorie«, nach der durch stetige Provokation bis hin zu gewaltsamem Agieren wieder eine revolutionäre Situation herbeigeführt werden sollte. Levi sah in den März-Aktionen einen vor allem durch die »Turkestaner«, Moskaus Komintern-Emissäre, im Interesse der außenpolitischen Wünsche Russlands ausge-

---

22 *Paul Levi*, in: Protokoll des II. Weltkongresses der Kommunistischen Internationale, Hamburg 1921, S. 360 f.
23 *Hermann Weber*, Zum Verhältnis von Komintern, Sowjetstaat und KPD, in: Ders./ *Jakov Drabkin/Bernhard H. Bayerlein* (Hg.), Deutschland, Russland, Komintern, Bd. 1: Überblicke, Analysen, Diskussionen, Berlin 2014, S. 38 f.
24 Zu den März-Aktionen vgl. ausführlich *Sigrid Koch-Baumgarten*, Aufstand der Avantgarde, Die März-Aktion der KPD 1921, Frankfurt a. M. 1986.
25 *August Thalheimer*, Der erste Versuch, in: Die Internationale, Jahrgang 3, H. 4, (Reprint, Mailand 1967), S. 107-114, S. 109.

lösten »größten Bakunisten-Putsch in der Geschichte«.[26] Für das Jahr 1921 ging er von einer Stagnation der Klassenkämpfe aus. In einem Brief an Lenin schrieb er, nötig sei, durch aktuelle Teilforderungen die Massen wieder in Bewegung zu bringen. Die März-Aktionen seien genau dies nicht:

> »Nicht ein Kampf des Proletariats gegen die Bourgeoisie, sondern ein Kampf der Kommunisten gegen die überwiegende Mehrheit des Proletariats, das der Kommunistischen Partei in dieser Situation nicht nur ohne Sympathie, nicht nur mit einer gewissen Abneigung, sondern direkt in offenem Kampf als Feind gegen Feind gegenübersteht. [D]enn wir haben es jetzt erreicht, dass wir in offener Feindschaft zu jenen großen Arbeiterorganisationen stehen und zur Mehrheit des Proletariats.«[27]

In seiner im April 1921 veröffentlichten Schrift »Unser Weg. Wider den Putschismus« hielt Levi fest, nur die eigene Einsicht könne die Massen bewegen. Eine Aktion, die lediglich dem politischen Bedürfnis der KP, aber nicht dem subjektiven Bedürfnis der proletarischen Massen entspreche, bewirke nichts.[28] Kommunist sei nicht der, der das Ende an den Anfang setzen wolle, sondern der, der den Anfang zum Ende führen wolle.[29] Letztlich habe die KP-Führung mit den März-Aktionen gutgläubige Arbeiter instrumentalisiert, sie rücksichtslos Gefahren für ihr Leben und ihre wirtschaftliche Existenz ausgesetzt. Die KPD schloss ihn daraufhin aus der Partei aus. Auf Vorschläge wie den von Lenin, den Ausschluss zu akzeptieren und nach einigen Monaten Wohlverhaltens wieder einen Antrag auf Auf-

---

26 *Paul Levi*, Unser Weg. Wider den Putschismus, in: *Charlotte Beradt* (Hg.), Paul Levi. Zwischen Spartakus und Sozialdemokratie. Schriften, Aufsätze, Reden und Briefe, Frankfurt a. M. 1969, S. 74.
27 *Paul Levi*, Brief an Lenin vom 27.3.1921, in: *Hermann Weber/Jakov Drabkin/Bernhard H. Bayerlein* (Hg.), Deutschland, Russland, Komintern, Bd. 2: Dokumente, Teilband 1, Berlin 2014, Dok. 35, S. 140 ff.
28 *Levi*, Unser Weg, S. 72.
29 Ebd., S. 54.

nahme in die Partei zu stellen, ging Levi nicht ein. Im Herbst 1921 gründete er gemeinsam unter anderen mit Ernst Däumig, Curt Geyer, Otto Brass und Adolph Hoffmann die Kommunistische Arbeitsgemeinschaft (KAG), die auch einen größeren Teil der bisherigen kommunistischen Reichstagsfraktion umfasste. Clara Zetkin, die Levis Kritik teilte und zunächst öffentlich Position für ihn bezogen hatte, verblieb hingegen in der KPD. Mit der Zeitschrift »Sowjet (Unser Weg)« – nach einigen Heften in »Unser Weg« umbenannt – schuf Levi sich ein eigenes Theorieorgan. Von seinen Mitstreitern Ernst Däumig und Adolph Hoffmann wurde zudem das »Mitteilungsblatt der KAG« herausgegeben. Zum weiteren engen Umfeld Levis gehörten darüber hinaus der später zum Vorsitzenden des Freidenker-Verbandes gewählte Max Sievers sowie Mathilde Jacob, die schon Rosa Luxemburg zugearbeitet hatte und nun für Levi die Korrespondenz und die Unterstützung bei seinen publizistischen Tätigkeiten übernahm. Letztlich gelang es Levi und seinen Mitstreitern aber nicht, den Kurs der KPD in ihrem Sinne zu beeinflussen. Anfang 1922 trat die Mehrzahl der Mitglieder der KAG zunächst der USPD bei und kehrte dann mit der Mehrheit der USPD in die Vereinigte Sozialdemokratische Partei zurück.

Zum Übergang der KAG in die USPD im Frühjahr 1922 schrieb Levi, eine andere organisatorische Gestaltung der Arbeiterbewegung müsse erreicht werden:

»Woher kann die Aufhebung der Spaltung kommen? Aus der Erkenntnis der Tatsache, dass alle Arbeiter, die im Krieg ›siegreichen‹ wie die im Kriege besiegten, die in der Revolution ›siegreichen‹ deutschen Sozialdemokraten, wie die ›besiegten‹ Kommunisten, als in Wirklichkeit alle besiegt, einem ausbeuterischen, raubgierigen Kapitalismus gegenüberstehen, der sie alle mehr ausbeutet und unterdrückt als er vor dem Kriege getan.«[30]

---

30 *Paul Levi*, Die Not der Stunde, in: Unser Weg. Halbmonatsschrift für sozialistische Politik, 10.4.1922, S. 153-158, S. 155.

Und kurze Zeit später schrieb er im Zuge der Vereinigung von USPD und MSPD:

»Das Problem, das nach der Ermordung Rathenaus zu lösen übrig bleibt, ist, wie gesagt, das des Schutzes der Republik. [...] Das heißt: nur die soziale, die sozialistische Ausgestaltung der deutschen Republik wird das feste Band sein, dass die deutsche Arbeiterklasse, die heute die Republik hält, dauernd an sich bindet. Trifft der Gedanke zu, dann ist ganz klar: die Erhaltung der deutschen Republik ist ein Stück Klassenkampf, in der das Soziale voran und nicht hintan steht. Und soll dieser Kampf groß und lebendig werden, so darf kein Glied fehlen.«[31]

Für Levi war klar, dass sich spätestens im Jahr 1922 das Fenster für revolutionäre Veränderungen zunächst geschlossen hatte. »Ein Aufgeben der demokratischen Republik bedeutete für das Proletariat nicht die Wiederherstellung der früheren Staatszustände, sondern etwas Schlimmeres: es bedeutete Reaktion im blutigsten Sinne des Wortes und eine völlige Zerschlagung des Bodens, auf dem die Arbeiterklasse politisch sich in legaler Form betätigen kann.«[32]

Levi wollte eine Überwindung der bürgerlich-kapitalistischen Gesellschaftsordnung. Mittel dazu sollte eine kampfstarke und selbstbewusste Arbeiterbewegung sein, die aus eigener Überzeugung handeln und nicht durch Anweisung oder Manipulation einer revolutionären Elite gelenkt werden sollte (oder konnte). Die Kommunistische Partei hatte sich für Levi durch ihre Entwicklung selbst als ernsthafter und konstruktiver Akteur in diesem Kontext ausgeschaltet. Der neuen Vereinigten Sozialdemokratie begegnete er illusionslos, sah aber zugleich in ihr den einzigen Akteur, der eine Mehrheit der arbeitenden Menschen erreichen konnte. In Abgrenzung zum Denken der Bolschewiki strich Levi zudem die Notwendigkeit von Demokratie als

---

31 *Paul Levi*, Die Lage nach Rathenaus Tod, in: Unser Weg. Halbmonatsschrift für sozialistische Politik, 15.7.1922, S. 261-264.
32 *Paul Levi*, Die Einigung, in: Unser Weg. Halbmonatsschrift für sozialistische Politik, 15.8.1922, S. 293-300, hier S. 296.

Kampfboden für die Erringung von Mehrheiten für die Arbeiterbewegung wie auch als zwingenden Bestandteil eigener Machtausübung der Arbeiterbewegung immer stärker heraus. Ziel Levis blieb, die durch die kapitalistische Wirtschaftsordnung erzeugten Brüche und Widersprüche in der Gesellschaft zu politisieren, um Mehrheiten für ein Weitertreiben der sozialen Revolution zu erreichen.[33]

In der SPD stieg Levi schnell zum intellektuellen Wortführer des linken Parteiflügels auf. Basis für diesen Einfluss war vor allem die von ihm 1923 gegründete Zeitschrift »Sozialistische Politik und Wirtschaft«.[34] Paul Levi starb im Februar 1930 bei einem Sturz aus dem Fenster seiner Berliner Dachgeschosswohnung. Die Frage, ob es sich um einen Unfall oder um Selbstmord handelte, bietet bis heute Anlass zu Spekulationen – aufklären lässt es sich nicht mehr. Welche Lücke Levis früher Tod im Jahr 1930 in die Reihen der sozialistischen Bewegung gerissen hatte, zeigt ein Nachruf Arkadij Gurlands zu Levis zweitem Todestag in der Zeitschrift »Marxistische Tribüne«:

> »In der Zeit der Inflationswirren, in denen trübe Apathie, dumpfe Verzweiflung und selbstvernichtender Sektengeist – wie heute wieder – sich der Arbeiterschaft bemächtigten, ist es Levi gewesen, Levi, der ›Spalter‹ der ›ewig negierende‹, der Wortführer einer ›unfruchtbaren Agitationspolitik‹, wie seine Gegner ihn nannten, der die Einheit des Sozialismus forderte als erste Voraussetzung einer Wiedergesundung der Arbeiterbewegung. […] Er kam als nüchterner Zergliederer gesellschaftlicher Wirklichkeiten, als unbarmherziger Verächter der ›revolutionären Phrase‹ wie jeder anderen auch, als Verstandesmensch, äußerlich kalt und gleichsam bar

---

33 Nicht überzeugen kann Frédéric Cyrs Interpretation von Levis Wirken. Cyr sieht in Levi einen gegen demokratische Führung gerichteten Hauptantreiber einer »Bolschewisierung« der Spartakus-Gruppe und des Spartakus-Bundes. Vgl. *Frédéric Cyr*, Paul Levi. Rebelle devant les extremes. Une biographie politique, Montréal 2013. Einen pointierten Überblick über die (Weiter-)Entwicklungen der politischen Positionierungen Levis gibt *Ulrich Schöler*, Der unbekannte Paul Levi?, in: *Ders.*, Herausforderungen an die Sozialdemokratie, Essen 2016, S. 254-281.
34 *Jörn Schütrumpf* (Hg.), Paul Levi. Schriften/Reden/Briefe, Bd. II/1 und Bd. II/2: Sozialistische Politik und Wirtschaft, Berlin 2016.

jeder gefühlsmäßigen Regung, der nur ätzenden Spott übrig hatte für [...] Gefühlsduseleien, und nicht viele wußten, welch ein Quell glühender Leidenschaft diesen im Kritischen unversöhnlichen und unnachsichtigen Geist nährte.«[35]

---

35 *Arkadij Gurland*, Paul Levis unvollendetes Werk, in: Marxistische Tribüne für Politik und Wirtschaft, Berlin 15.2.1932, S. 87 ff., hier S. 100.

Felicitas Söhner[1]

Antonie Pfülf – »denn Demokratie bedeutet ein viel schwierigeres Kampfmittel, als es die Gewalt gewesen ist.«[2]

1 Einleitung

Auf der Frauenkonferenz des SPD-Parteitags 1920 in Kassel trat eine Frau auf das Podium, die sich nicht nur für die Gleichberechtigung der Geschlechter, sondern für den gemeinsamen »Kampf um [die] Demokratie« einsetzte. Sie plädierte im Hinblick auf das Ringen um die Etablierung der Weimarer Republik für ein Verschmelzen der »Interessengegenstände von Mann und Frau in eine höhere Einheit [...] denn Demokratie bedeutet ein viel schwierigeres Kampfmittel, als es die Gewalt gewesen ist.«[3] Wer war diese Genossin, die hier vor den Anwesenden sprach?

---

1 Mein Dank gilt Friedhelm Boll, Jörg Wollenberg und Siegfried Heimann für die wertvollen Hinweise zum Manuskript.
2 Protokoll der Frauenkonferenz des Parteitages der SPD in Kassel, 10.–16.10.1920, Redebeitrag Antonie Pfülf, S. 396.
3 Ebd.

Bild 5 Gruppenaufnahme mit Mitgliedern der sozialdemokratischen Reichstagsfraktion (von links nach rechts): Johanna Tesch, Elfriede Ryneck, Antonie (»Toni«) Pfülf, Anna Simon, Frieda Hauke, Minna Martha Schilling, August 1919

    Die 43-jährige Antonie Pfülf, genannt Toni, stammte aus einer bürgerlich-konservativen Familie und war bis 1919 als Lehrerin in Oberbayern tätig, zuletzt in München. Im Ersten Weltkrieg arbeitete Pfülf als Armenpflegerin und Waisenrätin in München. Bereits 1912 engagierte sie sich im Reichstagswahlkampf und forderte gemeinsam mit Anita Augspurg und Lida Gustava Heymann das Frauenwahlrecht ein. Im November 1918 gehörte sie zu den Gründerinnen des »Bunds sozialistischer Frauen«, dessen Vorsitzende sie wurde.

    In der Weimarer Republik gelang es nur wenigen Frauen, als Berufspolitikerin zu arbeiten und ein Mandat wahrzunehmen. 1919 wurde Pfülf zu den ersten 37 Frauen in die 421-köpfige verfassunggebende Nationalversammlung gewählt. Im dortigen Verfassungsausschuss und als Mitglied des Reichstags (1920–1933) setzte sie sich für die Forderung nach Ächtung der Todesstrafe und für die Gleichberechtigung im juristischen Bereich ein: gleiche Rechte für unehelich geborene Kinder und deren Mütter, gleiche Rechte für Beamtinnen, gleiche Rechte für Mann und Frau im Falle von Ehescheidungen. Im Vordergrund stand für sie die Neuordnung des Ehe- und Familienrechts.

Ein anderer Schwerpunkt ihrer politischen Arbeit war ihr Einsatz für Chancengleichheit im Bildungswesen. Hier trat sie vor allem ein für konfessionsungebundene Schulen und für Gleichberechtigung für Kinder aus der Arbeiterschaft. Ihre politischen Positionen legte Pfülf in zahlreichen Aufsätzen dar, unter anderem publiziert in den sozialdemokratischen Organen »Die Gleichheit« und »Die Genossin«. In der SPD arbeitete sie am Görlitzer und Heidelberger Programm mit und trat hartnäckig und konsequent für ihre Prinzipien und politischen Forderungen ein.

Früh, besonders aber seit den Wahlergebnissen 1930, engagierte sie sich in München und ihrem Wahlkreis gegen die erstarkenden Nationalsozialisten und forderte ein entschiedeneres Handeln von ihren Fraktionskollegen im Reichstag. Sie suchte die offene Konfrontation und hielt in öffentlichen Versammlungen scharfe Reden gegen den Nationalsozialismus. Vor der Abstimmung der SPD-Fraktion über Hitlers Friedensresolution am 17. Mai 1933 verließ Pfülf die Beratungen nach heftigem Protest. Desillusioniert ob der politischen Hoffnungslosigkeit unternahm sie mehrere Freitodversuche. Am 8. Juni 1933, zwei Wochen vor dem Verbot der SPD, starb Antonie Pfülf an einer Überdosis Veronal. Ihr Suizid steht symptomatisch für die Resignation, die manche der in Deutschland zurückgebliebenen Parteimitglieder erlebten, als die sozialdemokratische Partei am 17. Juni 1933 endgültig verboten wurde.

2 Historischer Hintergrund

Antonie Pfülf trat 1902 in die SPD ein; ein Zusammenhang mit der zweiten SPD-Frauenkonferenz in München, auf der Clara Zetkin die Zulassung von Frauen zu politischen Vereinen und das Frauenwahlrecht forderte[4], ist naheliegend. Erst 1908 wurde das politische Betätigungsverbot für Frauen, Schüler und Lehrlinge[5] aufgehoben.[6] In der Erinnerung des damals jugendlichen Sozialdemokraten Emil Holzapfel kämpfte Pfülf in Bayern als eine der ersten für die Gleichberechtigung der Frauen: »Da Frauen damals vom politischen Geschehen ausgeschlossen waren, galt ihr Bemühen, dies zu ändern.«[7] So nahm sie am Weihnachtsfeiertag 1911 bei einer von Georg von Vollmar einberufenen politischen Besprechung zur Reichstagswahl am 12. Januar 1912 teil, obwohl Frauen und Kinder von der Veranstaltung ausgeschlossen waren. »In die Versammlung war Toni Pfülf nur gekommen, weil sie sich als Mann verkleidet hatte. Sie sprach zum Thema Gleichberechtigung der Frau und forderte die Männer auf, sich für das Wahlrecht der Frauen einzusetzen«[8], erinnert sich Holzapfel. Durch ihr markantes Auftreten fiel sie auch später in Berlin auf. Die Parlamentarierin Adele Schreiber beschrieb sie als »eine fähige und raffinierte Frau, die sehr originell aussieht mit ihrem

---

4 Tagesordnungspunkt 4: Vortrag Clara Zetkin: »Die politische Gleichberechtigung des weiblichen Geschlechts, insbesondere auf dem Gebiet des Vereins- und Versammlungsrechtes«, in: Protokoll der Verhandlungen des Parteitages der SPD in München, Bericht über die Frauenkonferenz, 19.–20.9.1902, S. 302.
5 In Bayern existierten wie in Preußen seit 1850 geschlechtsspezifische Restriktionen in den jeweiligen Vereins- und Versammlungsgesetzen. »Frauenspersonen und Minderjährige können weder Mitglieder politischer Vereine seyn, noch den Versammlungen derselben beiwohnen.« (Art. 15., Gesetz die Versammlungen und Vereine betreffend [28.2.1850], in: *Karl Weber*, Neue Gesetz- und Verordnungsversammlung für das Königreich Bayern mit Einschluss der Reichsgesetzgebung, Bd. 4, Nördlingen 1885, S. 83).
6 Vgl. *Ernst Huber*, Deutsche Verfassungsgeschichte seit 1789: Bismarck und das Reich, Stuttgart 1963, S. 1018.
7 *Emil Holzapfel*, Der rote Emil. Ein bayerischer Sozialist erzählt, München 1983, S. 109.
8 *Holzapfel*, Der rote Emil, S. 110.

kurzen, lockigen Haar und ihren kurzen, taillierten Kleidern.«[9] Der spätere bayerische Ministerpräsident Wilhelm Hoegner erinnerte sie als »Pazifistin […] mit zäher Energie«, die äußerlich »einen fast männlichen Typ dar[stellte], wenn sie es gelegentlich auch nicht an weiblicher Schläue fehlen ließ.«[10]

Ein Mentor war ihr Kurt Eisner, der 1918 zum ersten Ministerpräsidenten des Freistaats Bayern gewählt wurde. Gemeinsam mit Eisner habe Pfülf in Weiden »das Bewusstsein Tausender oberpfälzischer Sozialdemokraten geprägt«, wie von Zeitzeugen erinnert wird.[11] Ein weiterer Förderer von ihr war Johannes Hoffmann, bayerischer Kultus- und Bildungsminister, später Eisners Nachfolger im Amt des bayrischen Ministerpräsidenten. Auf Hoffmanns Initiative wurde Pfülf Anfang 1919 in die verfassungsgebende Nationalversammlung delegiert. Obwohl der SPD-Landesvorsitzende Erhard Auer verhinderte, dass Pfülf für den Wahlkreis Oberbayern-Schwaben kandidieren konnte, erreichte Hoffmann, dass sie bei den Reichstagswahlen den sicheren Stimmkreis Niederbayern-Oberpfalz erhielt und in den Reichstag gewählt wurde.[12] Die Schwierigkeiten zwischen Auer und Pfülf steigerten sich zu einem endgültigen Bruch, als sich Pfülf in einem Parteiverfahren im September 1919 Auer als nicht mehr tragbar bezeichnete.[13] Michael Lotterschmids und Hartmut Mehringers Schlussfolgerung, dass sie daraufhin ihr Reichstagsmandat »nur noch [dem] Parteivorstand in Berlin« verdankte[14], lässt parteiinterne Spannungen und Brüche innerhalb der SPD erahnen.

---

9 *Asja Braune*, Konsequent den unbequemen Weg gegangen. Adele Schreiber (1872–1957). Politikerin, Frauenrechtlerin, Journalistin, Diss., Berlin 2003, S. 319.
10 *Wilhelm Hoegner*, Flucht vor Hitler. Erinnerungen an die Kapitulation der ersten deutschen Republik 1933, München 1977, S. 48.
11 *Ulrich Lempa*, Vorwärts immer, rückwärts nimmer, Regensburg 1985, S. 61.
12 Vgl. *Holzapfel*, Der rote Emil, S. 111 f.
13 *Michael Lotterschmid/Hartmut Mehringer*, Erhard Auer – ein bayerischer Sozialdemokrat, in: *Hartmut Mehringer* (Hg.), Von der Klassenbewegung zur Volkspartei. Wegmarken der bayerischen Sozialdemokratie 1892–1992, München 1992, S. 138-151.
14 Ebd., S. 138 f.

3 Ergebnisse

Position gegenüber Kriegskrediten

Kurz nach Beginn des Ersten Weltkriegs stimmte die SPD-Reichstagsfraktion am 4. August 1914 erstmals für die Bewilligung von Kriegskrediten. Als am 2. Dezember 1914 eine erneute Bewilligung anstand, votierte nur Karl Liebknecht dagegen. Pfülfs Mentor Eisner wandelte sich nach anfänglicher Zustimmung zum radikalen Kriegsgegner, was ihn bald in Konflikt mit seinen Münchener Parteigenossen brachte.[15]

Toni Pfülf exponierte sich bereits 1914, noch ohne Mandat, innerhalb der Sozialdemokratie in der Frage der Kriegskredite. Sie war Mitglied im »Frauenausschuss für dauernden Frieden«, der von 1915 bis 1919 existierte. Damit der Frauenausschuss nicht durch Militärbehörden verboten werden konnte, verzichteten die Mitglieder auf eine Satzung und ein Programm.[16]

Als engagierte Pazifistin erklärte Pfülf in einem Vortrag jener Zeit die zu erwartenden Folgen der Kriegskredite. Sie griff Friedrich Ebert, den damaligen Vorsitzenden der sozialdemokratischen Reichstagsfraktion, als einen Befürworter der Kredite in einer Versammlung hart an. Pfülf war der Meinung, die Zustimmung zu den Kriegskrediten könnte die Bevölkerung nach Kriegsende gegen die Partei auslegen. Gleichzeitig war sie auch gegen eine Ablehnung der Kredite, wie sie von Rosa Luxemburg und Karl Liebknecht propagiert wurde; mit dem Argument, die Verweigerer könnten nach Ende des Krieges als vaterlandslose Gesellen bezeichnet werden. Entsprechend plädierte sie für Stimmenthaltung.[17] Pfülf lehnte es aus pazifistischen

---

15 *Bernhard Grau*, Parteiopposition – Kurt Eisner und die Unabhängige Sozialdemokratische Partei, in: *Hartmut Mehringer* (Hg.), Von der Klassenbewegung zur Volkspartei. Wegmarken der bayerischen Sozialdemokratie 1892–1992, München 1992, S. 126-138, hier S. 128.
16 Vgl. *Anja Weberling*, Zwischen Räten und Parteien. Frauenbewegung in Deutschland 1918/1919, Pfaffenweiler 1994, S. 66.
17 Vgl. *Holzapfel*, Der rote Emil, S. 110; *Irma Hildebrandt*, Bin halt ein zähes Luder, 15 Münchner Frauenporträts, München 2006, S. 140.

Gründen ab, Frauen zu verpflichten, in der Rüstungsindustrie zu arbeiten, auch, weil sie bei gleicher Arbeitsleistung deutlich geringer entlohnt wurden.[18]

In München gründete sie mit ihren Mitbewohnerinnen Lida Heymann und Anita Augspurg und weiteren Frauen der Arbeiterbewegung den »Bund sozialistischer Frauen«, »als erste sozialistische Frauen-Organisation, die selbständig, unabhängig von den sozialistischen Männerparteien und Fraktionen ist.«[19] In der von Toni Pfülf und Netti G. Katzenstein unterzeichneten Einladung zur ersten großen Versammlung am 16. Dezember 1918 im Deutschen Theater in München warb der Bund: »Wir bitten Sie herzlich, zu uns zu kommen und alle Frauen mitzubringen, die entweder schon auf dem Boden des Sozialismus stehen oder dieser Richtung zuneigen.«[20] Angekündigte Referentin war Sophie Steinhaus zum Thema »Liberalismus und Sozialismus.«[21]

Die Ziele des Bundes[22] lagen in Öffentlichkeits- und politischer Aufklärungsarbeit, pazifistischer Agitation, in der Überwindung der parteipolitischen Spaltung der Arbeiterbewegung und in der Zusammenführung feministisch engagierter und linksgerichteter Frauen unabhängig von ihrer Parteizugehörigkeit[23], wie noch erhaltene Plakate des Bundes erkennen lassen.[24] Ein im bayerischen Hauptstaatsarchiv befindliches Plakat des Bunds sozialistischer Frauen ruft den Betrachter zur Gewaltfreiheit auf:

---

18 *Holzapfel*, Der rote Emil, S. 110.
19 *Anita Augspurg/Lida Heymann*, in: Die Frau im Staat, 1. Jg., H. 1, Februar 1919, S. 16.
20 *Christiane Sternsdorf-Hauck*, Brotmarken und rote Fahnen. Frauen in der bayrischen Revolution und Räterepublik 1918/19, Köln 2008, S. 19.
21 *Sternsdorf-Hauck*, Brotmarken und rote Fahnen, S. 19 f.
22 Zu den Mitgliedern des Bundes gehörten u. a. Lida Gustava Heymann (1868–1943), Mathilde Baumeister (USPD), Rosa Aschenbrenner (1885–1967, USPD), Nelly Auerbach, Sophie Steinhaus (USPD), Thekla Egl (USPD), Marie Bertels, Toni Pfülf (SPD), Hedwig Kämpfer (USPD), Elma Klingelhöfer (USPD) und Constanze Hallgarten.
23 *Weberling*, Zwischen Räten und Parteien, S. 66.
24 *Sternsdorf-Hauck*, Brotmarken und rote Fahnen, S. 19.

»Frauen u. Mütter! Wir hassen den Krieg, mehr noch den Bruderkrieg! Wir dulden nicht, dass Proletarier auf Proletarier schiessen. Wir wollen, dass das Neue sich ohne Blutvergiessen verwirklicht. Wir glauben an die Kraft des sozialistisch-kommunistischen Gedankens. Gedanken siegen ohne Blut. Wir wollen jede für sich und alle zusammen diesem Morden ein Ende machen. Proletarierbrüder! Hört uns! Handelt als Menschen einer neuen Gesellschaft! Bund sozialistischer Frauen.«[25]

Nach Heymanns Bericht wurde das politische Engagement des Bundes, in dem Pfülf Vorsitzende war, von vielen politischen Eliten mit »steigendem Mißbehagen«[26] betrachtet.

Als im November 1918 in München ein Arbeiter- und Soldatenrat mit der Aufgabe gegründet wurde, die provisorische Regierung von Kurt Eisner zu unterstützen, erschien Toni Pfülf uneingeladen zu einer Sitzung. Als der Sitzungsleiter Erich Mühsam sie aufforderte, die Veranstaltung zu verlassen, wehrte sie sich energisch und entgegnete: »Man kann mich nur mit Gewalt aus dem Sitzungssaal befördern, denn ich habe hier im Arbeiter- und Soldatenrat die Interessen der Frauen zu vertreten.«[27] In ihrer anschließenden Wortmeldung führte sie wesentliche Problemlagen an:
- die aus der Kriegsindustrie entlassenen, nun arbeitslosen Frauen;
- die schlechte Wohnungssituation;
- mangelnde Hygiene in den Wohnungen;
- Bekämpfung der TBC (Lungentuberkulose);
- die Versorgung von Frauen und Kindern durch die Krankenkasse;
- Betreuung von Kriegsgefangenen vor und nach der Entlassung;
- Versorgung der Kriegsbeschädigten.

---

25 Plakat, Bund sozialistischer Frauen, April 1919, Bayer. HStA München, Abt. V, Plakatsammlung.
26 Zit. n.: *Eva Maria Volland*, Antonie (»Toni«) Pfülf - »… die Interessen der Frauen zu vertreten«, in: *Hartmut Mehringer* (Hg.), Von der Klassenbewegung zur Volkspartei. Wegmarken der bayerischen Sozialdemokratie 1892–1992, München 1992, S. 187.
27 Zit. n.: *Holzapfel*, Der rote Emil, S. 111.

Pfülf stellte auch einen Antrag, dass der Arbeiter- und Soldatenrat beim Bayerischen Justizminister Johannes Timm vorsprechen sollte, um eine Amnestie für Kriegsgegner und Streikende aus der Ernährungswirtschaft und der Rüstungsindustrie zu erwirken.

Haltung gegenüber dem Versailler Vertrag

Als im Juni 1919 die Frage der Zustimmung zum Friedensvertrag in der Fraktion und vor dem Reichstag diskutiert wurde, stimmte die Mehrheit der SPD-Fraktion der »Unterzeichnung des Friedensvorschlages« zu. Eine Minderheit von 15 Abgeordneten votierte in der Absicht dagegen, die Entente zu zwingen, die vertraglichen Bedingungen selbst durchzusetzen und sich dabei davon zu überzeugen, dass die Deutschen die gestellten Forderungen nicht erfüllen konnten. Toni Pfülf nahm in dieser Sache den Fraktionszwang hin und machte gleichzeitig ihre Ablehnung der Unterzeichnung des Friedensvertrages mit einer Erklärung öffentlich, die in der Fraktionssitzung vom 22. Juni 1919 erlassen wurde:

»›Wir unterzeichneten Mitglieder der sozialdemokratischen Fraktion der verfassungsgebenden Nationalversammlung sind [...] überzeugt, daß die Annahme des von der Entente angebotenen Gewaltfriedens dem Wohle des Reiches und der deutschen Arbeiterklasse sowie dem Weltfrieden schädlich ist. Wir sind für Ablehnung des sogenannten Friedensvertrages, um unsere Gegner, falls sie auf der Durchsetzung der Bedingungen bestehen, in die Notwendigkeit zu versetzen, ihn selbst durchzuführen und sich dadurch am wirksamsten von der moralischen und materiellen Unmöglichkeit der von uns geforderten Bekenntnisse und Leistungen zu überzeugen. Wir lehnen deshalb die Zustimmung zu diesem Frieden ab. Wir wollen jedoch in der Würdigung der Motive, die für den Beschluß der Mehrheit maßgebend sind, und im Interesse der Aufrechterhaltung der Einheit der Partei davon abgehen, in der Nationalversammlung abweichend von der Fraktion zu stimmen.‹

gez. Wolfgang Heine, Max Quarck, Adolf Braun, Georg Schöpflin, Voigt, Antonie Pfülf, Klara Bohm-Schuch, Hans Vogel, Michael Hierl, Th. Wolff, Hoffmann (Pfalz), Fischer-Berlin, Ad. Thiele, Th. Katzner, Otto Landsberg.«[28]

Toni Pfülf blieb trotz vieler Konflikte in der SPD. Dass ihre gleichzeitig pazifistische und patriotische Haltung keinen Widerspruch in sich barg, erklärte Pfülf ihren Genossinnen auf der Frauenkonferenz zum Parteitag in Kassel 1920:

> »Ich habe gestern gesagt, daß ich es als eine der vornehmsten Aufgaben der sozialdemokratischen Frauen ansehe, die Verständigung unter den Völkern zu pflegen. [...] Wir werden diese Völkergemeinschaft in fruchtbarem Sinne nur dann bekommen, wenn sich jedes Volk seiner besonderen Kraft bewusst ist und dieser entsprechend in der größten Gemeinschaft der Menschen, in der Völkergemeinschaft, wirkt.«[29]

Einsatz für Jugendwohlfahrt und Bildungsreform

Neben der Gleichberechtigung der Geschlechter war ihr auch die Gleichberechtigung von Kindern in der Bildung ein Anliegen. Geprägt von ihren Eindrücken aus dem Schuldienst in Oberbayern (1910–1919), setzte sie sich auch in Debatten des Reichstages für bessere Bildungschancen der Arbeiterkinder ein:

> »Ich habe hunderte von Knaben durch meine Klasse gehen sehen, die sehr begabt waren und denen ich von Herzen gewünscht hätte, daß sie eine bessere Schulbildung hätten durchmachen können. Mit 12 Jahren haben sie diese Volksschule verlassen müssen und

---

[28] Zit. n.: *Heinrich Potthoff*, Die SPD-Fraktion in der Nationalversammlung 1919–1920, Düsseldorf 1986, S. 108 ff.
[29] Frauenkonferenz Parteitag Kassel, 1920, S. 396.

sind in die Textilfabriken von Augsburg gegangen. [...] Nein, die Möglichkeiten sind nicht gleich.«[30]

Für Pfülf nahm die sozialistische Erziehung des Menschen zum Arbeits- und Gemeinschaftsleben und zur »Überwindung des Klassenmenschentums« eine wesentliche Stellung ein. Ihr ethisch begründeter Sozialismus wurde in ihrer Rede zum Thema »Ethische und geistige Vorbedingungen des Sozialismus«[31] wie auch später im kultur- und schulpolitischen Teil Görlitzer Parteiprogramms deutlich, den sie maßgeblich miterarbeitet hatte. In ihrem Redebeitrag betonte sie unter anderem den Einfluss der »Erziehung des heranwachsenden Menschen in der Familie, in der Schule und der freien Jugendbewegung zum bewußten Glied der sozialen Volks- und Menschheitsgemeinschaft, zu dem Ideal der Republik, der sozialen Pflichterfüllung und des Weltfriedens.«[32] Sie erinnerte in Anlehnung an Montesquieu, dass ein monarchischer Staat zu seiner Erhaltung nicht viel Rechtschaffenheit bedürfe, da dort die Macht des Fürsten die Ordnung erhalte; der Volksstaat jedoch brauche neben der Macht der Gesetze als weitere Triebkraft die Tugend. Weiter fügte sie hinzu: »Der Inbegriff dieser Tugend ist das Verantwortlichkeitsgefühl der einzelnen gegenüber der Gemeinschaft, der Gemeinschaft gegenüber der Masse. Masse ist immer etwas Unverantwortliches. Darum das Wort erst seinen Begriffsinhalt erhält, wenn es eine selbstverantwortliche Gemeinschaft bezeichnet.«[33] Das Ziel der Erziehung liege im sozialistischen Mensch, der im Unterschied zum individualistischen Menschen oder zum Untertan »seine Kraft den Zwecken der Gemeinschaft frei einordnet.«[34]

---

30 Zit. n.: Arbeitsgemeinschaft Sozialdemokratischer Frauen. Dokumentation der Gedenkveranstaltung vom 12.7.1993, AsF Unterbezirk Regensburg.
31 Vgl. *Paul Kampffmeyer*, Der Geist des neuen sozialdemokratischen Programms, in: Jahrbücher für Nationalökonomie und Statistik 3, 1922, S. 193-213, hier S. 201 f.
32 Zit. n.: ebd., S. 201.
33 Zit. n.: ebd., S. 202.
34 Zit. n.: ebd.

Neben diesem durch Eisner geprägten neukantianischen ethischen Sozialismus[35] war ihr auch Hoffmann ein Vorbild in seinem Einsatz für Schulgeld- und Lernmittelfreiheit, Chancengleichheit für alle Schichten sowie für eine säkularisierte, humanistische Bildung: »Der Staat hat keine frommen Katholiken, Protestanten und Juden zu erziehen, sondern sozial fühlende und sozial handelnde Menschen, denkende Staatsbürger und tüchtige Arbeiter heranzubilden.«[36]

Neben ihrer konkreten Basisarbeit mit Jugendlichen erfüllte Toni Pfülf die Rolle einer Multiplikatorin für ihre Genossinnen in ihren Schwerpunkten. Auf der Weimarer SPD-Frauenkonferenz im Juni 1919 berichtete Pfülf über die Arbeit des Verfassungsausschusses der Nationalversammlung und insbesondere über die dort geführte Gleichberechtigungsdebatte und die Debatte zur Jugendpflege: »Das Ziel der Jugendbewegung ist die Erziehung der Jugend zur sozialistischen Weltanschauung und zur selbständigen politischen Betätigung. Ferner hat sie den Zweck, einen wirksamen Jugendschutz zu fördern.«[37]

In parteipolitischen Debatten, bei denen es um das Verhältnis der Partei zu den Jungsozialisten ging, vertrat sie die Position, dass die Organisation der Jugend innerhalb der Partei nicht nur Schutz, sondern auch die »Beschneidung ihrer Freiheit«[38] bedeuten würde. Sie warb für Verständnis für deren Belange und die Förderung der nachkommenden Generation:

»Man muß der Jugend nicht bei jeder Gelegenheit, wo sie über den Strang haut, eins überziehen, sondern muß sie sich entwickeln lassen. Wenn man sich jung an ihre Seite stellt, und mit ihr arbeitet,

---

35 *Freya Eisner*, Kurt Eisners Ort in der sozialistischen Bewegung, in: Vierteljahreshefte für Zeitgeschichte 43, 1995, S. 407-436, hier S. 417.
36 *Diethard Hennig*, Gegen Revolution und Gegenrevolution. Johannes Hoffmann, Sozialdemokrat und bayerischer Ministerpräsident, in: *Hartmut Mehringer* (Hg.), Von der Klassenbewegung zur Volkspartei. Wegmarken der bayerischen Sozialdemokratie 1892-1992, München 1992, S. 151-163, hier S. 154.
37 Protokoll der Frauenkonferenz des Parteitages der SPD in Weimar, 10.-15.6.1919, Redebeitrag Antonie Pfülf, S. 508.
38 Protokoll des Parteitages der SPD in Kiel, 22.-27.5.1927, Redebeitrag Antonie Pfülf, S. 92.

gewinnt man sie, nicht dann, wenn so oft unter Alten ein Junger den Mund aufmacht und etwas Dummes redet, man ihm über den Mund fährt. Sie werden mir zugeben, daß auch bei den Alten nicht immer klug geredet wird.«[39]

Neben der partei- und bildungspolitischen Förderung des Nachwuchses setzte sich Pfülf für die Verbesserung der rechtlichen und sozialen Stellung unehelicher Kinder in der Reichsverfassung ein. Gemeinsam mit Delegierten aus der SPD und der DDP drängte sie aktiv darauf, das Nichtehelichen-Recht zu verbessern.[40] Mit den Abgeordneten Gertrud Bäumer (DDP) und Ernestine Lutze (SPD) brachte sie im Juni 1919 vor der verfassungsgebenden Nationalversammlung eine Resolution vor, die Maßnahmen des Gesetzgebers zur Verbesserung der Situation illegitim Geborener verlangte.[41]

Engagement für Gleichberechtigung

Für die Gleichberechtigung der Klassen und der Geschlechter setzte sich Pfülf schon in ihrer noch mandatslosen Münchener Zeit, wie auch später als Mitglied der verfassungsgebenden Nationalversammlung und als Reichstagsabgeordnete ein. Toni Pfülf äußerte sich über die Kluft, die zwischen politischem Anspruch und der Realität existierte.[42] Als größtes Manko empfand sie jedoch nicht die mangelnde Anerkennung der Frauen durch ihre männlichen Kollegen, sondern das geringe Selbstbewusstsein der Frauen selbst.[43] Dies formulierte Pfülf auf der Weimarer SPD-Frauenkonferenz 1919:

---

39 Ebd.
40 Vgl. *Rebecca Heinemann*, Familie zwischen Tradition und Emanzipation. Katholische und sozialdemokratische Familienkonzeptionen in der Weimarer Republik, München 2004, S. 200 f.
41 Vgl. *Regine Deutsch*, Die politische Tat der Frau. Aus der Nationalversammlung, Gotha 1920, S. 7 f.; *Heinemann*, Familie, S. 88.
42 Vgl. *Braune*, Konsequent den unbequemen Weg gegangen, S. 397.
43 Vgl. *Potthoff*, Die SPD-Fraktion, S. XII.

»Die größte Hemmung in unserem Wirken ist nicht die mangelnde Anerkennung der Frauen durch die Genossen, sondern die mangelnde Anerkennung der Genossinnen untereinander. Die Frauen müssen den Grad von Selbstbewußtsein bekommen, der für die Menschenwürde notwendig ist. [...] Eine unserer höchsten Aufgaben wird sein, die Menschenwürde in uns selbst zu pflegen, damit wir uns gegenseitig anerkennen und uns die Arbeit erleichtern.«[44]

Eine Trennung der Genossinnen nach ihrer Schichtzugehörigkeit oder die Gründung einer eigenen Frauenpartei lehnte sie ab[45]; vielmehr plädierte sie für eine Verbindung und das gemeinsame Eintreten beider Geschlechter für sozialdemokratische Interessen: »Wir aber wollen nicht irgendwie die Geschlechtsfeindschaft [...] vertiefen und verschärfen, sondern [...] die Interessengegenstände von Mann und Frau in eine höhere Einheit [...] verschmelzen, in der Einheit sozialen Menschentums.«[46]

4 Fazit

Toni Pfülf war eine Verfechterin einer offenen und demokratischen Diskussionskultur. Ihr Verhältnis gegenüber ihrer Partei war keineswegs konfliktfrei. Sie vertrat zu den ihr wichtigen Themen eine eigene Position und scheute sich nicht, diese gegen die Parteiführung oder den Fraktionszwang zu äußern und zu vertreten. Zeitzeugenaussagen und andere Quellen zeigen Pfülfs starke idealistische Prägung und Nonkonformität, die manchmal mit einer Vehemenz vertreten wurde, die jede Parteipragmatik vor den Kopf stoßen musste. Damit lässt sie sich verstehen als eine Persönlichkeit, der es widerstrebte, gegen ihre Überzeugungen taktische Kompromisse einzugehen. Für heute politisch Denkende und Handelnde kann Toni Pfülf

---

44 Frauenkonferenz Parteitag Weimar, 1919, S. 476.
45 *Braune*, Konsequent den unbequemen Weg gegangen, S. 400.
46 Frauenkonferenz Parteitag Kassel, 1920, S. 396.

in ihrem selbstbewussten Eintreten für Demokratie, Pazifismus, Gerechtigkeit und Gemeinschaft der Geschlechter, der Schichten und der Völker Vorbild sein.

Jörg Wollenberg

»Ganz Deutschland sieht auf uns. Ganz Europa sieht auf uns«. Die Bremer Sozialisten mit Alfred Henke auf dem Weg von der Sozialreform zur Revolution

»Es gehört zum Verständnis der Bremer Arbeiterbewegung, dass sie in eigenartiger Weise zum Erprobung- oder auch Bewährungsfeld so vieler wichtiger Gestalten der deutschen Politik geworden war: nicht nur Friedrich Ebert und Wilhelm Pieck hatten dort gewirkt. Zum Charakteristikum der Bremer Arbeiterbewegung gehörte auch, dass in ihr die auf eigenwillige Art ›marxistisch‹ orientierten Gruppen sehr regsam waren. Während des ersten Krieges hatten die ›Linksradikalen‹ – links von Rosa Luxemburg – in der ›Arbeiterpolitik‹ ihr eigenes Blatt. Kaisen stand nicht in dieser linken Tradition, als er nach Bremen kam. Er blieb ›Mehrheit-Sozialist‹, auch als diese Bezeichnung vor Ort mehr einem Wunsch entsprach, als eine Wirklichkeit widerspiegelt. Er hatte sich nach 1933 von illegaler Arbeit ferngehalten. Aber er war selbstverständlich dabei, als die ›Kampfgemeinschaft‹ (gegen den Faschismus) unmittelbar nach Kriegsende an die Öffentlichkeit trat und offen war für vertrauensvolle Zusammenarbeit mit denen, die aus der linken Ecke kamen.«[1]

So beschreibt Willy Brandt in »Mein Weg 1930-1950« die Situation und die Lehren aus einem Konflikt, der nach 1916 die deutsche Arbeiterbewegung spaltete. Und erneut wurde Bremen auch nach 1945 zu einem Experimentierfeld von Einheit und Spaltung der Arbeiterbewegung. Ist es nur Zufall, dass Brandts ältester Sohn Peter diese Ereignisse 1976 zum Thema einer intensiven Untersuchung über »Antifaschismus und Arbeiterbewegung« 1945/46 in Bremen unter Rückgriff auf die Folgen von 1914 machte? Es sind Ereignisse, die Bremen von der Entwicklung in Deutschland unterscheiden.

1 Die »Mehrheitssozialisten« in Bremen als Initiatoren der Parteispaltung

Im Gegensatz zur Reichsentwicklung gilt es daran zu erinnern: Bremen gehörte neben Leipzig schon vor 1914 zu einer der Hochburgen des linken Flügels der Arbeiterbewegung. Die revolutionär orientierten Kräfte der Bremer Linken führten für sich die Selbstbezeichnung »Linksradikale« ein. Sie gaben ab 1916 die »Arbeiterpolitik« als »Wochenschrift für den wissenschaftlichen Sozialismus« heraus, wesentlich geprägt von Johann Knief und Paul Frölich. Und die linken »Zentristen« im Sozialdemokratischen Verein Bremen trugen mit den Chefredakteuren Heinrich Schulz und Alfred Henke in der Parteizeitung »Bremer Bürger-Zeitung« (BBZ) bis zur Konstituierung der Internationalen Kommunisten Deutschlands (IKD) in Bremen am Vorabend der Novemberrevolution 1918 dazu bei, die linke politische Kultur der Bremer Arbeiterbewegung trotz aller Kontroversen in der SPD abzusichern und sich als Sprachrohr der führenden Linken auf Reichsebene um Rosa Luxemburg und Franz Mehring zu profilieren. Die informelle Zusammenarbeit aller linken Richtungen wurde so

---
1 *Willy Brandt*, Links und frei. Mein Weg 1930-1950, Hamburg 1982, S. 390.

aufrechterhalten – in kritischer Distanz zu der 1917 mit der Gründung der USPD vollzogenen Parteispaltung auf Reichsebene.

In Bremen ging die Parteispaltung nicht von den Gruppen der Linken aus. Hier waren es die von Willy Brandt angesprochenen »Mehrheits-Sozialisten«, die sich aus einer Minderheitsposition heraus am 8. Dezember 1916 von der Partei trennten. Die Anregung dazu gab der ehemalige Bremer Arbeitersekretär Friedrich Ebert, der seinen Einfluss aus Bremer Jahren dazu nutzte, um mithilfe des Ortskartells der Gewerkschaften und der Durchsetzung der Beitragssperre zur Neugründung eines Ortsvereins aufzufordern. So sollte dem dominierenden Einfluss der Linken in der von Flügelkämpfen geprägten, aber noch geeinten Bremer Sozialdemokratie ein Riegel vorgeschoben werden.

Bis dahin hatten in Bremen Sozialdemokraten unter Führung von Alfred Henke in der linkssozialistisch orientierten Parteizeitung BBZ dazu beigetragen, dass Bremen in der internationalen Arbeiterbewegung zwischen 1914 und 1922 eine wichtige Rolle spielte. In enger Zusammenarbeit mit den stets aktionsbereiten Werftarbeitern machte eine Gruppe von Arbeiter-Intellektuellen Bremen zu einer »Akademie der Arbeiterbewegung« und zu einem Labor der Räterepublik. Nach 1914 gab es keine Stadt in Deutschland, in der die Organisationen des revolutionären Marxismus in der Sozialdemokratie eine vergleichbare Basis besaßen wie die von Johann Knief ab 1916 initiierte Gruppe um die »Arbeiterpolitik« mit ihrer singulären »Wochenschrift für wissenschaftlichen Sozialismus«. Die Gruppe hatte sich im Juni 1916 von der BBZ gelöst, aber weiter auf eine politische Zusammenarbeit mit Henke gesetzt und die Mitgliedschaft in der SPD beibehalten.

Nicht nur für Rosa Luxemburg galt Bremen deshalb als »Pfeiler des Radikalismus in Deutschland«. Aber sie verweigerte schon ab dem 15. November 1912 ihre Mitarbeit in der BBZ. Denn Henke hatte Karl Radek, ihren Intimfeind aus den gemeinsamen polnischen Jahren, in den Redaktionsstab der BBZ aufgenommen – wie zuvor schon Paul Frölich, Heinrich Brandler, Wilhelm Pieck, Johann Knief, Adolf Dannat und den in Bremen ab 1910 als hauptamtlichen Lehrer im Bremer Bildungsausschuss tätigen Anton Pannekoek.[2] In den Auseinandersetzungen mit Karl Kautsky hatte Pannekoek dessen »Ermattungsstrategie« den Massenstreik entgegengesetzt. Spätestens der Krieg, so hoffte er, gestützt auf die streikbereite Stimmung der Bremer Werftarbeiter, würde für die Masse das Signal zur revolutionären Erhebung sein. Sie alle trugen in der BBZ und in der »Arbeiterpolitik« zur Ausrufung der Sozialistischen Republik Bremen und zur theoretischen Fundierung der schon am 23. November 1918 gegründeten Bremer Gruppe der »Internationalen Kommunisten Deutschland« (IKD) bei. Aber nicht wenige von Ihnen blieben mit Alfred Henke Mitglieder der USPD, die so bis 1922 in Bremen stärker und einflussreicher war als die MSPD.

2 Alfred Henke als Motor der Bremer Linken in der Sozialdemokratie

Alfred Henke war der Koordinator der Linken nach dem Fortgang von Heinrich Schulz. Schulz, der 1906 das Angebot vom SPD-Parteivorstand in Berlin erhalten hatte, die Leitung des zentralen Bildungsausschusses zu übernehmen und die Parteischule aufzubauen, wurde ab 1910 von dem Bremer Wilhelm Pieck unterstützt. Henke, der 1868 in Altona geborene und in Bremer aufgewachsene Zigarrenmacher, war von 1907 bis 1922 Mitglied der Bremer Bürgerschaft, davon ab 1917 bis 1922 für die USPD. Diese war noch nach 1920 in Bremen fast doppelt so stark wie die MSPD (52,39 Stimmen für die Liste Henke (USPD) gegen 31.137 für die Liste Rhein (MSPD)

---

2 Anzumerken dazu ist: Trotz ihrer Zurückhaltung gegenüber der Bremer Linksradikalen bestand Rosa Luxemburg im Oktober 1916 im Gefängnis Wronke darauf, die BBZ und die Bremer »Arbeiterpolitik« zu abonnieren. Und da diese Wochenschrift regelmäßig ab 1916 über Probleme der Arbeiterbewegung in Russland berichtete, ab März 1917 verstärkt über den Fortgang der Revolution und ab 17. November 1917 (u. a. aus der Feder von Knief und Radek) über den Ablauf der »Großen Sozialistischen Oktoberrevolution« ist davon auszugehen, dass Rosa Luxemburg bei der Abfassung ihres unvollendeten Gefängnismanuskript vom September 1918 über die Russische Revolution auf diese Bremer Beiträge zurückgegriffen hat.

und 11.385 für die Liste Miller (KPD). Die Bremer KPD stellte mit ihren rund 6.000 Mitgliedern (August 1919) ab 1919 bis 1925 die Mehrheit im Arbeiter- und Betriebsrat auf der AG Weser und bildete – bis zur RGO-Politik – noch von 1925 bis 1929 eine gemeinsame Betriebsratsliste mit der SPD auf der Werft. Über 10.000 Beschäftigte der Werft hatten am 7. November 1918 auf der Seite von Henke und Knief für die Revolution demonstriert, den Achtstundentag durchgesetzt, Mindestlöhne auch für Frauen und Jugendliche festgelegt, das Akkordverrechnungssystem aufgehoben. Ihnen wurde eine Woche Urlaub bei Fortsetzung des Lohnes auf der Werft zugestanden.

An diesen Erfolgen blieb die USPD bis 1922 beteiligt. Ihr führender Kopf in Bremen war schon Ende Januar 1917 als Chefredakteur der BBZ entlassen worden, obwohl Henke von 1912 bis 1933 die Bremer Sozialdemokraten im Reichstag vertrat, davon die SPD ab 1912, die USPD von 1917 bis 1922 unter anderem als Nachfolger von Hugo Haase als Fraktionsvorsitzender. Lange hatte er sich verweigert, an dem Gründungsakt der USPD teilzunehmen. Er vertrat nach dem Ausschluss aus der SPD im September 1916 in Berlin, zusammen mit Käte Duncker, die Auffassung, in der Sozialdemokratischen Arbeitsgemeinschaft (SAG) zu bleiben und auch die Selbstständigkeit der Spartakus-Gruppe zu erhalten: Beide Oppositionsgruppen sollten getrennt marschieren, aber vereint die Rechte schlagen. Denn beiden fehle ein ausgearbeitetes Programm. Die Unklarheit sei gefährlich. Dennoch schloss er sich im April 1917 in Gotha der USPD an, während die Bremer Arbeiterpolitik die Spartakusgruppe davor warnte, der USPD beizutreten.

Für die SPD saß Henke erneut von 1922 bis 1933 im Reichstag und übernahm neben seiner Tätigkeit als USPD-Abgeordneter der Bremer Bürgerschaft (bis 1922) noch zusätzlich den Posten eines hauptamtlichen Stadtrates und Bürgermeisters in Berlin-Reinickendorf. Der gebildete Autodidakt und belesene Marxist war als »organischer Intellektueller« (Gramsci) die Spinne im Netz einer wachsenden politischen Kultur der Linken, die nach 1905 aus einem Schul- und Kulturstreit entstand und dem Motto folgte: »Mit Kultur und Bildung zur Freiheit und zur sozialen Revolution.« Die gegen die Stimme von

Ebert in Bremen 1905/06 durchgesetzte Loslösung vom bürgerlichen »Goethe-Bund« gehörte dazu. Und ganz bewusst griffen die Bremer Linken am 9. November 1918 in der »Arbeiterpolitik« auf die Parole zurück, mit der im »Roland«, der »Zeitschrift für freiheitliche Erziehung«, die Bremer Lehrervereinigung um Holzmeier und Knief im September 1905 dazu aufgefordert hatte, eine demokratische Schulreform durchzusetzen: »Ganz Deutschland sieht auf uns. Ganz Europa sieht auf uns!«

Noch 1939 versicherte Henke gegenüber einem seiner Nachfolger bei der BBZ, dem späteren Gründer des Weser-Kuriers Hans Hackmack, dass Wissensdurst und Lerneifer ihn und seine Anhänger ein Leben lang geprägt hätten: »Lernen, lernen, solange das noch möglich ist. Gewinnbringend wird es erst später einmal. Ernstlich und energisch erstrebt, aber auch ziemlich gewiss.«[3]

Henke selbst galt für viele seiner Anhänger und Gegner als »schwankendes Rohr«. Wohl stand er in der Frage der Kriegskredite von Anfang an konsequenter als andere oppositionelle Sozialdemokraten an der Seite von Liebknecht. Aber in der Frage des Umgangs mit den aus der SPD ausgeschlossenen Oppositionsgruppen ließ er sich nicht festlegen und setzte eher auf eine lose Kooperation, um den Ausschluss aus der SPD zu verhindern.

3 Stellung zur Revolution und zur Demokratie

Die Linke gewann in Bremen dank Henke die Hauptrepräsentanten des radikalen, marxistischen Flügels in der Sozialdemokratie als herausragende Mitarbeiter und Redakteure der beiden linken Konkurrenzblätter (BBZ und Arbeiterpolitik). Brandler, Frölich, Knief, Franz, Radek, selbst Franz Mehring und Rosa Luxemburg zählten zu denen, die regelmäßig als Redakteure und Berater in Streitfragen unter den

---

3 Vgl. *Gerhard Engel*, Radikal, gemäßigt, vergessen: Alfred Henke (1868–1946); 1. Teil (1868–1918), in: Jahrbuch für Forschungen zur Geschichte der Arbeiterbewegung, Bremen 2015/II, S. 69.

Bremer Linken mit Henke zu Wort kamen. Und zu den russischen Revolutionären bestand früh Kontakt, vermittelt unter anderem durch Radek. Als Lenin von Zürich aufbrach, schrieb er in seinem Abschiedsbrief an die Schweizer Arbeiter über die Zukunft des deutschen Sozialismus: »Die Zukunft gehört jener Richtung, die einen Karl Liebknecht hervorgebracht hat, die die Spartakusgruppe geschaffen hat, der Richtung, die in der Bremer ›Arbeiterpolitik‹ Propaganda treibt.«[4]

Nicht nur in der Bremer »Arbeiterpolitik« wurden aus der Feder von Knief und Radek früh die Ereignisse der Russischen Revolution begrüßt, von Anfang an stets begleitet mit kritischen Kommentaren zur Beschränkung der Meinungsfreiheit, zum Zentralismus Lenins, zu der die Demokratie einschränkenden Politik Lenins.[5] Auch die BBZ folgte mit Henke dieser nicht immer kritiklosen Einordnung der Russischen Revolution. Henke setzte sich zum Beispiel im September 1918 in dem theoretischen Zentralorgan der USPD, Sozialistische Außenpolitik[6], mit einem Aufsatz des Vorwärtsredakteurs Heinrich Ströbel (USPD) zu der Frage auseinander, ob in Russland die Politik der Bolschewiki oder die der Menschewiki die Reaktion fördere. Während Heinrich Ströbel mit Karl Kautsky die Politik der Bolschewiki für abenteuerlich beurteilte – »Sie missachten alle Grundsätze der Demokratie« –, hielt Henke dem entgegen, dass die Bolschewiki nach der Revolution eine angebotene Verständigung mit den Menschewiki nicht erreichen konnten, weil diese sich verweigert hätten und mit der Bourgeoisie eine Kooperation gegen die Arbeiter und Bauern eingegangen seien. Als Anhänger der »vollendeten Demokratie« müsse er anmerken, dass der endgültige Sieg des Proletariats nur errungen werden kann, wenn man die Russische Revolution nicht mit Ströbel als »Trümmerhaufen« charakterisiere, sondern vorübergehende demokratische Einschränkungen zu akzeptieren habe, weil die Bolschewiki »als die kühnsten und konsequentesten aller Sozialdemokraten« das erste Experiment gestartet hätten, »die Verwirkli-

---

4   Lenin, Werke, Bd. 6, S. 20.
5   Vgl. »Arbeiterpolitik«. Wochenschrift für den wissenschaftlichen Sozialismus, 2. Jg., Nr. 40, 6.10.1917, S. 303-317; 2. Jg., Nr. 30, 28.7.1917, S. 229-232.
6   Sozialistische Außenpolitik, 4. Jg., 1918, S. 5-7.

chung des Sozialismus« voranzutreiben und das in einem Land, das »praktisch ein Trümmerhaufen« sei. Man könne den Bolschewiki das nicht anlasten, wie Ströbel es tue. »Denn würden die Bolschewiki auch scheitern, wäre der Versuch noch immer das größte Experiment, [...] das bisher zum Beweis der Überlegenheit des Kommunismus über den Kapitalismus unternommen werden konnte.« Das alles schließe Kritik an den Bolschewiki nicht aus: »Aber haben wir jetzt wirklich nichts Wichtigeres zu tun? [...] Für mich jedenfalls geht mir die wirkliche Bewegung über das schönste Programm.« Unsere Theorie könne durch das gewaltige Stück Praxis, dessen Zeuge wir sind, mancherlei Erfahrungen machen, aber auch Korrekturen erfahren, die für jede entstehende revolutionäre Bewegung von Bedeutung seien und die bislang zum Beweis der Überlegenheit des Kommunismus über den Kapitalismus noch nicht benutzt werden konnten. Das alles schließe bei aller Kritik am Bolschewismus jedoch nicht aus, den Handlungen der Bolschewiki auch Positives abzugewinnen:

»Kein aus den Arbeiterkreisen hervorgegangener Praktiker mag mehr Respekt vor der Theorie haben als ich. Aber einmal ist es nicht wahr, dass die Bolschewiki sie missachten, und dann meine ich, dass unsere Theorie durch das gewaltige Stück Praxis, dessen Zeuge wir sind, mancherlei Fortschritte machen, auch Korrekturen erfahren wird, wie durch jede große revolutionäre Bewegung bisher. [...] In diesem Fall geht mir die wirkliche Bewegung über das schönste Programm.«

Das alles wird man auch als ein verhülltes Bekenntnis zur revolutionären Praxis in Deutschland lesen müssen, die der Redakteur der Bremer Bürger-Zeitung ansatzweise in seinem Organ beschreiben konnte und die zu einer Wiederannäherung Henkes an Knief führte.[7] Das betraf auch seine Erfahrungen, die er in Berlin mit Ledebour bei den Revolutionären Obleuten des Metallarbeiter-Verbands im Janu-

---

7 Vgl. Arbeiterpolitik. Wochenschrift für den wissenschaftlichen Sozialismus, 3. Jg., Nr 37, 14.9.1918, S. 221-223.

ar 1918 sammeln konnte. Vergeblich hatte Henke zusammen mit Ledebour die Reichstagsfraktion der USPD aufgefordert, mit einem Flugblatt zum Massenstreik aufzurufen. Man einigte sich lediglich auf einen Aufruf der Fraktion, der indirekt zum Streik aufrief. »Nach Bremen zurückgekehrt, ließ Henke von dem Aufruf 10.000 Stück drucken, und zwar von dem Drucker der ›Arbeiterpolitik‹.«[8] Zum gleichen Zeitpunkt verteilten die Linksradikalen der »Arbeiterpolitik« das Berliner Spartakusflugblatt »Am Montag, den 28. Januar beginnt der Massenstreik!« So kam es auf der von links geprägten Weser-Werft vom 31. Januar bis zum 3. Februar zum Streik. Von diesem Zeitpunkt an war es für Henke und seine Anhänger in der Bremer USPD klar, dass die Beendigung des Krieges zu einer Revolution führen würde, auf die es sich vorzubereiten gelte.

Der Weg »von der bürgerlichen Republik zur proletarischen Revolution« war schon das beherrschende Thema in Bremen seit dem Leitartikel von Johan Knief in der Arbeiterpolitik vom 7. Dezember 1918 mit direktem Bezug nicht nur zur Russischen Revolution, sondern auch zu der »Berliner revolutionären Bewegung«. Auch Henke sah ab Januar 1918 seine Aufgabe darin, die Linken in der gespaltenen Sozialdemokratie darauf vorzubereiten und den Kontakt zu den Linksradikalen um Knief in der Arbeiterpolitik und zu den Arbeiterräten in den Werften um Josef Miller wieder aufzunehmen. Auch galt es, den seit 1916 bestehenden Kontakt zu den Matrosen der Kriegsflotte in Kiel, Cuxhaven und Wilhelmshaven zu intensivieren. Schon im Sommer 1918 war Henke als Reichstagsabgeordneter der USPD für 24 Stunden festgenommen worden, weil der Reichsstaatsanwalt ihn beschuldigt hatte, im Zusammenhang der Marineunruhen in Kiel eine Rede gehalten zu haben und im Besitz von 12 Namen der Matrosen der »SMS Ziethen« zu sein.[9]

Von den später in Kiel verhafteten Besatzungsmitgliedern der Schlachtschiffe, die sich verweigert hatten, Ende Oktober 1918 gegen

---

8   *Erhard Lucas*, Die SPD in Bremen während des Ersten Weltkrieges, Bremen 1969, S. 96.
9   Vgl. *Wilhelm Dittmann*, Die Marine-Justizmorde von 1917 und die Admirals-Rebellion von 1918, Berlin 1926, S. 6 ff.

die britische Flotte auszulaufen, wurden über 200 in das Bremer Zuchthaus Oslebshausen verbracht. Sie sollten zu den ersten gehören, die am 9. November 1918 von den Bremer Linken um Alfred Henke befreit wurden.

Die strategische Option zwischen Rätediktatur und sozialer Demokratie stand seit Oktober 1918 in Bremen auf der Tagesordnung. Bis dahin kooperierte die rund 500 Mitglieder umfassende Bremer Gruppe mit ihren Aktionskern innerhalb der Werftarbeiter um Adolf Dannat, Joseph Miller und Willi Deisen mit der Spartakusgruppe, unterschied sich aber von ihr in zahlreichen Punkten wie zum Beispiel in Fragen der Trennung von der USPD und der Einheitsorganisation, das heißt der Massenaktionen in Kooperation mit den Syndikalisten. In der Nichtbeteiligung an den parlamentarischen Wahlen und in der Einschätzung der Februar- und Oktoberrevolution wie auch der Novemberrevolution vertraten sie andere Positionen. Die frühe Zusammenarbeit mit Bucharin, Lenin und Radek ermöglichte den engen Kontakt zu den Anhängern des bolschewistischen Revolutionsmodells, mit dem sie sich identifizierten, aber zugleich aus prinzipiellen Gründen deren zentralistisches Organisationsmodell kritisierten. Das führte zur Annäherung an die Bremer USPD um Henke. Sie arbeiteten zusammen in dem Bremer Arbeiter- und Soldatenrat und plädierten gemeinsam am 7. Oktober 1918 für den »Weg von der bürgerlichen Republik zur proletarischen Revolution«.

In Bremen ging der letzte Anstoß zum Umsturz von Henke und der Bremer USPD aus. Am 4. November 1918 erklärte Alfred Henke vor über 6.000 Teilnehmern im Casino, dem Bremer Volkshaus, seine Partei nehme den ersten Jahrestag der Russischen Revolution zum Anlass, deren Sache in Deutschland zu ihrer zu machen. Der von ihm vorgetragene und von der Volksversammlung verabschiedete Forderungskatalog verlangte sofortigen Waffenstillstand und Frieden, »die sofortige Aufhebung des Belagerungszustandes und des Hilfsdienstgesetzes, die Abschaffung der Dynastien und die völlige Demokratisierung von Reich, Staat und Gemeinde bis zur Erreichung der Sozialistischen Republik.« Die Bremer Bürger-Zeitung veröffentlichte am 5. November 1918 den Aufruf.[10] Die gemeinsame Konferenz der Linksradikalen und der Spartakusgruppe hatte schon am 13. Okober 1918 fast gleichlautende Forderungen erhoben.

Am 10. Januar 1919 riefen sie gemeinsam die »Sozialistische Republik Bremen« aus, an der sich neben der USPD auch die Syndikalisten und linke Oppositionelle in der KPD um Karl Plättner, dem Vorsitzenden der kommunistischen Vertrauensleute in Bremen, beteiligten. Nach der Zerschlagung der Bremer Räterepublik durch die Noske-Truppen am 4. Februar 1919 finden wir die Anhänger dieser Politik ebenso in der USPD, der KPD wie in der KAPD, später in der KPO und SAP. Einige blieben von Anfang an bei den Syndikalisten oder organisierten sich gewerkschaftlich in der Allgemeinen Arbeiterunion (AAU). Was sie zeitlebens einte, blieb trotz aller Differenzen der hohe Respekt und die Achtung vor Rosa Luxemburg. Bezeichnend dafür ist, dass Alfred Faust (USPD) als Volkskommissar für Presse und Propaganda des Rates der Volksbeauftragten der Bremer Räterepublik seinen Posten am 17. Januar 1919 niederlegte, weil er es versäumt hatte, einen Artikel in der von den Räteorganen zugelassenen konservativen »Weser-Zeitung« zu zensieren, der die Ermordung von Rosa Luxemburg und Karl Liebknecht begrüßt hatte. Schon Anfang Dezember 1918 hatte dieses von den »Pfeffersäcken« um Ludwig Roselius geförderte Presseorgan darauf aufmerksam gemacht, dass »Bremen im ganzen Reich für die Hochburg und das Experimentierfeld der Spartakusgruppe« gelte. Die Kapitalfraktion forderte mit der Bremer MSPD den ihnen aus seinen Bremer Tagen als Arbeitersekretär vertrauten Reichskanzler Friedrich Ebert auf, Truppen nach Bremen zu senden, um dem »Terror der Arbeiterführer und Arbeiter« ein Ende zu bereiten: »Lieber Albion als Spartakus«. So das Preußische Generalkonsulat in Bremen am 4. Dezember 1918 an »den Reichskanzler. Seine Exzellenz Herrn Ebert«.[11]

---

10 Vgl. *Peter Kuckuk*, Bremen in der Deutschen Revolution 1918/1919, Bremen 1986, S. 305.
11 Der Brief wird zitiert im Nachlass von Josef Miller, der nach der Umwandlung des IML zum Aktenbestand der Stiftung Archiv der Parteien und Massenorganisationen der DDR (SAPMO NY 4096/1) gelangte und heute im Bundesarchiv lagert.

Ottokar Luban

Mathilde Jacob[1] – eine wichtige Assistentin von Rosa Luxemburg, Leo Jogiches, Clara Zetkin und Paul Levi

Viele führende deutsche Linkssozialisten wechselten in den Jahren des Ersten Weltkrieges bis zur Anfangsphase der Weimarer Republik aufgrund der sich rasch verändernden politischen Ereignisse mehrfach ihre Partei. Ein typisches Beispiel stellt Paul Levi dar, der 1917 von der SPD zur USPD übertrat, dann zum Jahresende 1918 zu den Gründungsmitgliedern und zur Führung der KPD (Spartakusbund) gehörte, nach der Ermordung der Parteiführer Rosa Luxemburg, Karl Liebknecht und Leo Jogiches sogar ihr Parteivorsitzender wurde, aber schon 1921 wegen seiner Kritik an der Putschtaktik der KPD ausgeschlossen wurde. Nach kurzen Zwischenstationen in der von ihm gegründeten Kommunistischen Arbeitsgemeinschaft und in der

---

1 Bei dem vorliegenden Beitrag handelt es sich um die stark überarbeitete Fassung von *Ottokar Luban*, Mathilde Jacob – mehr als Rosa Luxemburgs Sekretärin…, in: *Ders.*, Rosa Luxemburgs Demokratiekonzept. Ihre Kritik an Lenin und ihr politisches Wirken 1913–1919, Leipzig 2008, S. 196-228.

Rest-USPD (der überwiegende Teil der USPD hatte sich mit der KPD vereinigt) ging Levi 1922 wieder zur SPD zurück.

Ähnlich haben auch viele Mitglieder ohne Parteifunktionen gehandelt. Ein Beispiel stellt Mathilde Jacob dar. Als Rosa Luxemburg gemeinsam mit Julian Karski (Marchlewski) und Franz Mehring ab Dezember 1913 mit der Herausgabe einer Pressekorrespondenz, der »Sozialdemokratischen Korrespondenz«, begann, übernahm Mathilde Jacob die Schreib-, Vervielfältigungs- und Versandarbeiten. Die gelernte Buchhalterin und Stenotypistin betrieb seit 1907 im Berliner Stadtteil Moabit ein Schreibbüro, dessen Dienste einige bekannte linke Sozialdemokraten für ihre Pressekorrespondenzen gern in Anspruch nahmen, so Karl Liebknecht (ab 1907 »Russischer Bulletin«), Karl Radek (ab 1911 »Weltpolitik«) und August Thalheimer (1914 »Sozialdemokratische Korrespondenz für Auslandspolitik«).[2] Höchstwahrscheinlich ist sie bereits in dieser Zeit Mitglied der Sozialdemokratischen Partei Deutschlands (SPD) gewesen.

Die persönliche Bekanntschaft mit Luxemburg machte Jacob im September oder Oktober 1914, als die prominente Genossin zur Korrektur von Artikeln ins Schreibbüro kam und als die Stenotypistin danach eine Vortragsreihe Luxemburgs besuchte. Bei einem Krankenhausaufenthalt Luxemburgs im Januar 1915 gehörte Jacob zu ihren Besuchern und war die Adressatin einer umfangreichen Liste von Anliegen. Und nach der Entlassung aus dem Krankenhaus besuchte die Schreibbüroinhaberin die wieder genesende Rosa Luxemburg erstmals in ihrer Wohnung. In dieser Zeit lernte die prominente Sozialistin die große Hilfsbereitschaft der früheren Buchhalterin schnell schätzen und vertraute voll ihrem Organisationstalent und ihrer Diskretion. Nach dem Antritt ihrer einjährigen Gefängnisstrafe am 18. Februar 1915 erteilte die inhaftierte Rosa Luxemburg Mathilde Jacob nicht nur den Auftrag zur regelmäßigen Überbringung von Zusatzkost sowie von Büchern und Dingen des täglichen Lebens, sondern betraute sie auch mit dem illegalen Nachrichtenaustausch mit ihren in Freiheit verbliebenen politischen Freunden. Mitte

---

2   Ebd., S. 198 f.

März 1915 gehörte Jacob bei einem Hafturlaub Luxemburgs schon wie selbstverständlich zu dem Kreis der sich in der Wohnung der beurlaubten Gefangenen versammelnden Freunde.[3] Die immer bescheiden bleibende Helferin erfuhr durch den Kreis um Rosa Luxemburg eine hohe Wertschätzung. Dies beschrieb Luxemburgs Freundin Clara Zetkin sehr treffend in einem Brief an Karl Liebknecht von Anfang Mai 1915: »[S]ie denkt an alles, sorgt für alles, tut alles: ein aufopfernder Prachtkerl.«[4]

1 Mathilde Jacob als wichtige Mitarbeiterin der Spartakusgruppe

Mathilde Jacobs Mitwirkung in der Gruppe um Rosa Luxemburg beschränkte sich nicht auf die Nachrichtenübermittlung zwischen der Inhaftierten und deren Freunden. In Verbindung mit Leo Jogiches war sie im Frühjahr 1915 an den technisch-organisatorischen Vorbereitungen für die Zeitschrift »Die Internationale« beteiligt, der ersten programmatischen Schrift des Kreises um Rosa Luxemburg im Ersten Weltkrieg. Bald darauf war die freiwillige Helferin auch für weitere Führungsmitglieder aktiv. Anfang Juni 1915 diente Mathilde Jacobs Büro als eine von mehreren Anlaufadressen für das Unterschriftenflugblatt, einer von Liebknecht initiierten innerparteilichen Petition an den SPD-Parteivorstand gegen die Kriegskreditbewilligung. Im Auftrage von Liebknecht besorgte Jacob im Sommer 1915 die Übermittlung von Geldmitteln – wahrscheinlich für Agitations- oder Unterstützungszwecke.[5] Spätestens ab September 1915 war Franz Mehring derjenige aus der Führung der Gruppe »Internationale«, mit dem sie am meisten zusammenarbeitete[6], bis Rosa Luxemburg nach ihrer

---

3 Ebd., S. 199 f.
4 *Marga Voigt* (Hg.), Clara Zetkin. Die Kriegsbriefe (1914–1918), Berlin 2016, S. 160.
5 *Luban*, Mathilde Jacob, S. 203 f.
6 *Ottokar Luban*, Die »innere Notwendigkeit, mithelfen zu dürfen«. Zur Rolle Mathilde Jacobs als Assistentin der Spartakusführung bzw. der KPD-Zentrale, in: IWK 29, 1993, H. 4, S. 421-470, hier S. 425-432.

Haftentlassung ab Februar 1916 für die wenigen Monate in Freiheit wieder im Vordergrund für Mathilde Jacob stand. Der in der illegalen Arbeit erfahrene und immer misstrauische Konspirator Leo Jogiches, langjähriger Kampfgefährte Luxemburgs in der polnisch-russischen Sozialdemokratie, hatte aus der ersten politischen Zusammenarbeit mit Mathilde Jacob im Frühjahr 1915 ein so großes Vertrauen gewonnen, dass er ihr allein im September 1915 nach einem Wohnungswechsel seine neue Adresse gab, um Nachrichten mit Luxemburg und Mehring austauschen zu können. Damit wirkte Jacob spätestens ab September 1915 im Zentrum des Luxemburg-Liebknecht-Mehring-Kreises an der illegalen Arbeit dieser politischen Gruppierung mit.[7] 1915 geriet Jacob durch diese Aktivitäten auch erstmals ins Visier der Politischen Polizei, die bei ihr eine Haussuchung und die Beschlagnahme von Flugblättern vornahm.[8] Dennoch setzte sie ihre rege Unterstützung der führenden Mitglieder des Luxemburg-Kreises unbeirrt fort.

Den Beschlüssen der Kongresse der Sozialistischen Internationale entsprechend war die Propagierung von Massenaktionen gegen den Krieg das Ziel des Kreises um Rosa Luxemburg. Dies wurde von den Strafverfolgungsbehörden als versuchter Landesverrat gewertet, sodass allen an dieser Agitation Beteiligten Inhaftierung, Verurteilung zu Gefängnis oder Zuchthaus, Schutzhaft oder – wenn es sich um Männer handelte – die strafweise Einberufung zur Truppe drohte.

Seit August 1916 – Rosa Luxemburg war am 10. Juli erneut verhaftet worden – wurde unter der Leitung von Jogiches die gesamte illegale Arbeit der Gruppe »Internationale« (Herausgabe von illegalen Flugschriften und ihre Verbreitung durch linksradikale Gruppen im ganzen Reich, Vorbereitung von Massenaktionen gegen den Krieg) intensiviert.[9] Jetzt hielt Mathilde Jacob nicht nur die Verbindung zur im Juli 1916 erneut inhaftierten Rosa Luxemburg aufrecht, sondern

---

7 Ebd., S. 425-432.
8 *Ottokar Luban*, Ermittlungen der Strafverfolgungsbehörden gegen Mathilde Jacob und Leo Jogiches (1915-1918). Ergänzungen zu ihren politischen Biographien, in: IWK 31, 1995, H. 3, S. 307-331, hier S. 311.
9 Ebd., S. 321.

sie war, wie sie in ihrem autobiografischen Bericht anschaulich beschreibt, fast täglich für Jogiches und die Spartakusgruppe tätig.[10] Wegen des illegalen Flugschriftenvertriebs, der als versuchter Landesverrat gewertet wurde, geriet Jacob Anfang 1917 zum zweiten Mal als Verdächtige in die Ermittlungen der Strafverfolgungsbehörden gegen Mitglieder der Spartakusgruppe. Ein Untersuchungsrichter beim Reichsgericht hielt Jacob sogar für eine der zentralen Figuren dieses Kreises, schlug ihre polizeiliche Überwachung vor, leitete höchstpersönlich eine für Jacob ganz überraschend kommende Durchsuchung ihrer Büro- und Wohnräume und verhörte sie sofort. Laut Protokoll gab sie ihre SPD-Mitgliedschaft an und bekannte sich zur Gruppe Internationale: »Ich gehöre dem sozialdemokratischen Wahlverein für den 1. Berliner Wahlkreis an und stehe mit meiner Gesinnung auf dem Boden der ›Internationalen‹, also der vom Richter sog. Spartacus-Gruppe.« Gleichzeitig versuchte sie erfolgreich, ihre Rolle in dieser politischen Gruppierung kleinzureden: »Ich spiele in der Partei und in der sog. Spartakusgruppe keine Rolle.«[11]

Die eigentliche Bewährungsprobe kam für Jacob Ende März 1918, als Jogiches und seine Berliner Helfergruppe verhaftet worden war. Aufgrund ihrer intensiven Zusammenarbeit mit Jogiches verfügte die Schreibbüroinhaberin von den in Freiheit gebliebenen Spartakusmitgliedern des Führungs- und engeren Helferkreises über das größte und aktuellste Informationspotenzial bezüglich der illegalen Aktivitäten wie zum Beispiel über die Möglichkeiten zum Druck von Flugschriften und über die Verbindungen zu den einzelnen regionalen Gruppen mit den Deckadressen. Es ging nun darum, erneut ein Netz von Helfern zu knüpfen, damit die illegalen Flugschriften bald wieder herausgegeben und an möglichst vielen Orten verteilt werden konnten. Diese Arbeit war sehr mühselig und im Sommer wiederholt von Rückschlägen durch Polizeimaßnahmen betroffen. Es war im starken Maße Mathilde Jacobs Verdienst, wenn in den Monaten vor

---

10 *Mathilde Jacob*, Von Rosa Luxemburg und ihren Freunden in Krieg und Revolution 1914–1919, hg. u. eingel. v. *Sibylle Quack* und *Rüdiger Zimmermann*, in: IWK 24, 1988, H. 4, S. 483.
11 *Luban*, Ermittlungen, S. 310 und S. 314.

der Novemberrevolution 1918 die Verbindungen zwischen der stark dezimierten Berliner Spartakuszentrale und den örtlichen Gruppen nicht abrissen oder wiederhergestellt wurden, und wenn die Flugschriftenagitation der Spartakusgruppe nicht vollständig zum Erliegen kam, sondern weiterbetrieben werden konnte – wenn auch nur auf kleiner Flamme. Obwohl sie spätestens ab September 1915 die aktivste und beständigste Helferperson war, gelang es ihr, dank ihres geschickten konspirativen Verhaltens und sicherlich auch mit einem Quäntchen Glück allen Strafverfolgungsmaßnahmen zu entgehen.[12]

Im Frühjahr und Sommer 1918 war Jacob in so starkem Maße an der illegalen Arbeit im Zentrum der Spartakusgruppe involviert, dass man sie fast als Teil der stark dezimierten Spartakusführung bezeichnen könnte, wenn sie nicht aufgrund ihrer Bescheidenheit in den internen politischen Diskussionen auf eigene politische Urteile verzichtet hätte. Hier hielt sie sich stark zurück, weil dies nach ihrer Ansicht die Angelegenheit der geschulten, erfahrenen Genossen war. Typisch dafür ist eine Bemerkung in ihrem Brief an Clara Zetkin vom 25. Januar 1919: »Geistig stehe ich so weit unter Ihnen, daß ich Ihnen da leider nichts bieten kann.«[13]

Mit an Sicherheit grenzender Wahrscheinlichkeit ist Mathilde Jacob als Anhängerin der Spartakusgruppe nach der Parteispaltung im Frühjahr 1917 in die Unabhängige Sozialdemokratische Partei Deutschlands (USPD) eingetreten. Dies entsprach einer Richtlinie von Rosa Luxemburg und der gesamten Spartakusführung, die in der neuen Partei die geistige Führung beanspruchten und nur bei Mitwirkung in der großen Partei die Fühlung zu den Massen zu behalten glaubten.[14]

---

12 *Luban*, Die »innere Notwendigkeit, mithelfen zu dürfen«, S. 444-448; *Luban*, Ermittlungen, S. 326-331.
13 Brief M. Jacobs an Clara Zetkin vom 25.1.1919, in: *Luban*, Mathilde Jacob, S. 226.
14 *Rosa Luxemburg*, Das Ergebnis der Osterkonferenz (Der Kampf, Duisburg, Nr. 46, 21.4.1917), in: *Dies.*, Gesammelte Werke, Bd. 7/2: 1907–1918, hg. u. bearb. v. *Annelies Laschitza* und *Eckhard Müller*, Berlin 2017, S. 1043-1046.

2 Aktivitäten in der Revolutionszeit (November 1918 bis Sommer 1919)

Das starke Engagement Mathilde Jacobs in der Spartakusgruppe war natürlich eine unentgeltliche Tätigkeit neben ihrer beruflichen Arbeit. Erst nach dem Umsturz am 9. November 1918 wurde sie als Sekretärin von Jogiches vollberuflich für diese politische Gruppierung tätig und band sich damit noch fester an den »Spartakusbund«, wie sich der Kreis um Luxemburg und Jogiches unterdessen nannte. Diese neue Aufgabe verschaffte Mathilde Jacob eine große Befriedigung, wie die brieflichen Äußerungen gegenüber Clara Zetkin zeigen.[15] Doch schon nach zwei Monaten kam es durch die politischen Ereignisse zu einem Ende der neuen Berufstätigkeit Mathilde Jacobs. Damit verbunden waren die für sie bislang schwersten Schicksalsschläge, die Ermordung ihrer Freunde Rosa Luxemburg und Leo Jogiches. In einem ergreifenden Brief an Clara Zetkin vom 25. Januar 1919 kam der tiefe Schmerz der Sekretärin über die Ermordung Rosa Luxemburgs eindrucksvoll zum Ausdruck: »[D]as Furchtbare ist Wahrheit, und der Verlust ist unbeschreiblich groß für uns alle. Rosa war ja für jeden der gebende Teil [...].« Obwohl sie von ihrer Trauer fast überwältigt wurde, war Jacob in der Lage, in diesem Schreiben an Zetkin eine Vielzahl anstehender sachlicher Themen anzusprechen. Bemerkenswert ist ihr im selben Brief mitgeteilter Entschluss, sich in der gerade am 1. Januar gegründeten KPD »einen Platz zu schaffen«, also eine Wahlfunktion zu übernehmen. Ihre Entscheidung zu diesem Zeitpunkt ist besonders bemerkenswert. Denn sie war nach den Januarkämpfen in Berlin verhaftet, dabei anfangs für Rosa Luxemburg gehalten und von den Soldaten mit dem Tode bedroht worden. Sie wusste also, dass sie aufgrund der herrschenden Pogromstimmung bei Fortsetzung oder sogar Intensivierung ihrer Arbeit für die KPD nicht nur mit erneuter Inhaftierung, sondern mit ihrer Ermordung rechnen musste. Dennoch wollte sie sich aus tiefer Überzeugung noch stärker an die junge Partei und ihre Zielsetzung

---

15 Luban, Die »innere Notwendigkeit, mithelfen zu dürfen«, S. 450 f.

binden.¹⁶ Der Tod des von ihr hochgeschätzten und verehrten Leo Jogiches am 10. März 1919 ging Mathilde Jacob ebenfalls sehr nahe. Unter schwierigsten Umständen – wegen der Verfolgung der KPD-Mitglieder illegal lebend – organisierte Mathilde Jacob fast allein, nur mit juristischem Beistand von Theodor Liebknecht, die Beisetzung ihres politischen Freundes.¹⁷ In den folgenden Monaten agierte sie weitgehend selbstständig, ohne Anlehnung an einen der verbliebenen kommunistischen Parteiführer. Sie war für die finanziellen Angelegenheiten der KPD-Zentrale zuständig, äußerte gegenüber Clara Zetkin Kritik an der Parteiführung Paul Levis und machte Verbesserungsvorschläge.¹⁸ Sie besaß das volle Vertrauen der KPD-Führung. Diese übertrug Mathilde Jacob die Prüfung aller sich im Büro der Parteizentrale anmeldenden Besucher – eine angesichts der häufigen Bespitzelungen besonders verantwortungsvolle Aufgabe.¹⁹ Damit hatte sich Mathilde Jacob aus voller Überzeugung der neu gegründeten Kommunistischen Partei Deutschlands (KPD) als aktives Mitglied zur Verfügung gestellt.

3 Redakteurin bei Clara Zetkin

In den Monaten nach der Ermordung Luxemburgs organisierte Jacob, meist illegal lebend, viele Aufgaben der gezwungenermaßen im Verborgenen arbeitenden KPD-Führung und zog dabei zusammen mit Mitgliedern der Zentrale oder der Redaktion der »Roten Fahne« in der Hoffnung auf bessere und sicherere Bedingungen von einer Stadt zur anderen. Dabei war sie sich voll über die Gefahr einer erneuten Inhaftierung oder sogar Ermordung bewusst. Dieser Lebensabschnitt Jacobs endete am 25. Juni 1919 abrupt mit ihrer erneuten Inhaftierung. Im Schutzhaftbefehl wurde behauptet, sie hätte als enge Freundin

---

16 Ebd., S. 451-455.
17 *Luban*, Die »innere Notwendigkeit, mithelfen zu dürfen«, S. 456-457.
18 Ebd., S. 457-460.
19 SAPMO, BArch, RY 1/I 2/3, Nr. 38, Bl. 97: Aufzeichnungen Wilhelm Piecks über die Vor- und Anfangsgeschichte der KPD, niedergeschrieben 1920.

Rosa Luxemburgs diese »bei ihrer umstürzlerischen Tätigkeit unterstützt«, und zwar mit den Zielen: »gewaltsame Beseitigung der rechtmäßigen Regierung und [...] Errichtung der Diktatur des Proletariats«. Die Inhaftierte dagegen sah – wohl zu Recht – den eigentlichen Grund ihrer Verhaftung in ihren hartnäckigen und erfolgreichen Bemühungen um die Freigabe der Anfang Juni 1919 aufgefundenen Leiche Rosa Luxemburgs.[20]

Kurze Zeit nach ihrer Freilassung Mitte September 1919 folgte Mathilde Jacob einer Anfrage Clara Zetkins, für sie in der Nähe von Stuttgart als Sekretärin tätig zu werden. Höchstwahrscheinlich hatte die KPD-Führung dazu geraten, weil in Berlin angesichts des Vorgehens der Regierungstruppen Freiheit und Leben von Mathilde Jacob in Gefahr waren. Bald fiel Jacob die redaktionelle Hauptverantwortung in technisch-organisatorischer Hinsicht für die von Clara Zetkin herausgegebene Wochenzeitung »Die Kommunistin« zu. Da Zetkin spätestens ab Frühjahr 1920 häufig in Parteiangelegenheiten unterwegs war, konnte Jacob bei den redaktionell-organisatorischen Arbeiten in weitgehender Selbstständigkeit ihr organisatorisches Geschick zeigen und fand dafür von Clara Zetkin auch die verdiente Anerkennung.[21]

In dieser Zeit hielt Mathilde Jacob am 19. Dezember 1920 auf dem Vereinigungsparteitag der Württembergischen USPD und KPD in Stuttgart sogar die erste und höchstwahrscheinlich ihre einzige öffentliche Rede, und zwar über die Frauenfrage. Da der Vortrag wegen einer Weihnachtsfeier im Nachbarsaal schlecht zu verstehen war, wurde ein vollständiger Abdruck in der Parteizeitung angekündigt.[22] Dieser erfolgte am 23. Dezember 1920 unter der Überschrift »Die Arbeit der Frauen«.

Bemerkenswert ist die realistische Einschätzung der Lage in Jacobs Referat: Die große Masse der Frauen stünde der Kommunistischen

---

20 *Luban*, Die »innere Notwendigkeit, mithelfen zu dürfen«, S. 463.
21 Ebd., S. 464 f.
22 Der Sozialdemokrat, Stuttgart, Organ der Vereinigten kommunistischen Partei Württembergs, Sektion der Kommunistischen Internationale, 7. Jg., Nr. 297, 20. Dezember 1920: Verhandlungsbericht.

Partei feindlich gegenüber. Und die Partei hätte sich bisher nicht genug und nicht ernsthaft um die Gewinnung der Frauen für den Kommunismus gekümmert.

»Agitation unter den Frauen heißt, die Frauen aufrufen für den Kampf, der nur ein gemeinsamer sein kann mit den breiten Massen der Genossen in der Vereinigten Kommunistischen Partei. Nur Schulter an Schulter Mann und Frau des arbeitenden Volkes kann die Revolution in Deutschland zu siegreichem Ende geführt werden, können wir Sowjetrußland zu Hilfe kommen und die Weltrevolution vorantreiben.«[23]

Mit diesem Referat hatte sich Mathilde Jacob auch öffentlich zu den Zielen der Kommunistischen Partei bekannt.

4 Assistentin bei Paul Levi

Anfang 1921 kehrte Mathilde Jacob in ihre Heimatstadt Berlin zurück. Dort arbeitete sie für Paul Levi, der nach Jogiches' Tod im März 1919 bis Anfang 1921 den Parteivorsitz in der KPD innehatte, nach Rücktritt als Parteivorsitzender und schweren innerparteilichen Auseinandersetzungen aus der kommunistischen Partei ausgeschlossen worden war und sich später zum Exponenten des linken Flügels der SPD entwickelte. Die Stenotypistin begleitete nunmehr Levi auf seinem politischen und beruflichen Weg, bis dieser im Jahr 1930 einen tödlichen Unfall erlitt. Sie war als verantwortliche Redakteurin der von Levi herausgegebenen Periodika »Unser Weg (Sowjet)« und später der Pressekorrespondenz »Sozialistische Politik und Wirtschaft

---

23 Der Sozialdemokrat, Stuttgart, Organ der Vereinigten kommunistischen Partei Württembergs, Sektion der Kommunistischen Internationale, 7. Jg., Nr. 300, 23. Dezember 1920, Beilage: Die Arbeit der Frauen. Referat der Genossin Jakob [Mathilde Jacob] auf dem Bezirksparteitag der V.K.P. Württemberg[s].

(SPW)« tätig und war zuständig für seine gesamte politische Korrespondenz.[24]

In diesen innerparteilichen Kämpfen stellte sich Mathilde Jacob voll auf die Seite Levis, in dem sie offensichtlich den geistigen Erben Rosa Luxemburgs sah. Nachdem sie wegen ihrer Redakteurstätigkeit für Levis Zeitschrift »Unser Weg (Sowjet)« Mitte 1921 aus der VKPD ausgeschlossen worden war, kam es zu einem öffentlichen Angriff der Parteizentrale auf Mathilde Jacob als Bewahrerin des Nachlasses von Rosa Luxemburg. Als der VKPD-Parteitag auf die Veröffentlichung von Luxemburgs Werken drang, äußerte die Zentrale dazu:

»[D]ie praktische Ausführung wird wahrscheinlich daran scheitern, daß der Nachlaß Rosa Luxemburgs sich in den Händen eines Fräuleins befindet, die durch den Bruch der Parteidisziplin nicht mehr zur Partei gehört. Es ist fraglich, ob sie das Material an uns herausgibt.«

Jacob wehrte in einer längeren Leserzuschrift in der Ausgabe der USPD-Zeitung »Die Freiheit« vom 5. September 1921 die Polemik der VKPD-Zentrale in scharfer Form ab. Da die Zentrale sich nicht um die Wiederbeschaffung des gestohlenen Nachlasses bemüht habe und nicht in der Lage sei, korrekte Nachdrucke und fachlich kompetent betreute Editionen herauszubringen, forderte Mathilde Jacob: »Hände weg von Rosa Luxemburg!«[25]

Diese Auseinandersetzung gab möglicherweise den Anstoß für Levi, das Manuskript von Rosa Luxemburg über die russische Revolution herauszugeben. Die Broschüre mit einem ausführlichen Vorwort Levis erschien wenige Monate nach Jacobs Äußerungen gegen die VKPD-Zentrale im Januar 1922. Zu Jacobs Aufgaben als Sekretärin Levis zählten auch die technisch-organisatorischen Arbeiten bei der Herausgabe der von Levi verfassten oder edierten Broschüren. Dazu gehörte Rosa Luxemburgs fragmentarischer Aufsatzentwurf

---

24 Luban, Die »innere Notwendigkeit, mithelfen zu dürfen«, S. 466.
25 Rosa Luxemburgs literarischer Nachlaß, in: Die Freiheit. Berliner Organ der Unabhängigen Sozialdemokratie Deutschlands, 4. Jg., Nr. 414, 5.9.1921, S. 3.

über die russische Revolution[26], eine Veröffentlichung von Anfang Januar 1922, die wegen ihrer Kritik an Lenin und der bolschewistischen Revolutionspolitik heftige Diskussionen im linkssozialistischen Lager auslöste.[27]

Es ist auch das Verdienst Mathilde Jacobs, die zu jenem Zeitpunkt den Nachlass Rosa Luxemburgs noch in Verwahrung hatte, dass diese wichtige Schrift der Spartakusführerin nicht in kommunistischen Parteiarchiven verschwand, sondern durch die Veröffentlichung Paul Levis im Rahmen seiner ab 1920 stattfindenden Auseinandersetzungen mit der Führung der Vereinigten Kommunistischen Partei Deutschlands (VKPD) der Öffentlichkeit zugänglich gemacht werden konnte. Schon in ihrem Brief an Clara Zetkin vom 25. Januar 1919 war Jacobs Entschlossenheit zum Ausdruck gekommen, sich der Erhaltung des persönlichen und politischen Nachlasses von Rosa Luxemburg mit großer Intensität zu widmen. Obwohl der Nachlass Luxemburgs Mitte der 1920er-Jahre auf Wunsch der Erben der KPD zugesprochen wurde, blieben noch zahlreiche Papiere im Besitz von Jacob, darunter viele Abschriften von Briefen Rosa Luxemburgs und ihrer persönlichen und politischen Freunde sowie von ihren Verwandten, aber auch zahlreiche Originale.[28]

Levi gewann mit Mathilde Jacob eine zuverlässige, umsichtige Redakteurin, Assistentin und Sekretärin, die aufgrund ihrer Stuttgarter Erfahrungen mit den redaktionellen Angelegenheiten voll vertraut war, sodass die Nennung ihres Namens als verantwortliche Redakteurin im Impressum der Korrespondenz nicht eine bloße Formalität darstellte, sondern ihrer tatsächlichen Tätigkeit entsprach. Sie hatte bei diesen Aktivitäten auch weitgehend freie Hand, da Paul

---

26 SAPMO-BArch, Berlin-Lichterfelde, NY 4126, Nr. 013, 015-017 (Kopien aus dem Nachlass Paul Levi im Archiv der sozialen Demokratie, Bonn).

27 *Annelies Laschitza*, Zum Umgang mit Rosa Luxemburg in Vergangenheit und Gegenwart, Beiträge zur Geschichte der Arbeiterbewegung, BZG 32, 1991, H. 4, S. 443 f.; *Peter Nettl*, Rosa Luxemburg, Köln/Berlin [West] 1967, S. 752-754; vgl. *Ottokar Luban*, Rosa Luxemburgs Kritik an Lenins ultrazentralistischem Parteikonzept und an der bolschewistischen Revolutionspolitik in Russland, in: *Ders.*, Rosa Luxemburgs Demokratiekonzept, S. 37-41.

28 Zum Verbleib dieser Nachlassteile vgl. *Luban*, Mathilde Jacob, S. 209-212.

Levi als Reichstagsabgeordneter, gefragter Redner und stark beschäftigter Publizist höchstwahrscheinlich noch weniger Zeit hatte als Clara Zetkin, um sich um die technisch-organisatorischen Fragen der Korrespondenzherausgabe zu kümmern. Ob Jacob nach ihrem Ausschluss aus der VKPD wie Levi wieder in die SPD eingetreten ist, ist quellenmäßig nicht belegt. Doch spricht viel dafür: Sie war schon seit den Vorkriegsjahren nicht nur politisch organisiert, sondern auch unter schwierigen Bedingungen aktiv und engagiert tätig. Und in den Auseinandersetzungen mit der VKPD-Zentrale stand sie voll zu Levi, der bis zu seinem Tode als prononcierter linker SPD-Reichstagsabgeordneter wirkte.

Obwohl sie als wichtige Assistentin mehrerer Führungspersönlichkeiten auf dem äußersten linken Flügel mitgewirkt hatte, empfand sie sich selbst nur »als einfacher Soldat«.[29] In ihrer einzigen politischen Stellungnahme brandmarkte sie das große Elend des Proletariats und die ungerechten gesellschaftlichen Verhältnisse.[30] Für Mathilde Jacob ergab sich daraus, wie sie in einem Brief vom Januar 1919 an Clara Zetkin bekannte, »eine heilige Pflicht, diese Verhältnisse zu bessern.«[31]

---

29 Ebd.
30 Der Sozialdemokrat, Stuttgart, Organ der Vereinigten kommunistischen Partei Württembergs, Sektion der Kommunistischen Internationale, 7. Jg., Nr. 300, 23. Dezember 1920, Beilage: Die Arbeit der Frauen. Referat der Genossin Jakob [Mathilde Jacob].
31 Brief M. Jacobs an Clara Zetkin vom 25.1.1919, in: *Luban*, Mathilde Jacob, S. 226.

Marga Voigt

Unverbrüchliche Treue gegen den internationalen Sozialismus. Aus Clara Zetkins Briefen 1915–1919

Die Sozialistin Clara Zetkin (1857–1933) war jahrzehntelang eine treibende Kraft: in der deutschen Sozialdemokratie, auf der europäischen Bühne und nicht zuletzt als Sekretärin der 1907 gegründeten Sozialistischen Fraueninternationale. Nach dem Hereinbrechen des Ersten Weltkrieges schloss sie sich innerhalb der SPD sofort der Gruppe »Internationale« um Rosa Luxemburg (1871–1919) und Karl Liebknecht (1871–1919) an. Als Internationalistin positionierte sie sich vom ersten Tag des Krieges an als Kriegsgegnerin und maß – gerade unter den Bedingungen des Krieges – den Frauen im Kampf für Frieden und Sozialismus eine historische Rolle zu, besonders den proletarischen Frauen. Als Sozialdemokratin knüpfte sie die zerrissenen Fäden ins Ausland wieder neu und brachte es fertig, bereits im März 1915 in Bern eine erste illegale Konferenz abzuhalten, die internationale Vertreterinnen sozialdemokratischer Parteien der verschiedensten Länder, auch der kriegführenden Länder, vereinigte.[1] Zu Unrecht steht die Berner Frauenkonferenz im

Schatten derer von Zimmerwald (September 1915) und Kiental (April 1916). Das Berner Friedensmanifest der Sozialistinnen war ein erstes deutliches Signal für den Friedenskampf. Der Kampf für den Frieden und für die Wiederaufrichtung der Internationale müsse grundsätzlich vom sozialistischen Standpunkt aus geführt werden, war Clara Zetkins feste Meinung. Es sei eine Täuschung, schrieb sie im Januar 1915 an Helen Ankersmit (1869-1944),

»sich einbilden zu wollen, daß wir eine lebenskräftige Internationale bekommen, solange die Sozialisten in jedem Lande nicht klar darüber geworden sind, ob sie im Fall eines Kriegs als internationale Sozialisten oder als Patrioten im bürgerlichen Sinne handeln wollen, denn das ist die Kernfrage. Darüber kommen wir nicht hinweg; alle theoretische Seiltänzerei à la Kautsky kann darüber nicht täuschen: Der internationale Sozialismus kann und darf nicht zweierlei Maße und Gewichte in seinem Sack führen, eines für den Frieden, ein anderes für die Kriege, die der kapitalistische Imperialismus entfesselt. Die internationale Solidarität der Proletarier aller Länder wäre eine trügerische Phrase, wenn sie darin bestehen sollte, daß die Sozialisten den Arbeitern sagen: in Zeiten des Friedens liebt Euch; in Zeiten des Kriegs schneidet Euch die Hälse ab.«[2]

---

1 Die Teilnehmerinnen an der Konferenz waren – aus Großbritannien: Margaret Bondfield (1873-1953), Mary Longman, Marion Phillips (1881-1932), Ada Salter (1866-1942); aus Frankreich: Louise Saumoneau (1875-1950); aus Italien: Angelica Balabanoff (1869-1965); aus Polen: Anna Kamieńska; aus Russland: Irina Izolskaja und Sarra Rawitsch (1897-1957), sowie Inès Armand (1874-1920), Nadeshda Krupskaja (1869-1939), Sina J. Lilina (1882-1929), Jelena F. Rosmirowitsch (1886-1953); aus der Schweiz: Rosa Bloch (1880-1922) und Marie Hüni (1871-1949) sowie aus den Niederlanden: Helen Ankersmit, Johanna van Gogh-Bonger (1862-1925) und Carry Pothuis-Smit (1872-1951). Aus Deutschland nahmen neben Clara Zetkin Lore Agnes (1876-1953), Martha Arendsee (1885-1953), Käte Duncker (1871-1953), Toni Sender (1888-1964), Bertha Thalheimer (1883-1959) und Margarete Wengels (1856-1931) teil. Vgl. *Clara Zetkin*, Die Briefe 1914 bis 1933. Bd. I: Die Kriegsbriefe (1914-1918), hg. v. *Marga Voigt*, Berlin 2016, S. 152, FN 120.
2 Ebd., S. 101.

Clara Zetkin war entschieden der Überzeugung, die Vorbedingung für ein internationales Zusammenwirken der Sozialisten sei eine grundsätzliche Klärung der Stellungnahme zu Militarismus und Krieg. Deshalb tat sie, was sie konnte, um in der deutschen Sozialdemokratie diese Klärung herbeizuführen, und stand in Opposition zu dem Verhalten der Reichstagsfraktion und des Parteivorstandes.

Der vorliegende Beitrag möchte mit Zitaten aus ihren Briefen zweierlei bezeugen: Die Sozialistin Clara Zetkin trennte ihren sozialistischen nie von ihrem internationalistischen Standpunkt: Der Sozialismus ist international oder gar nicht, war sie grundsätzlich überzeugt. Ihre Alleinstellungsmerkmale in der deutschen Sozialdemokratie waren zudem die hohe Achtung vor den Verstandeskräften der Proletarierin sowie ein unerschütterliches Vertrauen in die Fähigkeit ihres Urteilsvermögens. Der Kampf um die Rechte der Frau spielte für Clara Zetkin nicht die erste Rolle nach dem Hereinbrechen des Krieges. Sie war der Meinung, dass der Sieg des Sozialismus im Kampf für den Frieden vorbereitet würde, bei dem Frauen als Mitkämpferinnen unentbehrlich seien, ja eine entscheidende politische Rolle spielten, wenn sie erkennen, begreifen und handeln würden. Der Kampf für den Frieden sollte den Weg freilegen für den revolutionären Kampf des Proletariats, für die soziale Revolution. Erst mit dem Frieden, einem Frieden ohne Annexionen und im Einklang mit dem Selbstbestimmungsrecht der Völker, seien Voraussetzungen für die Wandlung der Gesellschaften zum Sozialismus geschaffen. Ergo erkämpfe sich die Frau mit dem Frieden ihren Weg zum Sozialismus und ihre volle Gleichberechtigung. Der gelegentlich überschwängliche Ton steht in Trend und Stil der Zeit Clara Zetkins. Ihrer Gefühlsbetontheit mangelte es nicht an politischem Realitätssinn und Weitsicht. Am Schluss dieses Beitrages ist – zur Illustration ihres Wirkens – ein Auszug des wenig bekannten Dokuments »Protest der Sozialistischen Fraueninternationale gegen die Gewaltfrieden von Versailles und Saint Germain« angehängt.

Zum schweizerischen Frauentag im März 1917 schrieb Clara Zetkin der Redakteurin des Schweizer sozialdemokratischen Frauenblattes[3] Marie Hüni einen offenen Brief, in dem sie betonte, dass die schweizerischen Schwestern wohl daran täten, ihren Frauentag auch im dritten Jahr des Krieges zu halten. Schließlich sei und bleibe er ein Bekenntnis »unverbrüchlicher Treue gegen den internationalen Sozialismus«, aus dessen Gedankenwelt der sozialistische Frauentag geboren worden sei. Sie fügte hinzu, dass der internationale Sozialismus, »ungeachtet der Stürme des Weltkriegs und des schmählichen Verrats umlernender sozialdemokratischer Parteien seine hebende und treibende Kraft« bewahrt habe. Die Genossinnen aller Länder seien in großer Mehrheit auf dem Boden der sozialistischen Weltanschauung und der sozialistischen Beurteilung »des imperialistischen Triumph- und Todeszuges« geblieben. Es bleibe »ein Ruhmestitel der Genossinnen, daß sie in allen Staaten an der Front des Kampfes stehen für den Frieden; für die internationale Solidarität des Weltproletariats; für die Reinheit des sozialistischen Ideals; für die Aufrichtung einer proletarischen Internationale nicht der schönen Worte, sondern der fruchtbaren Tat.«

Solches Handeln sei mehr als je für die Frauen aller Länder das »Gebot der Stunde«. »Erloschen sind die schwachen Flämmchen der Friedenshoffnungen, die sich um die Jahreswende an den Erklärungen der Zentralmächteregierungen[4] und an Wilsons Botschaft[5] entzündet hatten.« An den Völkern sei es, in allen Ländern durch die Bekundung ihrer Erkenntnis und ihres Willens dem Frieden die Bahn zu öffnen.

---

3   Die Vorkämpferin. Sozialdemokratische Arbeiterinnen-Zeitung der Schweiz, Zürich. In vielen Ländern gab es sozialdemokratische Frauenblätter und in den Archiven der europäischen Parteien und sozialen Bewegungen finden sich in den Jahrgängen 1914 bis 1918 Material und Quellen der sozialistischen Frauen- und Friedensbewegung während des Ersten Weltkrieges, besonders in den neutralen Ländern.
4   Am 12. Dezember 1916 unterbreitete Reichskanzler Bethmann Hollweg im Namen der Mittelmächte der Entente ein Friedensangebot, das diese am 30. Dezember ablehnte.
5   US-Präsident Wilson startete am 18. Dezember 1916 eine eigene Vermittlungsinitiative, die die kriegführenden Regierungen aufforderte, ihre Friedensbedingungen zu benennen; am 22. Januar 1917 sprach er sich in seiner Jahresbotschaft an den amerikanischen Senat für einen »Frieden ohne Sieger« aus.

»Sind die Frauen nicht die Hälfte, und jetzt unter dem Wüten des Krieges erst recht die große Hälfte der Völker? Sind sie es nicht, die nun in der Familie Vater- und Mutterpflicht zugleich erfüllen, die Räder des Wirtschaftsgetriebes intakt halten, im Schul- und Verkehrswesen, in der Gemeinde und im Staat die Lücken schließen, die in die Reihen der wirkenden Männer durch den Dienst im Schützengraben und in der Kaserne gerissen werden? Der Krieg wandelt die soziale Schwäche der Frauen in Macht, wenn die Frauen wissen, wollen und handeln.«[6]

Im April 1917 wandte sich Clara Zetkin an die Konferenz der sozialdemokratischen Opposition[7] zu Gotha und schrieb:

»Werte Genossen und Genossinnen! Eure Konferenz steht im Flammenzeichen der gewaltigen Volkstat in Rußland, eine Volkstat, deren glühende treibende Seele das junge Proletariat unter Führung einer Sozialdemokratie ist, die auch in den Kriegstagen den Massen das Banner des internationalen Sozialismus unbefleckt vorangetragen hat. Ich hoffe, ich wünsche: daß Eure Beratungen und Beschlüsse dieses erhebenden Zeitereignisses würdig seien! Lernen wir von der größten geschichtlichen Lehrmeisterin aller Völker und Zeiten: der Revolution.«[8]

Clara Zetkin trat als Mitglied der Gruppe »Internationale«, die sich seit Januar 1916 Spartakusgruppe nannte, der USPD bei und kämpfte auf dem Flügel der Kriegsgegner. 1917 nahmen die Verhandlungen des Internationalen Sozialistischen Büros (ISB) zur Vorbereitung einer sozialistischen Friedenskonferenz in Stockholm Fahrt auf. Zugleich wurden Vorbereitungen zur Verlegung des ISB nach Stockholm unternommen. Die vorbereitenden Diskussionen bezogen sich auch

---

6   Zetkin, Die Kriegsbriefe, S. 291 ff.
7   Die Reichskonferenz der Opposition fand vom 6. bis 8. April 1917 in Gotha statt. In deren Verlauf wurde die Unabhängige Sozialdemokratische Partei Deutschlands (USPD) gegründet.
8   Zetkin, Die Kriegsbriefe, S. 297.

auf die öffentlichen Stellungnahmen (Ende März/Anfang April 1917) des russischen Regierungsvorsitzenden Alexander F. Kerenski (1881-1970) und das Friedensprogramm und die Rede (Januar 1917) des amerikanischen Präsidenten Woodrow Wilson (1856-1924), die international die Hoffnung auf einen Friedensschluss aufleben ließen. Allerdings zogen sich die Friedensverhandlungen von April 1917 bis Januar 1918 hin.

Am 25. April 1917 wandte sich Clara Zetkin als Sekretärin der Sozialistischen Fraueninternationale mit einem Schreiben an Thorvald Stauning (1873-1942) und betonte, dass die Genossinnen aller Länder ihr Recht zur Mitwirkung an der Friedenskonferenz praktisch geltend machen werden. Da die Verkehrsverhältnisse es ausschlössen, rechtzeitig eine Verständigung zwischen den Genossinnen aller Länder herbeiführen zu können, habe sie den Genossinnen Helen Ankersmit (Amsterdam) und Angelica Balabanoff (Zürich) Mandate übertragen, bei den Verhandlungen die Sozialistische Fraueninternationale zu vertreten, und sie dem Büro im Haag angezeigt.[9] Ihr sei sehr daran gelegen, »das grundsätzliche Recht der Genossinnen zur Mitberatung und Mitentscheidung zu wahren.«[10]

Ihrer Freundin Heleen Ankersmit erklärte Clara Zetkin am 16. Mai 1917:

»Ich halte die Ausübung der Mandate von Vertreterinnen unserer Frauen für absolut nötig. [...] Wir sind verpflichtet, die praktischen Konsequenzen aus unserer Berner Konferenz[11] zu ziehen, überall und jederzeit getreu ihren Beschlüssen zu wirken. Endlich sind jetzt die Bedingungen für getrennte Sonderkonferenzen der Frauen für den Frieden und Verständigung nicht mehr gegeben. Im Frühjahr 1915 [...] mußten wir Frauen vortreten und zeigen, daß der internationale Gedanke bei uns lebendig und tatkräftig geblieben war. Unsere Konferenz war die erste Kundgebung für die Grund-

---

9 Vgl. den Brief an das ISB vom 23. April 1917, in: ebd., S. 301.
10 Ebd., S. 304.
11 Die Internationale Sozialistische Frauenkonferenz, 26. bis 28. März 1915 in Bern.

sätze des internationalen Sozialismus und über das grundsätzliche Bekenntnis hinaus der Entschluß zu gemeinsamer Tat.«[12]

Nun aber rege sich's allenthalben für den Frieden und den Wiederaufbau der Internationale. In allen Ländern seien Parteien oder Fraktionen am Werk der Selbstverständigung und Selbstbestimmung. Es gelte alle grundsätzlich gleichgerichteten Kräfte zusammen zu fassen. »In diesem Augenblick können und dürfen wir Frauen nicht mit Sondertagungen kommen [...]. Da ist unser Platz und unsere Arbeitsstelle in der großen Internationale.«[13]

Ihre Isolierung in Stuttgart – fernab der Hauptstadt Berlin – beklagend, schrieb Clara Zetkin Franz Mehring (1846–1919) am 1. Juli 1917, dass sie ihren »Drang nach einer Aussprache, nach Verständigung« mit ihm und den Freunden kaum noch zügeln könne. Deutlich kritisierte sie die Ablehnung des verehrten Freundes und der Spartakusgruppe in Sachen der Stockholmer Konferenz[14] und machte um ihren Standpunkt kein Hehl:

»Ich mache mir über die geplanten Tagungen nicht die geringsten Illusionen. Von wirklich geschichtlicher Bedeutung großen Stils könnte nur die Konferenz werden, die von dem russischen A[rbeiter] und S[oldaten]Rat geplant wird. Auch die Zimmerwalder Tagung[15] kann

---

12 *Zetkin*, Die Kriegsbriefe, S. 313.
13 Ebd.
14 Zu den Beratungen der Stockholmer Friedenskonferenz vom 2. bis 19. Juni 1917 waren sowohl Vertreter der MSPD (u. a. Philipp Scheidemann und Hermann Müller) wie auch der USPD (u. a. Georg Ledebour, Oskar Cohn und Robert Wengels) angereist. Das ISB stellte das »Niederländisch-skandinavische Komitee« mit Camille Huysmans und Pieter Jelles Troelstra, das sich für die Friedenskonferenz einsetzte. Die lange Dauer des Krieges und die Februarrevolution in Russland führten dazu, dass der Petrograder Arbeiterrat, der sich aus Menschewiki, Bolschewiki und Sozialrevolutionären zusammensetzte, zur Beratung hinzugezogen wurde.
15 Gemeint ist die Internationale Sozialistische Folge-Konferenz der Zimmerwalder Sozialisten unter Führung der Internationalen Sozialistische Kommission (ISK) mit Sekretariat in Bern unter der Leitung von Robert Grimm und Angelica Balabanoff. Sie fand schließlich als 3. Zimmerwalder Konferenz vom 5. bis 12. September 1917 in Stockholm statt.

Gutes wirken. [...] Aber all meine Hoffnungen sind an mancherlei Wenn und Aber gebunden, auf die ich jetzt hier noch keine klare, bestimmte Antwort sehe. Die Veranstaltung, zu der der alte, rostige Apparat des Internationalen Büros[16] klappert, hätte nur dann eine Existenzberechtigung und einen Zweck, wenn die Zusammenkunft nicht zu einem Harmoniekränzchen wird, bei dem die Teilnehmer konjugieren: ›Ich bin ein Schwein; Du bist ein Schwein; er, sie, es ist ein Schwein.‹ Und wenn die Aufrichtung einer Internationale das Finale einer allgemeinen Sündenvergebung mit dem Refrain wäre: ›Tauschen wir den Bruderkuß, denn wir alle sind Schweine!‹ Nein, diese Zusammenkunft müßte eine Abrechnung sein, ein jüngstes Gericht. Sie müßte die Isolierung der Regierungssozialisten aller Länder aufzeigen und nicht zum mindesten der Deutschlands, weil die Deutschen als führende Fraktion der Zweiten Internationale und als stärkste unter den obwaltenden Verhältnissen und ohne mildernde Umstände am schimpflichsten bankrott geworden sind und das größte Maß der Verantwortlichkeit für den Ausbruch und die Dauer des Krieges tragen.«[17]

Clara Zetkin bedrängte Franz Mehring, die Freunde dürften nicht den alten Fehler begehen, nicht mit der Psyche der Arbeitermassen, namentlich der deutschen, zu rechnen, denn diese Psyche sei auch ein geschichtlicher Faktor.

»Der deutsche Proletarier trägt noch seine Hucke nationaler Gebundenheit. Die Ereignisse haben bewiesen, daß der Deutsche das passivste, unpolitischste aller ›sozialen Tiere‹ ist. Sehen Sie unsere Geschichte an! Politisch waren wir völlig unschöpferisch. Alle Gedanken, Einrichtungen des modernen politischen Lebens stammen aus England und Frankreich. Wir haben sie von dort übernommen und herzlich schlecht kopiert. Wir ›machen Politik‹ mit beschränk-

---

16 Das ISB war das Leitungsorgan der II. Internationale, 1900 in Brüssel gegründet. Ihm gehörten je zwei Delegierte der Mitgliedsparteien an. Daneben organisierte sich die ISK.
17 *Zetkin*, Die Kriegsbriefe, S. 338.

tem Untertanenverstand. Kein Durchschnittsdeutscher fühlt sich zum politischen Handeln verpflichtet, ehe nicht eine ›Autorität‹ die Losung dazu gegeben, sei es nun die ›Regierung‹, vertreten durch einen Nachtwächter oder ›die Partei‹, vertreten durch Vorstand und Gruppenführer. Um zu handeln, wartet jeder, daß ›der andere‹ auch mittut, der andere aber muß eine ›erprobte Instanz‹ sein. Oh, diese dumpfen, stumpfen Seelen, die ihre Freiheit nicht zu denken wagen, an deren Apathie man sich die Hände wund rütteln kann, deren bleierner Schlaf nicht endet, und wenn man all sein Herzblut auf ihre Lider niederströmen läßt!«[18]

Sie bedauere aufrichtig, fügte sie hinzu, dass Franz Mehring eine Delegierung und Beteiligung abgelehnt habe.

Einen Tag darauf ließ Clara Zetkin die schwedische Genossin Anna Lindhagen (1870–1941) wissen, dass sie es »für absolut notwendig« halte, dass die sozialistischen Frauen überall mitwirken, wo »ehrlich und ernst« für einen Frieden gewirkt würde. »Gerade weil wir Frauen weibliche Menschen, nicht mißratene, verpfuschte Kopien der Männer sind und unsere eigenen geistigen und sittlichen Werte für die Betrachtung und Lösung der vorliegenden Probleme mitbringen.«[19]

Doch die internationale Friedenskonferenz des ISB scheiterte. In Stockholm tagte die 3. Zimmerwalder Konferenz vom 5. bis 12. September 1917. Im Anschluss hielt die Sozialistische Fraueninternationale am 14. September 1917 ihre eigene – wenig bekannte – Beratung in Stockholm ab, die Angelica Balabanoff auf Wunsch von Clara Zetkin einberufen hatte. An ihr nahmen Delegierte aus Bulgarien, Deutschland, Finnland, Italien, Österreich, Rumänien, Russland, Schweden und der Schweiz teil. Clara Zetkin musste infolge von Maßregelung, Bespitzelung und langwieriger Erkrankung von einer illegalen Reise absehen. Aus Deutschland nahm Käte Duncker teil.[20]

---

18 Ebd., S. 340.
19 Ebd., S. 342.
20 Vgl. den Bericht »Internationale sozialistische Frauenkonferenz in Stockholm 1917«, in: Die Vorkämpferin, Nr. 10, 1.10.1917, S. 7.

An Angelica Balabanoff (Stockholm, Regierungsgarten 67) sandte Clara Zetkin am 14. September 1917 folgendes Telegramm: »Friedensverlangende Sozialistinnen aller Länder wünschen heiß Erfolg Eurer vom Geist des Sozialismus erfüllten Friedenskonferenz. Bin mit ganzer Seele mit Euch, schmerzlich bedauernd nicht bei Euch sein zu können.«[21]

In den letzten Kriegstagen sandte Clara Zetkin eiligst ein Rundschreiben an die sozialistischen Frauen aller Länder[22] und schickte ihnen nach Kriegsende, am 16. November 1918, einen zweiten Rundbrief für die gleichberechtigte Zulassung der Frauen an den Friedensverhandlungen:

»Genossinnen! Die Friedensverhandlungen stehen vor der Tür. Die Sozialisten Frankreichs und Englands fordern die Mitwirkung von Arbeitervertretern daran. Eine Mitwirkung von Vertreterinnen der sozialistischen Frauen ist nicht minder unerläßlich. Unter Hinweis auf mein letztes Rundschreiben und frühere Zuschriften fordere ich Euch auf, sofort bei Euren Regierungen grundsätzlich und energisch zu verlangen die gleichberechtigte Zulassung zu den Friedensverhandlungen von Delegierten der Sozialistischen Frauen der einzelnen Länder, sowie eine Kollektivvertretung der Sozialistischen Graueninternationale für die Genossinnen jener Staaten, die nicht eigene Vertreterinnen entsenden können.«[23]

Folgerichtig erklärte Clara Zetkin als Sekretärin der Sozialistischen Fraueninternationale die Friedensverträge von 1919 für unannehmbar.

---

21 Zetkin, Die Kriegsbriefe, S. 351.
22 Vgl. den Offenen Brief vom 1. November 1918, in: ebd., S. 434 f.
23 Ebd., S. 436.

Anhang

Protest der Sozialistischen Fraueninternationale gegen die Gewaltfrieden von Versailles[24] und Saint Germain[25] (Auszug)

Die sozialistische Fraueninternationale erhebt flammenden, nachdrücklichen Protest wider die Friedensvertragsvorschläge, die nach dem Willen der Ententeregierungen den Kampf um die Weltherrschaft und Weltausbeutung zwischen den beiden imperialistischen Staatengruppen beenden sollen.

Die Deutschland und Österreich vorgelegten Verträge sind aus dem nämlichen Geist gewalttätiger, brutaler Macht- und Ausbeutungsgier geboren, der die berüchtigten Frieden von Brest-Litowsk[26] und Bukarest[27] diktiert hat. Sie bedeuten nicht Friedensschlüsse zwischen Völkern, die zu dem Verständnis ihrer Lebensinteressen erwachten und ihre Geschicke selbstvertrauend entschlossen in die eigene Hand nehmen. Sie sind nichts als Abmachungen zwischen Regierungen, die hüben und drüben in erster Linie und in der Hautsache als Sachverwalter der besitzenden und ausbeutenden Klassen amtieren, auch wenn sie sich dabei auf die Demokratie

---

24 Der Versailler Vertrag wurde auf der Friedenskonferenz 1919 im Schloss von Versailles von Vertretern der Ententestaaten und ihren Verbündeten bis Mai 1919 ausgehandelt. Deutschland unterzeichnete ihn nach ultimativer Aufforderung unter Protest am 28. Juni 1919. Er trat am 10. Januar 1920 in Kraft und bestätigte völkerrechtlich das Ende des Ersten Weltkrieges. Der Kongress der Vereinten Staaten verweigerte am 19. März 1920 dem Versailler Vertrag die Ratifikation; die USA schlossen mit dem Deutschen Reich am 25. August 1921 einen Separatfrieden (Berliner Vertrag).
25 Der Vertrag von Saint-Germain regelte die Auflösung der im Reichsrat vertretenen Königreiche und Länder Österreich-Ungarns und die Bedingungen für die neue Republik Deutschösterreich, später Österreich. Er trat am 16. Juli 1920 in Kraft und bestätigte völkerrechtlich die Auflösung Österreich-Ungarns.
26 Die Friedensverhandlungen in Brest-Litowsk dauerten vom 22. Dezember 1917 bis 3. März 1918 und endeten mit einem Diktatfrieden gegen Sowjetrussland.
27 Der Vertrag von Bukarest bekräftigte den Sieg der Mittelmächte über Rumänien im Feldzug 1916/17 und beinhaltete Gebietsabtretungen an Bulgarien und Österreich-Ungarn. Er wurde am 7. März 1918 unterzeichnet und 1919 mit den Aushandlungen zum Versailler Vertrag annulliert.

berufen. Die vorgelegten Friedensverträge laufen darauf hinaus, die Ausbeutungs- und Herrschaftsgewalt der Kapitalisten der alliierten Mächte auf die Zentralstaaten auszudehnen, die in diesen herrschenden Kapitalisten in die Zwischenmeister ihrer siegreichen imperialistischen Klassengenossen in der Entente zu verwandeln und damit die werktätigen Massen in Deutschland und Österreich zwiefacher Knechtschaft und Ausbeutung zu unterwerfen. Sie bereiten mit tödlicher Sicherheit einen künftigen Krieg zwischen den kapitalistischen Staaten vor. Sie schaffen mit dem alle Hindernisse für das rasche und siegreiche Fortschreiten der Weltrevolution, die die Befreiung des Proletariats aller Länder bringt.

Die sozialistische Fraueninternationale erklärt die Friedensvorschläge von Versailles und Saint Germain für unannehmbar. Sie stellt ihnen die Forderungen entgegen, die ihre Vertreterinnen auf der Internationalen Frauenkonferenz zu Bern am 26., 27. und 28. März 1915 erhoben haben. Getreu den dort gefaßten Beschlüssen fordert sie »einen Frieden ohne Annexionen, ohne Eroberungen, einen Frieden, der das Recht der Völker und Nationalitäten – auch der kleinen – auf Selbstbestimmung und Unabhängigkeit anerkennt und keinem der kriegführenden Staaten demütigende, unerträgliche Bedingungen auferlegt.«[28]

Ein solcher Friede wird die Vorbedingung dafür sein, daß in den kriegführenden Ländern die Proletarier sich dem Bann des Nationalismus entwinden. [...]

Die Weltrevolution allein kann mit der Befreiung des Proletariats aus den Ketten der kapitalistischen Lohnsklaverei den Weltfrieden herbeiführen und sichern. Pflicht und Ehre der Sozialistinnen aller Länder ist es, im Kampf für die Weltrevolution, für den Weltfrieden voranzugehen.

[1. Juli 1919].[29]

---

28 Vgl. Erklärung der Internationalen Sozialistischen Frauenkonferenz zu Bern, in: *Zetkin*, Die Kriegsbriefe, S. 209-213, hier S. 210.
29 Die Vorkämpferin. Verficht die Interessen der arbeitenden Frauen, Zürich, 1.7.1919, S. 1; http://doi.org/10.5169/seals-351796 [15.11.2017].

Markus Schmalzl

Erhard Auer (1874–1945) – Aufstieg eines sozialdemokratischen Reformers während des Ersten Weltkriegs

Der bayerische Sozialdemokrat Erhard Auer war in den Jahren der Weimarer Republik der bestimmende Mann der bayerischen und einflussreicher Politiker der deutschen Sozialdemokratie.[1] Am 22. Dezember 1874 in Dommelstadl bei Passau in ärmlichen Verhältnissen geboren und als besitzloses Pflegekind im ländlichen Niederbayern sozialisiert, gelang ihm in den folgenden Jahren eine steile Parteikarriere. Als 20-Jähriger kam er nach München, wurde enger Mitarbeiter des bayerischen Landesvorsitzenden Georg von Vollmar und stieg über die Ämterhierarchie der Partei bis 1906 in den Landesvorstand auf, wo er als erster Landesparteisekretär rasch an Bedeutung gewann. Zusammen mit Georg von Vollmar und dem bekannten süddeutschen Reformer Adolf Müller bildete er in den folgenden Jahren das »Triumvirat« der bayerischen Landespartei. 1907 zog er

---

1 Vgl. hierfür und für das Folgende: *Markus Schmalzl*, Erhard Auer (1874–1945) – Wegbereiter der parlamentarischen Demokratie in Bayern, Kallmünz 2013.

Bild 6 Erhard Auer als bayrischer Innenminister, 1919

in die bayerische Kammer der Abgeordneten ein. Im Oktober 1918 wurde er als Nachfolger Georg von Vollmars Landesvorsitzender der bayerischen SPD. Nach dem von Auer nicht angestrebten revolutionären Umsturz des 7. November 1918 übernahm er das Amt des Innenministers. Als Antipode des provisorischen Ministerpräsidenten Kurt Eisner wurde Auer am 21. Februar 1919, kurz nach der Ermordung Eisners, durch ein Attentat im Bayerischen Landtag schwer verwundet. Nach einer mehr als einjährigen Genesungsphase konnte er seine politische Karriere bis zum Ende der Weimarer Republik fortsetzen. Bis 1933 bekleidete er weitere bedeutende Ämter: ab 1920 das Amt des Vizepräsidenten des Bayerischen Landtags, ab 1921 die Chefredaktion des südbayerischen Parteiorgans »Münchener Post« und ab 1924 den Gauvorsitz des Reichsbanners Schwarz-Rot-Gold in Südbayern. 1930 folgte der Einzug in den Münchner Stadtrat. Wie kaum ein anderer bayerischer Politiker der Zwischenkriegszeit engagierte sich Auer für den Erhalt der Weimarer Republik. Als entschiedener und wohl exponiertester Gegner Hitlers in Südbayern, musste er seine Heimat im Mai 1933, nach der Machtübernahme der Nationalsozialisten, verlassen. Die Kriegsereignisse erlebte er schwer erkrankt in Karlsruhe. Nach dessen Evakuierung verstarb er in den letzten Kriegstagen am 20. März 1945 in Giengen an der Brenz.

Entscheidende Impulse erhielt Auers Karriere aber während des Ersten Weltkriegs, bis zu dessen Ende er zum reichsweit und über die Grenzen seiner Partei hinaus bestens vernetzten Landesvorsitzenden aufgestiegen und für seine linken politischen Gegner zur Hassgestalt geworden war.

Wichtige Grundlage für Auers Bedeutungsgewinn während dieser Jahre war sein Kriegsdienst, den er von Anfang an als Chance für sich und seine Partei erkannte. Wie viele Reformer des rechten Parteiflügels sah Auer bei Ausbruch des Weltkriegs im August 1914 die Pflicht seiner Partei zur Landesverteidigung gegen das russische Zarenreich.[2] Vor allem aber hofften führende Parteivertreter, durch den Beweis der Waffentreue den Makel der »Reichsfeindlichkeit« abzuschütteln und so gesellschaftliche wie politische Gleichberechtigung zu erringen.[3]

---

2 Vgl. *Walter Mühlhausen*, Die Sozialdemokratie am Scheideweg. Burgfrieden, Parteikrise und Spaltung im Ersten Weltkrieg, in: *Wolfgang Michalka* (Hg.), Der Erste Weltkrieg. Wirkung, Wahrnehmung, Analyse, München 1994, S. 649-671, hier S. 651 f.
3 *Dieter Groh*, Negative Integration und revolutionärer Attentismus. Die deutsche Sozialdemokratie am Vorabend des Ersten Weltkrieges, Frankfurt a. M. u. a. 1973, S. 663-671; *Thomas Raithel*, Das »Wunder« der inneren Einheit. Studien zur deutschen und französischen Öffentlichkeit bei Beginn des Ersten Weltkrieges, Bonn

Das galt auch für Auer, der den Kriegsausbruch als Chance verstand, durch die die Partei viel gewinnen konnte. Insbesondere hoffte er auf Reformen in Richtung einer Parlamentarisierung des politischen Systems.[4] 1912 war die SPD zur stärksten Fraktion im Reichstag geworden. Jeder dritte Wähler hatte der Partei seine Stimme gegeben. In Bayern hatte im gleichen Jahr der sogenannte »Großblock« aus Bauernbund, Liberalen und Sozialdemokraten nur knapp die Mehrheit verfehlt. Die SPD hatte ihre Fraktion mit 30 Mandaten und fast 20 Prozent der Stimmen deutlich vergrößern können. Eine Reform der Verfassung konnte also einen deutlichen Machtgewinn, unter Umständen sogar eine sozialdemokratische Regierung mit sich bringen.[5] Deshalb schätzte Auer die Situation für seine Partei bei Kriegsbeginn sehr positiv ein und hoffte auch politisch voranzukommen. Begeistert vom nationalen Hochgefühl bei Kriegsausbruch war er trotz eines nicht ausgeheilten Leistenbruchs bereit, selbst Kriegsdienst in einem der beiden Münchner Landsturmbataillone zu leisten. Seine exponierte Position als erster Abgeordneter seiner Fraktion war ihm dabei durchaus bewusst. Noch vor dem Abmarsch ins Feld schrieb er an Vollmar: »Mein Soldatensein hat politisch bereits merklich gewirkt. Das spüre ich jeden Tag mehr. Lieber Vollmar! Dessen dürfen Sie sicher sein; wohin wir auch kommen, meine Pflichten erfülle ich. Dieser Dienst wird der Partei und dem Vaterlande mit Freuden erwiesen.«[6] Die folgenden Monate, die Auer größtenteils in der Etappe im nordfranzösischen Roubaix verbrachte, versuchte er deshalb auch

---

1996, S. 214-218.
4 Vgl. *Max Bloch*, Albert Südekum (1871-1944). Ein deutscher Sozialdemokrat zwischen Kaiserreich und Diktatur, Düsseldorf 2009, S. 134-139; *Boris Schwitzer*, Wilhelm Keil als sozialdemokratischer Finanzpolitiker im Kaiserreich und in der Weimarer Republik, Mannheim 2002, S. 148; *Dieter Groh/Peter Brandt*, »Vaterlandslose Gesellen«. Sozialdemokratie und Nation 1860-1990, München 1992, S. 116 f.
5 Vgl. *Groh/Brandt*, »Vaterlandslose Gesellen«, S. 116 f. sowie *Dieter Albrecht*, Von der Reichsgründung bis zum Ende des Ersten Weltkriegs (1871-1918), in: *Alois Schmid* (Hg.), Handbuch der bayerischen Geschichte, begründet von Max Spindler, Bd. 4/1, Das neue Bayern. Von 1800 bis zur Gegenwart, München 2003, S. 319-439, hier S. 406.
6 IISG Amsterdam, NL Vollmar, Nr. 130, Schreiben Auers an Georg von Vollmar vom 17.9.1914.

politisch zu nutzen. Im Selbstverlag druckte Auer Weihnachtspostkarten und eine Weihnachtszeitung für seine Kameraden und bemühte sich während seiner Abwesenheit auf verschiedene Art und Weise in der heimischen Presse um entsprechende Aufmerksamkeit.[7]

Zwar blieben Reformen und die erhoffte Gleichberechtigung trotz des Engagements der Sozialdemokraten und der Unterstützung der »Burgfriedenspolitik« im ganzen Reich aus. Abseits der großen Politik, etwa bei der Besetzung von Gemeindewahlämtern und bei der Zulassung zum öffentlichen Dienst, wurde die Diskriminierung der Sozialdemokraten in Bayern aber weitgehend aufgehoben.[8]

Dies lag auch daran, dass führende Parteivertreter wegen ihres Einflusses auf die organisierte Arbeiterschaft mit dem fortdauernden Krieg und der zunehmenden Kriegsmüdigkeit an der sogenannten Heimatfront zu immer wichtigeren Partnern für Regierung und Militär wurden. Wie für andere Parteifunktionäre, erwies sich auch für Erhard Auers politische Karriere sein Kriegsdienst und sein Einsatz für die Burgfriedenspolitik als förderlich; galten sie doch als Beweis seiner nationalen Gesinnung und machten ihn zu einem akzeptablen und immer bedeutenderen Verhandlungspartner. Nach seiner Rückkehr aus dem Feld wurde er im Juni 1916 als Konsumentenvertreter und einziger Sozialdemokrat in den Ernährungsbeirat der bayerischen Regierung berufen. In den mehr als zweijährigen Verhandlungen des Beirats konnte sich Auer das Ansehen der Regierungsvertreter erarbeiten und erhielt mehrmals Audienzen bei König Ludwig III. Über die Dauer der Verhandlungen gewann seine Meinung im Beirat zunehmend an Gewicht und es gelang ihm, durch seine Arbeit im Beirat und im Bayerischen Landtag sich und seine

---

7   Vgl. u. a. Münchener Post, Nr. 303, 31.12.1914, »Ein Soldatenbrief für den Weihnachtsmann«; Familienarchiv Haller von Hallerstein, Feldpostkarten Auers an Sigmund Freiherr von Haller vom 22.10.1914, 1.11.1914, 5.11.1914, 14.12.1914 und 13.3.1915 sowie Vossische Zeitung, Nr. 94, 20.2.1915, »Der sozialdemokratische bayerische Landtagsabgeordnete Auer«.

8   Vgl. *Thomas Nipperdey*, Deutsche Geschichte 1866–1918, Bd. 2, Machtstaat vor der Demokratie, München 1992, S. 782 f.; vgl. dazu auch *Wolfgang J. Mommsen*, Deutschland, in: *Gerhard Hirschfeld/Gerd Krumreich/Irina Renz* (Hg.), Enzyklopädie Erster Weltkrieg, Paderborn u. a. 2009, S. 15-30, hier S. 17.

Partei in der Öffentlichkeit als entschlossene Kämpfer für die Lebensmittelversorgung der städtischen Bevölkerung zu präsentieren. Auers gestiegenes persönliches Prestige zeigte sich nicht zuletzt darin, dass Regierung und Behörden ihn auch in Pressefragen konsultierten und er im September 1917 in den beim Innenministerium eingerichteten Beirat für Volksaufklärung berufen wurde.[9]

Seine Bedeutung für Behörden und Regierung in Bayern lag auch darin begründet, dass er sich nach seiner Rückkehr in die Heimat rasch zum wichtigsten Vertreter seiner Partei in Bayern entwickelte.[10] Georg von Vollmar hatte sich seit Kriegsbeginn krankheitsbedingt fast völlig aus der Politik zurückgezogen und Adolf Müller engagierte sich als inoffizieller Diplomat für die Reichsregierung in der Schweiz.[11] So blieb vom ehemaligen Triumvirat nur Auer, der die Fäden in München in die Hand nahm: Ab Juni 1916 übernahm er den Vorsitz des sozialdemokratischen Vereins München. Die Verhandlungen auf den bayerischen Landeskonferenzen 1916 und 1917 erfolgten nun unter seiner Leitung. Im September 1918, nach dem offiziellen Rückzug Vollmars aus der Politik, wurde Auer Spitzenkandidat für die Reichstagswahlen und wenig später neuer Landesvorsitzender der MSPD in Bayern.[12]

Ohne der Reichstagsfraktion anzugehören, übte Auer auch Einfluss auf die Reichspolitik der deutschen Sozialdemokraten während des Ersten Weltkriegs aus. Dies zeigte sich nicht zuletzt auf dem deutschen Parteitag in Würzburg im Juli 1917, wo er zusammen mit Friedrich Ebert den Vorsitz führte und an der Erarbeitung eines

---

9 Vgl. *Willy Albrecht*, Landtag und Regierung am Vorabend der Revolution von 1918. Studien zur gesellschaftlichen und staatlichen Entwicklung Deutschlands 1912-1918, Berlin 1968, S. 149 f. sowie *Schmalzl*, Auer, S. 199-216.
10 Vgl. *Karl Heinrich Pohl*, Adolf Müller. Geheimagent und Gesandter in Kaiserreich und Weimarer Republik, Köln 1995, S. 159-225; *Jürgen Mittag*, Wilhelm Keil (1870-1968). Sozialdemokratischer Parlamentarier zwischen Kaiserreich und Bundesrepublik, Düsseldorf 2001 sowie *Bloch*, Südekum, S. 141-195 und *Albert Grzesinski*, Im Kampf um die deutsche Republik. Erinnerungen eines Sozialdemokraten, München 2009, S. 77 f.
11 Vgl. *Pohl*, Müller, S. 134.
12 Vgl. *Schmalzl*, Auer, S. 231-233.

Aktionsprogramms zur Demokratisierung des Reiches auf dem Reformwege mitarbeitete, das allerdings aufgrund der revolutionären Ereignisse ab dem November 1918 nicht mehr in ein reguläres Programm gegossen werden konnte.[13] Für Auer und die bayerische Parteiführung war es dennoch von Bedeutung. Nicht zuletzt die im Bayerischen Landtag im September 1917 von Auer und Max Süßheim eingebrachten Forderungen nach einer umfassenden Demokratisierung der Verfassung orientierten sich eng an diesem Aktionsprogramm, auf das Auer auch als Innenminister in der provisorischen Regierung Eisner Bezug nahm.[14]

Vor allem aber wurde sein Einfluss im reichsweiten Parteiausschuss deutlich, wo er aktiv in einem Netzwerk rechter Reformer agierte, das sich seit der Jahrhundertwende gegen die Verweigerungspolitik des Parteivorstandes gebildet hatte und während der Kriegsjahre weitgehend intakt geblieben war. Nun engagierten sich seine Vertreter aus parteitaktischen sowie aus vermeintlich national-patriotischen Beweggründen für die Fortsetzung der Burgfriedenspolitik, die Weiterbewilligung der Kriegskredite und ein scharfes Vorgehen gegen die linken Abweichler in der eigenen Partei. Enge Kontakte bestanden in diesem Zusammenhang zum rechten Flügel der Reichstagsfraktion, wie zu der Gruppe um Eduard David, den Genossen Franz Feuerstein, Georg Schöpflin, Wolfgang Heine, Albert Südekum und Wilhelm Keil. Im Parteiausschuss arbeitete Auer ab 1916 neben den erwähnten vor allem mit den Mitgliedern des Partei-

---

13 Vgl. Protokoll über die Verhandlungen des Parteitages der Sozialdemokratischen Partei Deutschlands. Abgehalten in Würzburg vom 14. bis 20. Oktober 1917, Berlin 1917, S. 212 bzw. S. 456; Vorwärts, Nr. 139, 23.5.1918, »Ein Aktionsprogramm der Sozialdemokratie. Entwurf der Kommission«; Protokoll über die Verhandlungen des Parteitages der Sozialdemokratischen Partei Deutschlands. Abgehalten in Weimar vom 10. bis 15. Juni 1919, Berlin 1919, S. 145, Redebeitrag Otto Wels.
14 Auer bezog sich auch im Januar 1919 noch auf das Würzburger Aktionsprogramm und lehnte Bezüge zum Erfurter Programm für seine Politik ab. Vgl. Archiv der sozialen Demokratie, NL Karl Schmidt, Nr. 1, Protokoll der Delegiertenversammlung zur Aufstellung der Kandidaten für die Wahl zur deutschen Nationalversammlung und zum Bayerischen Landtag der südbayerischen Sozialdemokraten vom 1.1.1919.

vorstandes Ebert und Scheidemann sowie mit Hermann Beims, Paul Löbe, Carl Ulrich, Robert Leinert und Carl Severing zusammen. Auers nur rudimentär nachvollziehbares Netzwerk rechter Parteigenossen aus der Vorkriegszeit zeigt hier deutliche personelle Kontinuitäten.[15]

Im Gegensatz zu den Kriegsgegnern in der Partei kam für Auer ein einseitiges Eintreten für einen Friedensschluss schon aufgrund der Kriegsziele der deutschen Kriegsgegner nicht infrage. Entsprechend der Position Vollmars war eine Fortsetzung des Krieges nach seiner Meinung alternativlos, solange die Feindstaaten die Vernichtung Deutschlands zum Ziel hätten.[16] Zudem spielten wiederum taktische Motive und die baldige Durchsetzung einer Demokratisierung für Auer die entscheidende Rolle. So sei die Bewilligung der Kriegskredite das Mittel »zur Erhaltung des von der Arbeiterbewegung in Deutschland Erreichten und die Erhaltung der Möglichkeit, unsere inneren Verhältnisse selbst zu regeln. Wir müssen für die Zukunft der Partei die Freiheit zum Handeln erhalten, im Interesse aller Bedrückten.«[17] Deshalb und damit sich die Sozialdemokratie nach dem Krieg gegen die Reaktion würde durchsetzen können, sei es auch notwendig, die Partei als Ganzes und ungeteilt zu erhalten. Schließlich hoffte Auer, durch die Politik der Partei im Kriege neue Wählerschichten erschließen zu können: »Unsere Soldaten haben großes Vertrauen zur Partei und großer Zulauf stände uns bevor, wenn der Zank aufhörte und wir geschlossen und einig bleiben.«[18] Die Ablehnung der Weiterbewilligung der Kriegskredite durch die Parteiopposition vom 21. Dezember 1915, die im Reichstag ohne Rücksprache mit der Fraktion erfolgt war, verurteilte Auer deswegen scharf und

---

15 Vgl. *Schmalzl*, Auer, S. 95-104 sowie S. 237-239.
16 Vgl. Protokoll der Sitzung des Parteiausschusses vom 7.-9.1.1916, in: Protokolle der Sitzungen des Parteiausschusses der SPD 1912-21 inkl. Protokoll der Parteikonferenz in Weimar am 22. und 23. März 1919 und dem Protokoll über die Verhandlungen der Reichskonferenz der SPD abgehalten in Berlin am 5. und 6. Mai 1920, hg. v. *Dieter Dowe*, 2 Bde., Berlin 1980, S. 258.
17 Ebd. sowie Protokoll der Sitzung des Parteiausschusses vom 19.4.1917, S. 458.
18 Protokoll der Sitzung des Parteiausschusses vom 7.-9.1.1916, S. 258.

schloss sich der rechten Gruppe innerhalb der Reichstagsfraktion um Eduard David und Wolfgang Heine an, die in der Fraktion bereits den Ausschluss der Oppositionellen und damit die Spaltung der Partei gefordert hatten.[19] Folgerichtig forderte Auer auch auf der vom Parteiausschuss einberufenen Reichskonferenz der Sozialdemokratie in Berlin im September 1916 die Billigung der Kriegskredite und die Verurteilung der Minderheitsposition, was fast die einstimmige Annahme der Delegierten fand.[20] Unter Auers tatkräftiger Mitarbeit hatten sich also im Parteiausschuss und auf der Konferenz, die die Beschlüsse des Ausschusses auf eine breitere Basis stellen sollte, die Befürworter eines harten Kurses gegen die Abweichler durchgesetzt. In beiden Gremien hatte Auer die Stellungnahmen der Parteimehrheit vorformuliert und mit seinen Anträgen die Zustimmung seiner Parteigenossen gefunden. Die Realisierung der Parteispaltung durch die Gründung der USPD in Gotha sah Auer dabei aber keineswegs positiv: »[W]enn wir in Deutschland einig wären, was würde da jetzt zu machen sein! Wie würden wir da der Reaktion auf die Finger klopfen, was für Zugeständnisse für die Arbeiter in der Zukunft könnten wir ihnen jetzt abtrotzen! Wenn man sich das vor Augen hält, möchte man heulen.« Die Verantwortung für diese Entwicklung hatten nach Auers Meinung freilich die Unabhängigen zu tragen.[21] Allerdings war im Juni 1917 auch für Auer der Zeitpunkt für eine politische Wende in der Kriegs- beziehungsweise der Friedensfrage gekommen. Zwar war er nach wie vor davon überzeugt, dass die bisherige Politik der Sozialdemokraten richtig und geradlinig war.[22] Aber der

---

19 Vgl. ebd. sowie auch *Walter Mühlhausen*, Friedrich Ebert 1871–1925. Reichspräsident der Weimarer Republik, Bonn 2006, S. 80 f.; *Hartfrid Krause*, USPD. Zur Geschichte der Unabhängigen Sozialdemokratischen Partei Deutschlands, Frankfurt a. M. u. a. 1975, S. 59-62.
20 Vgl. Protokoll der Reichskonferenz der Sozialdemokratie Deutschlands vom 21.–23.9.1916 in Berlin, Glashütten i. Ts. 1974, S. 170. Vgl. dazu auch Das Kriegstagebuch des Reichstagsabgeordneten Eduard David 1914 bis 1918, in Verbindung mit Erich Matthias, bearb. v. *Susanne Miller*, Düsseldorf 1966, Eintrag vom 21.9.1916, S. 199.
21 Protokoll der Sitzung des Parteiausschusses vom 18./19.4.1917, S. 456.
22 Vgl. Protokoll der Sitzung des Parteiausschusses vom 26.6.1917, S. 532.

Kriegseintritt der USA aufseiten der Alliierten im April 1917, die großen Verluste bei der Schlacht von Arras bis Juni 1917 sowie die anhaltenden Versorgungsengpässe verstärkten die Kriegsmüdigkeit und Krisenstimmung in der Bevölkerung.[23] Wie die meisten anderen Mitglieder im Parteiausschuss trat Auer deshalb aus parteitaktischen Gründen nun ebenfalls dafür ein, sich massiv für einen raschen Friedensschluss einzusetzen. Ende Juni 1917 forderte er den Vorstand der sozialdemokratischen Reichstagsfraktion nun auf, »den reaktionären Scharfmachern«[24] entgegenzutreten und die Regierung entschieden zu einem raschen Friedensschluss zu drängen. Denn er teile nun die Meinung Philipp Scheidemanns, der im Reichstag offen einen Eroberungssieg der Mittelmächte für ausgeschlossen erklärt hatte.[25] Wie Auer hoffte, könnten die sozialdemokratischen Forderungen nach einem Friedensschluss und nach Verfassungsreformen dabei positive Wechselwirkungen ergeben. So müsse man der Regierung für die Weiterbewilligung der Kredite Zugeständnisse im Innern abpressen[26], denn »die Regelung der innerpolitischen Angelegenheiten wird auch zum Frieden drängen.«[27] Von einer durch innere Reformen begleiteten Friedensinitiative erwartete Auer dann eine zweifache Wirkung: Mit einer Friedensinitiative gebe man nämlich nicht nur den friedensbereiten Franzosen »ein Werkzeug in die Hand«[28], sondern erreiche auch, »daß, wenn wir tatsächlich zu einem Winterfeldzug gezwungen werden, doch die Möglichkeit des Durchhaltens für das deutsche Volk eine ganz andere wird, als wenn es sich lediglich als Kampfobjekt fühlen muß.«[29] Damit forderte Auer mit Rücksicht auf das Unruhepotenzial in der Bevölkerung erstmals eine Wende in der sozialdemokratischen Kriegspolitik, freilich ohne ganz von der Burg-

---

23 Vgl. *Groh/Brandt*, »Vaterlandslose Gesellen«, S. 170.
24 Protokoll der Sitzung des Parteiausschusses vom 26.6.1917, S. 533.
25 Vgl. ebd. Zur Rede Scheidemanns vgl. Stenographischer Bericht des Deutschen Reichstags 1914/18, 109. Sitzung vom 17.5.1917, S. 109, Redebeitrag Scheidemann.
26 Vgl. Protokoll der Sitzung des Parteiausschusses vom 26.6.1917, S. 524.
27 Ebd., S. 533.
28 Ebd.
29 Ebd.

friedenspolitik abzurücken. Er stellte sich mit seinem Eintreten für einen Friedensschluss aber nun gegen die Position Eduard Davids, der als Exponent des rechten Flügels weiterhin dafür eintrat, die Burgfriedenspolitik ohne Abstriche weiterzuverfolgen.[30]

Als entschiedener Vertreter der Burgfriedenspolitik trat Erhard Auer auch in Bayern vehement gegen die Kriegsgegner in der eigenen Partei auf und konnte sich damit auch außerhalb der Partei profilieren. Mit der Spaltung der Sozialdemokraten über der Frage der Weiterbewilligung der Kriegskredite war es auch in Bayern nicht gelungen, die Parteieinheit zu bewahren. Hier blieben die Unabhängigen Sozialdemokraten bis zum Ende des Kriegs aber relativ schwach, erreichten nur geringe Mitgliederzahlen und verfügten lediglich über eine rudimentäre Parteiorganisation.[31] Im südbayerischen Raum formierte sich die Parteiopposition vor allem in München um Kurt Eisner und Felix Fechenbach.[32] Bereits vor seinem Abmarsch aus München im September 1914 hatte Auer vor den linken innerparteilichen Kräften gewarnt.

---

30 David bezeichnete die nun aus seiner Sicht »verdrehte« Haltung seiner rechten Parteifreunde als »deprimierend«, Kriegstagebuch David, Eintrag vom 26.6.1917, S. 237.
31 Der Parteiopposition gehörten v. a. nordbayerische Genossen an, wo das Parteiklima insgesamt von Adolf Braun und seiner Einigungspolitik bestimmt war. Der USPD schlossen sich im Gau Nordbayern lediglich der Wahlkreis Aschaffenburg, im Wahlkreis Würzburg die Sektionen Heidingsfeld und Randersacker, im Wahlkreis Kitzingen die Sektion Ochsenfurt, im Wahlkreis Kronach-Lichtenfels die Sektionen Tettau und Kleintettau sowie im September 1917 der Wahlkreis Hof, der Reichstagswahlkreis des zur USPD übergetretenen Land- und Reichstagsabgeordneten Josef Simon an. Vgl. Bericht des Landesvorstandes in: Protokoll der bayer. SPD München 1918, S. 101 f.; vgl. dazu auch *Norbert Trebes*, Die freie Arbeiterbewegung im ländlichen Raum vor dem Ersten Weltkrieg. Der Bezirk Teuschnitz (Frankenwald) als Beispiel, Erlangen 2008, S. 338 f.; *Albrecht*, Landtag, S. 284 sowie *Guido Knopp*, Einigungsdebatte und Einigungsaktion in SPD und USPD 1917–1920. Unter besonderer Berücksichtigung der »Zentralstelle für Einigung der Sozialdemokratie«, Diss., Würzburg 1975, S. 26.
32 *Bernhard Grau*, Studien zur Entstehung der Linken. Die Münchner USPD zwischen 1917 und 1920, unveröffentl. Magisterarbeit, München 1989, S. 38 f. sowie *Mehringer*, Ende des NS-Regimes, S. 312.

»[W]ir müssen nur sehr Obacht geben, dass unsere Übermenschen die Geschichte nicht versauen. [Karl] Liebknecht fährt bereits in der Welt herum und macht mobil. Wir könnten unsern politischen Gegnern wirklich keinen grösseren Gefallen erweisen, als wenn wir durch Kraftsprüche und übertriebene Sentimentalität uns um die parteipolitisch errungenen Vorteile wieder selbst bringen würden.«[33]

Nach dem Ende seines Kriegsdienstes mühte er sich dementsprechend, taktisch und teils mit fragwürdigen Mitteln gegen die Abweichler vorzugehen. Dabei scheute er sich nicht, bei Parteiversammlungen Schmähkampagnen gegen prominente Vertreter der Opposition auf den Weg zu bringen. Eine revolutionäre Umgestaltung des politischen Systems – wie von Vertretern der USPD zur Beendigung des Krieges gefordert – lehnte er bis 1918 strikt ab. Bei den von der USPD initiierten Arbeitsausständen des Januars 1918 setzte er sich für ein rasches Ende der Streiks und die Verhaftung der Rädelsführer ein.[34]

Dabei war Auer aber keineswegs Monarchist. Verfassungspolitisch baute er auf die Demokratisierung des bayerischen Staatsgebildes. Gleichwohl wusste er zwischen Staats- und Regierungsform zu unterscheiden. Ein auf repräsentative Aufgaben reduziertes monarchisches Staatsoberhaupt erschien Auer als verschmerzbar und bis zum Ende des Ersten Weltkrieges als einzig mögliche auf friedlichem Wege erreichbare Lösung. Was Auer, gleichsam als Vernunftmonarchist, vorschwebte, war eine parlamentarische Monarchie mit einer Regierung, die nicht mehr vom Vertrauen des Königs abhängig, sondern von der Volksvertretung gewählt und abrufbar war. Dagegen hielt er grundsätzlich an dem Ziel der Demokratisierung auf dem Reformwege fest.[35] Am deutlichsten wurde dies vielleicht mit den beiden Anträgen, die von Auer und Max Süßheim am 28. September 1914 im Bayerischen Landtag eingebracht wurden und eine umfassende Reform der Bayerischen Verfassung auf den Weg bringen sollten,

---
33 Instituut voor Sociale Geschiedenis Amsterdam, Nachlass Vollmar, Nr. 130, Schreiben Erhard Auers an Georg von Vollmar vom 17.9.1914.
34 Vgl. *Schmalzl*, Auer, S. 239-255.
35 Vgl. *Schmalzl*, Auer, S. 226-229.

aber von Regierung und Zentrumsmehrheit ohne weitere Diskussion abgewiesen wurden.[36] Im Herbst 1918, als bayerischer König und Regierung im Angesicht der militärischen Niederlage und nach entsprechenden Maßnahmen auf Reichsebene schließlich doch noch zu politischen Reformen bereit waren, gelang es Auer als Verhandlungsführer der MSPD, die wichtigsten Punkte der langjährigen Forderungen seiner Partei durchzusetzen, die schließlich in einem Abkommen der Landtagsparteien vom 2. November 1918 veröffentlicht wurden.[37] Demnach würde Bayern fortan ein demokratisch verfasster Staat mit einem in seinen Rechten stark beschränkten monarchischen Oberhaupt sein. Die bisher mit Standesvertretern besetzte Kammer der Reichsräte sollte zwar erhalten bleiben, aber erweitert werden und vor allem ihr absolutes Vetorecht im Gesetzgebungsverfahren verlieren. Mit dem neuen Verhältniswahlrecht war angesichts der fortdauernden Ernährungskrise und der Kriegsniederlage bei baldigen Neuwahlen mit einem starken Zuwachs für die MSPD und einem Wahlsieg der ehemaligen Großblock-Parteien zu rechnen.[38] Als Landesvorsitzender der Partei, die eine der stärksten Fraktionen stellen würde, konnte Auer persönlich die Reformen, die er selbst mit vorangetrieben hatte, als Höhepunkt seiner Karriere werten. Angesichts der sicheren Kriegsniederlage, die diese politischen Reformen erst ermöglicht hatte, und der den Parteiführern der Sozialdemokraten entgleitenden Masse der Unzufriedenen verblassten diese Erfolge allerdings.

---

36 Vgl. Bayerischer Landtag, Kammer der Abgeordneten, Beilagen Band XVII, Beil. Nr. 1906 bzw. 1907, S. 46, Anträge Auer und Gen. vom 28.9.1917 sowie *Georg Köglmeier*, Das Ende der Monarchie und die Revolution von 1918/19, in: *Sigmund Bonk/Peter Schmid* (Hg.): Königreich Bayern. Facetten bayerischer Geschichte 1806–1919, Regensburg 2005, S. 175-198, hier S. 175.
37 Abdruck des Abkommens noch ohne Unterschriften in: Münchener Neueste Nachrichten, Nr. 557, 4.11.1918, »Die politische Neuordnung in Bayern« sowie Bayerische Staatszeitung, Nr. 307, 4.11.1918, »Der Ausbau der demokratischen Reform in Bayern«.
38 Bereits im April 1918 hatte Auer den möglichen Wahlerfolg von Liberalen, Bauernbund und MSPD auf Grundlage des Verhältniswahlrechts errechnet. Vgl. *Schmalzl*, Auer, S. 219-221.

Als sich der politische Umsturz in Bayern, den Auer bis zuletzt zu verhindern versucht hatte, am 7. November 1918 schließlich trotz seiner Bemühungen um eine Lösung auf dem Reformwege vollzog und damit auch seine Pläne Makulatur wurden, war er dennoch bereit, als Innenminister im Revolutionskabinett Kurt Eisners Verantwortung zu übernehmen.[39] Von Beginn an war er dort Hoffnungsträger der gemäßigten Kräfte, die die Fortsetzung der revolutionären Entwicklung ablehnten. Als Innenminister versuchte er den Einfluss der Arbeiter-, Bauern- und Soldatenräte, die sich im Laufe des Novembers 1918 in vielen auch kleineren Orten Bayerns gebildet hatten, möglichst zu begrenzen. Die ohnehin unzureichende Versorgung mit Nahrungs- und Gebrauchsgütern sollte möglichst nicht gestört und die öffentliche Sicherheit nicht durch eigenmächtige Aktionen der Rätegremien beeinträchtigt werden. Vor allem aber setzte er sich entscheidend für die Verankerung und einen möglichst bruchlosen Übergang zu einem repräsentativen parlamentarischen System ein. Gegen den Widerstand Eisners und den Protest radikaler Vertreter eines Rätesystems, der sich in den Wintermonaten 1918/19 auf den Münchner Straßen zunehmend gewaltbereit formierte, gelang es Auer und seinen Parteigenossen im Kabinett, demokratische Wahlen und den Zusammentritt des Bayerischen Landtags durchzusetzen.[40]

Die Attentate des 21. Februar 1919, bei denen Eisner ermordet und Auer schwer verwundet wurden, machten diese Bemühungen jedoch zunichte. Gleichwohl war es das Verdienst der Mehrheitssozialdemokraten in der provisorischen Regierung Bayerns und in erster Linie Erhard Auers, frühzeitig die Weichen für die repräsentative Demokratie in Bayern gestellt zu haben. Auer, der sich bereits vor und während des Weltkriegs für eine Demokratisierung des politischen Systems auf dem Reformwege eingesetzt hatte, wurde damit zweifellos zum Wegbereiter der parlamentarischen Demokratie in Bayern.

---

39 Vgl. *Georg Köglmeier*, Die zentralen Rätegremien in Bayern 1918/19. Legitimation – Organisation – Funktion, München 2001, S. 53-55.
40 Vgl. hierfür und für das Folgende *Schmalzl*, Auer, S. 263-342.

Für ihn persönlich hatte sein Einsatz während des Weltkriegs und der Revolution mit dem Attentat nicht nur gravierende physische Folgen, sondern beeinträchtigte auch seine politische Karriere und seine Integrationskraft in den Weimarer Jahren. Da es ihm nach dem Ersten Weltkrieg auch gelang, im bürgerlichen Milieu präsent zu sein und belastbare Kontakte aufrechtzuerhalten, stand er in den Weimarer Jahren stets in der Kritik des linken Parteiflügels, der auch in Bayern mit der Wiedervereinigung der beiden sozialdemokratischen Parteien im Juni 1922 an Einfluss gewann. Die ehemaligen Vertreter der USPD verübelten ihm zudem sein harsches Vorgehen gegen seine innerparteilichen Gegner in den Kriegsjahren und seine konsequente Haltung in den Revolutionsmonaten. Schließlich war Auer, der die Meinung vertrat, in der Sozialdemokratie gebe es keine ewigen Wahrheiten[41], ein überzeugter Verfechter des Görlitzer Programms und der darin formulierten Ausrichtung der Partei zur politischen Mitte. Folgerichtig hatte Auer die Wiederannäherung an die USPD, deren Sozialismusverständnis er schlicht als »utopistische Spekulation« abtat, keinesfalls befürwortet.[42]

Trotz der beständigen Angriffe seiner linken Gegner, die auch auf Persönliches zielten – wie seinen bürgerlichen Lebensstil und die Weigerung, aus der katholischen Kirche auszutreten –, konnte Erhard Auer sich bis 1933 eine für die bayerische Sozialdemokratie bestimmende und für die deutsche Sozialdemokratie einflussreiche Stellung bewahren. Mit Nachdruck und unter erheblichen persönlichen Gefahren warb er in den Weimarer Jahren für die Republik und kämpfte gegen die starken rechten Kräfte in Bayern. Insbesondere gegen die Nationalsozialisten setzte er sich selbstbewusst zur Wehr. Dennoch sind es, soweit er in der Parteigeschichtsschreibung überhaupt genannt wird, vor allem die stets wiederholten und Großteils nicht haltbaren Vorwürfe seiner linken politischen Gegner, die die Erinnerung an seine Person und sein politisches Wirken bis heute be-

---

41 Vgl. *Erhard Auer*, in: Die Glocke, Nr. 24, 12.9.1925, »Das neue Parteiprogramm«, S. 744 f.
42 Protokoll über die Verhandlungen der 15. ordentlichen Landesversammlung. Abgehalten in Augsburg am 4. und 5. März 1922, München 1922, S. 47.

stimmen. Auer wurde so zu einem Angehörigen jener Generation von Parteifunktionären, deren individuelle Versäumnisse, persönliche Mängel und politische Fehler für den Niedergang der SPD bis 1933 und den Aufstieg der NSDAP verantwortlich gemacht wurden. Insbesondere jenen Parteivertretern, die wie Auer Beziehungen ins bürgerliche Lager unterhalten hatten, wurde zur Last gelegt, den Bruch mit dem alten Staatssystem und damit die Einheit der Arbeiterschaft in den Weimarer Jahren verhindert zu haben. Sein Engagement für die parlamentarische Demokratie vor und während des Ersten Weltkriegs, sein Einsatz für eine repräsentative Demokratie in den Revolutionsmonaten und seine Bereitschaft, auch unter erheblichen persönlichen Gefahren für den Erhalt der Republik zu kämpfen, blieben dabei unberücksichtigt. Ein wichtiger Wegbereiter der parlamentarischen Demokratie in Bayern geriet so weitgehend in Vergessenheit.

Walter Mühlhausen

Friedrich Ebert (1871–1925)

》 Wer an der Spitze der Partei steht, der hat die Partei zusammenzuhalten. Das ist das Bebelsche Vermächtnis an uns.«[1] Mit diesen Worten auf der Fraktionssitzung am 20. Dezember 1915 umriss der 1913 in der Nachfolge von August Bebel zu einem der beiden Vorsitzenden der SPD gewählte Friedrich Ebert die zentrale Aufgabe der Parteiführung. Ebert selbst gehört zu den entscheidenden Protagonisten im Prozess der Parteispaltung während des Ersten Weltkrieges. Der Krieg wirkte zugleich wie ein Katalysator auf seinem Weg zum Politiker von nationaler Bedeutung.[2] Der vor dem Krieg über die eigene Partei hinaus noch weitgehend unbekannte Ebert war beim Zusammenbruch im Herbst 1918 der entscheidende Akteur auf der politischen Bühne, zunächst als Reichskanzler für einen Tag am

---

1 Nach Aufzeichnungen von Albert Südekum in: Die Reichstagsfraktion der deutschen Sozialdemokratie 1898 bis 1918. Zwei Teile, bearb. v. *Erich Matthias* und *Eberhard Pikart*, Teil 2, Düsseldorf 1966, S. 121.
2 Vgl. *Dieter K. Buse*, Friedrich Ebert. Sein Weg zum Politiker von nationaler Bedeutung (1915–1918), 2. Aufl., Heidelberg 1994. Der Beitrag stützt sich wesentlich auf *Walter Mühlhausen*, Friedrich Ebert 1871–1925. Reichspräsident der Weimarer Republik, 2. Aufl., Bonn 2007. Auf Einzelnachweise wird verzichtet.

9. November und nachfolgend in der Revolutionsregierung. Mit der Wahl zum Reichspräsidenten im Februar 1919 schied er aus der Kommandozentrale der SPD aus, auf deren Entwicklung er nur noch indirekt aufgrund seiner in 14 Jahren, seit der Wahl in den Vorstand 1905, erworbenen Reputation und über jahrelange Freundschaften einwirken konnte.

Bis Kriegsende verteidigte er die im August 1914 besiegelte Burgfriedenspolitik, verband dies aber zunehmend mit immer massiver vorgetragenen Forderungen nach umfassender Demokratisierung. Er repräsentierte die zweite Generation der Arbeiterführer, die der Gründergeneration »Bebel« folgte. Ebert war groß geworden in einer nach dem Fall des Sozialistengesetzes stetig wachsenden Arbeiterbewegung und einer sich rasant ausbreitenden Organisation. Aus der gesellschaftlichen Stigmatisierung und Ausgrenzung resultierte auch bei ihm, wie bei zahlreichen Vertretern seiner Alterskohorte, eine Binnenorientierung auf die Partei, ein ausgeprägter Organisationspatriotismus.[3] Daraus ergab sich als Imperativ die Verteidigung der Einheit um jeden Preis. Das »geschlossene Auftreten« stilisierte er zum »Grundgesetz der Partei«, an das sich »der Mann, der an der Spitze steht«, zu halten habe.[4] Mit diesem an seinen Mitvorsitzenden Hugo Haase gerichteten Appell antizipierte er in der Fraktion am 20. Dezember 1915 den Alleingang von 20 SPD-Abgeordneten, die einen Tag später im Reichstag gegen die Kriegskredite votierten. Damit torpedierte die Minderheit den Fraktionsbeschluss vom Februar, wonach das Votum im Reichstag einstimmig zu erfolgen hatte. Denjenigen aber, die die Mehrheitsentscheidung nicht mittragen wollten, war es erlaubt, der Abstimmung ohne großes Aufsehen fernzubleiben. Mit diesem Kompromiss glaubte die Führung einen Modus gefunden zu haben, die Partei trotz divergierender Standpunkte zusammenhalten zu können.

---

3 *Walter Mühlhausen*, Der Typus Ebert. Anmerkungen zur Biografie des Parteiführers im Staatsamt der Weimarer Republik, in: Mitteilungsblatt des Instituts für soziale Bewegungen 45, 2011, S. 85-104; generell für die Alterskohorte: *Bernd Braun*, Die »Generation Ebert«, in: Klaus Schönhoven/Bernd Braun (Hg.), Generationen in der Arbeiterbewegung, München 2005, S. 69-86.
4 Wie Anm. 1.

Trotz seines Pochens auf äußere Geschlossenheit gestand Ebert der Opposition immer das Recht zur Meinungsäußerung zu. Den Rufen des rechten Flügels nach Maßregelung Haases, der seine abweichende Haltung in Versammlungen vertreten hatte, folgte er nicht, da auch ihm das Recht zugestanden werden müsse, für seine Position zu werben.[5] Aber die Minderheit hatte sich bei der öffentlichen Abstimmung der Mehrheit unterzuordnen, sonst drohte nach Eberts Ansicht »das organisatorische Gefüge« aufgelöst zu werden.[6] Je mehr die Geschlossenheit zerbröselte, umso heftiger »paukte« Ebert die Einheit (Otto Rühle).[7] Die in der Extremsituation Krieg eingeforderte, von der Minderheit als Knebel empfundene Disziplin wurde bis aufs Äußerste strapaziert. Nach dem Sondervotum der Minderheit im Dezember 1915 konnte Ebert den Bruch abwenden, wie er auch ein Jahr zuvor die Forderung nach Ausschluss Karl Liebknechts abgeblockt hatte, der mit seinem Votum gegen die Kredite als erster die Fraktionsdisziplin durchbrochen hatte. Der »gemäßigte Zentrist Ebert« mühte sich auch in den Auseinandersetzungen der schon früh vor der Spaltung stehenden württembergischen Landesorganisation um Vermittlung zwischen den sich erbittert befehdenden Gruppen.[8] Der auf Scheidung von den Burgfriedensgegnern drängende Eduard David hielt dieses »Zusammenleimenwollen« für gänzlich verfehlt.[9]

---

5 So Ebert gegenüber David, in: Das Kriegstagebuch des Reichstagsabgeordneten Eduard David 1914 bis 1918, in Verbindung mit *Erich Matthias* bearb. v. *Susanne Miller*, Düsseldorf 1966, S. 124: Eintragung 1. Mai 1915.
6 Fraktionssitzung vom 30. November 1915, zit. n.: *Wilhelm Dittmann*, Erinnerungen, bearb. und eingel. v. *Jürgen Rojahn*, Frankfurt a. M./New York 1995, Bd. 2, S. 395. Vgl. auch Eberts Rede auf dem Parteitag 1917, in: Protokoll über die Verhandlungen des Parteitages der Sozialdemokratischen Partei Deutschlands, abgehalten in Würzburg vom 14. bis 20. Oktober 1917, Berlin 1917 (Nachdruck Berlin u. a. 1973), S. 233.
7 Russisches Zentrum für die Aufbewahrung und das Studium von Dokumenten zur neuesten Geschichte, Moskau: Nachlass Karl Liebknecht (Fonds 210) 1085: Rühle an Liebknecht 1915 (ohne Tagesangabe, wohl 30. November).
8 *Jürgen Mittag*, Wilhelm Keil (1870-1968). Sozialdemokratischer Parlamentarier zwischen Kaiserreich und Bundesrepublik. Eine politische Biographie, Düsseldorf 2001, S. 137 ff.; dort auf S. 145 auch die Charakterisierung von Ebert als »gemäßigter Zentrist«.
9 Kriegstagebuch David, S. 105: Eintragung 15. bis 20. Februar 1915.

Wenn Ebert den Revisionisten um David und Südekum, dem »Sozialisten des Kaisers«[10], signalisierte, zu gegebener Zeit mit der Opposition abzurechnen, so hieß das nicht, sie aus der SPD zu drängen, sondern sie möglichst in ihrer Wirkung und in ihrem Einfluss in der Partei einzudämmen.

Fraktionsführung und Parteivorsitzender konnten zum Jahreswechsel 1915/16 noch ein letztes Mal das Unausweichliche abwenden, sehr zum Unwillen Davids, für den das Verhalten der Parteispitze nichts weniger war als »elendster Umfall, jetzt wo das Geschwür ausgeschnitten werden könnte und müsste«.[11] Das Skalpell hätte, so war sich der rechte Flügel einig, viel früher angesetzt werden müssen, um das »Geschwür« der Bewilligungsgegner, um hier in diesem scheußlichen Bild zu bleiben, aus dem sozialdemokratischen Körper zu entfernen. So klagte Wolfgang Heine noch im Februar 1917 über die »Unentschlossenheit der Parteileitung«, die in den ersten Monaten »leicht Ordnung« hätte schaffen können – und das »Übel hätte nicht weiter gefressen«.[12]

So dürften die 27 Stimmenthaltungen, die bei der Wahl Eberts auf den nach Rücktritt Haases vakanten Platz im dreiköpfigen Fraktionsvorstand im Januar 1916 abgegeben wurden, nicht nur vom oppositionellen linken Flügel gekommen sein, sondern auch vom rechten, der Eberts auf Konfliktvermeidung bedachten Kurs nicht goutierte.[13] Ende März 1916 war dann auch Eberts Geduld erschöpft, als die Minderheit in der Beratung des Notetats im Reichstag den Etat nach Rechtfertigung durch Haase ablehnte. Zuvor hatte die Fraktion mit 44 gegen 36 Stimmen beschlossen, den Notetat anzunehmen. In der folgenden Fraktionssitzung war es nun Ebert, der in aller Schärfe das Verhalten der Minderheit als »Disziplinbruch« und »ganz unerhörte

---

10 *Max Bloch*, Albert Südekum (1871–1944). Ein deutscher Sozialdemokrat zwischen Kaiserreich und Diktatur. Eine politische Biographie, Düsseldorf 2009, S. 155 und S. 158.
11 Kriegstagebuch David, S. 148: Eintragung 21. Dezember 1915.
12 Heine an Adolf Linke (Parteisekretär Dessau), 23. Februar 1917, in: Bundesarchiv Berlin, N 2111 (Wolfgang Heine) 10, pag. 224.
13 Die Reichstagsfraktion, Teil 2, S. 152: Fraktionssitzung 11. Januar 1916.

Treulosigkeit« missbilligte. Für ihn hatten Haase und die Dissidenten die gemeinsam gefassten Beschlüsse gröblich missachtet und damit ihre aus der Fraktionszugehörigkeit entspringenden Rechte verwirkt.[14] Auch für Ebert gab es jetzt nichts mehr zu kitten; er musste seinen Kampf um die Einheit verloren geben: Die Minderheit formierte sich in einer eigenen Fraktion, der »Sozialdemokratischen Arbeitsgemeinschaft«. Die Fronten verhärteten sich; auf der Reichskonferenz der SPD im September 1916, die keine Entspannung brachte, griff der lange um Vermittlung bemühte Ebert die Opposition scharf an, warf ihr heuchlerisches, das Parteileben zerrüttendes Vorgehen vor.[15] Und als die Minderheit im Januar 1917 eine eigene Reichskonferenz abhielt, hatte sie für Ebert endgültig das gemeinsame Tischtuch zerschnitten.[16]

Nach dem Vollzug der Scheidung durch die Gründung der USPD zu Ostern 1917 folgte ein »Bruderkampf«, der – so prophezeite Ebert im April 1917 – »mit einer Heftigkeit und mit all den hässlichen Begleitformen geführt werden wird, die die Kämpfe der Eisenacher und Lassalleaner sicher weit hinter sich lassen werden.«[17] Ebert selbst musste in seinem Wahlkreis Elberfeld-Barmen, den er seit 1912 im Reichstag vertrat, die wachsende Unzufriedenheit erfahren. Im August 1915 stand seine Kreisorganisation noch hinter seinem Kurs, der ein halbes Jahr darauf aber nur noch mit knapper Mehrheit gutgeheißen wurde. Eine Mitgliederkonferenz im Juli 1917 stellte sich dann gegen ihn; der sozialdemokratische Verein schloss sich schließlich der USPD an.[18]

---

14 Ebd., S. 174; vgl. auch *Dittmann*, Erinnerungen, Bd. 2, S. 458.
15 Rede in: *Friedrich Ebert*, Schriften, Aufzeichnungen, Reden. Mit unveröffentlichten Erinnerungen aus dem Nachlaß, Dresden 1926, Bd. 2, S. 330 ff.
16 Seine Rede vor dem Parteiausschuss am 18. Januar 1917 war eine Anklage in schärfster Tonart. Vgl. Protokolle der Sitzungen des Parteiausschusses der SPD 1912 bis 1921. Nachdrucke, hg. v. *Dieter Dowe*, mit einer Einleitung von *Friedhelm Boll*, Berlin/Bonn 1980, Bd. 1, S. 401.
17 Sitzung des Parteiausschusses, 18. April 1917, in: ebd., S. 431.
18 Diesen Entfremdungsprozess zwischen Ebert und seiner Wahlkreisorganisation dokumentiert *Dieter K. Buse*, Parteiagitation und Wahlkreisvertretung. Eine Dokumentation über Friedrich Ebert und seinen Reichstagswahlkreis Elberfeld-Barmen 1910–1918, Bonn 1975, S. 94.

Hatte Ebert zuvor mit allen Gruppen seiner Partei (wohl außer der radikalpazifistischen Linken[19]) im Mühen um die Einheit und die Einhaltung der Disziplin in Kontakt gestanden, dabei eine engere Bindung nach rechts bewusst vermieden, so zeigte er sich nun häufiger bei der David-Gruppe, die das mit Genugtuung registrierte. Die Abspaltung der Burgfriedensgegner war nachgerade Grundvoraussetzung für eine Kooperation der SPD mit den bürgerlichen Parteien, wie sie im Interfraktionellen Ausschuss im Juli 1917 begründet wurde. Mochte Ebert das Zustandekommen dieses informellen parlamentarischen Gremiums auch als Erfolg verbuchen, weil damit die seit ihrer Gründung ausgegrenzte SPD endlich auch Anerkennung im bürgerlichen Lager fand, so mussten er und seine Partei sich ein ums andere Mal von diesem im Stich gelassen fühlen. Auf der anderen Seite hatte er den beständigen Verlust an Rückhalt in der Arbeiterschaft in Richtung USPD zu registrieren.

Zuversicht keimte dann wieder mit der Bildung der ersten parlamentarisch abgestützten Regierung Max von Badens im Oktober 1918 auf. Ebert setzte die Beteiligung der SPD gegen starke Widerstände in den eigenen Reihen durch. Als er am 9. November 1918 die Reichskanzlerschaft aus den Händen des letzten kaiserlichen Regierungschefs Max von Baden übernahm, wollte er auch die USPD in die neue Regierung unter Einschluss der bürgerlichen Mittelparteien einbinden. In seiner ersten Proklamation als Reichskanzler hatte Ebert angekündigt, eine neue »Volksregierung« im »Einvernehmen mit den Parteien« zu bilden[20], was auch die bürgerlichen einschließen konnte, aber nicht unbedingt musste. Doch sein Mitvorsitzender Philipp Scheidemann durchkreuzte diesen Plan, als er bei seiner Ausrufung der Republik öffentlich kundtat, der im Werden befindlichen neuen, von Ebert geführten Regierung würden alle sozialistischen Parteien an-

---

19 Von dieser Seite, der er Mitte 1916 eine »mit den verwerflichsten Mitteln« betriebene »Minierarbeit« vorwarf, fühlte sich Ebert einem Verleumdungsfeldzug ausgesetzt. Vgl. Sitzung des Parteiausschusses, 20. Juli 1916, in: Protokolle Parteiausschuss, S. 297.
20 Zit. n.: Friedrich Ebert 1871-1925. Mit einem einführenden Aufsatz von *Peter-Christian Witt*, 2. Aufl., Bonn 1980, S. 120.

gehören, also SPD und USPD. Ohne Not hatte Scheidemann nach Eberts Ansicht die Optionen der SPD beschnitten und sie auf ein Regierungsbündnis mit der USPD gebunden. In den Verhandlungen um die Bildung der Revolutionsregierung hätte Ebert mit Karl Liebknecht vom Spartakusbund seinen schärfsten Gegner im sozialistischen Lager als Regierungsmitglied akzeptiert. Doch Liebknechts Beharren auf Übertragung aller Gewalt an die Arbeiter- und Soldatenräte war für ihn unannehmbar. Nun saß Ebert gemeinsam mit den einstigen Genossen, die eineinhalb Jahre zuvor die SPD verlassen hatten, im paritätisch besetzten Rat der Volksbeauftragten. Die erbitterte Auseinandersetzung um Erbe und Infrastruktur der Partei, die offene Wunden hinterlassen hatte, musste ausgeblendet werden. Das gelang nur für kurze Zeit, bis die immer stärker unter dem Druck der Linken in den eigenen Reihen stehenden Unabhängigen in der Nacht vom 28. zum 29. Dezember 1918 den von Ebert angeordneten militärischen Einsatz gegen die meuternde Volksmarinedivision zum Anlass nahmen, aus der Regierung auszuscheiden. Mit dem Bruch des Revolutionskabinetts infolge der Weihnachtskämpfe begann die Phase stetig steigender Konfrontation, in der Ebert festen Willens war, seinen vom Reichskongress der Arbeiter- und Soldatenräte Mitte Dezember mit überdeutlicher Mehrheit abgesegneten Weg in die Republik und zu unmittelbaren Wahlen mit allen zur Verfügung stehenden Mitteln zu verteidigen. So griff er im Januaraufstand 1919 in höchster Bedrängnis auf das alte Militär zurück und zementierte damit die Rolle der Obersten Heeresleitung als Ordnungsfaktor. Er glaubte all das in Gefahr, wofür er sein Leben lang gekämpft hatte. Es bleibt allerdings zu fragen, ob man für diese »Politik der gepanzerten Faust« nicht andere Ordnungsinstrumente hätte heranziehen können als die in Distanz zur Demokratie stehenden Freikorps.[21]

Aufgrund der Erfahrungen der Revolutionszeit stand für Ebert nach den Wahlen zur Nationalversammlung am 19. Januar 1919 eine

---

21 *Michael Geyer*, Zwischen Krieg und Nachkrieg. Die deutsche Revolution 1918/19 im Zeichen blockierter Transnationalität, in: *Alexander Gallus* (Hg.), Die vergessene Revolution von 1918/19, Göttingen 2010, S. 187-222, hier S. 202.

Koalition mit der USPD nicht zur Debatte, allein schon aus arithmetischen Gründen, denn beide Arbeiterparteien verfügten zusammen mit 187 Sitzen ohnehin über keine parlamentarische Mehrheit. Mit einer Minderheitsregierung wollte er nicht an den Start gehen. Auf der konstituierenden Sitzung der SPD-Fraktion am 4. Februar wiederholte er sein Lamento über die USPD. Der Versuch, die »Riesenaufgabe« in der Revolution gemeinsam mit den Unabhängigen zu lösen, habe scheitern müssen: »Denn wäre es nach ihrem Willen gegangen, wären wir hoffnungslos und widerstandslos in vollständige Anarchie hineingeraten.«[22]

An seiner Einstellung sollte sich in den folgenden zwei Jahren nichts ändern. Das galt auch, als nach Abwehr des Kapp-Lüttwitz-Putsches im März 1920 vonseiten der Gewerkschaften und weiten Teilen der SPD eine »Arbeiterregierung« gefordert wurde. Das war mit Ebert nicht zu machen: »Arbeiterregierung ist, da man darunter Mitwirkung von Unabhängigen Sozialisten versteht, unmöglicher noch, als ich es 1918 acht Wochen lang kennen gelernt habe.«[23] Noch zu wirkmächtig waren die Erfahrungen der Revolutionstage. Die Unabhängigen wollte er – gleich in welcher Spielart der »Arbeiterregierung« – nicht beteiligt sehen. Eine solche Regierung würde bald in Abhängigkeit der radikalen Kräfte gelangen, wäre kurzerhand in den »Händen Däumigs«.[24]

Für ihn war und blieb die USPD bis zu ihrer Spaltung 1920 unberechenbar, zwischen Rätediktatur und Demokratie hin und her schwankend: »Die Unabhängigen befinden sich in einem grausen Durcheinander«, schrieb er im April 1920 an den schwedischen Ministerpräsidenten Hjalmar Branting.[25] Bereits Anfang Oktober 1920

---

22 Die SPD-Fraktion in der Nationalversammlung 1919–1920, eingel. v. *Heinrich Potthoff*, bearb. v. *Ders.* und *Hermann Weber*, Düsseldorf 1986, S. 4.
23 Akten der Reichskanzlei: Das Kabinett Bauer. 21. Juni 1919 bis 27. März 1920, bearb. v. *Anton Golecki*, Boppard/Rh. 1980, S. 740.
24 So beschrieb Innenminister Erich Koch-Weser vor seiner DDP-Fraktion am 23. März die Haltung Eberts. Vgl. Aufzeichnungen von Anton Erkelenz, in: Bundesarchiv Koblenz, N 1071 (Anton Erkelenz) 136, pag. 5.
25 Brief vom 16. April 1920, in: Friedrich Ebert 1871–1925, S. 157.

glaubte er Anzeichen wahrzunehmen, dass nach der von ihm erwarteten Spaltung der USPD, die in seinen Augen schon vor deren entscheidendem Parteitag in Halle eingetreten sei, der rechte Flügel wieder zur Mutterpartei zurückkehren werde. Diesbezügliche »Fühler«, so gab Ebert gegenüber dem österreichischen Gesandten Ludo Hartmann preis, seien schon ausgestreckt.[26]

Als mit dem Mord an Rathenau Bewegung in die Sache kam und die Fraktionen von SPD und USPD Mitte Juli 1922 eine Arbeitsgemeinschaft vereinbarten, war im Besonderen auch der Präsident gefordert, denn das hatte Auswirkungen auf die Koalition. Der Präsident, dessen Handeln bei den Kabinettsbildungen immer unter dem Ziel stand, eine möglichst breite Regierungsmehrheit herzustellen, machte sich die Forderung der SPD, einen Vertreter der USPD in die Regierung aufzunehmen, zu eigen; doch die bürgerlichen Parteien entzogen sich seinem Vorschlag, der USPD wenn schon nicht ein Ministeramt so doch zumindest den Posten eines Staatssekretärs zuzubilligen. Das Ganze wurde bis in den Herbst vertagt. Mit der Wiedervereinigung von SPD und Rest-USPD verfügte die vom Zentrumskanzler Joseph Wirth angeführte Regierung der Weimarer Koalition zwar wieder über eine parlamentarische Mehrheit. Doch war ihr nur noch eine zweimonatige Lebensdauer beschieden.

Im Vorfeld der Vereinigung scheint Ebert sich für den Zusammenschluss stark gemacht zu haben.[27] In seinem Telegramm an den letzten (M)SPD-Parteitag, unter stürmischem Beifall der Delegierten in Augsburg verlesen, bezeichnete er die Vereinigung als »Lebensfrage der Arbeiter« und »ein dringendes staatspolitisches Gebot«.[28] Es kann kein Zweifel daran bestehen, dass Ebert den Tag der Fusion herbeisehnte. Doch hegte er einige Bedenken gegen die Form des

---

26 Österreichisches Staatsarchiv Wien/Archiv der Republik, Bundesministerium für Äußeres, Neues Politisches Archiv 146: Hartmann an das Wiener Staatsamt für Äußeres, 4. Oktober 1920.
27 So festgehalten von *Dittmann*, Erinnerungen, Bd. 2, S. 841.
28 Protokoll der Sozialdemokratischen Parteitage in Augsburg, Gera und Nürnberg 1922, Berlin 1923 (Nachdruck Berlin u. a. 1973), S. 7.

Vollzugs[29], die der vormaligen USPD einflussreiche Funktionen und Ämter in Partei und Fraktion – über ihre tatsächliche Stärke im Vergleich zur alten SPD hinaus – sicherte. Das beklagte er umso mehr, als er vor der Vereinigung vom unmittelbar bevorstehenden finanziellen und politischen Bankrott der USPD überzeugt war. Seiner Meinung nach hätte seine SPD das Ganze zu einem günstigeren Preis haben können.

Die Vereinigung war für ihn, bei aller Zufriedenheit über die nominelle Stärkung der SPD, in doppelter Hinsicht ein zweischneidiges Schwert, persönlich und politisch. Zur persönlichen Ebene: Der Zusammenschluss von Nürnberg zog eine Veränderung in den Beziehungen zur Führungsetage nach sich. Mit den ehemaligen Unabhängigen war ein freundschaftliches Einvernehmen schwerlich möglich, denn nicht so schnell vergessen zu machen waren die bis zur Vereinigung erfolgenden Angriffe der USPD-Spitzen auf den Reichspräsidenten. So hatte das Zentralorgan »Die Freiheit« sich auf den Reichspräsidenten eingeschossen und dessen Handhabung von Artikel 48 als »Klassenjustiz schlimmster Art« angeprangert.[30] Der USPD-Vorsitzende Wilhelm Dittmann, nach der Wiedervereinigung Sekretär in der Parteiführung und im Fraktionsvorstand, hatte auf dem vorletzten USPD-Parteitag Anfang 1922 von einer Diktatur des Kapitalismus gegen das Proletariat unter der Präsidentschaft Eberts gesprochen[31] und im Reichstag geraume Zeit später den auf die Rechtssozialisten, insbesondere auf Ebert gemünzten Satz geprägt: »Mit dem Amt verlieren sie den Verstand.«[32] Es dürfte außer Frage stehen, dass solche Verbalinjurien das persönliche Klima zwischen Parteizentrale und Präsidentenpalais belasteten.[33] Für diejenigen, die

---

29 So berichtet Theodor Heuss, die Vereinigung sei, »wie man wusste, zum geringen Behagen des Reichspräsidenten Ebert« erfolgt, der diese »voll Unbehagen« begleitet habe. *Theodor Heuss*, Erinnerungen 1905–1933, Tübingen 1963, S. 310 und S. 323.
30 Die Freiheit, Nr. 98, 28.2.1921 und Nr. 145, 30.3.1921.
31 USPD. Protokoll über die Verhandlungen des Parteitages in Leipzig, 8. bis 12. Januar 1922, Leipzig 1922, S. 76.
32 Verhandlungen des Reichstags, Bd. 352 (Stenographische Berichte), S. 5786: Sitzung 10. Februar 1922.

in den Schoß der Mutterpartei zurückkehrten, verkörperte Ebert gerade jene Sozialdemokratie, von der sie sich abgespalten und die sie nachfolgend bekämpft hatten. Es war nun nicht zu erwarten, dass die ehemaligen USPD-Mitglieder Ebert jetzt plötzlich ganz anders sahen, als noch vor Monaten die Parteiführung ihn gezeichnet hatte.[34]

In politisch-programmatischer Hinsicht veränderte sich das Bild der SPD. Es war nicht mehr die Partei, aus der Ebert 1919 auf den Posten des Reichspräsidenten gewechselt war. Seine auf die Große Koalition zielende Politik wurde geschwächt, denn die Zahl derer, die ein Bündnis mit den bürgerlichen Parteien bis hin zur DVP ablehnten, war mit der Vereinigung schlagartig angestiegen. Die Gewichte verschoben sich. Fraktions- und Parteispitze standen jetzt unter dem Zwang, die gemäßigte Linke integrieren zu müssen – kein leichtes Unterfangen.

Die bereits zuvor existierenden Spannungen zwischen Ebert und seiner Partei nahmen mit der Vereinigung zu, als die klassenkämpferische Position in der SPD gestärkt wurde und die auf Kompromiss ausgerichtete Politik Eberts, wie sie auch im Görlitzer Programm von 1921 mit der Öffnung der SPD zur Volkspartei sich niedergeschlagen hatte, nicht mehr auf den Widerhall stieß, wie sie ihn zuvor gefunden hatte. Im Juni 1923 klagte Friedrich Ebert gegenüber seinem Parteifreund Adolf Müller, dem deutschen Gesandten in Bern, dass die Vereinigung mit der USPD der Partei doch »ziemlich schwer im Magen« liege. Diese Beschreibung dürfte wohl auch das Empfinden des ehemaligen Parteivorsitzenden gekennzeichnet haben.[35]

---

33 Reichswehrminister Otto Geßler (DDP) rechnet (wohl doch etwas überzogen) »Männer wie Breitscheid, Hilferding, Hertz und Kurt Rosenberg«, also die führenden Unabhängigen, zu »Eberts intimsten Feinden«. *Otto Geßler*, Reichswehrpolitik in der Weimarer Zeit, hg. v. *Kurt Sendtner*, Stuttgart 1958, S. 328.
34 Insofern reicht es nicht aus, bei Ebert von einem aus der Spaltungszeit resultierenden »eingewurzelten USPD-Trauma« zu reden, durch das er zu »keinem auch nur sachlich-nüchternen Arbeitsverhältnis zurückgefunden« habe; so *Detlef Lehnert*, Die Weimarer Republik. Parteienstaat und Massengesellschaft, Stuttgart 1999, S. 272 f. Damit werden die bis weit in das Jahr 1922 hinreichenden Angriffe der USPD übersehen und deren Wirkung auf Ebert ignoriert.
35 Eidgenössische Technische Hochschule (Zürich), Archiv für Zeitgeschichte, Nachlass Adolf Müller 6.10: Ebert an Müller, 29. Juni 1923.

Christopher Paesen

Arthur Crispien, ein unabhängiger Sozialdemokrat

Obwohl Arthur Crispien an führender Stelle sowohl SPD als auch USPD geprägt hat, ist über seine Person bislang wenig geforscht worden. Dies mag darin begründet sein, dass andere Personen in den Umbrüchen während der Jahre um den Ersten Weltkrieg exponiertere Stellungen eingenommen haben, oder dass Arthur Crispiens hauptsächliches Betätigungsfeld lange Jahre im internationalen Bereich lag und innenpolitischen Fragen in der Parteiengeschichte eine größere Bedeutung beigemessen wird. Dennoch lässt sich auch an der persönlichen Entwicklung Arthur Crispiens einerseits nachzeichnen, welche Auswirkungen die historischen Umbrüche zu Anfang des 20. Jahrhunderts auf sein politisches Denken und Handeln hatten, und andererseits, wie er mit seinen politischen Entscheidungen versuchte, den historischen Wandel zu gestalten.

1 Das Selbstzeugnis von Arthur Crispien als historische Quelle – persönliche Erlebnisse und politische Schriften

Arthur Crispien hinterlässt ein unvollständiges Selbstzeugnis gesammelter Erinnerungen, das die Schilderung persönlicher Erlebnisse ebenso umfasst wie allgemeine politische Schriften. Sie vermitteln einen Eindruck der politischen Sozialisierung von Crispien und geben Einblick in seine politische Selbstverortung. Auch wenn seine Schriften wegen ihres rückblickenden Charakters auf mögliche Rechtfertigungstendenzen hin kritisch zu betrachten sind, ermöglichen sie doch eine Einordnung der historischen Ereignisse, um die Entwicklung der USPD aus einer individuellen, biografischen Sicht zu betrachten. Im Kontext der in der historischen Forschung überlieferten Dokumente zur Parteigeschichte der USPD liefert Crispiens Selbstzeugnis ein Bild davon, wie seine persönlichen Entscheidungen als Spitzenpolitiker historische Realitäten prägten.

2 Die Sozialdemokratie im Ersten Weltkrieg, Arthur Crispien in Württemberg

Der Weg Arthur Crispiens in die Unabhängige Sozialdemokratie begann in Württemberg. Nachdem er sich in seiner ostpreußischen Heimat als Redakteur für Parteizeitungen einen guten Ruf erarbeitet hatte, wurde er Verleger der örtlichen württembergischen Parteizeitung »Schwäbische Tagwacht«. Da die Artikel der Zeitung wegen der Angst vor Verfolgung durch die Organe des Kaiserreichs zumeist nicht namentlich gekennzeichnet sind, lässt sich heutzutage schwer nachvollziehen, welchen Einfluss Crispien konkret auf die Zeitung hatte. In seinem Selbstzeugnis hingegen beschreibt Crispien, seine Aufgabe habe das Ziel gehabt, innerhalb der Partei eine klare Abgrenzung revisionistischer Tendenzen zu erreichen. Nach seiner Aussage habe er sich stets um einen sachlichen Ton bemüht. Eine wirkliche Kraft der Veränderung spricht er dem Revisionismus ab, denn es bleibe »eine chronische Krankheit des Revisionismus, dass er von Zeit zu Zeit die Erlösung der Arbeiter aus aller Not durch eine Weltenwende, oder, besser gesagt durch ein Weltwunder ankündigt, das durch die staatsmännischen und diplomatischen Künste der Revisionisten herbeigeführt worden ist.«[1]

Für seine eigene politische Positionierung während des Ersten Weltkriegs war der Einfluss von zwei Personen entscheidend: Hugo Haase und Rosa Luxemburg. Einerseits präsentierte sich Crispien als Vertreter des marxistischen Zentrums, indem er sich auf die marxistisch inspirierte Kapitalismuskritik der Akkumulation des Kapitals berief. Gleichzeitig teilte er die imperialistische Theorie von Rosa Luxemburg:

> »Hier aber stossen wir auf die zusammenfassenden Funktionen des Finanzkapitals, in dem sich alle Gruppen kapitalistischer Unternehmungen konzentriert haben: Die der Industrie, des Handels, des Verkehrs, der Landwirtschaft, der Banken. Mit der Konzentration wird die freie Konkurrenz der einzelnen Kapitalisten verdrängt. Die Konkurrenzkämpfe des monopolisierten Kapitals erscheinen als nationale Gegensätze zwischen den Staaten und werden unter patriotischen und chauvinistischen Parolen ausgetragen.«[2]

Im Flottenrüsten trat dieser Mechanismus für ihn eindeutig zu Tage. An diesem Beispiel macht Crispien im Rückblick deutlich, dass die politische Reaktion auf den sich verstärkenden Imperialismus nicht von Gewalt geprägt sein darf, sondern es »lässt sich nur auf dem Wege des Schiedsgerichtswesens auf die Ausgaben [zur Rüstung] einwirken.«[3] Das Spannungsverhältnis zwischen den beiden Polen des marxistischen Zentrums und der antiimperialistischen »Gruppe Internationale« bestimmte sein politisches Handeln bis in die frühen 1920er-Jahre.

---

1   Nachlass Arthur Crispien, Archiv der sozialen Demokratie (AdsD), 1/ACAA000008, Revolutionär nicht reformistisch, S. 4.
2   Nachlass Arthur Crispien, AdsD, 1/ACAA000004, Industrieller Aufstieg, S. 3.
3   Ebd., S. 13.

3 Die Spaltung – eine Gewissensfrage

Mit seiner Ablehnung der Kriegsbeteiligung Deutschlands und der Bewilligung der Kriegskredite durch die SPD-Reichstagsfraktion unterstützte Arthur Crispien früh den Kurs von Karl Liebknecht. Die Zustimmung der SPD-Reichstagsfraktion zu den Kriegskrediten hielt ihn nicht davon ab, gegen den Krieg zu schreiben. Er erinnerte sich, ein Angebot erhalten zu haben, bei vollem Gehalt nicht mehr zu schreiben. Dies lehnte er ab, weil er sich seine Gesinnung nicht abkaufen lasse. Nach weiteren Maßregelungen gründete er mit anderen schon 1914 eine eigene Wochenzeitschrift (»Der Sozialdemokrat«), die in ihren Positionen der »Gruppe Internationale« nahestand. Seine Aktivitäten führten 1916 zur Festnahme und einer Haftstrafe von einem halben Jahr, als er in Stuttgart eine illegale Demonstration für die Freilassung von Karl Liebknecht organisierte. Im Anschluss an seine Freilassung wurde er zum Kriegsdienst einberufen. Er entschied sich gegen eine öffentliche Verweigerung, weil er der Ansicht war, dass dies nur sinnvoll sei, wenn eine Einzelaktion eine Massenaktion auslösen würde. Da er sich selbst nicht in dieser Rolle sah, erfüllte er seinen Kriegsdienst und betonte dabei später sogar, dass seine Offiziere ihn stets gut behandelt hätten. Wo er genau kämpfte, schweigt er in seinen Erinnerungen aus. An der Parteigründung der USPD in Gotha konnte er wegen seiner Kriegsteilnahme nicht teilnehmen.[4]

Kurz vor dem Ausbruch der Novemberrevolution erhielt Arthur Crispien Heimaturlaub. Er kehrte jedoch nicht zur Armee zurück, sondern wurde im Zuge der sich überschlagenden Ereignisse für die USPD Innenminister in der sozialistischen Revolutionsregierung in Württemberg. Er glaubte zunächst, dass die Sozialdemokraten mit der Einrichtung einer gemeinsamen revolutionären Regierung von USPD und MSPD ihr Ziel erreicht hätten und wieder geeinigt wären. Um dies zu bekräftigen, gab es zwei württembergische Staatspräsidenten: Ihn und Wilhelm Blos aus den Reihen der MSDP. Bald stell-

---

[4] Vgl. dazu: Nachlass Arthur Crispien, AdsD, 1/ACAA000001, Ein Proletarierleben, S. 2.

te Crispien ein Übergewicht der MSPD in der Regierung fest, da zwei linkssozialistische Mitglieder zum Spartakusbund übergingen. Die MSPD nutzte dies seiner Ansicht nach aus, um mit den bürgerlichen Parteien zu koalieren. Arthur Crispien stellte daraufhin einen Forderungskatalog seitens der USPD auf, in dem er auch die Notwendigkeit der Vergesellschaftung industrieller Betriebe betonte. Wichtig war ihm auch die Konsolidierung der Revolution durch Aufklärung und Bildung. Dafür fand er nach seiner Erinnerung aber weder bei der MSPD noch beim Spartakusbund Unterstützung. Als die Bemühung, die Regierung auf revolutionäre Werte zu verpflichten, zu nichts führte, trat er aus der Regierung aus, um die Arbeiter für eine wirkliche sozialistische Revolution mit eigener Mehrheit zu gewinnen.[5]

4 Der Weg an die Spitze

Schon im Januar 1919 fanden die Wahlen zur Nationalversammlung statt, die er für verfrüht hielt. Es hätte seiner Ansicht nach mehr Zeit gebraucht, um die Ergebnisse der Revolution zu konsolidieren. Er trat später für die USPD bei den Reichstagswahlen 1920 in den Wahlkreisen Stuttgart und Berlin an. Für Berlin nahm er die Wahl an und vertrat die Reichshauptstadt bis 1933 im Reichstag. Das Mandat festigte seinen Weg aus der landespolitischen Provinz in das Zentrum der politischen und revolutionären Ereignisse.

Bereits auf dem Märzparteitag der USPD von 1919 wurde er gemeinsam mit seinem langjährigen Freund Hugo Haase, dem er seit seiner Jugend in Ostpreußen eng verbunden war, zum Vorsitzenden der Partei gewählt. Es war jedoch nicht Crispiens unbedingte Entscheidung, den Parteivorsitz anzustreben, vielmehr ist sie aus dem Konflikt zwischen Haase und den revolutionären Obleuten um Ernst Däumig zu erklären. Haase hatte seine Wahl nicht angenommen, nachdem auch Däumig gewählt worden war. Dass ein Vertrauter

---
5 Vgl. ebd., S. 3.

Haases an Däumigs Stelle getreten war, zeigt den großen Einfluss, den Hugo Haase hatte, und seinen unbedingten Willen, die Partei nach seinen Vorstellungen zu führen und zu gestalten. Crispien bot sich daher für diese Position am besten an, da er durch seine frühe Unterstützung Karl Liebknechts aus Kriegszeiten über ein Netzwerk in der »Gruppe Internationale« verfügte. Es ist daher wenig verwunderlich, dass Crispien mit 133 Stimmen deutlich mehr Stimmen erhielt als Hugo Haase mit 103 Stimmen.[6] In seinen Erinnerungen schreibt er, dass Genossen ihm das Kompliment machten, dass sie in ihm nie den Preußen gesehen hätten. Darin kann man einen Hinweis auf seine Verankerung im Süden Deutschlands oder auf seine antiimperialistische Position sehen.[7]

In seinen Erinnerungen beschreibt er seine ersten Hauptaufgaben in Berlin: die Diskussion um die neue Verfassung und die Kriegsreparationen. Einen Fokus legte er dabei auf die internationalen Fragen. Die Kriegsschuld des Deutschen Reichs ließ sich seiner Ansicht nach nicht wegdiskutieren. Gleichzeitig seien aber die Auflagen des Friedensvertrags nicht zu erfüllen gewesen. Die Antwort darauf dürfe aber kein neuer Krieg sein, sondern die friedliche Erklärung der Unerfüllbarkeit der Reparationen und eine schrittweise Abschwächung der von den Siegermächten gestellten Forderungen. Die USPD setzte sich deshalb von Beginn an für die Unterzeichnung des Friedensvertrags ein. Crispien sei sich mit Haase darin einig gewesen, die Reparationsfrage friedlich durch Betonung ihrer Unerfüllbarkeit zu lösen.[8]

---

6 Vgl. dazu: Unabhängige Sozialdemokratische Partei Deutschlands, Protokoll über die Verhandlungen des außerordentlichen Parteitages vom 2. bis 6. März 1919 in Berlin, Berlin o. J., S. 254 ff.
7 Vgl. dazu: Nachlass Arthur Crispien, AdsD, 1/ACAA000001, Ein Proletarierleben, S. 4.
8 Vgl. dazu: ebd., S. 5.

5 Vor der Spaltung der USPD – ein eigener Ort zwischen den Extremen

Im Oktober 1919 starb Hugo Haase nach einem Mordanschlag. Die USPD verlor damit ihren charismatischen Anführer. Arthur Crispien fiel so die Aufgabe zu, die hinterlassene Lücke durch verbindende Signale an die auseinandertreibenden Parteiflügel zu schließen. Auf dem zweiten Parteitag des Jahres 1919 im November in Leipzig stellte er sich dieser Herausforderung, indem er ein umfangreiches Referat über die historische Entwicklung der Sozialdemokratie hielt und daraus Schlüsse für die Zeit nach der Novemberrevolution zog. Im Kern ginge es um eine »Modernisierung und Ergänzung«[9] des Erfurter Programms. Dabei sei die Diktatur des Proletariats »ein revolutionäres Mittel zur Beseitigung aller Klassen und Aufhebung jeder Klassenherrschaft, zur Erringung der sozialistischen Demokratie. Mit der Sicherung der sozialistischen Gesellschaft hört die Diktatur des Proletariats auf, und die sozialistische Demokratie kommt zur vollen Entfaltung.«[10] Zusätzlich befürwortete Crispien die Organisation der proletarischen Räte und den Schulterschluss mit gewerkschaftlichen Organisationen: »Um dieses Ziel zu erreichen bedient sich die Unabhängige Sozialdemokratische Partei planmäßig und systematisch gemeinsam mit den revolutionären Gewerkschaften und proletarischen Räteorganisationen aller politischen, parlamentarischen und wirtschaftlichen Kampfmittel.«[11]

Für eine kurze Zeit gelang es Arthur Crispien, die Partei innenpolitisch auf ein gemeinsames Programm zu verpflichten. Der Brückenschlag war ihm geglückt, indem er das Nebeneinander unterschiedlicher Mittel zur Schaffung einer sozialistischen Demokratie betonte. Parlamentarische Initiativen standen für ihn gleichberechtigt neben Streiks und rätedemokratischen Aktionen. In den Vordergrund

---

9 Unabhängige Sozialdemokratische Partei Deutschlands, Protokoll über die Verhandlungen des außerordentlichen Parteitages in Leipzig vom 30. November bis 6. Dezember 1919, Berlin, o. J., S. 201.
10 Ebd., S. 217.
11 Ebd.

Demokratie und/oder Diktatur des Proletariats

Bild 7 Delegierte des USPD-Parteitages in Leipzig am 5. Dezember 1919, u. a.:
Artur Crispien, Lore Agnes, Wilhelm Dittmann, Friedrich Adler, Richard Lipinski, Wilhelm Bock, Alfred Henke, Friedrich Geyer, Fritz Zubeil, Hugo Haase, Fritz Kunert, Arthur Stadthagen, Emanuel Wurm

rückte er den marxistischen Konsens einer Beendigung der Klassenunterschiede, um die Frage der Mittel durch eine vielfältige Antwort in den Hintergrund zu drängen. Dabei war für ihn stets klar, dass Gewalt kein Mittel der Wahl sei. Mit der einstimmigen Annahme von Crispiens Programmentwurf gab er der USPD für eine gewisse Zeit ein gemeinsames theoretisches Fundament.

Die Wahlen zum Reichstag vom 6. Juni 1920 waren für Arthur Crispien ein großer Erfolg. Die USPD wurde zweitstärkste Partei und erhielt nur eine Millionen Stimmen weniger als die SPD. In seinen Erinnerungen schreibt er, dass er für die Partei das Angebot von Reichskanzler Müller ablehnte, in eine Regierung mit der MSPD und den bürgerlichen Parteien einzutreten.[12] Ziel der USPD sei eine rein sozialistische Regierung gewesen, die sich mit sozialistischen Grundsätzen in Einklang bringen ließ. Das Wahlergebnis zeigte für ihn, dass die USPD die Stimme der sozialen Umwälzung war und zu einer echten Massenbewegung geworden war. Dieses Profil der Partei galt es weiter zu stärken.

6 Das Ende der USPD – Gründe für die Rückkehr zur SPD

Trotz der innenpolitischen Erfolge der USPD steuerte die Partei auf einen neuen Konflikt zu. Die Entwicklung der Sozialistischen Internationale wurde nach Crispiens Erinnerung zur Schicksalsfrage der Arbeiterbewegung.[13] Mit der Revolution in Russland wuchsen die Hoffnungen auf eine Weltrevolution nach sowjetischem Vorbild. Die Idee, einen vergleichbaren Umsturz im Deutschen Reich zu vollziehen, war auch bis weit in die USPD hinein verbreitet. Mit der Gründung der Kommunistischen Internationalen in Moskau hatten die Bolschewisten eine internationale Organisation geschaffen, die von Moskau aus die Weltrevolution systematisch organisieren sollte. Nach Crispiens Darstellung verlangten sie den bedingungslosen Anschluss aller sozialistischen Parteien der Welt und den Verzicht auf eine selbstständige Politik. Dagegen wehrte sich Crispien, indem er für eine sozialistische Internationale nach demokratischen Regeln mit einem souveränen Weltkongress eintrat. Die USPD wolle kein Diktat ihrer Politik.[14]

Dennoch zeigte man sich seitens der Parteiführung der USPD zumindest gesprächsbereit: Crispien führte eine Delegation zur Sitzung der Kommunistischen Internationale nach Moskau, um über das zukünftige Verhältnis der Partei zu dieser Organisation zu reden. Die Delegation bestand aus Wilhelm Dittmann, Ernst Däumig und Walter

---

12 Vgl. dazu: Nachlass Arthur Crispien, AdsD, 1/ACAA000001, Ein Proletarierleben, S. 7.
13 Vgl. ebd., S. 8.
14 Vgl. dazu: ebd.

Stoecker. In seiner Erinnerung schreibt er, dass nach zähen Verhandlungen der Plan von Lenin deutlich wurde. Es galt eine Entscheidungsschlacht in ganz Europa herbeizuführen: Erst in Polen, dann gegen Frankreich und Großbritannien an der Seite der deutschen Arbeiter.[15]
Die Delegation der USPD war gespalten. Crispien und Dittmann lehnten einen Beitritt zur Kommunistischen Internationale ab, während Däumig und Stoecker sich dem »Moskauer Diktat unterwerfen« wollten.[16] Nach der Reise berichtete die Delegation auf dem außerordentlichen Parteitag der USPD am 12. Oktober 1920 in Halle von ihren Eindrücken, um eine Entscheidung über den Beitritt zur Kommunistischen Internationalen zu fällen. Crispien nennt dies die erste offene Auseinandersetzung zwischen Bolschewisten und marxistischen Sozialdemokraten. Moskau sendete extra Unterstützung nach Halle. Der Parteitag verlief turbulent – inklusive formaler Zweifel an der Rechtmäßigkeit der Mandate. Höhepunkt waren die Referate der Delegierten Crispien, Däumig, Dittmann und Stoecker.[17] In der Debatte zeigten sich die spalterischen Gegensätze innerhalb der USPD. Für Crispien stand fest, dass die Befürworter eines Anschlusses an die Kommunistische Internationale die weltgeschichtliche Situation falsch einschätzten, denn

> »wenn die russischen Kommunisten die weltgeschichtliche Situation richtig erfaßt hätten, dann hätte von ihrem Kongreß der Ruf ausgehen müssen an alle Länder: Klassenbewußte Arbeiter, findet euch zusammen im gemeinsamen Kampf, haltet Brüderlichkeit, Duldsamkeit in den eigenen Reihen, Todfeindschaft gegen den Kapitalismus!«[18]

---

15 Vgl. dazu: ebd.
16 Ebd., S. 8.
17 Unabhängige Sozialdemokratische Partei Deutschlands, Protokoll über die Verhandlungen des außerordentlichen Parteitages in Halle. Vom 12. bis 17. Oktober 1920, Berlin, o. J., Crispien: S. 73-98, Däumig: S. 98-114, Dittmann: S. 114-131, Stoecker: S. 131-144.
18 Unabhängige Sozialdemokratische Partei Deutschlands, Protokoll über die Verhandlungen des außerordentlichen Parteitages in Halle. Vom 12. bis 17. Oktober 1920, Berlin, o. J., S. 85.

Das revolutionäre Moment sei in den westeuropäischen Staaten nicht stark genug gewesen. Die Spaltung der Arbeiterbewegung und die Gegenkräfte aus dem nationalen und bürgerlichen Lager stünden einer erfolgreichen Umwälzung im Weg. Duldsamkeit sei angebracht, solange nicht alle Arbeiter klassenbewusst handelten.

In der folgenden Abstimmung votierte eine Mehrheit mit 236 Stimmen für den Anschluss an die Kommunistische Internationale. Daraufhin erklärte Crispien, dass sie mit dieser Stimme ihren Übertritt zur Kommunistischen Partei getan hätten. Die Minderheit verließ daraufhin den Saal. In seinen Erinnerungen bezichtigt er die Kommunisten als Zellenbauer, die systematisch und mit unlauteren Mitteln die Mehrheit auf dem Parteitag errungen hätten. Die Mehrheit der USPD sei anderer Meinung gewesen. Die Manie der Parteispaltung sollte den Kommunisten immer anhaften, da sie in viele ohnmächtige Sekten zerfallen würde. Die USPD sei nun der Hauptfeind der KPD geworden. Die Kommunisten führten seiner Ansicht nach einen unheilvollen Bruderkrieg bis ins Maßlose.[19]

Nach der Spaltung führte die USPD ein Schattendasein zwischen den beiden stärkeren Polen MSPD und KPD. Es kam zu einer Arbeitsgemeinschaft der Fraktionen im Reichstag, die Crispien als Voraussetzung für die Wiedervereinigung beschrieb. Die Arbeitsgemeinschaft helfe die Hindernisse zu überwinden, die einer Vereinigung im Wege stünden.[20] In seinen Erinnerungen führt er darüber hinaus aus, dass der Mord an Walther Rathenau von ihm als Signal zum Sturz der Republik gewertet wurde. Beide sozialdemokratische Parteien seien sich angesichts der rechten Bedrohung darin einig gewesen, dass die Republik der günstigste Boden für die Befreiung der Arbeiter und die Verwirklichung des Sozialismus sei. Die Republik müsse geschützt und ausgebaut werden. Deswegen gelte es gemeinsam vorzugehen und die Vereinigung der beiden sozialdemokratischen Parteien anzustreben. Die Kommunisten hingegen

---

19 Nachlass Arthur Crispien, AdsD, 1/ACAA000001, Ein Proletarierleben, S. 9 f.
20 Protokoll der sozialdemokratischen Parteitage in Augsburg, Gera und Nürnberg 1922, Berlin, o. J., S. 141.

setzten in seinen Augen ihren Bruderkrieg fort und erklärten nun die SPD zum Hauptfeind.[21]

7 Zusammenfassung und Fazit

In den Jahren von 1916 bis 1922 vollzog Arthur Crispien einen erstaunlichen Wandel. Nahm er während des Kriegs noch billigend die Spaltung der Partei in Kauf, um für seine Überzeugungen einzutreten, so trat in der Revolutionsphase die Einheit der sozialistischen Parteien für ihn in den Vordergrund. Während er noch zu Revolutionszeiten eine Regierung mit der MSPD in Württemberg verließ, weil auch bürgerliche Parteien in die Regierung mit aufgenommen wurden, so war er nach der ersten Konsolidierung der Weimarer Republik bereit, nicht zuletzt auch wegen des Attentats auf einen bürgerlichen Politiker gemeinsam mit den Mehrheitssozialdemokraten die Republik gegen ihre Feinde zu verteidigen.

Gleichzeitig zieht sich die Ablehnung von Gewalt in politischen Auseinandersetzungen ebenso wie ein roter Faden durch sein politisches Handeln, wie das stetige Bedürfnis nach einer geeinten und schlagkräftigen sozialistischen Parteiorganisation, um eine, wie er es nennt, sozialistische Demokratie zu errichten. Dabei hatte er einen durchaus revolutionären Anspruch, jedoch auch einen klaren Blick auf die historische Lage. Die fehlende Mehrheit von klassenbewussten Arbeitern konnte seiner Ansicht nach nicht durch einen auf Dauer angelegten autoritären Weg der Herrschaft ausgeglichen werden. Mit seinem wegweisenden Referat auf dem Novemberparteitag 1919 formulierte er diesen Anspruch. Die Nähe dieser Position zum Marxistischen Zentrum der Vorkriegszeit wird nicht nur deutlich durch den Bezug zum Erfurter Programm, sondern auch durch die Vielfalt der Instrumente, die von Vergesellschaftung industrieller Betriebe über rätedemokratische Elemente bis zu parlamentarischen Aktionen

---

21 Vgl. dazu: Nachlass Arthur Crispien, AdsD, 1/ACAA000001, Ein Proletarierleben, S. 10.

reichten. In diesem Sinn sah sich Arthur Crispien auch als Bewahrer der Überzeugungen, die ihn einst in Opposition zur Parteiführung gingen ließen.

Dass der fragile Kompromiss in der USPD breite Schichten der Gesellschaft ansprechen konnte, zeigte sich in den Wahlen von 1920. Jedoch reichte es nicht für die von Crispien gewünschte alleinige Mehrheit der sozialistischen Parteien. Im Unterschied zum linken Flügel der USPD, der aus seiner Sicht einen revolutionären Umsturz an der Seite der Sowjetunion befürwortete, zog er den folgenreichen Schluss, dass Opposition und Duldsamkeit angesichts der kapitalistischen Verwerfungen seiner Zeit angebracht gewesen seien. Das Klassenbewusstsein der Arbeiterklasse müsse erst geschärft werden, bevor es zu einer sozialistischen Regierung kommen könne.

Dass sich schlussendlich der Konflikt in der USPD an der internationalen Frage entzündete, ist angesichts der Entwicklung in der Sowjetunion verständlich. Gleichzeitig wird deutlich, dass die internationale Frage nur der Anlass war, um unterschiedliche innenpolitische Vorstellungen zu akzentuieren. Angesichts der radikalen Umbrüche nach dem Ende des Ersten Weltkriegs gelang es Arthur Crispien nicht, die USPD als eine Kraft zu etablieren, die den Gestaltungs- und Entscheidungswillen der MSPD einerseits mit dem revolutionären Anspruch der aufkommenden KPD andererseits verbinden konnte. Was Crispien theoretisch unter der Überschrift Modernisierung und Ergänzung des Erfurter Programms 1919 zur Einheit der Partei formulierte, schlug sich in der Praxis nicht nieder. Die Spaltung konnte er deswegen nicht verhindern.

Seine Enttäuschung über die Spaltung der Arbeiterbewegung war ihm deutlich anzumerken. Solidarität und Gewaltfreiheit waren für Arthur Crispien hohe Güter. Bedenkt man die historische Tragweite der Spaltung von 1919/20, erscheint das Bemühen Crispiens um die Einheit der Bewegung und für demokratische, sozialistische Werte als redlicher Versuch, den demokratischen Sozialismus im Deutschen Reich zu verankern.

Spaltungen und Wiederannäherungen

Teresa Löwe-Bahners

Zwischen allen Stühlen: Eduard Bernsteins Stellung in der deutschen Sozialdemokratie 1918 bis 1920

Am 19. Juni 1915 veröffentlichte der sozialdemokratische Reichstagsabgeordnete Eduard Bernstein gemeinsam mit dem aus Österreich stammenden Parteitheoretiker der SPD Karl Kautsky und dem SPD-Parteivorsitzenden Hugo Haase den Aufruf »Das Gebot der Stunde«, einen Mahnruf an die eigene Partei, die deutsche Kriegspolitik nicht weiter mitzutragen.[1] Durch seine Ablehnung der Burgfriedenspolitik und den Entschluss, die Zustimmung zu den Kriegskrediten zu verweigern, hatte er sich seit Ende 1914 an der Seite seiner ehemals schärfsten Kritiker um Rosa Luxemburg und Karl Liebknecht in der Parteiminderheit wiedergefunden. Der 1850 in eine dem Reformjudentum verbundene, demokratisch orientierte Kleinbürgerfamilie hineingeborene Berliner war 1872 zunächst der Internationalen Arbeiterassoziation und dann der Sozialdemokratischen Arbeiterpartei (SDAP) beigetreten. Nach dem Erlass des Sozialisten-

---

1 Leipziger Volkszeitung, Nr. 139, 19.6.1915.

gesetzes im Oktober 1879 hatte er als Redakteur des in der Schweiz gedruckten, illegal ins Reich geschmuggelten Zentralorgans der verbotenen Partei »Der Sozialdemokrat« gearbeitet. Als die Schweiz ihn 1888 auf Druck deutscher Behörden auswies, ging er nach London, wo er sich als Redakteur des von Kautsky verantworteten Theorieorgans »Die Neue Zeit«, Korrespondent des »Vorwärts« und Herausgeber der Werke Ferdinand Lassalles über Wasser hielt. Er hatte damals auch engen Umgang mit Karl Marx und Friedrich Engels – so eng, dass ihn Engels zum Erben und Nachlassverwalter einsetzte.[2]

Bernstein trat nach Engels' Tod im August 1895 mit Zweifeln an der Richtigkeit einiger zentraler Marx'scher Grundannahmen und Zukunftsprognosen an die Öffentlichkeit und löste damit den sogenannten Revisionismusstreit aus, der ihn an den Rand eines Parteiausschlusses brachte und zum Bruch mit Kautsky führte. Fortan galt der Exilant in seiner Partei als Rechter, und als er 1901 nach der Aufhebung eines gegen ihn auch nach dem Ende des Sozialistengesetzes 1890 fortbestehenden Haftbefehls endlich nach Berlin zurückkehren durfte, war er innerhalb der SPD fast vollständig isoliert.[3]

Bestimmend für Bernsteins politische Position im Weltkrieg war seine entschiedene Kriegsgegnerschaft. Die Hinwendung zum Pazifismus hatte sich schon vor dem Krieg abgezeichnet: So veröffentlichte er 1912 als erster Sozialdemokrat einen Aufsatz im Verbandsorgan der Deutschen Friedensgesellschaft.[4] Im November 1914 zählte er sich »in der Frage der Internationalität zur Linken meiner Partei«.[5]

---

2 Zum Leben Bernsteins vgl. *Francis L. Carstens*, Eduard Bernstein 1850–1932. Eine politische Biographie, München 1993.
3 Für die umfangreiche Literatur zum Revisionismusstreit vgl. *Veli-Matti Rautio*, Die Bernstein-Debatte: Die politisch-ideologischen Strömungen und die Parteiideologie in der Sozialdemokratischen Partei Deutschlands 1898–1903, Helsinki 1994; Eduard Bernsteins Briefwechsel mit Karl Kautsky, 1895–1905, eingel. u. hg. v. *Till Schelz-Brandenburg*, unter Mitarb. v. *Susanne Thurn*, Frankfurt a. M. 2003; *Matthias Lemke*, Republikanischer Sozialismus. Positionen von Bernstein, Kautsky, Jaurès und Blum, Frankfurt a. M. u. a. 2008.
4 *Eduard Bernstein*, Wie man Kriegsstimmung erzeugt, in: Die Friedenswarte, Jg. 14/1, 1912.
5 Staatsbibliothek Berlin, NL Hans Delbrück, Briefe: Bernstein, Eduard, Bl. 8 verso [Brief vom 3.11.1914].

Das Attribut »links« verwendete er wenig später nicht mehr und verwahrte sich gegen die Auffassung, dem Gegensatz Revisionist/ Marxist entspreche das Gegensatzpaar Nationalist/Internationalist.[6] Dass in England und Frankreich die Kriegsgegner innerhalb der Arbeiterbewegung »solche waren, die man ehedem als Revisionisten bezeichnet hat«, darauf machte Ende 1918 Kautsky aufmerksam und nannte Bernsteins britische Freunde Ramsay MacDonald, John Burns und Keir Hardie.[7] Im Spiegel der internationalen Arbeiterbewegung war Bernsteins Haltung also nicht ungewöhnlich. In Deutschland jedoch waren vorwiegend linke Kräfte in Opposition zur Kriegspolitik gegangen. Als die die Kriegskredite ablehnende Parteiminderheit im April 1917 die Gründung einer neuen Partei beschloss, hatten Bernstein, Kautsky und Haase sich zwar dagegen ausgesprochen, doch traten auch sie der Unabhängigen Sozialdemokratischen Partei (USPD) bei.[8]

Parteimitglied der Unabhängigen und Sympathisant der von der Mehrheitssozialdemokratie verfolgten politischen Linie – das war Bernsteins politischer Standort am Ende des Krieges. Die Kriegspolitik der MSPD, die ihn von seiner Partei entfremdet und schließlich ungewollt geschieden hatte, war nicht nur tagespolitisch obsolet geworden, sondern der Gegensatz zwischen der Mehrheitsfraktion und Bernstein hatte sich seit dem Sommer 1917 durch die von den Mehrheitlern aktiv auf die Beendigung des Krieges und einen »Verständigungsfrieden« gerichtete Politik weitgehend entschärft.[9] Im Folgenden soll Bernsteins Standort innerhalb der deutschen Sozialdemokratie von November 1918 bis Anfang 1920 in Bezug auf drei

---

6 *Eduard Bernstein*, Revisionismus und Internationalismus, in: SAP, Jg. 1, Nr. 7, 16.6.1915.
7 *Karl Kautsky*, Die Wurzeln der Politik Wilsons, Berlin 1919, S. 37.
8 *Sandor Vadasz*, Die Rolle Bernsteins bei der Gründung der USPD, in: Jahrbuch für Forschungen zur Geschichte der Arbeiterbewegung, Heft II/2004.
9 Vgl. Bernsteins Artikel »Auf Wiedersehen! Ein Abschiedswort an die unabhängige Sozialdemokratie«, in: Die Freiheit, Nr. 137, 22.3.1919 und seine knappe Schilderung der Politik der MSPD vor Kriegsende in: *Eduard Bernstein*, Die deutsche Revolution von 1918/19. Geschichte der Entstehung und ersten Arbeitsperiode der deutschen Republik, Berlin 1921, Neuausg., hg. u. eingel. v. *Heinrich August Winkler* u. annot. v. *Teresa Löwe*, Bonn 1998, S. 47-49.

Themenfelder schlaglichtartig beleuchtet werden: seine Bewertung von revolutionärer Gewalt und staatlicher Gegengewalt, seine Haltung zur Frage der Sozialisierung und seine Bemühungen um eine Wiedervereinigung von MSPD und USPD.[10]

Zunächst aber eine Szene, die Theodor Wolff, der Chefredakteur des linksliberalen »Berliner Tageblatt« aus dem Verlagshaus Mosse, in dem auch Bernstein im Krieg gelegentlich publiziert hatte, in seinem Tagebuch überliefert: Die zum selben Verlag gehörende, von Eduards Onkel Aron Bernstein gegründete »Berliner Volkszeitung« war am Abend des 9. November von dem USPD-Mitglied Adolph Hoffmann in Begleitung von sechs Bewaffneten »für beschlagnahmt und als Organ der Unabhängigen u. des Arbeiter- u. Soldatenrates erklärt« worden. Am 11. November findet Wolff, als er in die Redaktion kommt,

»eine Abordnung der Unabhängigen vor, geführt von Eduard Bernstein und Stroebel – daneben sechs sehr bestimmt auftretende Herren mit roten Bändern. Sie wollen die ›Volkszeitung‹, die wir ihnen mit Hilfe des nicht mit ihnen sympathisierenden Setzerpersonals – das zu streiken erklärte – gestern wieder abgejagt haben – ›kaufen‹ oder ›pachten‹. Ich bemerke, daß wir uns ja wohl verstünden – sie wollten einfach Gewalt üben und draußen stünden die Gewehre. Bernstein wehrt sich, etwas verlegen, ein jüngerer Herr sagt, es seien eben Ausnahmeverhältnisse und Bernstein wiederholt dieses rettende Wort.«

---

10 Vgl. dazu ausführlich *Teresa Löwe*, Der Politiker Eduard Bernstein. Eine Untersuchung zu seinem politischen Wirken in der Frühphase der Weimarer Republik (1918–1924), Bonn 2000; Winklers Einleitung in: *Bernstein*, Die deutsche Revolution sowie *Heinrich August Winkler*, Eduard Bernstein als Kritiker der Weimarer Sozialdemokratie, in: L'Internazionale Operaia e Socialistica tra le due guerre. A cura di Enzo Collotti. Annali 23, 1983/84, Mailand 1985, S. 1003-1027; außerdem immer noch: *Susanne Miller*, Bernsteins Haltung im Ersten Weltkrieg und in der Revolution 1918/19, in: *Horst Heimann/Thomas Meyer* (Hg.), Bernstein und der demokratische Sozialismus. Bericht über den wissenschaftlichen Kongreß »Die historische Leistung und aktuelle Bedeutung Eduard Bernsteins«, Bonn u. a. 1978, S. 213-221; zuletzt: *Eva Bettina Görtz*, Einleitung, in: Eduard Bernsteins Briefwechsel mit Karl Kautsky. 1912–1932, eingel. u. hg. v. Dies., Frankfurt a. M. 2011.

Nach Rücksprache mit dem Verleger erklärt Wolff der Delegation, man sei höchstens bereit,

»ihnen, als Druckauftrag, ein selbständiges, unter ihrer Verantwortung erscheinendes Blatt zu drucken – die jüngeren Unabhängigen aber erklären, das ginge nicht, sie wollten die Abonnenten der Volkszeitung haben. Dann verlassen sie uns mit der Bemerkung, daß sie über die Sache beraten müßten. Ich sage zu Bernstein noch einige Worte über die Eigentümlichkeit solcher Freiheitsideen, was ihm peinlich ist.«[11]

Im Rückblick erscheint diese Szene des die jungen Revolutionäre im Bemühen um Vermittlung und Deeskalation begleitenden 68-Jährigen wie ein Muster für das Agieren Eduard Bernsteins in der Novemberrevolution.

1 Die USPD und der Bolschewismus

Bernsteins Vorschlag auf der Berliner Generalversammlung der USPD am 15. Dezember 1918, gemeinsame Wahllisten von MSPD und USPD aufzustellen, war aussichtslos. Nachdem man dort bereits jedes »Zusammengehen« mit den Mehrheitssozialisten abgelehnt hatte, wurde über diese Resolution, die die Gründe der Parteispaltung mit der Beendigung des Krieges für hinfällig erklärte und wenn nicht gemeinsame Wahllisten, dann zumindest Listenverbindungen für die Wahlen zur Nationalversammlung forderte, nicht einmal abgestimmt. Ein gleicher Vorschlag sei »der Leitung der Spartakuspartei« zu

---

11 *Theodor Wolff*, Tagebücher 1914–1919. Der Erste Weltkrieg und die Entstehung der Weimarer Republik in Tagebüchern, Leitartikeln und Briefen des Chefredakteurs am »Berliner Tageblatt« und Mitbegründers der »Deutschen Demokratischen Partei«, eingel. u. hg. v. *Bernd Sösemann*, Bd. 2, Boppard 1984, S. 650 f. In seiner Darstellung der Revolutionsereignisse behauptet Bernstein, »die sehr verbreiteten Organe des Mosseschen Verlags ›Berliner Tageblatt‹ und ›Berliner Volkszeitung‹« seien »unbehelligt« geblieben. *Bernstein*, Die deutsche Revolution, S. 73.

machen, hatte Bernstein hinzugefügt, »sofern diese sich rückhaltlos auf den Boden der demokratischen Grundsätze stellt, wie sie im Erfurter Programm [...] niedergelegt sind, und sich verpflichtet, von jedem Versuch der Gewaltanwendung gegen die gegenwärtige Regierung der Republik und die von dieser mit der Aufrechterhaltung der Ordnung betrauten Personen Abstand zu nehmen.«[12]

Die unvereinbaren Gegensätze zwischen der bis Ende 1918 selbstständig unter dem »schützenden Dach«[13] der USPD organisierten Spartakusgruppe und dem hinter dem Parteiführer Haase stehenden gemäßigten Flügel der Partei waren auf dieser Versammlung noch einmal sehr deutlich geworden, als Luxemburg das Wort ergriff:

>»Unsere erste Pflicht ist es, jede Brücke zu der gegenwärtigen Regierung abzubrechen. [...] Ströbel hat ausgeführt, daß die Vertreter der U.S.P. zur revolutionären Mitarbeit sich an der Regierung beteiligen müssen. Nein, Genossen, nicht darauf kommt es für uns Sozialisten an, zu regieren, sondern den Kapitalismus zu stürzen. Noch ist er nicht erschüttert, noch besteht er, – und da gilt es nicht, zu zeigen, daß wir eine regierungsfähige Partei sein können, und daß wir jetzt in dieser Regierung als Sozialisten nicht regieren können, das ist bereits bewiesen.«[14]

---

12 Die Freiheit, Nr. 59, 17.12.1918 [Die Auseinandersetzung Luxemburg-Haase].
13 »Wenn, ich möchte das nur als Hypothese sagen, die links von uns stehenden Gruppen [gemeint war die Spartakusgruppe, Anm. d. Verf.] hergekommen wären, um an unserer Organisation so weit teilzunehmen, als ihr diese während des Belagerungszustandes ein schützendes Dach bieten soll, so müßte ich einem solchen Unterfangen auf das entschiedenste entgegengetreten«, so Hugo Haase auf dem Gründungsparteitag der USPD am 6.4.1917. Protokoll über die Verhandlungen des Gründungs-Parteitages der U.S.P.D. vom 6. bis 8. April 1917 in Gotha, mit Anhang: Bericht über die gemeinsame Konferenz der Arbeitsgemeinschaft und der Spartakusgruppe vom 7. Januar 1917 in Berlin, hg. v. *Emil Eichhorn*, Berlin 1921, in: Protokolle der Parteitage der Unabhängigen Sozialdemokratischen Partei Deutschlands, 5 Bde., ND Glashütten i. Ts. 1975, Bd. 1: 1917-1919, S. 10.
14 Die Freiheit, Nr. 59, 17.12.1918 [Die Auseinandersetzung Luxemburg - Haase].

In der USPD waren seit ihrer Gründung im März 1917 mit Leuten wie Clara Zetkin auf der einen und Kautsky und Bernstein auf der anderen Seite begeisterte Anhänger und scharfe Kritiker Lenins versammelt. Trotz der kritischen Haltung Luxemburgs Lenin gegenüber war die Spartakusgruppe mehrheitlich eine Befürworterin der bolschewistischen Taktik, während Männer wie Bernstein und Kautsky gegen die Politik Lenins und Trotzkis entschieden Stellung bezogen. Die beiden Theoretiker argumentierten da ganz auf einer Linie: Der Versuch, in einem kaum industrialisierten Agrarland die Macht zu ergreifen, um den Sozialismus einzuführen, verstoße gegen die objektiven Gesetze der Geschichte. Solch ein Land sei ökonomisch noch nicht reif für den Sozialismus, weshalb die Herrschaft in diesem Fall nur mit dem Mittel der Diktatur einer Minderheit, also unter Missachtung des demokratischen Prinzips, errichtet werden könne. Dies werde nicht nur die Entwicklung des Proletariats verhindern, sondern auch die Gegenrevolution heraufbeschwören.[15]

Doch während Kautsky mit dieser Kritik auch seine durch die Ereignisse des Weltkriegs ins Wanken geratene Deutungshoheit über die marxistische Theorie verteidigte, sah Bernstein im Aufkommen des Bolschewismus den Beweis für die Richtigkeit seines Revisionsversuchs. Der Bolschewismus war ihm das neue Gewand der Er-

---

15 Vgl. etwa *Karl Kautsky*, Demokratie und Sozialismus, in: SAP, Jg. 4, Nr. 1, 3.1.1918. Zur Auseinandersetzung Kautskys mit Lenin und Trotzki vgl. *Peter Lübbe* (Hg.), Kautsky gegen Lenin, Berlin 1981. Im Gegensatz zur USPD beschäftigte sich die an theoretischen Fragen wenig interessierte MSPD mit dem Bolschewismus zunächst kaum. Es gab sogar bis zum Frühjahr 1918 Stimmen in der MSPD, die die Bolschewiki als »die eigentliche Friedenspartei in Rußland« priesen. *Peter Lösche*, Der Bolschewismus im Urteil der deutschen Sozialdemokratie 1903–1920, Berlin 1967, S. 87. Zur Auseinandersetzung der deutschen Sozialdemokratie mit dem Bolschewismus vgl. auch *Jürgen Zarusky*, Die deutsche Sozialdemokratie und das sowjetische Modell. Ideologische Auseinandersetzung und außenpolitische Konzeptionen, München 1992; *Uli Schöler*, »Despotischer Sozialismus« oder »Staatssklaverei«. Die theoretische Verarbeitung der sowjetrussischen Entwicklung in der Sozialdemokratie Deutschlands und Österreichs 1917–1919, 2 Bde., Münster i. Westf. 1990; *Heinrich August Winkler*, Demokratie oder Bürgerkrieg. Die russische Oktoberrevolution als Problem der deutschen Sozialdemokraten und der französischen Sozialisten, in: VfZ 47, 1999, S. 1-23; *Lemke*, Republikanischer Sozialismus.

scheinung, die ihn Mitte der 1890er-Jahre zu seiner Marx-Revision herausgefordert hatte: des Blanquismus, der die französische Februarrevolution von 1848 ruiniert und schließlich zur Inthronisation Napoleons III. geführt habe.[16]

2 Doppelmitgliedschaft in USPD und MSPD

Zusammenarbeit der sozialistischen Parteien mit dem Ziel der Wiedervereinigung und deutliche Distanzierung von den bolschewistischen Methoden des Spartakusbundes, innenpolitisch Herstellung von Rechtssicherheit und den Voraussetzungen für ein Fortlaufen der Produktion sowie baldige Wahlen zu einer verfassunggebenden Nationalversammlung, außenpolitisch die Anerkennung der deutschen Kriegsschuld und die Wiederaufrichtung der durch den Krieg faktisch inexistent gewordenen sozialistischen Internationale: das waren, sehr knapp gefasst, die drängenden Aufgaben, vor die Eduard Bernstein die deutsche Sozialdemokratie seit dem Ausbruch der Revolution und der Übernahme der Regierungsverantwortung gestellt sah.

Bis Ende Dezember versuchte Bernstein in den Gremien und Medien der USPD, diese für sein gegen ein Weitertreiben der Revolution gerichtetes politisches Programm zu gewinnen. Ganz allein stand er dort mit seinen Ansichten nicht. Neben Kautsky vertrat in Berlin auch der in den Zitaten von Wolff und Luxemburg bereits erwähnte Heinrich Ströbel ähnliche Ansichten über die nächsten Aufgaben der Revolution.[17] Doch Bernstein verlor jeden organisatorischen Rückhalt für politische Aktionen in seiner Partei, als er sich

---

16 Vgl. *Eduard Bernstein*, Wie eine Revolution zugrunde ging. Eine Schilderung und eine Nutzanwendung, Stuttgart 1921. Zu Bernsteins Rezeption der französischen 1848er-Revolution vgl. *Beatrix W. Bouvier*, Zur Tradition von 1848 im Sozialismus, in: Europa 1848: Revolution und Reform, hg. v. *Dieter Dowe* u. a., Bonn 1998, S. 1169-1200.
17 Vgl. etwa »Die unabhängige Sozialdemokratie« von Heinrich Ströbel, in: Die Freiheit, Nr. 43, 8.12.1918. Ströbel betonte allerdings bis zum Frühjahr 1919, »gefühlsmäßig« stünden ihm »die Spartakusmänner […] unendlich viel näher als die

am 23. Dezember 1918 entschied, durch die Doppelmitgliedschaft in beiden sozialistischen Parteien ein Signal für ihre Wiedervereinigung zu setzen. Er beantragte beim Schöneberger Wahlverein der MSPD die Wiederaufnahme bei Beibehaltung seiner USPD-Mitgliedschaft.[18] Während der »Vorwärts« diesen Entschluss mit Genugtuung kommentierte[19], sprach »Die Freiheit« von einem »eigenartigen Schritt«, der »bei den Parteigenossen wenig Verständnis finden« werde.[20] Bernstein hatte in seinem Brief explizit auf die Ereignisse des 23. Dezember Bezug genommen: den Beginn der sogenannten Berliner Weihnachtskämpfe, der ersten schweren bewaffneten Auseinandersetzungen in der Hauptstadt seit Ausbruch der Revolution. Sie hatten am 28. Dezember das Ausscheiden der unabhängigen Volksbeauftragten aus der Regierung zur Folge. In diesem das sozialistische Lager zunehmend polarisierenden Klima konnte Bernsteins Schritt zur Doppelmitgliedschaft die erhoffte Signalwirkung nicht entfalten. Stattdessen verhärteten sich die Fronten zwischen USPD

Scheidemänner«, doch gebe es Spartakus gegenüber »eine unüberbrückbare Kluft: ihr bolschewistisches Programm, ihre Empfehlung und Befolgung der russischen Revolutionsmethoden«. Ebd.

18 Der Entwurf des Briefes: IISG NL Bernstein C 4; abgedruckt in: Die Freiheit, Nr. 74, 25.12.1918 [Ein eigenartiger Schritt]; Vorwärts, Nr. 354, 25.12.1918 [Bernsteins Rückkehr in die Partei]. Guido Knopp weist darauf hin, dass der Schöneberger Wahlverein das Gesuch Bernsteins zunächst nicht akzeptierte; wann genau er offiziell MSPD-Mitglied geworden ist, konnte auch Knopp nicht herausfinden. Vgl. *Guido F. Knopp*, Einigungsdebatte und Einigungsaktion in SPD und USPD 1917–1920. Unter besonderer Berücksichtigung der »Zentralstelle für Einigung der Sozialdemokratie«, Diss., Würzburg 1975, S. 599.

19 Bernsteins »Anschluß an die abgesprengte Gruppe der Unabhängigen« sei für die Partei »ein außerordentlich schmerzlicher Verlust, für die Unabhängigen aber nach außen hin eine nicht geringe Genugtuung« gewesen, »denn wenige Namen in der Partei haben in der ganzen Welt einen so guten Klang wie der seine, und die Rechtschaffenheit, die Ueberzeugungstreue, die Tapferkeit dieses alten Vorkämpfers der internationalen Arbeiterbewegung war über allen Zweifel erhaben«. Dass er nun in die Partei zurückkehre, sei »für ihre Sache ein gutes Zeichen. […] Er hat all denen, die im Bruderkampf Sozialdemokraten geblieben sind, ein Beispiel gegeben, wie ein Parteigenosse in der gegenwärtigen Lage handeln muß.« Vorwärts, Nr. 353a, 24.12.1918 [Eduard Bernstein wieder der Partei beigetreten].

20 Die Freiheit, Nr. 74, 25.12.1918 [Ein eigenartiger Schritt]. Darauf Bernstein: Ebd., Nr. 76, 27.12.1918 [Das Entweder –].

und MSPD, und durch den Regierungsaustritt der Unabhängigen zerbrach die einzige zu diesem Zeitpunkt auf den Führungsebenen bestehende institutionelle Verbindung der beiden Parteien.[21]

3 Bernsteins Bewertung des Januaraufstands

Die mit der Revolution einhergehenden Gewaltausbrüche betrachtete Bernstein nach dem monokausalen Erklärungsmuster von Ursache und Wirkung und wies die Schuld fast vollständig der radikalen Linken zu. Das zeigt sich in aller Deutlichkeit an seinem Urteil über zwei Protagonisten des Januaraufstands: Karl Liebknecht einerseits und Gustav Noske andererseits. Die Weigerung des Berliner Polizeipräsidenten Emil Eichhorn (USPD), sein Amt nach dem Regierungsaustritt der Unabhängigen zur Verfügung zu stellen, war der Auslöser für eine führerlose, spontane Erhebung von Berliner Arbeitern, die die Stadt in bürgerkriegsähnliche Zustände stürzte. Bernstein sah durch diesen Aufstand all seine Befürchtungen hinsichtlich bolschewistischer Umtriebe in Deutschland bestätigt. Doch er war es, der zur Vermeidung von Blutvergießen in einer Sitzung der Berliner Zentrale der USPD eine Vermittlungsaktion zwischen dem nur noch von Mitgliedern der MSPD gebildeten Rat der Volksbeauftragten und den Aufständischen, die sich in verschiedenen Gebäuden der Stadt, so im Polizeipräsidium und im Vorwärtsgebäude, verschanzt hatten, anregte. Dieser Mission, in der Bernstein zum letzten Mal als USPD-Politiker auftrat, war kein Erfolg beschieden.[22] Bei der gewalt-

---

21 Bernstein war als Beigeordneter im Reichsschatzamt selbst auch Funktionsträger der Regierung und bot, wie alle der USPD angehörenden Beigeordneten, seinen Rücktritt an. Er blieb jedoch im Amt, da seine Stellung, wie der »Vorwärts« schrieb, durch seinen Wiedereintritt in die MSPD von dem Regierungsaustritt der Unabhängigen nicht berührt sei. Vgl. Vorwärts, Nr. 1, 1.1.1919 [Rücktrittsgesuche].
22 Zur Vermittlungsaktion vgl. die Zuschrift Bernsteins gegen den tendenziösen Bericht des »Vorwärts«: Ebd., Nr. 22, 13.1.1919 [Der Vermittlungsversuch der Unabhängigen. Eine Zuschrift Eduard Bernsteins]; dazu war folgender Kommentar der Redaktion abgedruckt: »Mit dieser Zuschrift ist für die merkwürdige Zweiseelenpolitik der Unabhängigen eine Erklärung gegeben, die es uns möglich

samen Niederschlagung des Aufstands durch reguläre Truppen und Freiwilligenformationen unter dem Oberbefehl Noskes kam es zu völlig überzogener Gewaltanwendung gegen die Aufständischen und zu standrechtlichen Erschießungen von Gefangenen.[23]

Selbst wenn es sich, was Bernstein bezweifelte, um eine spontane Erhebung der Massen gehandelt habe, hätten ihre Führer, insbesondere Karl Liebknecht, Schuld auf sich geladen, indem sie sich in »politischer Verranntheit und Kurzsichtigkeit« an die Spitze der Aufruhrbewegung stellten und den Versuch unternahmen, die durch das Votum des Reichsrätekongresses soeben quasi demokratisch legitimierte Regierung abzusetzen: »Das war keine Revolution, sondern ein Gewaltakt, den, soweit nötig, mit Gewaltmitteln niederzuschlagen, nicht nur das Recht, sondern auch die Pflicht der Regierung war. Denn sein Erfolg in Berlin hätte Deutschland in den Zustand verheerender Anarchie versetzt.«[24] Nach der Ermordung Liebknechts durch Freikorpssoldaten am 16. Januar rechtfertigte Bernstein mit Verweis auf die Größe von Liebknechts historischer Schuld sogar die skandalös milden Gefängnisstrafen, die gegen nur einige der Täter verhängt wurden und die sie noch nicht einmal antreten mussten (in der Revision wurden sie dann sogar freigesprochen).[25]

---

macht, an die persönliche Aufrichtigkeit der einzelnen beteiligten Personen zu glauben. Geändert wird aber nichts an der Tatsache, daß der eine Teil der Unabhängigen das Blutvergießen mit anzettelte und der andere dann mit dem Ruf ›Nur kein Blutvergießen!‹ zur Regierung kam. [...] Jämmerlicheres als diese unabhängige ›Politik‹ kann es gar nicht geben!« Vgl. außerdem *Wilhelm Dittmann, Erinnerungen.* Bearb. u. eingel. v. *Jürgen Rojahn,* 3 Bde., Frankfurt a. M. u. a. 1995, Bd. 2, S. 637-640; *Knopp,* Einigungsdebatte, S. 210-216. Bernstein selbst beteiligte sich nicht aktiv an der Vermittlungsaktion, vielleicht da er fürchtete, auf die radikale Linke eher polarisierend als integrierend zu wirken.

23 Das erstaunlich milde Urteil Bernsteins über diese Exzesse: *Bernstein,* Die deutsche Revolution, S. 223.
24 Ebd., S. 193.
25 Ebd., S. 234 f. »Das geschichtliche Urteil über den Politiker Karl Liebknecht [...] kann [...] doch nur dahin lauten, daß sein letztes Unternehmen zugleich gezeigt hat, wie sehr ihm die Eigenschaften fehlten, ohne welche die Sozialdemokratie ihre große Mission als aufbauende Kraft nicht erfüllen kann.«

Anders als gegen Liebknecht ließ Bernstein gegen Noske, der als Oberbefehlshaber die Verantwortung für die blutige Niederschlagung des Aufstands trug, Nachsicht walten. Er räumte zwar ein, dass der militärische Aufwand, den Noske getrieben habe, nicht in dem Maß notwendig gewesen wäre, doch sei »das Urteil über die politische Berechtigung dieser Vorbereitungen« nicht aus der Rückschau, sondern danach, »wie sich die Dinge während des Geschehens selbst zeigten«, zu fällen:

> »Und daß Noske nun die Maßnahmen ergriff, die ihm nach dem, was er vor sich gesehen, die zweckmäßigsten erschienen, wenn es nötig wurde, den Aufstand mit Gewalt niederzuschlagen, kann ihm in keiner Weise zum Vorwurf gemacht werden. Die Verantwortung hierfür trifft diejenigen, die in so skrupelloser Weise mit dem Feuer des Aufruhrs gespielt hatten.«[26]

4 Sozialisierung

In der Wirtschaftspolitik setzte Bernstein ganz auf die Sicherstellung der Produktion und stellte keinerlei Forderungen an das bürgerliche Lager. Das Erklärungsmuster, mit dem er dem »Tagesgeschrei«[27] nach Sozialisierung begegnete und staatliche Eingriffe in das Wirtschaftsleben abwies, war die aus einem Analogieschluss von Lebewesen zu Staaten abgeleitete Kernthese vom Antirevolutionsreflex ausdifferenzierter Industriegesellschaften. Auch für diese gelte, was die Biologie für Organismen erforscht habe:

> »Je weniger sie ausgebildet sind, um so leichter vertragen sie Maßnahmen, die auf ihre radikale Umbildung abzielen. Je vielseitiger aber ihre innere Gliederung, je ausgebildeter die Arbeitsteilung und

---
26 Ebd., S. 201 f.
27 *Eduard Bernstein*, Entwicklungsgang eines Sozialisten (Leipzig 1924), Neuausg. zus. mit: Sozialdemokratische Lehrjahre, hg. v. *Manfred Tetzel*, Berlin 1991, S. 237.

das Zusammenarbeiten ihrer Organe bereits sind, um so größer die Gefahr schwerer Schädigung ihrer Lebensmöglichkeiten, wenn versucht wird, sie mit Anwendung von Gewaltmitteln in kurzer Zeit in bezug auf Form und Inhalt radikal umzubilden.«[28]

Der Sozialist Bernstein meinte sich hier in der Tradition von Marx und Engels zu bewegen, rezipierte aber tatsächlich den britischen Philosophen Herbert Spencer und kam auch zu einem ähnlichen Schluss wie Spencer, der mit dieser Analogie sein Postulat des Laissez-faire begründete.[29] Harry Graf Kessler vermerkte denn auch nicht ohne eine Spur von Spott nach einem Gespräch mit Bernstein im April 1919 in seinem Tagebuch: »Er stellte sich in der Sozialisierung auf einen so bourgeois-liberalen Standpunkt, namentlich inbezug auf die Unternehmer und die Sozialisierung der Betriebe, dass von wirklichem Sozialismus kaum noch Etwas übrig blieb.«[30]

---

28 *Bernstein*, Die deutsche Revolution, S. 237.
29 *Herbert Spencer*, The Social Organism (1860), in: *Ders.*, The Man Versus the State. With Six Essays on Government, Society, and Freedom, Indianapolis 1981, S. 383-434. Vgl. dazu M. W. *Taylor*, Men Versus the State. Herbert Spencer and Late Victorian Individualism, Oxford 1992, bes. S. 131-166. Bernstein hat Spencer nicht nur gelesen; er hat ihn auch rezensiert und erwähnt ihn zum Beispiel in einer gegen Kautsky gerichteten Verteidigung seiner Kritik an Hegel mit dem Titel »Dialektik und Entwicklung«: »Und gehen wir zu Marx und Engels selbst über, so werden wir finden, dass, was sie an wissenschaftlicher Erkenntnis dem Werke ihrer sozialistischen Vorgänger hinzugefügt haben, weit mehr auf die präziseren Formeln hinausläuft, welche die Spencersche Schule für die Evolutionslehre aufgestellt hat, als auf die berühmte ›Negation der Negation‹.« Die Neue Zeit, Jg. 17/2, Nr. 37 (10.6.1899), S. 334.
30 *Harry Graf Kessler*, Das Tagebuch 1880-1937. Siebter Band: 1918-1937, hg. v. *Angela Reinthal*, Stuttgart 2007, S. 231 [15.4.1919]. Bernstein zur Sozialisierung: Vgl. *Ders.*, Die Sozialisierung der Betriebe, Basel 1919 [Vortrag v. 24.2.1919 an der Universität Basel].

5 Zentralstelle für Einigung der Sozialdemokratie

Der Januaraufstand war für Bernstein die letzte Veranlassung, für die Wiedervereinigung der Sozialdemokratie auch außerhalb der etablierten Parteistrukturen aktiv zu werden. Auf sein Betreiben hin konstituierte sich in Berlin am 22. Januar 1919 die Zentralstelle für Einigung der Sozialdemokratie (ZfE) als eine für »alle auf dem Boden des Erfurter Programms stehenden Sozialdemokraten« offene Organisation, die »einen neutralen Mittelpunkt zur sachlichen Erörterung all der Streitfragen« bilden sollte. Es handle sich nicht »um die Gründung einer neuen Partei oder Sekte, sondern um Zusammenführung der heute in getrennten Lagern kämpfenden Sozialisten zu einem in brüderlichem Geiste geführten Meinungsaustausch«, der zum besseren Verständnis der Gegenseite und darüber zur Annäherung beitragen sollte.[31]

Die Parteipresse beider Richtungen enthielt sich zunächst jeder Bewertung. Der Redaktion der »Freiheit« verbot sich angesichts ihrer noch nicht einmal zwei Wochen zurückliegenden großen Pressekampagne für eine Einigung eine Stellungnahme gegen die ZfE. Die abwartende Haltung des »Vorwärts« hatte ihren Grund wohl in der seit den Novembertagen wohlwollenden Einstellung der Zeitung gegenüber Bernstein, der in all seinen Artikeln und Reden seit dem 9. November ganz entschieden gegen den Bolschewismus und die Politik der Spartakusgruppe zu Felde gezogen war und stets die Notwendigkeit der Aufrechterhaltung des Wirtschaftslebens betont hatte – Positionen, die voll und ganz auf der Linie des MSPD-Zentralorgans lagen. Zudem war in der Zeit zwischen November 1918 und Mitte Februar 1919 vermutlich auch Taktik im Spiel: Mit Bernsteins Namen wollte die MSPD in der Wählerschaft Stimmen aus dem Lager der pazifistisch orientierten Gegner ihrer Kriegspolitik

---

31 Vorwärts, Nr. 47, 26.1.1919 [Der Wille zur Einigung]. Zur ZfE vgl. grundlegend: *Knopp*, Einigungsdebatte, S. 249-501. Bernstein selbst hat die ZfE in seinen Erinnerungen nicht erwähnt. Als einziger der profilierteren theoretischen Köpfe der USPD trat Ströbel im Mai 1919 der ZfE bei.

gewinnen oder zumindest nicht verlieren und weitere Vertreter des rechten Flügels der USPD zum Wiedereintritt in die Partei ermuntern. Schließlich hoffte die Parteiführung, Bernsteins Wiederannäherung an die MSPD werde die internationalen Schwesterparteien zu ihren Gunsten beeinflussen; denn auf der vom 3. bis 10. Februar in Bern tagenden Internationalen Sozialistenkonferenz musste die MSPD mit schweren Anklagen wegen ihrer Kriegspolitik, möglicherweise sogar mit ihrem Ausschluss rechnen. Zumindest dieses Kalkül ging auf: Wie solle sich die Internationale in den deutschen Parteiverhältnissen noch zurechtfinden, wie die ihren unter Mehrheitlern und Spartakisten erkennen, fragte der den Mehrheitssozialisten gegenüber sehr skeptisch eingestellte französische Sozialist Pierre Renaudel:

> »Et les indépendants eux-mêmes, où sont-ils dans la confusion, que votre complicité impériale devait nécessairement créer? Bernstein par exemple, l'autre jour, un homme parmi les plus intelligents d'entre vous tous, paraissait se rallier à vous; d'autres s'en allaient à Spartacus. Quelle situation pour l'Internationale? Comment va-t-elle en effet choisir? Il faut qu'elle vous entende tous, et vous majoritaires dans votre défense complète [...].«[32]

Ihren sichtbaren Ausdruck fand die Rehabilitierung Bernsteins in der Mehrheitspartei, als der »Vorwärts« am 13. Februar erstmals seit der Parteispaltung wieder einen Artikel seines ehemaligen Englandkorrespondenten druckte: Ganz exponiert als Leitartikel, wenn auch mit der einschränkenden Vorbemerkung, die Redaktion könne, »solange eine befreiende Lösung nicht gefunden ist, auf den entschiedensten Kampf gegen die verhängnisvolle Politik der Unabhängigen nicht verzichten«, erschien sein Beitrag »Zur Frage der Einigkeit«. Auf die Rätefrage, die seit dem drohenden Ende dieser aus der Revolution geborenen Institution durch die Konstituierung des am 19. Januar gewählten Parlaments in den theoretischen Auseinandersetzungen

---

32 Gerhard A. Ritter (Hg.), Die II. Internationale 1918/19, Protokolle, Memoranden, Berichte und Korrespondenzen, 2 Bde., Bonn u. a. 1980, Bd. 1, Dok. 14, S. 228 f.

zwischen MSPD und USPD zunehmend an Bedeutung gewann, ging Bernstein weder in diesem Artikel noch an anderer Stelle ausführlich ein. Stattdessen wiederholte er seine Mahnung zur Einigung und begründete diese zum einen mit »wirtschaftlichen Notwendigkeiten«, zum anderen mit »der drohenden Gefahr eines Wiederaufkommens des Militarismus«. »Was auch einzelne Personen durch Fehlgriffe dazu beigetragen haben, ihm neues Leben einzuhauchen, und solche Fehlgriffe sind in beiden Lagern zu verzeichnen, Hauptursache ist die Spaltung der Sozialdemokratie.«[33] Dieser letzte Satz bezog sich vor allem auf den Januaraufstand.

Nachdem der Parteitag der Unabhängigen in einem auf Bernstein gemünzten Beschluss die Doppelmitgliedschaft in beiden sozialistischen Parteien untersagt hatte, trat dieser im März 1919 aus der USPD aus. Die »Freiheit« kommentierte das mit den Worten: »Bernstein ist einer von jenen, deren politische Stellungnahme in der Revolution vor allem von der Besorgnis vor dem Bolschewismus bestimmt wird.« Tatsächlich aber sei das »Versagen wirklicher sozialistischer Politik« der wahre Grund für die Radikalisierung der Arbeiter und den Zulauf der Kommunisten.[34]

Es dauerte bis in den Spätherbst hinein, bis auch Spitzenpolitiker der MSPD auf die sich häufenden offen antirepublikanischen Demonstrationen der Rechten in Berlin und anderswo reagierten, etwa Philipp Scheidemann am 15. November 1919 mit einem »Der Feind steht

---

33 Vorwärts, Nr. 81, 13.2.1919 [Zur Frage der Einigkeit]. In den Tagen zuvor hatten die Unabhängigen Rudolf Breitscheid und Rudolf Hilferding die Frage der Einheit mit der Forderung verknüpft, die Räteorganisationen in der parlamentarischen Demokratie neben der Nationalversammlung beizubehalten. Vgl. Breitscheids Beitrag in: Die Freiheit, Nr. 72 v. 10.2.1919 [Demokratie oder Arbeiterräte]; Hilferdings Beitrag ebd., Nr. 71, 9.2.1919 [Die Einigung des Proletariats]; Vgl. auch Vorwärts, Nr. 74, 10.2.1919 [Der Ruf nach Einigung]; Die Freiheit, Nr. 73, 10.2.1919 [Die Einigung].
34 Die Freiheit, Nr. 137, 22.3.1919 [Kommentar der Redaktion im Anschluss an Bernsteins Artikel »Auf Wiedersehen! Ein Abschiedswort an die unabhängige Sozialdemokratie«].

rechts« betitelten »Vorwärts«-Artikel.³⁵ Um diese Zeit lud Bernstein im Namen der ZfE die Vorstände von MSPD und USPD zu Gesprächen »zur Herbeiführung einer gemeinsamen Front gegen die reaktionären Treibereien« ein. Dies war die bedeutendste Initiative auf Führungsebene, die von der Zentralstelle ausging und am 22. November immerhin zu einem Treffen mit dem Vorstand der MSPD führte. Das USPD-Zentralkomitee verweigerte allerdings Gespräche, sodass auch diese Vermittlungsaktion schon gescheitert war, bevor sie tatsächlich begann.³⁶

Ende April 1920 soll Bernstein im Hinblick auf die bevorstehenden Reichstagswahlen am 6. Juni noch einmal im »Vorwärts« für gemeinsame Wahllisten von MSPD und USPD geworben haben.³⁷ Aufgrund der vollkommen unnachgiebigen Haltung der USPD vollzog Bernstein jedoch spätestens Anfang Mai eine Kehrtwendung und erklärte den Unabhängigen den Kampf:

> »Nachdem die Leitung der unabhängigen Partei es rundum abgelehnt hat, mit der Leitung unserer Partei wegen Verständigung im Interesse einer Einheitsfront in Verbindung zu treten, sind wir genötigt, um jedes nicht ganz sichere Mandat mit ihr zu ringen. Die Erkenntnis, daß der drohende Feind rechts steht, darf uns darüber nicht hinwegtäuschen«,

schrieb er Anfang Mai 1920 an seinen Breslauer Wahlkreis, der ihm eine erneute Reichstagskandidatur angeboten hatte. Da in Berlin »wegen der verhältnismäßigen Stärke der Unabhängigen der Kampf

---

35 Vorwärts, Nr. 586, 15.11.1919 [Der Feind steht rechts]. So war auch eine feste Rubrik im ZfE-Verbandsorgan »Der Marxist« betitelt. Scheidemann reagierte mit diesem Artikel auf den Aufmarsch der Rechten in der Reichshauptstadt aus Anlass der Vorladung Hindenburgs vor den Reichstagsuntersuchungsausschuss über die Ursachen des Weltkriegs.
36 Zitat: Vorwärts, Nr. 604, 26.11.1919 [Zur Einigungsfrage]. Vgl. *Knopp*, Einigungsdebatte, S. 388-390. Bis zum Ende des Sommers 1920 sind Aktivitäten der ZfE nachweisbar; sie blieben aber sämtlich ohne nachhaltige Wirkung.
37 *Knopp*, Einigungsdebatte, S. 494. Den von Knopp ohne genaue Quellenangabe erwähnten »Vorwärts«-Artikel konnte ich nicht ermitteln.

schwerer als in Breslau« sei, habe er sich entschieden, das Breslauer Angebot zugunsten einer Kandidatur im Wahlkreis Teltow-Beeskow auszuschlagen.[38]

Bernstein wurde wieder in den Reichstag gewählt. Doch in der Fraktion blieb er, vor allem seines Kampfes um die Anerkennung der deutschen Kriegsschuld wegen, weitgehend isoliert und politisch wirkungslos.[39]

---

38 Vorwärts, Nr. 234, 7.5.1920 [Eduard Bernstein gegen U.S. P. Bedeutung des grundsätzlichen Kampfes]. Teltow-Beeskow war der Wahlkreis Potsdam II, bestehend aus den Kreisen Teltow und Beeskow-Storkow sowie den Berliner Gemeinden Charlottenburg, Neukölln, Wilmersdorf und Bernsteins Wohnbezirk Schöneberg.
39 Vgl. dazu *Löwe*, Der Politiker Eduard Bernstein, bes. S. 24-62.

Lothar Wieland

»Der Sozialismus muss die nationalistisch-militaristische Ideologie zerstören!«[1] Heinrich Ströbel (1869–1944)

Ströbel und die gescheiterte Neuausrichtung der Sozialdemokratie als Folge des Ersten Weltkrieges

August Bebels Protegé beim »Vorwärts«, zusammen mit Karl Liebknecht erster sozialdemokratischer Abgeordneter im preußischen »Dreiklassen-Haus«, Mitbegründer der »Unabhängigen Sozialdemokratischen Partei Deutschlands« (USPD), preußischer Ministerpräsident in den Revolutionsmonaten, Reichstagsabgeordneter mit Sitz direkt hinter dem Fraktionsvorsitzenden, Finanz- und Militärexperte der SPD, prominenter Vertreter ihres pazifistischen Flügels, gern gesehener Gast auf internationalen sozialistischen Kon-

---

1 *Heinrich Ströbel*, Zwischen den Krisen, in: Das Andere Deutschland, 22.5.1926 (leicht geändertes Zitat). Zum Anderen Deutschland vgl. Das Andere Deutschland. Unabhängige Zeitung für entschiedene republikanische Politik, hg. v. *Helmut Donat* und *Lothar Wieland*, Königstein im Taunus 1983.

gressen – Heinrich Ströbel[2] gehört vor 1933 zweifellos zur ersten Riege der deutschen Sozialdemokratie, ist auch über die Grenzen Deutschlands, vor allem in Österreich und Großbritannien, bekannt als ein sozialdemokratischer Theoretiker, der wichtige Bücher schreibt, die die aktuelle Diskussion der damaligen Zeit mitbestimmen oder gar beherrschen und in mehreren Auflagen erscheinen: über die deutsche Revolution von 1918, das Problem des Bolschewismus in westeuropäischen Industriestaaten, die Sozialisierung von Schlüsselindustrien oder auch über die Rolle des demokratischen Sozialismus im damaligen Nachkriegseuropa. Für einen Zeitraum von ungefähr 30 Jahren – von der Jahrhundertwende bis zur »Machtergreifung« der Nationalsozialisten – drückt Ströbel der Geschichte der Sozialdemokratie seinen ganz persönlichen Stempel auf. Nach 1945 sollte sich das Bild indessen völlig verändern. 1944 in großer materieller Not im Schweizer Exil verstorben, gerät der einst so angesehene Ströbel in beiden Teilen Deutschlands schnell in Vergessenheit. Er wird sozusagen aus dem Gedächtnis der Nation gelöscht.

Die SPD behält ein gebrochenes Verhältnis zu dem Politiker und Journalisten, der zwischen 1914 und 1933 mit der Politik seiner Partei scharf ins Gericht gegangen ist und ihr 1931 den Rücken kehrte, um einem Parteiausschlussverfahren als Folge seines Aufbegehrens gegen die Tolerierungspolitik zu entgehen. Ungern setzt sie sich mit seinen nonkonformistischen Ansichten auseinander, die so sehr von den Auffassungen eines marxistischen Sozialdemokraten der 1920er-Jahre abweichen. Anders als die Mehrheit der SPD, die in der Weimarer Republik eher zu Kompromissen gegenüber den bürgerlichen Parteien neigte, um ihre Koalitionsfähigkeit zu bewahren, befand sich Ströbel von Beginn an auf einem Konfrontationskurs gegenüber denjenigen Parteien, die sich nur aus Vernunftgründen der Republik zur Verfügung stellten, in Wirklichkeit aber systemsprengende, revisionistische Ziele verfolgten und damit Wasser auf die Mühlen des

---

2 Allgemein zu Ströbel vgl. *Lothar Wieland*, »Wieder wie 1914!« Heinrich Ströbel (1869–1944). Biographie eines vergessenen Sozialdemokraten. Mit einem Geleitwort von Hans Koschnick, Bremen 2009.

sich gerade erst konstituierenden Nationalsozialismus leiteten. Statt in eine Regierung einzutreten, in der die SPD keine Dominanz auszuüben vermochte, zog er die Oppositionsrolle vor, in der die Menschen uneingeschränkt gegen die arbeiterfeindliche Politik bürgerlicher Parteien mobilisiert werden konnten.

Wo liegen die Ursachen dieser diametral entgegengesetzten Politikentwürfe, die die einst so mächtige und international angesehene Sozialdemokratie in drei völlig divergierende, sich heftig bekämpfende Richtungen zerreißen sollten? Die Antwort liefert der Erste Weltkrieg, die »Urkatastrophe« des 20. Jahrhunderts. Im Unterschied zu seiner Partei, die dem Krieg aus durchsichtigen Gründen eine ökonomische Ursache zugrunde legte, verstand Ströbel ihn gemeinsam mit Eduard Bernstein und Karl Kautsky als Versuch der deutschen Machthaber, große Teile Europas unter ihre Hegemonie zu bekommen. Es ist die Kriegsschuldfrage und ihre unterschiedliche Beantwortung, die die Partei implodieren lässt. Die Stellung zum Krieg und zur deutschen Kriegspolitik entscheidet über die Bildung neuer Fraktionen, die sich eklatant von denjenigen der Vorkriegsjahre abheben: Wer hätte schon nach all den zum Teil giftig geführten innerparteilichen Kontroversen von vor 1914 an eine Versöhnung zwischen Kautsky und Bernstein geglaubt oder ein gemeinsames Handeln von Vertretern des linksradikalen Spektrums wie Paul Lensch oder Heinrich Cunow und den Ikonen des Revisionismus wie Eduard David oder Albert Südekum für möglich gehalten, um nur einige wenige Beispiele zu nennen!

Ströbel gehörte in der Julikrise 1914 zu den wenigen Sozialdemokraten, die sich nicht von der regierungsoffiziellen Propaganda manipulieren ließen, die Russland als Aggressor aufbaute und damit die bekannten antizaristischen Affekte der SPD zu mobilisieren wusste. Auch nach dem 1. August 1914, als die Meinungsfreiheit durch die Verhängung des Kriegszustandes arg beschnitten wurde, beharrte er auf der kritischen Haltung, die ursprünglich die gesamte sozialdemokratische Presse seit dem 25. Juli gegenüber den Mittelmächten eingenommen hatte: Deutschland und Österreich-Ungarn waren entgegen allen anderen Verlautbarungen die wahren Kriegstreiber, die schon in den Vorkriegsjahren zahllose innereuropäische Konflikte heraufbeschworen hatten, etwa die Marokko-Krisen von 1905 und 1911 oder die bosnische Annexionskrise von 1908.

Der 4. August 1914, an dem das Unvorstellbare geschah und die mächtige, von konservativen Kreisen gefürchtete Sozialdemokratie, Ströbels zweite Heimat, der Garant des Friedens und einer künftigen gerechteren Welt den Sündenfall beging und die Kriegskredite bewilligte, *um eine Niederlage des Kaiserreichs abzuwenden,* die auch massive, vor allem materielle Auswirkungen auf die Partei und ihre Untergliederungen gehabt hätte, erschütterte Ströbel bis ins Mark und markierte einen tiefen Einschnitt im Leben des bereits 45-Jährigen. Eine Neujustierung seiner politischen Grundüberzeugungen war unabdingbar, der Weg zum Pazifismus, für den er vor dem Krieg nur ein abschätziges Lächeln hatte aufbringen können, vorgezeichnet, zumal dieser sich unter den Einwirkungen des Krieges entscheidend wandeln sollte: Aus dem innenpolitisch eher konservativ ausgerichteten »Honoratiorenpazifismus« wurde die fest in der Arbeiterschaft verankerte »Kampfgemeinschaft« für den Frieden. Die aus der Analyse der Julikrise abgeleitete Erkenntnis, dass sich jeder Sozialist schon vor dem Sturz des Kapitalismus für die Kriegsverhütung einzusetzen habe, statt Kriege geradezu fatalistisch als unvermeidliche Begleiterscheinung dieses Systems hinzunehmen, führte den radikalen Sozialdemokraten Ströbel bereits 1915 an die Seite bürgerlicher Friedensfreunde, die sich im »Bund Neues Vaterland«, einer neuen, nunmehr innenpolitisch orientierten pazifistischen Organisation, gegen die deutsche Kriegspolitik gesammelt hatten.

Drei wesentliche Gründe entschieden darüber, dass sich Ströbel beinahe zwangsläufig im Lager der pazifistischen Kriegsgegner wiederfinden musste. *Zunächst* leitete er den Krieg aus den politischen Machtstrukturen Preußen-Deutschlands ab, die von gesellschaftlichen Eliten, also von Menschen beherrscht wurden, über die jeder Sozialdemokrat schon auf der Parteischule informiert worden war: der preußischen Junker- und Militärkaste. Dies führte Ströbel zu einer Modifikation seines Militarismusbegriffs, der sich in den Vorkriegsjahren als Folge unablässiger Reibereien mit den konservativen Kreisen Preußens herausgebildet hatte. Militarismus – darunter verstand er in erster Linie eine Geisteshaltung, den kriegerischen, soldatischen Geist des preußischen Adels, der sich seit 1871 in breite Bevölkerungsschichten hineingefressen habe und freiheitlich-demokratische Werte und Verhaltensweisen als »undeutsch« diffamiere. Vor 1914 wurden diese kritischen Töne noch von dem auch von ihm geteilten marxistischen Dogma neutralisiert, wonach der Militarismus lediglich ein Phänomen des gesellschaftlichen Überbaus darstelle und sich mit der Überwindung des Kapitalismus von selbst erledige. Obwohl er bereits damals ein deutliches Gespür für die *politischen* Besonderheiten der kapitalistischen Staaten Westeuropas besessen hatte, die sich im Gegensatz zu Deutschland auf dem Wege bürgerlicher Revolutionen ihrer adeligen Herrschaften entledigt hatten, hatte er der Eigendynamik des Faktors »Militarismus« noch kaum Aufmerksamkeit gezollt. Der Krieg brachte die Wende, lieferte er doch den unumstößlichen Beweis, dass keineswegs ökonomische Antriebskräfte für seine Entstehung ausschlaggebend waren, sondern der menschliche Wille zum Krieg, also der sogenannte subjektive Faktor. *Deshalb* verwarf Ströbel einen Sieg des Kaiserreichs als gleichbedeutend mit einer direkten Niederlage der auf Emanzipation vom Preußentum zielenden Sozialdemokratie: Ein solcher Sieg müsste Europa in »eine Riesenkaserne und ein Riesenzuchthaus für alle freien Geister«[3] verwandeln. Zum kaiserlichen Deutschland stehen – das hieß für einen Sozialdemokraten, der die Repressionen des Sozialistengesetzes hautnah erlebt hatte, zur Reaktion in Europa stehen und war damit für Ströbel unvorstellbar.

Entscheidend für seinen radikalen Stimmungsumschwung war jedoch ein *anderer* Faktor, der ihn zum Erstaunen so mancher Parteigenossen an die Seite Bernsteins führte. Auf dessen Revisionismus hatte Ströbel vor 1914 als Vertreter des linken Zentrums nur mit Häme und Verachtung hinabgeblickt. Die enormen Verlustziffern auf den Schlachtfeldern, unter denen alle Kriegsparteien zu leiden hatten,

---

3 *Heinrich Ströbel*, Die Kriegsschuld der Rechtssozialisten, Charlottenburg 1919, S. 12.

bewiesen Ströbel, dass der Weltkrieg ein Zivilisationsbruch, ein Rückfall in die Zeiten längst überwundener Barbarei war. Diese humanitäre Position führte dazu, dass er eine Revision seiner marxistischen Gedankenwelt vornahm und sich von einem zentralen Dogma der Vorkriegs-SPD verabschiedete: der Überzeugung, dass der sich im Prinzip des Klassenkampfs manifestierende Faktor »Gewalt« die Gesellschaft zum Positiven verändern könne.

Ströbel bezweifelte von nun an die aus der ökonomischen Theorie abgeleitete Determinierbarkeit von Geschichte; die Aufwärtsentwicklung zum Sozialismus sah er nicht mehr als zwangsläufig an. Nicht allein das Sein, das heißt die ökonomische Basis, bestimmte demnach das Bewusstsein, sondern das Bewusstsein bestimmte als subjektiver Faktor umgekehrt auch das Sein. Indem er dem politischen Handeln von Führungspersönlichkeiten wie Bismarck, Lenin oder auch Mussolini eine entscheidende gesellschaftsverändernde Qualität attestierte, verabschiedete sich Ströbel von dem mechanistisch-materialistischen Moment der marxistischen Theorie und räumte von nun an moralisch-sittlichen Antriebskräften einen hohen Stellenwert ein. Die Vertreter dieses *ethischen* Sozialismus waren nach dem Gemetzel des Weltkrieges davon überzeugt, der Parteibasis durch ein neues soziales Gewissen, in erster Linie durch den Verzicht auf Gewaltanwendung, mehr Schwung im täglichen Ringen um die Wählergunst verleihen zu können.

In der Folge modifizierte Ströbel das Prinzip des sozialdemokratischen Klassenkampfs: Dieser sei dann am wirksamsten, wenn er sich geistiger Waffen und wirtschaftlicher Mittel bediene. Nicht die Faust, sondern das Gehirn bewirke gesellschaftlichen Fortschritt. Die Analyse der wirtschaftlichen und politischen Verhältnisse sowie die Aufklärung der Arbeiterschaft und aller progressiven Gruppen des Bürgertums über für sie oft nachteilige Zustände mit dem Ziel der Durchsetzung der sozialen Demokratie – das waren die Grundlinien seines neuen Konzepts. Der Sozialismus stellte sich von nun an ausschließlich als *Organisationsproblem* der rationalen, friedlichen Umgestaltung des kapitalistischen Systems dar. Ströbel empfahl eine Politik der kleinen Schritte, wünschte sich unablässige, zielstrebige

Reformarbeit, als deren Ergebnis der sozialistische Gedanke in immer größere Bereiche des gesellschaftlichen Lebens eindringen sollte. Nur derjenige konnte für ihn den Anspruch eines wirklichen Sozialdemokraten erheben, der sich zu der Überzeugung bekannte, dass Gewaltanwendung nicht nur unsittlich, sondern geradezu reaktionär sei, weil sie in den meisten Fällen die Kräfte der Gegenrevolution auf die Tagesordnung rufen müsse. Ströbel zeigt sich hier als grenzenloser Optimist, Rationalist und Anhänger aufklärerischer Gedanken, der sich zu diesem Zeitpunkt (vor 1933) schwer vorstellen kann, dass Menschen trotz aller gut gemeinten Aufklärung auch von Irrationalismen und impulsiven Gefühlsregungen gesteuert werden können – und zwar gegen ihre eigene Interessenlage.

Aus diesen Erkenntnissen leitete Ströbel den bedingungslosen Kampf gegen den deutschen Nationalismus ab, der sich während der Weimarer Republik, unabhängig von ökonomischen Überlegungen, sukzessive regenerierte, um Revanche für seine Niederlage von 1918 zu nehmen und deren Folge, den Versailler Vertrag von 1919, zu revidieren. Er sah sich immer als Repräsentant des einfachen Volkes, das nicht noch einmal in den Schützengraben gezerrt werden sollte und deshalb rechtzeitig – und das hieß vor 1933 – gegen das erneut aufziehende Unheil mobilisiert werden musste. Das primäre Feindbild war nicht mehr der ausbeuterische Kapitalist, sondern der kriegerische preußische Junker, dem eine geschlossene Linke in den Arm zu fallen habe, um einen zweiten »Griff nach der Weltmacht« zu verhindern, vor dem Ströbel schon 1919 hellsichtig warnte. Priorität besaß nun die Realisierung der politischen Freiheit nach Jahrzehnten der militaristischen und obrigkeitsstaatlichen Unterdrückung, die Transformation des von Autoritäten beherrschten und eingeschüchterten Untertans in den mündigen, selbstbestimmten Bürger sowie die Befreiung vom militärstaatlichen Denken, das »im geschliffenen Schwert« und der »schimmernden Wehr« die Ultima Ratio der Innen- und Außenpolitik zu sehen glaubte und sich damit dem Weg einer friedlichen Konfliktschlichtung sowohl im nationalen als auch im internationalen Rahmen *per se* verweigerte. Es handelte sich um ein groß angelegtes Erziehungsprogramm, das, nachdem es 1918/1920

Bild 8 SPD-MdR Heinrich Ströbel, 1929

nicht umgesetzt werden konnte, schließlich nach 1945 in den westlichen Besatzungszonen unter ungleich schlechteren Bedingungen in Angriff genommen werden sollte – jedoch nicht mehr von den Deutschen selbst, sondern von den Alliierten, die das nunmehr faschistische Deutschland in einem abermaligen, noch blutigeren Krieg niedergerungen hatten.

Während Ströbels Überlegungen erheblichen Niederschlag in der sächsischen Parteiorganisation fanden, die maßgeblich von der »Nie-wieder-Krieg«-Kampagne der frühen 1920er-Jahre geprägt wurde, und vor allem in der von Karl Böchel geleiteten »Chemnitzer Volksstimme«, deren Leitartikel Ströbel über Jahre verfasste, sträubte sich eine Mehrheit der SPD gegen dieses Politikkonzept und vertraute auf Rudolf Hilferdings Theorie vom organisierten Kapitalismus. Guten Gewissens konnte sie dabei auf die in der Partei allgemein akzeptierte, einseitig ökonomische Betrachtungsweise sozialer Prozesse zurückgreifen. Danach wurde der geschichtliche Verlauf quasi automatisch durch die wirtschaftlichen Umstände in Richtung auf den sozialistischen Zukunftsstaat gesteuert. Die Rolle der Persönlichkeit in der Politik hatte für sie kaum Bedeutung.

Ströbels innenpolitische Neujustierung der sozialdemokratischen Programmatik in Richtung einer pazifistischen Demokratie, zu der keineswegs die Ablehnung von Verteidigungskriegen gehörte, korrespondierte mit der Entwicklung einer eigenständigen sozialdemokratischen Außenpolitik, für die die Vorkriegspartei wegen ihres Primats der Innenpolitik keine Notwendigkeit gesehen hatte. Ströbel, Bernstein und Kautsky postulierten einen kausalen Zusammenhang zwischen dem Prinzip der Demokratie und dem universellen Selbstbestimmungsrecht der Völker: Das demokratische Engagement des Wahlvolkes war somit die Basis für die Ausübung des Selbstbestimmungsrechts. Werde der eine Teil dieses Konstrukts beeinträchtigt, müsse auch der andere darunter leiden. Diese neue »Sozialdemokratische Völkerpolitik« (Bernstein) wurde getragen von dem Verzicht auf Gewaltanwendung und der Bereitschaft zur friedlichen Konfliktschlichtung, für die allseits anerkannte internationale Institutionen geschaffen werden sollten: Schiedsgerichte und ein »Bund der Völker«.

Damit distanzierten sich diese Sozialdemokraten einerseits von der Machtpolitik bürgerlicher oder gar autokratischer Systeme und prägten andererseits die neue, im April 1917 gegründete USPD, die ohne Zweifel ein heterogenes Gebilde mit divergierenden politischen Strömungen war, in dem sich die Gegner der sozialdemokratischen Burgfriedenspolitik sammelten. Bis in den Herbst 1919 hinein besaß sie indessen einen kräftigen pazifistischen Anstrich – nicht ohne Grund wurde sie im feindlichen Ausland als die deutsche »Wilson-Partei« und damit als Hoffnungsschimmer eines von Grund auf reformierten Deutschlands begrüßt.

Die SED auf der anderen Seite konnte Ströbel nie verzeihen, dass er die Politik Lenins und seiner deutschen Adepten wie kaum ein anderer kritisiert hatte, nicht polemisch, demagogisch, sondern, was viel effizienter war, nüchtern-wissenschaftlich, die schwachen Stellen, Widersprüche und Defizite der bolschewistischen »Utopie«[4] von der Position des demokratischen Sozialisten aus schonungslos und damit umso gnadenloser, sprich vernichtender sezierend. Hämische, hasserfüllte Tiraden aus dem Lager der deutschen und österreichischen Kommunisten ergossen sich in der Konsequenz über ihn. Umso mehr, als er zwischen 1917 und 1920 in Anlehnung an Kautsky die Auffassung vertrat, dass in Russland »ein despotischer, tatarischer Sozialismus« die Oberhand gewonnen habe[5], der seine geistigen Wurzeln im Anarchismus eines Michail Bakunin oder Alexander Herzen finde, also ein Produkt des zaristischen Unterdrückungsstaates sei, der der sozialistischen Bewegung keinen Raum zur Organisation gegeben und sie unweigerlich in den Untergrund getrieben, das heißt einem voluntaristischen Putschismus preisgegeben habe. Damit stehe er dem wissenschaftlichen Sozialismus von Marx und Engels diametral entgegen, der nicht nur die innerparteiliche Demokratie postuliere, die Ströbel und die Parteiopposition seit dem August 1914 unablässig von den Führungsgremien der Sozialdemokratie einge-

---

4 Heinrich Ströbel, Gefühl oder Erkenntnis?, in: Sozialistische Auslandspolitik, 8.8.1918.
5 Vgl. *Uli Schöler*, »Despotischer Sozialismus« oder »Staatssklaverei«. Die theoretische Verarbeitung der sowjetrussischen Entwicklung in der Sozialdemokratie Deutschlands und Österreichs 1917–1919, 2 Bde., Münster i. Westf. 1990.

fordert hatten, sondern auch in der Massenmobilisierung den Treibriemen zur Erzwingung fortschrittlicher sozialer Verhältnisse sehe. Im Mittelpunkt seiner Kritik stand die Diktatur einer Minderheit, die, erklärte Ströbel 1920, keine demokratische Legitimation besitze und sich allein mit den Mitteln des Terrors an der Macht halten könne. Dieses harsche Urteil leitete sich nicht zuletzt aus der gewaltsamen Auflösung der russischen Konstituante im Januar 1918 ab, mit der die Leninisten gegen ein zentrales Prinzip der sozialistischen Lehre verstießen: das Selbstbestimmungsrecht der Völker. Wer die Macht der preußischen Junker und ihrer Handlanger brechen wollte, um ein wahrhaft demokratisches Deutschland zu gründen, musste den Bolschewismus geradezu als Spalter, ja als klammheimlichen Verbündeten des eigenen innenpolitischen Kontrahenten ansehen, der dessen Sturz ungemein erschwerte – eine These, die nicht nur mit der fatalen Außenpolitik Lenins im Vorfeld des Friedensvertrags von Brest-Litowsk 1918 belegt werden kann.

Mit großer Präzision arbeitete Ströbel den fundamentalen strukturellen Unterschied heraus, der Deutschland von Russland trennte und die Übertragung des russischen Revolutionsmodells auf die deutschen Verhältnisse ausschloss: den extrem divergierenden Grad der Industrialisierung. Während das Agrarland Russland keineswegs auf seine industrielle Produktion angewiesen war, freigesetzte Arbeiter somit in der Landwirtschaft oder der Roten Armee Unterschlupf finden konnten, musste eine sofortige, per Dekret erzwungene Verstaatlichung die hoch entwickelte Industrienation Deutschland schwer treffen: die gesamte Wirtschaft würde abrupt zum Stillstand gebracht werden, mit Hungersnöten sowie gesellschaftlichem Verfall als unvermeidliche Folgen. Insofern, entgegnete Ströbel den glühenden Anhängern des bolschewistischen Modells, seien Räteherrschaft und umgehende Sozialisierung aller Wirtschaftsbereiche gleichbedeutend mit einem Kamikazeunternehmen, das Deutschland in ein wirtschaftliches und politisches Chaos ungeahnten Ausmaßes stürzen werde. Als einzig möglichen Weg forderte er deshalb die friedliche Entwicklung zum Sozialismus, die ausschließliche Verstaatlichung von Schlüsselindustrien (Bergbau, Bahn) unter Aufrechterhaltung der demokratischen Spielregeln. Sozialismus – das war für Ströbel die Errichtung eines demokratischen Sozialstaates.

Ströbels schonungslose Abrechnung mit dem leninistischen Kommunismus mündete im Herbst 1920 in seine Relegation aus der USPD, die in den Hafen des Bolschewismus einzulaufen gedachte und sich als Vorbedingung ihres Anschlusses an die 3. Internationale ihrer »Rechtsabweichler« zu entledigen hatte. Hintergrund des schäbigen Spießrutenlaufs, dem er sich dabei über Monate ausgesetzt sah, waren nicht zuletzt seine sich immer eindringlicher gestaltenden Rufe nach der Einigung der Arbeiterbewegung. Schon die bürgerkriegsähnlichen Szenen, die sich in den ersten Monaten des Jahres 1919 zwischen Freikorps und radikalen Linken auf den Straßen Berlins abgespielt hatten, demonstrierten ihm schlaglichtartig einen verhängnisvollen Mechanismus, der seinen Traum von einem rundum erneuerten Deutschland unweigerlich zerbersten lassen musste: Während sich die sozialdemokratische Mehrheit mit den alten Kräften in Armee und Bürokratie arrangierte und bereits seit dem Ebert-Groener-Pakt kaum noch eine Möglichkeit bestand, die Schlüsselstellungen des Staatsapparates mit republikanischen Vertrauensleuten zu besetzen, erwarteten Kommunisten und in zunehmendem Maße auch Unabhängige alles Heil vom Bolschewismus. In der Folge gelang es denjenigen Kräften, die den Weltkrieg inszeniert hatten und mit ihrer Niederlage im November 1918 eigentlich von der politischen Bühne hätten abtreten müssen, ihre zwischenzeitlich infrage gestellte Machtposition zu konsolidieren.

Um sich nicht ins politische Abseits zu manövrieren, kehrte Ströbel im September 1920 zur Mehrheitspartei zurück; zweifellos keine sonderlich schwierige Entscheidung, hatte sich die SPD doch seit dem Kriege erstaunlich gewandelt. Zwar behandelte sie den innenpolitischen Gegner immer noch mit Samthandschuhen, außenpolitisch vertrat sie aber nun Ansichten, die sich durchaus mit Ströbels Pazifismus deckten. Von kaum zu unterschätzender Bedeutung war darüber hinaus das Bekenntnis der SPD zu Demokratie und Gewaltlosigkeit, das seine Rückkehr erst ermöglichte. Seine eigentliche Heimat blieben dennoch die pazifistischen Organisationen der Weimarer Republik, voran die »Deutsche Friedensgesellschaft« und die »Deutsche Liga für Menschenrechte«, in denen Ströbel all die brennenden Probleme artikulieren konnte, zu denen die sozialdemokratische Parteiführung ungern Stellung bezog: Fememorde, illegale Aufrüstung, republikfeindliche Agitation von Deutschnationalen und Völkischen.

Detlef Lehnert

Paul Löbe (1875–1967): Vom Redakteur zum Reichstagspräsidenten

Die Lebensdaten von Paul Löbe unter dem Motiv des Reichstagsgebäudes, dazu die Zeile »1920–1932 Reichstagspräsident«: So war das auf einer 50-Pfennig-Briefmarke zu lesen, die 1975 zu Löbes 100. Geburtstag erschien. Das an ihn erinnernde Paul-Löbe-Haus des Deutschen Bundestags wurde 2001 eröffnet; darin ist ein Teil der Ausschüsse und Abgeordnetenbüros untergebracht. Mehr als seine Reichstagspräsidentschaft[1] sowie vielleicht noch, dass Löbe im März 1933 zu jenen 94 SPD-Abgeordneten gehörte, die gegen Hitlers Ermächtigungsgesetz stimmten und in der NS-Zeit mehrfach inhaftiert waren[2], ist heutzutage über Löbe meist nicht bekannt.[3] Haupt-

---

1 Im Standardwerk von Heinrich August Winkler wurde Löbes Präsidentschaft fehlerhaft auf »1925–32« datiert. Vgl. *Heinrich August Winkler*, Von der Revolution zur Stabilisierung. Arbeiter und Arbeiterbewegung in der Weimarer Republik 1918 bis 1924, Berlin 1984, S. 765.
2 *Klaus Schönhoven*, Freiheit und Leben kann man uns nehmen, die Ehre nicht. Das Schicksal der 1933 gewählten SPD-Reichstagsabgeordneten, Bonn 2017, bes. S. 128-130 (auch mit kritischen Hinweisen zur hier nicht behandelten Extremsituation 1933).

beruflich war Löbe Chefredakteur der Breslauer Tageszeitung »Volkswacht«, bevor er 1920 ins hohe politische Amt des Reichstagspräsidenten wechselte.[4]

1 Herkunft und Vorprägungen

Vorab ist kurz der Lebensweg Löbes bis zum Ersten Weltkrieg zu skizzieren, der im niederschlesischen Liegnitz in einer sechsköpfigen Arbeiterfamilie begann. Während ihn der Vater bei einem Schneider zur Ausbildung anmeldete, fand der lernaktive Volksschüler Paul Löbe selbst eine Lehrstelle als Schriftsetzer. Bald schon verfasste er eigene Texte für das Breslauer SPD-Blatt »Volkswacht«. Dort wurde er, nach Wandergesellenjahren quer durch Europa, bereits Anfang 1899 jüngster Redakteur. Das war im preußischen Obrigkeitsstaat ein gefahrvoller Beruf: Mehrfach musste er wegen betont kritischer Wortwahl ins Gefängnis, im Februar 1906 wegen eines vorausgegangenen Aufrufs gegen das Dreiklassenwahlrecht, der auch die russische Revolution und österreichische Demonstrationen positiv erwähnte, sogar für volle zwölf Monate. In den Lebenserinnerungen schildert dies Löbe in gesinnungsfestem Stolz: »Im Gefängnis ging ich später an Weltgeschichte, Literaturgeschichte, an das Handwörterbuch für Staatswissenschaften, an Französisch und Englisch im Selbstunter-

---

3   Zu Löbes geschichtlicher Hauptrolle vgl. *Thomas Mergel,* Parlamentarische Kultur in der Weimarer Republik, Düsseldorf 2005: »Es ist ein Zeichen für die Unterschätzung des Parlamentarismus in der Weimarer Republik, daß es über diese wichtige Figur keine befriedigende wissenschaftliche Biographie gibt.« (S. 210/ Anm. 142). Bislang existiert für die Weimarer Zeit nur die Magisterarbeit von *Theodor Oliwa,* Paul Löbe. Sozialdemokrat und Reichstagspräsident in der Weimarer Republik, Regensburg 1994.
4   Sein Nachfolger wurde der zuvor das Bremer SPD-Blatt leitende Jungakademiker und Königsberger jüdischer Herkunft Immanuel Birnbaum, der nach seiner Widerstandstätigkeit gegen die NS-Diktatur später Mitglied der Chefredaktion der »Süddeutschen Zeitung« wurde. Birnbaum hinterließ knappe Erinnerungen an die Breslauer Jahre und Löbe mit dem Titel: Sieben Jahre Breslauer »Volkswacht«, in: *Wilhelm Matull,* Ostdeutschlands Arbeiterbewegung, Würzburg 1973, S. 75–80.

richt heran.«⁵ Die Charakterisierung einer »Generation Ebert« (um 1870 geboren), dass sie wenig staatliche Repression erfuhr und deshalb integrationsbereiter war als zuvor die »Generation Bebel«⁶, ist am Beispiel Löbes also jedenfalls für das ostelbische Preußen zu modifizieren.

Wenig bekannt ist ferner, dass Löbe als örtliches SPD-Vorstandsmitglied wesentlich dazu beigetragen hat, Eduard Bernstein nach Rückkehr aus dem Londoner Exil 1901 als Reichstagskandidaten für Breslau-West durchzusetzen. Durch Tod des namhaften Parteijournalisten Bruno Schönlank war die Nachwahl eines Abgeordneten erforderlich. Nachdem Löbe zur Unterstützung Bernsteins mit dessen geistigem »Weltruf« argumentiert hatte, fiel die Entscheidung mit 223 zu 210 Stimmen gegen einen Lokalmatador dennoch knapp aus.⁷ Bernstein gewann das Reichstagsmandat dann klar mit 57 Prozent der Stimmen gegen Freisinnige, Konservative und Antisemiten. In der Befürwortung des politischen Massenstreiks gegen das Dreiklassenwahlrecht folgte Löbe dem aktivistisch orientierten Revisionismus Bernsteins: Gegenüber gewerkschaftlichen Vorbehalten, die ihm organisatorisch »konservativ« erschienen, hielt Löbe im Sinne der Massenaktivierung sogar »unvorsichtige Generalstreikpropaganda« der Parteilinken für weniger problematisch.⁸

---
5   *Paul Löbe*, Der Weg war lang. Erinnerungen (1949), 4. Aufl., Berlin 1990, S. 17. Ähnlich schon in: Volkswacht, 15.11.1930 (Jubiläumsausgabe): Paul Löbe, Aus der Frühzeit der »Volkswacht«.
6   *Bernd Braun*, Die »Generation Ebert«, in: Generationen in der Arbeiterbewegung, hg. v. *Klaus Schönhoven/Ders.*, München 2005, S. 69-86, hier S. 72.
7   *Theodor Oliwa*, Paul Löbe. Ein sozialdemokratischer Politiker und Redakteur. Die schlesischen Jahre (1875-1919), Neustadt an der Aisch 2003, S. 71 f.; daraus auch nachfolgend die Autobiografie (Fn. 5) ergänzende Informationen, die jedoch Eigenrecherche nicht ersetzen: Das Abstimmungsergebnis ist bei Oliwa (ebd.) fehlerhaft (mit 233 zu 210) verzeichnet, während die Zeitungsquelle *Volkswacht (für Schlesien, Posen und die Nachbargebiete. Organ der werktätigen Bevölkerung)* Nr. 276, 26.11.1901 im Lokalteil unter »Bernstein Kandidat für Breslau-West!« die »geringe Mehrheit, 223 gegen 210 Stimmen« dokumentiert. – Der Bezug im Zeitungstitel auf Posen entfiel seit 1920 durch Gebietsabtrennung.
8   Volkswacht, Nr. 124, 30.5.1905: Konservativ (dieser Leitartikel ist mit jenen drei Sternen gezeichnet, die Löbe damals als sein Autorenkürzel verwendete; vgl. *Oliwa*, Löbe, S. 73/Anm. 247).

Seit 1904 war Löbe in Breslau Stadtverordneter; doch konnte unter dem Dreiklassenwahlrecht die kleine SPD-Fraktion wenig erreichen. Er hätte neben Bernstein 1912 das andere Reichstagsmandat Breslau-Ost erobern können, stellte eigene Ambitionen aber hinter diejenigen des knapp sechs Jahre älteren Gustav Bauer zurück (dieser war stellvertretender Vorsitzender der gewerkschaftlichen Generalkommission und wurde 1919/20 Reichskanzler). Löbe hielt sich als »Volkswacht«-Chef vor Ort für kaum ersetzbar, und der Erfolg gab ihm darin recht: Die Auflage stieg bis Ende 1918 auf rund 100.000; das war hinter dem »Vorwärts« und der nun USPD-zugehörigen »Leipziger Volkszeitung« eine dritte Stufe der Bedeutung ungefähr neben dem »Hamburger Echo« und der »Rheinischen Zeitung« in Köln. Der Jenaer SPD-Parteitag 1913 hatte Löbe in den Zentral-Bildungsausschuss gewählt; auf dem Würzburger Parteitag im Oktober 1917 stieg er als Mitglied der neunköpfigen Kontrollkommission in die zweite Reihe der Parteiführung auf.[9]

2 Parteispaltung und Einigungsbemühungen

Zum Richtungsstreit im Krieg hinterließ Löbe in seinen Memoiren eine Unklarheit der Darstellung: »Wir Breslauer standen in der Mehrzahl bei den Kreditverweigerern, lösten aber deshalb unsere Zugehörigkeit zur alten Partei nicht, sondern verblieben in ihren Reihen trotz dieser Differenzen.« Er fügte erläuternd hinzu: »So hatten es auch Gustav Hoch-Hanau, Schmidt-Meißen und Hüttmann-Frankfurt am Main gehalten.«[10] Für Differenzen gibt es Belege: Schon im von Regionalgliederungen besetzten Parteiausschuss im Umfeld der ersten Kreditbewilligung plädierte Löbe für einen Protest gegen die

---

9 Protokoll über die Verhandlungen des Parteitages der Sozialdemokratischen Partei Deutschlands. Abgehalten in Jena vom 14. bis 20. September 1913, Berlin 1913, S. 554; Protokoll über die Verhandlungen des Parteitages der Sozialdemokratischen Partei Deutschlands. Abgehalten in Würzburg vom 14. bis 20. Oktober 1917, Berlin 1917, S. 469.
10 *Löbe*, Weg, S. 69.

Verletzung der belgischen Neutralität. Später vermisste er parteitagsöffentlich schärfere Reaktionen gegen den sich verhängnisvoll auswirkenden U-Boot-Krieg.[11] Eine Tagebuchnotiz Scheidemanns zur Parteiausschusssitzung im Juni 1917 berichtet von einer im Protokoll nicht verzeichneten Resolution Löbes; diese sollte die Reichstagsfraktion auf ein Nein zu weiteren Kriegskrediten festlegen, sofern nicht eine innen- und außenpolitische Neuausrichtung Deutschlands stattfinde. Laut Scheidemann zog Löbe die Resolution auf Druck Eberts zurück.[12]

Löbe folgte Bernstein also nicht im offenen Eintreten gegen die Kriegskredite. Bis zur russischen Februarrevolution 1917 blieb das antizaristische Motiv wirksam; aber die östliche Lage Breslaus trägt gegenüber Löbes Hinwirken auf den Parteizusammenhalt wenig zur Erklärung bei, warum die USPD dort fast nicht existierte: Für sie wurden zur Nationalversammlung 1919 im Stadtgebiet Breslau nur 0,3 Prozent der Stimmen abgegeben.[13] Der Breslauer Abgeordnete Gustav Bauer wurde geradewegs zu einem »Scharfmacher« der Kreditbewilliger, wenn er gegen Oppositionelle in einem Brief vom 15. Mai 1916 bei Löbe einforderte: »Es muss überall so derb als möglich zugegriffen werden.«[14] Einige Tage zuvor hatten im SPD-Ortsverein Breslau aber nur etwa 8 Prozent der Abstimmenden das im Reichstag offene Auftreten der innerparteilichen Opposition gebilligt;

---

11 Protokoll über die Verhandlungen des Parteitages der Sozialdemokratischen Partei Deutschlands. Abgehalten in Würzburg vom 14. bis 20. Oktober 1917, S. 363 f. (mit Rückblende auf 1914); Beleg zur Kritik Löbes vom September 1914 bei *Susanne Miller,* Burgfrieden und Klassenkampf. Die deutsche Sozialdemokratie im Ersten Weltkrieg, Düsseldorf 1974, S. 207/Anm. 13.
12 *Philipp Scheidemann,* Memoiren eines Sozialdemokraten (1928), Bd. 2, Hamburg 2010, S. 27. Die Kombination aus Parteiloyalität und Vermeidung weiterer Bruchlinien erklärt wohl auch, warum sich der Name Löbes neben anderen unter diversen Texten fand, die eine Kritik an Teilbereichen der Mehrheitslinie nicht erkennen ließen.
13 Im gesamten Wahlbezirk Breslau waren es 0,1 %; mit Beleg aus der amtlichen Statistik bei *Detlef Lehnert,* Sozialdemokratie und Novemberrevolution. Die Neuordnungsdebatte in der politischen Publizistik von SPD und USPD, Frankfurt a. M. 1983, S. 270 f.
14 Zit. n.: *Oliwa,* Löbe, S. 243.

im Februar 1917 betrug diese Minderheit, obwohl Bernstein (in Abwesenheit des verhinderten Bauer) 1¾ Stunden Redezeit gewährt wurden, auch nur rund 7 Prozent.[15] Die Schwäche der Opposition erklärte sogar die Marxistin Rosa Luxemburg mit dem persönlichen Faktor, dass auch ihrer Wahrnehmung nach Breslau wesentlich Löbes »Domäne« geworden war.[16]

Löbe blieb wie im Revisionismusstreit als Berufspublizist ein Verfechter des freien Wortes, das er in Breslau auch Rosa Luxemburg eingeräumt hatte.[17] Für ihn lag die Grenze im notwendigen gemeinsamen Auftreten jeder politischen Handlungsformation – und somit gerade auch der Reichstagsfraktion. Sozusagen Löbe pur sprach aus dem innerparteilichen Fazit der zitierten Memoirenpassage: »In unserer eigenen Burg wenigstens wollten wir den Frieden wahren.«[18] Das folgte dem »Aufruf für den Parteifrieden!« im Umkreis Adolf Brauns vom Juni 1916, zu dessen Erstunterzeichnern Löbe neben drei anderen Breslauern gehörte.[19] So konnte er seine Rede auf der Sonderparteitags-ähnlichen Reichskonferenz im September 1916 mit dem Hinweis einleiten: »Ich komme aus einer Gegend, in der die Kämpfe in der Partei nicht mit dieser Heftigkeit und Bitterkeit ausgefochten werden.«[20] Auf dem Würzburger Parteitag 1917 versäumte es Löbe

---

15 Volkswacht, Nr. 107, 9.5.1916 (Beilage): Die Fraktionsspaltung vor dem Sozialdemokratischen Verein; Volkswacht, Nr. 40, 16.2.1917 (Beilage): Sozialdemokratischer Verein.

16 Luxemburg an Mehring, 31.1.1918, in: *Rosa Luxemburg*, Gesammelte Briefe, Bd. 5, Berlin 1984, S. 365.

17 Volkswacht, Nr. 145, 25.6.1901: Bürgerliche Sozialreform und Sozialdemokratie (Versammlungseröffnung durch Löbe und dann Wiedergabe von Luxemburgs Rede). Als sie 1918 aus dem Gefängnis entlassen war, reagierte Löbe auf die Begegnung mit ihr so: »Aus Freude, die alte Kämpferin wiederzusehen, die während des Krieges so vieles tapfer getragen hatte und nun der Freiheit wiedergegeben war [...], drückte ich ihr vor versammeltem Schiedsvolk einen Kuß auf die Wange.« Volkswacht für Schlesien, Nr. 265, 9.11.1928 (1. Beilage): Der 9. November in Breslau. Erinnerungen 1918 von Paul Löbe.

18 *Löbe*, Weg, S. 69.

19 Volkswacht, Nr. 145, 24.6.1916 (1. Beilage).

20 Protokoll der Reichskonferenz der Sozialdemokratie Deutschlands vom 21., 22. und 23. September 1916, S. 132. Er betonte zugleich das »schwarze Kapitel Haases« (S. 133), der ohne Löbes Toleranz gegen die revisionistische Minorität straffe

nicht, auch »die Genossen von der rechten Seite zurückzuweisen«; das bezog er sogar auf den späteren preußischen Fraktionsvorsitzenden Ernst Heilmann, als dieser »österreichischen Genossen« die Einigungskontakte auch mit Hugo Haase vorwarf.[21] Wenn dieser Begriff nicht anderweitig besetzt wäre, ließe sich Löbe in seiner Kombination aus revisionistischen Sichtweisen, zentristischer Organisationspraxis und der Einbeziehung linker Kritik als »Versöhnler« charakterisieren.

Im Umfeld der Friedensresolution des Reichstags bekannte sich Löbe im Juli 1917 auf einer Breslauer Massenkundgebung zur »Verteidigung des ›Scheidemann-Friedens‹« unter dem Motto: »Für den Verständigungsfrieden«.[22] Seiner Mittlerposition folgend war Löbe in der Endkrise des Kaiserreichs ein Skeptiker des Strebens nach raschem Regierungseintritt. In einer gemeinsamen Sitzung des Parteiausschusses, dem er für Breslau angehörte, und der Reichstagsfraktion am 23. September 1918 kritisierte er den bei Ebert und Albert Südekum hervortretenden »Ministerialismus«. Die noch immer an der Macht befindliche »Militärautokratie« benötige nun Sozialdemokraten »als Nothelfer«, aber eben »nicht um der Demokratie die Macht abzutreten«; deshalb solle man »unsern größten Todfeinden nicht einen Dienst« erweisen.[23]

In einem Korrekturprofil zum verbitternden Spaltungsprozess liegt wohl das Geheimnis des geradezu kometenhaften Aufstiegs von Löbe nach Kriegsende. Den angebotenen Eintritt als sechster Volksbeauftragter nach dem Ausscheiden der USPD zur Jahreswende 1918/19 lehnte er noch ab; so blieb ihm die gewaltsame Konfrontation mit früheren Parteigenossen erspart. Doch auf dem Weimarer Parteitag im Juni 1919 führte Löbe bereits den Verhandlungsvorsitz und erstattete den Bericht der 163-köpfigen SPD-Fraktion in der

---

Disziplin eingefordert hatte, die er nun als Minderheitsvertreter in der Kriegskreditfrage verweigerte.
21 Protokoll über die Verhandlungen des Parteitages der Sozialdemokratischen Partei Deutschlands. Abgehalten in Würzburg vom 14. bis 20. Oktober 1917, S. 270.
22 Volkswacht, Nr. 155, 6.7.1917: Wo steht das Volk?
23 Die Reichstagsfraktion der deutschen Sozialdemokratie 1898 bis 1918, bearb. v. *Erich Matthias* und *Eberhard Pikart*, Zweiter Teil, Düsseldorf 1966, S. 454 f.

Spaltungen und Wiederannäherungen

Bild 9 Reichstagspräsident Paul Löbe, 1921

Nationalversammlung. Dabei hob er die Bedingungen hervor, die als Grundlage der ersten Weimarer Koalition zugesichert erschienen: »1. rückhaltlose Anerkennung der republikanischen Staatsform, 2. eine Finanzpolitik mit scharfer Heranziehung der Vermögen und des Besitzes und 3. eine tiefgehende Sozialpolitik mit Sozialisierung der hierzu geeigneten Betriebe.« Ferner warnte Löbe in seinem Bericht davor, »daß eine gegenrevolutionäre Militärkaste ein militärisches Nebenregiment auszuüben beginnt«. Darüber hinaus zeigte Löbe Sympathien für Gedanken, das Nationalparlament anders als mit einer Länderkammer zu ergänzen, wenn er unter Beifall ausrief: »Hoffentlich führen wir bei der Entscheidung über die Rätefrage gleichzeitig den Axthieb gegen die Kleinstaaterei.«[24]

Vor der Schlussabstimmung zur Weimarer Verfassung beklagte Löbe den gegen Ende der Beratungen hervorgetretenen »Block der bürgerlichen Parteien«, der »unsere Zustimmung zur Verfassung nicht erleichtert«.[25] Als Finanzminister Erzberger am 25. Juli 1919 Belege mangelnder Friedensbereitschaft deutscher Machthaber enthüllte, drängte Löbe noch am gleichen Tag seine Fraktion zum offenen Eingeständnis, »daß unsere Haltung falsch war und daß wir, wenn wir von den Vorgängen gewußt hätten, eine andere Politik getrieben hätten«; er blieb damit aber in ähnlicher Minderheitsposition wie Bernstein zuvor mit solchem Anliegen auf dem SPD-Parteitag.[26] Seit Mitte Juli 1919 war Löbe Vizepräsident der Nationalversammlung; ein Jahr später rückte er mit fast einmütiger Zustimmung zum Reichstagspräsidenten auf. Der Vorstandsbericht des Kasseler SPD-Parteitags 1920 erwähnte sein Zögern, um dann jedoch den Eindruck zu formulieren: »Die Wahl ist insofern als eine glückliche zu bezeichnen, als Löbe sich der allgemeinen Achtung der Reichstagsmitglieder erfreut und weil er in der Handhabung der Geschäftsordnung des Reichstags

---

24 Protokoll über die Verhandlungen des Parteitages der Sozialdemokratischen Partei Deutschlands. Abgehalten in Weimar vom 10. bis 15. Juni 1919, Berlin 1919, S. 346-351, Zitate S. 348-350.
25 Verhandlungen der verfassunggebenden Deutschen Nationalversammlung, Bd. 328: Stenographische Berichte, 71. Sitzung vom 31.7.1919, Berlin 1920, S. 2193 A.
26 *Winkler*, Revolution, S. 225 (Archivbeleg zum Zitat S. 226/ Anm. 159).

Routine, Loyalität und eindrucksvolle Sprechweise mit Mutterwitz zu verbinden versteht.«[27] Marie Juchacz, Gründerin der »Arbeiterwohlfahrt« und die erste Frau, die in der Nationalversammlung das Wort nahm, erinnerte sich auch später gern an seine Verhandlungsführung: »Gefreut habe ich mich immer herzlich über die eleganten Florettgefechte, die der Reichstagspräsident Paul Löbe, der Sozialdemokrat und Schriftsetzer, mit manchem Akademiker – auf dem Boden der Geschäftsordnung des Reichstages – mit Erfolg ausgefochten hat.«[28]

Nach Rückkehr Bernsteins zur SPD durfte Löbe als ihr sonst prominentester Vertreter im Umfeld der »Zentralstelle für Einigung der Sozialdemokratie« gelten.[29] An deren »Sozialistentag« im Juni 1919 unter der Leitparole »Fluch dem Bruderkampf – Der Feind steht rechts« nahm Löbe als Vertreter des Volksrats Breslau teil.[30] Im Herbst 1919 stellte der linksbürgerliche Hellmut von Gerlach seine »Welt am Montag« in den Dienst solchen Einigungsstrebens. Stellungnahmen verfassten dort für die USPD Karl Kautsky, Rudolf Breitscheid und Heinrich Ströbel; für die SPD neben Bernstein und Löbe nur ein heute (außer mit seinen Rätekonzepten) weniger bekannter Mitarbeiter der »Sozialistischen Monatshefte«, Julius Kaliski. In seinem Kurzbeitrag beschränkte sich Löbes Plädoyer auf Bildung zunächst einer »Arbeitsgemeinschaft« beider Parteien: »Zur Abwehr der Gegenrevolution, zur Festigung aller wahrhaft republikanisch und sozialistisch gerichteten Bürger.«[31]

---

27 Bericht des Parteivorstandes über das Geschäftsjahr 1919, Berlin 1920, S. 76 (im Anhang zu: Protokoll über die Verhandlungen des Parteitages der Sozialdemokratischen Partei Deutschlands. Abgehalten in Kassel vom 10. bis 16. Oktober 1920, Berlin 1920).
28 *Marie Juchacz*, Aus alten Tagen klingt ein Lied, in: Lebendige Tradition. Paul Löbe zum 80. Geburtstag, Berlin 1955, S. 63-65, hier S. 65.
29 Im Hinblick auf Löbe ist die u. a. der »Einigungsstelle« gewidmete Studie von Guido F. Knopp recht unergiebig. Knopps Studie enthält auch fehlerhafte Informationen: So sei Löbe beim Sozialistentag »Präsident der Nationalversammlung« gewesen. *Guido F. Knopp*, Einigungsdebatte und Einigungsaktion in SPD und USPD 1917-1920, Diss. Würzburg 1975, S. 319.
30 Deutscher Sozialistentag. Protokoll der Konferenz für Einigung der Sozialdemokratie, Berlin o. J. (1919), S. 113.
31 Die Welt am Montag, Nr. 41, 13.10.1918: Zur Frage der Einigung.

3 Als Reichstagspräsident bis zur Wiedervereinigung von SPD und USPD

Dem Parteiveteranen Bernstein, der schon den Gothaer Einigungsparteitag 1875 mit vorbereitet hatte, Anfang 1921 Geburtstagsgrüße sendend, nannte ihn Löbe seinen »ersten und gründlichsten Lehrer«, dem es »vergönnt« sein möge, noch »eine baldige Einigung der verschiedenen Gruppen der Arbeiterbewegung zu erleben.«[32] In einem Leitartikel für die »Volkswacht« hob Löbe ein über Landesgrenzen ausgreifendes Motiv hervor: »Vor allen Dingen aber würde die Einigung in Deutschland ein wichtiger Schritt zur internationalen Einheitsfront der Arbeiterklasse werden, die uns angesichts der bevorstehenden Internationalisierung des Großkapitals als eine Vorbedingung künftiger Erfolge erscheint.«[33] Zugleich betonte er vor dem Einigungsparteitag im Herbst 1922 auch die Bedeutung der demokratischen Republik: »So oft diese gefährdet war, sind die Scharen der Proletarier enger aneinandergerückt, so nach dem Kapp-Putsch 1920, nach dem feigen Erzbergermorde 1921, nach dem brutalen Attentat auf Rathenau 1922.«[34] In der gerüchteträchtigen Krisenlage des Londoner Reparationsultimatums im Mai 1921 war der Name Löbes sogar als Kanzlervariante genannt worden.[35]

In Breslau fiel der »zahlenmäßige Gewinn« aus der »Wiedervereinigung« mit den nur 183 verbliebenen USPD-Mitgliedern zwar »recht bescheiden« aus, der »moralische« aus dem »Aufhören des zermürbenden Bruderkampfes« wurde dennoch im Sinne Löbes gewürdigt. Wenn dortiger Jahresbericht zur Vereinigung 1922 als Versammlungsredner nur den vormals gemäßigten USPD-Politiker Rudolf Breitscheid und den radikaleren Paul Levi namentlich erwähnte, ist das ein Indiz dafür, dass die zuvor eindeutige MSPD-

---

32 Löbe an Bernstein, Reichstag, Berlin 6.1.1921, IISH Eduard Bernstein Papers D425; https://search.socialhistory.org/Record/ARCH00042/ArchiveContentList. [15.11.2017].
33 Volkswacht, Nr. 304, 29.12.1921: Paul Löbe, Für die Einigung!
34 Volkswacht, Nr. 217, 16.9.1922: Paul Löbe, Sozialdemokratie und Republik.
35 Deutsche Allgemeine Zeitung, Nr. 214, 10.5.1921: Vor der Lösung.

Dominanz eher links angesiedelt war.[36] Die 22.649 SPD-Mitglieder Ende März 1922 bedeuteten gemessen an »122.000 Stimmen, die bei der letzten Wahl im Stadtkreise Breslau für unsere Partei abgegeben wurden«, einen hohen Organisationsgrad, wofür 1921 auch der Reichstagspräsident an seiner Basis engagiert blieb: »Am 16. September sprach in einer Riesen-Mitgliederversammlung der Genosse Löbe.«[37] Er insistierte weiter auf einer »Erfassung der Sachwerte« besonders von Inflationsgewinnlern und plädierte für eine internationale Perspektive: »Wir Sozialdemokraten müssen die Pioniere sein, die die erste Brücke zum Völkerbund schlagen, auch wenn sie noch so schwankend ist.« Löbe sagte ferner voraus, »daß etwaige Entscheidungen in der Fraktion sich nicht bilden werden zwischen ehemaligen Unabhängigen und ehemaligen Mehrheitssozialisten, sondern mancher, der von links kommt, wird hübsch weit rechts stehen und umgekehrt.«[38]

Seine Grundüberzeugungen wurden aus dem Plädoyer Löbes anlässlich des zweiten Jahrestags der Republik ersichtlich: Der »*politischen* Umwälzung« in der »Revolution von 1918« müsse »die *soziale* Umwälzung folgen«.[39] So hatte er das schon im November 1918 mit einer Rede vor dem Volksrat Breslau formuliert.[40] Als Berichterstatter der Kommission für das Görlitzer SPD-Programm von 1921 anerkannte Löbe zwar im Sinne Bernsteins die Realitätsverlagerungen in drei Jahrzehnten der bisherigen Programmatik. Doch wurde Bernsteins Revisionismus allzu häufig als Kontinuitätsbruch missverstanden, obwohl das kurzlebige Publikationsorgan der von ihm mitgetragenen Einigungsstelle »Der Marxist« hieß. Löbe wollte mit dem Görlitzer Programm auch eine Gedankenbrücke zu Theorie-

---

36 Volkswacht, Nr. 96, 25.4.1923 (Beilage): Jahresbericht des Sozialdemokratischen Vereins Breslau für das Geschäftsjahr 1922/23.
37 Volkswacht, Nr. 101, 2.5.1922 (Beilage): Jahresbericht des Sozialdemokratischen Vereins Breslau für das Geschäftsjahr 1921/22.
38 Protokoll der Sozialdemokratischen Parteitage in Augsburg, Gera und Nürnberg 1922, Berlin 1923, S. 44.
39 Volkswacht, Nr. 261, 9.11.1920: Paul Löbe, Zwei Jahre.
40 Volkswacht, Nr. 278, 21.11.1918: Des Volks Wille ist das höchste Gesetz!

exponenten der USPD schlagen: »Der vorliegende Entwurf wahrt in seinem Inhalt [...] den geschichtlichen Zusammenhang mit dem Erfurter Programm. Wir haben bedauert, daß es nicht möglich war, dabei auch den Schöpfer des Erfurter Programms, Genossen Karl Kautsky, an den Beratungen zu beteiligen.«[41]

4 Fazit und Ausblick

Diese auch im hohen Amt eines Reichstagspräsidenten nicht verleugneten Positionen ließen Zeitzeugen und in späterer Berliner Begegnung sogar Willy Brandt der Nachwelt überliefern: Löbe habe sich rückblickend selbst »gelegentlich einen ›linken‹ Sozialdemokraten« genannt, auch wenn Brandt ihn zugleich als einen »Mann des Ausgleichs und der Versöhnung«, somit als den »Schlichter in stürmischer Zeit« charakterisierte.[42] Beides war, auch innersozialdemokratisch betrachtet, kein Widerspruch. Denn so wie dem rechten Flügelmann Eduard David Anfang 1922 »Löbes unvernünftiger Vorschlag zum Zusammengehen mit der USPD« ein Dorn im Auge war, kann das Fazit einer Sichtung des unveröffentlichten Materials in der Forschungsliteratur lauten: »Reichstagspräsident Löbe war zu dieser Zeit innerhalb der Mehrheitssozialdemokratie der prominenteste Verfechter einer Öffnung nach links.«[43] Das bekräftigt von Löbe in seinen Memoiren nicht verschwiegene »politische Differenzen« mit Reichspräsident Ebert, die sich aus dessen nach rechts hin zu nachgiebiger Machtpraxis ergaben: »Wegen der Zusammensetzung

---

41 Protokoll über die Verhandlungen des Parteitages der Sozialdemokratischen Partei Deutschlands. Abgehalten in Görlitz vom 18. bis 24. September 1921, Berlin 1921, S. 296-299, hier S. 297.
42 *Willy Brandt*, Schlichter in stürmischer Zeit, in: Ein großes Vorbild. Paul Löbe zum Gedächtnis, Berlin 1968, S. 11-17, Zitate S. 13 und S. 15. Auch der bekannte linksliberale Weimarer Journalist Erich Dombrowski zählte »ihn eher zum linken Flügel der alten Mehrheitssozialdemokratie«. *Erich Dombrowski*, Paul Löbe 1925, in: Paul Löbe. 75 Jahre, Berlin 1950, S. 23-26, hier S. 25.
43 *Alfred Kastning*, Die deutsche Sozialdemokratie zwischen Koalition und Opposition 1919-1923, Paderborn 1970, S. 78.

der Reichswehr, wegen Noskes Verhalten zu den Offizieren des alten Regimes habe ich besorgte Briefe mit Ebert gewechselt. Die Wirren des ersten Halbjahres 1918/19 hatten ihn stark auf die Seite der alten Beamtenschaft gedrängt.«[44] Besondere Integrationskraft nach links zugunsten einer gleichwohl republiktragenden SPD war gerade auch in jenen Regionen zu verzeichnen, wo »ihre führenden Funktionäre, vor allem Paul Löbe, immer wieder als Kritiker der Regierung aufgetreten waren.«[45] Freie und zugleich kritische Diskussion blieb für den Journalisten und Parlamentarier Löbe stets die unverzichtbare Basis für wirksames politisches Handeln.

---

44 *Löbe*, Weg, S. 106. Trotz seines sonstigen Lobes für Ebert ließ auch Löbe nicht unerwähnt, »in Fragen der Reichswehr, der Amnestie und bei anderen Gelegenheiten manchmal eine andere Haltung von ihm gewünscht« zu haben. Volkswacht, Nr. 243, 17.10.1922: Paul Löbe, Um die Reichspräsidentschaft.
45 *Susanne Miller*, Die Bürde der Macht. Die deutsche Sozialdemokratie 1918–1920, Düsseldorf 1978, S. 414.

Peter Fasel

Adolf Braun und das Ideal der Parteieinheit

Geboren am 20. März 1862 in der Steiermark und aufgewachsen in Wien, gehörte der promovierte Nationalökonom und Pressefachmann Adolf Braun lange Zeit zu den wichtigsten Personen, die für die Selbstdarstellung der österreichischen und der reichsdeutschen Sozialdemokratie zuständig waren. Politisch anfänglich an seinem Schwager Victor Adler orientiert, entwickelte sich Braun, dessen Arbeitswut und persönliche Bedürfnislosigkeit legendär waren, zu einem außergewöhnlich umtriebigen Journalisten, Schriftsteller und Agitator. Bedeutenden Anteil hatte er am Ausbau der Parteipresse in den beiden Heimatländern. Er arbeitete als Redakteur diverser Blätter, hielt häufig Reden, schrieb zahlreiche Artikel und Bücher zu (sozial)politischen, gewerkschaftlichen und zeitungskundlichen Fragen und wirkte als Berater und Lehrer der organisierten Arbeiter, in seinem letzten Lebensjahrzehnt auch als Reichstagsabgeordneter und Mitglied des Vorstands der SPD.

Braun erhob nicht den Anspruch, ein theoretisch origineller Kopf zu sein, und über die reine Theorie hat er keine eigenständigen Arbeiten veröffentlicht. Er popularisierte Karl Kautskys »zentristischen« Parteimarxismus, von dem sich Braun mit seinem ausgeprägten Interesse an gewerkschaftlichen, sozialpolitischen und anderen praktischen Fragen durchaus unterschied. Mit dem »Cheftheoretiker« der deutschen Sozialdemokratie verband Braun eine langjährige Freundschaft, die durch Kautskys Übertritt zur USPD nicht infrage stand.

Brauns Aversionen gegen Fraktionierungen und Spaltungstendenzen erschließen sich aus den frühen Erfahrungen in der jungen österreichischen Sozialdemokratie, die in den achtziger Jahren des 19. Jahrhunderts von brutalen Fraktionskämpfen zerrissen war. Schon seit 1879 Parteimitglied, wurde Braun Ende 1886 Mitarbeiter der neuen Wiener Wochenzeitung Gleichheit, die sich zum Motor der Parteieinigung entwickelte. Braun stand mit an der »Wiege« des Austromarxismus, der in der Partei danach lange dominierenden linkszentristischen Strömung, die im Hainfelder Parteiprogramm von 1889 ihren ersten Ausdruck fand. Das Erfurter Programm der deutschen Genossen aus dem Jahr 1891 war erheblich von der Hainfelder Grundsatzerklärung beeinflusst.

Die Gleichheit wurde 1889 verboten und Braun übersiedelte nach Deutschland. Einer Tätigkeit bei der Münchener Post folgte im September 1890 der Job des Redakteurs der Sächsischen Arbeiter-Zeitung in Dresden. Im Dezember wechselte Braun an das Berliner Volksblatt, das nun unter dem Titel Vorwärts als Zentralorgan der SPD diente. Braun blieb bis Mai 1891 und ging im September erneut zur Münchener Post.

Im Februar 1892 zog Braun nach Berlin und trat für rund sieben Monate als Mitredakteur in das Sozialpolitische Centralblatt seines Bruders Heinrich ein. Das folgende Jahr arbeitete Adolf Braun als freier Autor. Im Oktober 1893 wurde er wiederum als Redakteur des Vorwärts angestellt. Die Tätigkeit bescherte ihm, neben zwei kurzen Gefängnisaufenthalten, im November 1898 die Ausweisung aus dem preußischen Staatsgebiet.

Ab Januar 1899 leitete Braun die sozialpolitische Abteilung des Arbeitersekretariats in Nürnberg. Von den Querelen in der lokalen Partei abgestoßen, kündigte er zum 1. April 1901. In Wien trat er in die Arbeiter-Zeitung ein, das Zentralorgan der österreichischen Sozialdemokratie. Einige radikalere Vertreter der Nürnberger SPD wollten ihn zurückhaben, diesmal als Chefredakteur der Fränkischen Tagespost (F. T.). Er übernahm die Zeitung, die mit einer Auflage von 30.000 Exemplaren im Jahr 1908 jahrzehntelang eines der bedeutendsten Blätter der SPD war, am 1. April 1902.

Die fränkische Industriestadt Nürnberg war eine Hochburg der SPD, mit der stärksten Parteiorganisation innerhalb Bayerns, die Braun in der Folgezeit großenteils im Sinne der Auffassungen Bebels und Kautskys und damit in Distanz zum reformistischen Landesvorstand um Georg von Vollmar in München zu formen wusste. Braun blieb bis März 1907 in Nürnberg und trat danach wieder als Redakteur in die Wiener Arbeiter-Zeitung ein.

In Wien wurde er neben Otto Bauer und Karl Renner zum Initiator und Redakteur der neuen Monatsschrift Der Kampf, die praxisnäher ausgerichtet war als die Marx-Studien und die Neue Zeit. Braun wirkte an der Gründung der Bildungsarbeit mit, er arbeitete für den Verlag der Wiener Volksbuchhandlung, hielt Vorträge an der Arbeiterschule, saß wieder in Gewerkschaftsgremien und ging auf Agitation.

Seine österreichischen Genossen wollten ihn nicht ziehen lassen, dennoch akzeptierte Braun das Angebot links stehender Nürnberger Parteifreunde, ab Januar 1913 erneut die Leitung der Fränkischen Tagespost zu übernehmen. Am Vorabend des Weltkrieges setzte er sich verstärkt für einen Ausgleich innerer Gegensätze ein.

Nach Ausbruch des Krieges mahnte die F. T. zur Besonnenheit und warnte vor nationalistischer Euphorie. Braun registrierte bald, dass Deutschland nicht der Angegriffene war. Er betonte, dass ein Krieg nur zur Verteidigung des eigenen Territoriums legitim sei. Nur soweit sollte auch der Burgfrieden Geltung haben. Er sei der Meinung, schrieb er 1915 an Kautsky, dass die Reichstagsfraktion der SPD am 4. August 1914 kaum anders hätte votieren können. Er war aber auch der Auffassung, dass aus der damaligen Situation keineswegs notwendig »die Verwandlung in eine Regierungspartei, die allgemeine Haltung unserer Fraktion und der Tiefstand unserer Parteipresse folgen mussten.«

Bei den Auseinandersetzungen um die Kriegspolitik der Partei – schon im Herbst 1914 gab es in der SPD, wie Kautsky an Victor Adler

419

meldete, »Krach an allen Ecken und Enden« – hielt die F. T. sich demonstrativ zurück. Den häufig rücksichtslos ausgetragenen Streit hielt Braun, der »Zentrumsmann gegen die Politisierer von rechts und gegen die Sektierer von links« (Braun), in Anbetracht der völligen Ungewissheit auch nur über die nächste Zukunft für schädlich und letztendlich sinnlos. Man müsse sich doch darauf einigen können, »alles daran zu setzen, dass nach dem Kriege die Sozialdemokratie mit dem vollen Gewichte der Einheit die Massen vertreten [...] kann.«

Zur Wahrung der Einheit verlangte Braun stärkste Zurückhaltung bei der Austragung innerparteilicher Differenzen und die Besinnung auf einige Grundsätze, die auch im Weltkrieg nicht über Bord geworfen werden dürften. Ideen, die nahelegten, der Krieg werde der Arbeiterklasse nutzen, betrachtete der »nüchtern ökonomisch« denkende Braun als haltlose Fantasien. Den Illusionen über einen »Kriegssozialismus« erteilte er eine klare Absage. Die Eingriffe in die Wirtschaft resultierten allein aus den Notwendigkeiten des Krieges.

Die F. T. protestierte dagegen, eine Spaltung der Partei mit dem Argument geradezu herbeizureden, Möglichkeiten einer Verständigung seien bereits nicht mehr gegeben. Die große Mehrheit der Mitglieder betrachte die Einheit weiterhin als das höchste Gut. Diese werde, gab sich das Blatt noch im März 1915 überzeugt, nur von einigen »sich in ihren Wirkungsmöglichkeiten überschätzenden Genossen auf den äußersten Flügeln der Partei [...] in Frage gestellt.« Innerhalb der Parteiführung jedoch, so Braun gegenüber Kautsky, sei »nichts zu bessern, wenn nicht ein Erdbeben alle verschlingt.«

Nach einem Aufruf des SPD-Vorstands zur »Einheit der Partei« am 17. Dezember 1915 kritisierte Braun die Parteiführung für ihre einseitige Haltung gegen die Linke und äußerte die Hoffnung, dass aus der Minderheit der Reichstagsfraktion bald die Mehrheit würde. Hierfür jedoch wäre die organisatorische Einheit von Fraktion und Partei unbedingte Voraussetzung gewesen. Die Erklärung der linken Fraktionsminderheit gegen die Kriegskredite und die Kriegspolitik des Reiches vom 21. Dezember wertete Braun als schweren taktischen Fehler, der die Spaltung der Fraktion nahezu unausweichlich mache. Von der Minderheit verlangte Braun ein zielbewusstes Hinarbeiten auf eine Umkehrung der Mehrheitsverhältnisse sowie die Fähigkeit geduldigen Wartens.

Auch die F. T. gestand nun offen die schwere Krise der Partei ein. Das Blatt unterstützte die knappe linke Mehrheit der preußischen SPD-Landtagsfraktion, die sich Mitte Januar 1916 gegen den Krieg positionierte. Deren Erklärung vermeide alles, was geeignet sei, die Gegensätze in der Sozialdemokratie zu vergrößern und hebe nur das hervor, »worauf wir alle uns einigen können, wenn wir nicht völlig die Besinnung auf uns selbst verloren haben.«

Braun argumentierte gegen die Spaltung der SPD-Reichstagsfraktion im März 1916 und sprach den Parteiführern das Recht ab, über eine Zerreißung der eigentlichen Parteiorganisation zu entscheiden. Die zunehmende Polarisierung in der Sozialdemokratie habe die Führung vollkommen überfordert. Man teile durchaus die Aversionen gegen jede Disziplinlosigkeit, bedauere jedoch »die Überspannung der Disziplin, die von der Mehrheit der Reichstagsfraktion an jedem Tag der zwanzig Monate des Krieges erzwungen werden wollte.« Die Einheit der Partei könne allein »durch die gegenseitige Duldung der verschiedenen Strömungen und Richtungen« in ihr noch erhalten werden.

Karl Kautsky glaubte, Braun unterschätze den Druck, der in Berlin auf den Vertretern der Parteilinken laste. Die Gründung der Sozialdemokratischen Arbeitsgemeinschaft (SAG) war für Braun schlicht eine Folge unüberlegten Handelns. »Ich bin gegen die Mehrheit«, verdeutlichte er Kautsky, »aber ich kann mich für die Minderheit nicht erklären, denn der Minderheit fehlt jede parteibildende Kraft, jede Einheitlichkeit und Geschlossenheit.« Allein die Gegnerschaft zur Kriegspolitik der Mehrheit halte die Minderheit zusammen.

Zurückhaltend äußerte sich Braun über eigene Einigungsbemühungen, denn es liege ihm nicht recht, aus seiner »bescheidenen Stellung« in Nürnberg herauszutreten. Davon überzeugt, dass »neben Mehrheit und Minderheit noch eine Stimme ertönen soll«, entfaltete er bald gleichwohl bemerkenswerte Aktivitäten.

Den Auftakt bildete ein interner Appell, der im Juni 1916 an alle sozialdemokratischen Blätter ging. Es folgte ein Aufruf in der F. T., der von den meisten Parteizeitungen abgedruckt wurde. Brauns Kurs erhielt uneingeschränkte Unterstützung von der Arbeiterzeitung in Essen, der Elberfelder Freien Presse und der Tribüne aus Erfurt. Braun wollte einen innerparteilichen Waffenstillstand als Voraussetzung für eine Selbstbesinnung erreichen, um danach wenigstens ein Minimalprogramm für die weitere Arbeit formulieren zu können. Auf weiten Gebieten sei eine Einigung sehr leicht herbeizuführen. Drängend seien etwa die Fragen des Übergangs von der Kriegs- in die Friedenswirtschaft, mit denen sich alle anderen politischen Kräfte intensiver beschäftigten als die Sozialdemokraten.

Ende Juni 1916 wurde Braun deutscher Reichsbürger. Nach Absprache mit einigen Landespolitikern seiner Partei lud er für den 23. Juli zu einer »Einigungskonferenz«, die in einem überschaubaren Rahmen in der Redaktion der F. T. stattfand. Braun versprach sich selber davon »nicht viel« und hatte Recht damit. Die SAG erklärte, keines ihrer Mitglieder habe an dieser Konferenz oder ihrer Vorbereitung mitgewirkt. Solche Bemühungen könnten »keine nützlichen Wirkungen haben«. Der SPD-Vorstand ignorierte Brauns Initiativen. Auf seine Briefe an die Parteileitung erhielt er keine Antwort.

Die SAG sprach sich auch gegen die vom SPD-Vorstand für September geplante Reichskonferenz aus. Brauns Idee, ein Aktionsprogramm für die Kriegs- und unmittelbare Nachkriegszeit könne der Partei über ihre Schwierigkeiten hinweghelfen, bezeichnete Eduard Bernstein in der Neuen Zeit als »Bauen von Kartenhäusern«. Gegenüber Victor Adler, der den »Parteistreit« ähnlich beurteilte wie Adolf Braun, verdeutlichte Kautsky, es habe in der Vergangenheit keineswegs an Möglichkeiten der Aussprache gefehlt, und eine Konferenz »könnte auch nichts anderes bieten. Jede dieser Aussprachen hat den Groll nur vertieft, die Gegensätze verschärft.« Es handele sich ja eben nicht nur um Missverständnisse, »sondern um den großen praktischen Gegensatz: Soll die Partei als Regierungspartei fungieren oder als Oppositionspartei?« Braun kommentierte die letztlich ergebnislose Reichskonferenz dann mit den Worten, niemand sei klüger aus ihr herausgekommen, als er in sie hineingegangen sei.

Ohne seine ablehnende Haltung zur Burgfriedenspolitik der Mehrheit zu revidieren, verschärfte Braun Anfang 1917 seine interne Kritik an der Parteiopposition. Die F. T. berichtete weiterhin nur soweit über den Streit, »als ganz wichtige Kundgebungen einzelner Gruppen dies unumgänglich notwendig machen.« Den Linken sprach Braun wegen ihrer inneren Zerrissenheit erneut die Kraft ab, parteibildend zu wirken. Kautsky irre sich, wenn er meine, zum Beispiel mit Eduard Bernstein in Friedensfragen einer Meinung zu sein. Letzterer sei nicht nur »der Vater des Revisionismus«, sondern auch der Vater »der ganzen Entwicklung der Partei, unter der wir heute zu stöhnen haben«. Die Gruppen in der linken Opposition seien sich letztlich allein im »Negativen« einig und könnten »nie die Massen begeistern.«

Als der sozialdemokratische Parteiausschuss mit seinem Beschluss zur organisatorischen Trennung der Mehrheit von der Minderheit die Situation dramatisch verschärfte, sah Braun sich noch stärker in die Isolation gedrängt und zunehmend »Hohn und Spott« ausgesetzt. Unter den der SAG nahestehenden Blättern war es noch die Solinger Bergische Arbeiterstimme, die bis Frühjahr 1917 eine Politik im Sinne Brauns unterstützte. Auch bei wenigen SPD-Zeitungen wie dem Halleschen Volksblatt, der Erfurter Tribüne und (ab Herbst 1917) der Frankfurter Volksstimme kamen noch Positionen zugunsten einer Einigungspolitik zu Wort. Insbesondere in Nordbayern hielten die internen Auseinandersetzungen sich bis dahin in gewissen Grenzen, und in Teilen Bayerns verzögerte sich der Aufbau der USPD danach beträchtlich. Im Sommer 1918 hatten die Unabhängigen in Nürnberg nur etwa ein Zehntel der Mitglieder der MSPD.

Der Parteileitung hielt Braun vor, gegen »Recht, Verfassung und Ansehen« der SPD zu verstoßen. Die linke Opposition wiederum sei unfähig zu geschicktem Taktieren und habe eine Position nach der anderen geräumt. Gegenüber Victor Adler beklagte sich Braun, nun selbst in Nürnberg »sehr isoliert« zu sein. Nach der Gründung der USPD im April 1917 und der intensivierten linksradikalen Polemik gegen seine Positionen hoffte er nur noch auf den Einigungswillen der »Massen«, wobei er aber weiterhin versuchen wollte, zwischen den Mehrheitsgruppierungen der beiden Parteien eine vermittelnde

Position einzunehmen. Nach einem Besuch in Berlin schrieb er an Kautsky, dass gegenwärtig offenbar die Mehrheit »der sichtbaren proletarischen Bewegung auf der Seite Scheidemanns« stehe. Jede weitere Einigungsbemühung sei zumindest verfrüht und würde »zur völligen Abnützung der wenigen für die Einigung bereiten Kräfte führen.«

15 Parteigliederungen richteten Anträge zur Wiedervereinigung von M- und USPD an den für Oktober in Würzburg angesetzten Parteitag. Alle überregionalen Organe und Korrespondenzen der MSPD traten im Vorfeld des Parteitages gegen Brauns Einigungspolitik auf, ebenso wie exponierte Vertreter der SPD-Rechten. Kautsky wurde als Leiter der Neuen Zeit abgesetzt und Braun beendete die Mitarbeit bei dem Theorieorgan.

Auf dem Parteitag sprach Braun für die Einheit der Arbeiterklasse und forderte in einem Antrag vergeblich eine Einigungskommission. Die große Mehrheit der Delegierten billigte die Linie der Führung und brachte der kleinen Minderheit, die sich trotz ihrer Kritik nicht von der Mehrheitspartei trennen wollte – neben Braun ist der Redakteur und Reichstagsabgeordnete Gustav Hoch aus Hanau hervorzuheben – eine herbe Niederlage bei. Bei der USPD gab es wohl nur einen Politiker, der danach noch im Sinne Brauns für eine Priorität der Einheit warb, nämlich den Dresdener Reichstagsabgeordnete und Gewerkschafter Georg Horn. Hingegen spottete der führende Spartakist und spätere Mitbegründer der KPD Karl Liebknecht über Brauns »Einigkeitsidiotismus«, der bloß auf eine »Einigkeit der toten Form« hinauslaufe.

Beim Streik vom 28./29. Januar 1918 war Braun maßgeblich an einem gemeinsamen Aufruf von SPD, USPD und Gewerkschaften beteiligt, der die Demokratisierung Deutschlands forderte und die Einigkeit der Nürnberger Arbeiter in ihrem Streben nach Frieden hervorhob. Dank Brauns Vermittlung konnte die MSPD ihren Einfluss auf die Arbeiter in Nürnberg bewahren und den Streik schon nach zwei Tagen geordnet zu Ende führen.

Im Juli 1918 wandte sich Braun in der F. T. gegen eine Fortsetzung der Burgfriedenspolitik und im September gegen einen Eintritt von

Sozialdemokraten in die Reichsregierung. Braun ignorierte nun die Zensur und ging das Kaiserreich direkt an. Am 3. Oktober begann er mit den bekannten Kaiser-Artikeln, in denen er ab dem 10. Oktober als erster in Deutschland und mit zunehmender Schärfe die Abdankung des Kaisers und des Kronprinzen forderte.

In Nürnberg bildete sich am 4. November eine Einigungskommission, die das gemeinsame Handeln der sozialdemokratischen Parteien vor Ort koordinieren sollte. Vier Tage darauf trat in der Redaktion der F. T. der provisorische Arbeiter- und Soldatenrat ins Leben, dem auch Braun bis zur Wahl des regulären Rates angehörte. Das Verhältnis zwischen MSPD und USPD in Nürnberg war in den ersten Wochen der Revolution recht entspannt.

Ab Ende November plädierten Braun und die F. T. für die schnelle Wahl einer Deutschen Nationalversammlung. Mitte Dezember bot er den Nürnberger Unabhängigen eine Aktionseinheit für den Wahlkampf an, was deren Führung jedoch ablehnte. Spätestens seitdem war für Braun eine Einigung nur mehr ohne den linksradikalen Flügel der USPD denkbar. Weitere Einigungsversuche hat er auch für Nürnberg nicht mehr unternommen.

Die F. T. verdammte den »Terrorismus« und das »Putschbedürfnis« der Spartakisten und verlangte die Trennung der USPD von diesen Kräften, die »keine Spur von demokratischem Empfinden« zeigten. Nach den Wahlen vom Januar, die Braun zum Abgeordneten machten, gab die F. T. der äußersten Linken die Hauptschuld daran, dass eine sozialistische Mehrheit ausgeblieben war. Als Mitglied einer SPD-Fraktionskommission schlug Braun noch kurz vor der Eröffnung der Nationalversammlung vor, der USPD eine Regierungsbeteiligung anzubieten, falls sie sich von jeder Putschtaktik lossage und die Solidarität mit den Kommunisten aufgebe.

Braun trat als scharfer Kritiker des Versailler Vertrages hervor und war in der Nationalversammlung hauptsächlich mit Steuer- und Sozialisierungsfragen befasst. Er gründete auf eigene Initiative ein Parlamentsbüro, aus dem 1924 der moderne Sozialdemokratische Pressedienst hervorging. Braun warnte in der Nachkriegszeit vor »übereilten« Sozialisierungen, plädierte 1920 als Mitglied der 2. Sozialisierungskommission aber für die sofortige Sozialisierung des Kohlebergbaus sowie der Roheisen- und Stahlerzeugung.

Im Februar 1919 starteten Vertrauensleute der Nürnberger Betriebe eine Einigungsinitiative »von unten«, die Braun strikt zurückwies. Eine Einigung gebe es nur über die Parteivorstände, und nur dann, wenn die USPD sich unzweideutig von den »russischen Methoden« der Kommunisten distanziere. Auf dem Weimarer Parteitag vom Juni 1919 stellte Braun mit seinem Antrag die Weichen für Verhandlungen mit der USPD-Führung – auf Grundlage des Erfurter Programms und falls diese »den Grundsatz der Demokratie rückhaltlos anerkennt und jede Gemeinschaft mit der [...] K.P.D. aufgegeben haben wird.«

Braun wurde 1920 Mitglied des Parteivorstandes und legte das Amt bei der F. T. endgültig nieder. Als Vorstandssekretär leitete er bis 1927 das Presse- und Verlagsressort. Er wurde Geschäftsführer der Kommission, die ein neues Grundsatzprogramm ausarbeitete, das der Görlitzer Parteitag im September 1921 verabschiedete, und in dem die SPD sich erstmals als staatstragende Partei präsentierte.

Im Oktober 1920 spaltete sich die USPD. Die Radikalen votierten für die Kommunistische Internationale, im Dezember schlossen sie sich mit der KPD zusammen. Erst die Ermordung Walther Rathenaus wurde der Wendepunkt im Verhältnis der beiden sozialdemokratischen Parteien. Am 14. Juli 1922 bildeten ihre Reichstagsfraktionen eine Arbeitsgemeinschaft. An den anschließenden Einigungsgesprächen war Braun maßgeblich beteiligt. Auf dem Einigungsparteitag in Nürnberg schlossen sich die beiden Parteien am 24. September 1922 zur VSPD zusammen. Der sich dort bald formierenden Linken misstraute Braun zutiefst. Wie Eduard Bernstein wollte er schon gegen Ende 1923 die Möglichkeit einer neuerlichen Spaltung nicht ausschließen.

Mit der Bildung der VSPD war das Görlitzer Programm bereits nach einem Jahr hinfällig geworden. Braun wurde wiederum Mitglied der Programmkommission. Die Arbeiten zogen sich hin, bis im Juli 1925 der Entwurf der neuen Grundsatzerklärung stand. In den Fragen der praktischen Politik eher am Görlitzer Programm orientiert, schrieb der einführende Grundsatzteil das marxistische Erfurter Programm fort. Der Heidelberger Parteitag nahm das Programm mit sehr großer Mehrheit an.

Wegen gesundheitlicher Probleme verzichtete Adolf Braun 1928 auf sein Abgeordnetenmandat. Immer mehr musste er sich auch von seinen sonstigen Tätigkeiten zurückziehen. Nach schwerer Krankheit starb er am 13. Mai 1929 in Berlin. Auf dem Friedhof in Friedrichsfelde wurde er beigesetzt.

Der zentristische Parteimarxismus beanspruchte, die vor allem in Österreich, teilweise aber auch in Deutschland zutage getretenen Einseitigkeiten einer reformerischen oder revolutionären Richtung der Arbeiterbewegung »aufgehoben« zu haben. Die Sozialdemokratie war, so Adolf Braun 1890, damit »ebenso weit entfernt von seichtem Possibilismus« wie »von phrasenhaftem Revolutzerthum«. Wie Kautsky war Braun davon überzeugt, dass im Marxismus die »reformistische« und die »revolutionäre« Tendenz untrennbar miteinander verbunden seien.

Bis in die ersten Jahre des Ersten Weltkrieges hinein verstanden die Zentristen sich als die Garanten der Einheit der »modernen« Arbeiterbewegung. Dabei positionierten sie sich sowohl gegen eine Politik der integrativen Klassenkooperation im Sinne bürgerlicher oder rechts-sozialdemokratischer Sozialreform, wie auch gegen die rücksichtslos klassenkämpferische, revolutionäre Intransigenz der Linksradikalen. Dieser für eine längere Zeit durchaus tragfähige Kompromiss zerfiel erst im Verlauf des Krieges, als die Parteiflügel immer erbitterter aneinandergerieten und das dominierende Zentrum ins Hintertreffen geriet.

Als infolge des Streits über die Kriegspolitik der SPD seit August 1914 der Zerfall der Arbeiterbewegung drohte, wollte Braun unter weitgehender Ausklammerung der strittigen Fragen eine sachliche Grundlage für die weitere gemeinsame Arbeit der Sozialisten unter Einschluss der Gewerkschaften entwickeln. Seine jahrelangen, ihn auch psychisch belastenden Bemühungen, die Einheit durch eine Konzentration auf drängende ökonomische und soziale Probleme zu bewahren oder wiederherzustellen, musste schon deshalb scheitern, weil die an das grundlegende Selbstverständnis der SPD rührende Kriegspolitik nicht einmal vorübergehend aus der inneren Debatte herausgehalten werden konnte. Auch war Braun während des Krieges kein Mitglied des Vorstands und der Reichstagsfraktion. Obwohl er sich an der Basis von Partei und Gewerkschaften großer Beliebtheit erfreute und von einzelnen Redakteuren und Politikern unterstützt wurde, hielt sein Einfluss sich außerhalb des Nürnberger Raumes in Grenzen.

Eine frühzeitige Mehrheit für eine oppositionelle, wenn auch nicht aktiv revolutionäre Politik in der Reichstagsfraktion und im SPD-Vorstand hätte der Entwicklung eine durchaus andere Richtung geben können. Kleine Abspaltungen von den Rändern der Partei, die wohl unausweichlich gewesen wären, hätte auch Braun gerne verschmerzt.

Anders als viele andere »Zentrumsleute« blieb Braun Mitglied der (M)SPD. Als überzeugter Anhänger des Parlamentarismus konnte er noch weniger die Radikalisierung großer Teile der USPD billigen. Brauns reformsozialistische Positionen der Weimarer Zeit muten durchaus gemäßigt an. In seinem letzten Lebensjahrzehnt vereinte sich bei Adolf Braun ein gewisser ideologischer Traditionalismus mit einem ausgeprägten Verfassungspatriotismus.

Quellen- und Literaturnachweise in:

Peter Fasel, Dr. Adolf Braun (1862–1929). Grundriss zu einer politischen Biographie, Diss., Würzburg 1989.

Philipp Kufferath

Kinderschutzkommissionen und Arbeiterwohlfahrt. Die Transformation der sozialistischen Wohlfahrtspolitik zwischen 1914 und 1922

Bis heute markiert die Verarbeitung des Ersten Weltkriegs eine der zentralen geschichtspolitischen Kontroversen innerhalb der Sozialdemokratie. In der Deutung der politischen Streitpunkte und strategischen Richtungsentscheidungen, die letztlich zur Spaltung der Partei im April 1917 führten, werden mit zuverlässiger Regelmäßigkeit wissenschaftliche Argumentationen und zeitspezifische politische Motivationen verwoben. Oft liegt dabei der Akzent auf den grundlegenden außen- und innenpolitischen Weichenstellungen, die mit der Zustimmung der sozialdemokratischen Reichstagsfraktion zu den Kriegskrediten und der Akzeptanz des »Burgfriedens« durch Partei und Gewerkschaften verbunden sind. Sehr häufig werden diese kontroversen Entscheidungen in eine längere Linie bis zum sogenannten Revisionismusstreit zu Beginn des Jahrhunderts gestellt, um zu untermauern, dass es innerhalb der Partei bereits seit Längerem große Meinungsverschiedenheiten über den richtigen Weg zum Sozialismus gab.

Die bereits vielfältig analysierte Bedeutung dieser Grundsatzfragen für das »Große Schisma« (Carl Schorske), die auf der strategisch-programmatischen Ebene so offenkundig erscheint, ist jedoch erklärungsbedürftig, wenn sie mit der (Wieder-)Vereinigung von SPD und USPD im September 1922 in Zusammenhang gesetzt wird. Hier stellt sich vielmehr grundlegend die Frage, warum es vielen Sozialdemokraten plausibel erschien, sich trotz der erbitterten Konflikte mit der Konkurrenzpartei nach weniger als sechs Jahren wieder in einer gemeinsamen Parteiorganisation zu versammeln. Trotz der äußerst emotionalen und grundsätzlichen Entzweiung über die Kriegsfrage, die durch unterschiedliche Strategien beider Parteien in der Revolution von 1918/19 noch einmal vertieft wurde, gab es offenkundig langfristige Motive, ein gemeinsames soziales Milieu sowie neue gesellschaftspolitische Rahmenbedingungen, die vielen Mitgliedern von SPD und USPD diese erneute Annäherung erleichterten. Blickt man zudem auf regionale Gliederungen, spezifische Politikfelder und einzelne Akteure, so ist die Spaltung der Partei weit weniger durch dichotome Haltungen in der Kriegsfrage bestimmt, sondern geht auf anders gelagerte Spannungen zurück und ist durch manche Zufälligkeiten gekennzeichnet.

Besonders deutlich lässt sich dies anhand der Wohlfahrtspolitik zeigen. Im Folgenden werden deshalb einige Entwicklungen beispielhaft vorgestellt, die unterstreichen, dass auch Akteurinnen und Akteure, die sich ab 1917 in der USPD wiederfanden, einen wesentlichen Beitrag zur Herausbildung und programmatischen Ausrichtung einer sozialdemokratischen Wohlfahrtspflege leisteten, unter anderem durch ihre exponierte Rolle in den Kinderschutzkommissionen. Die Mehrheitssozialdemokraten wiederum reagierten auf die grundlegenden Verschiebungen und die neuen Handlungsspielräume innerhalb der Weimarer Demokratie mit der Gründung des »Hauptausschusses für Arbeiterwohlfahrt« im Dezember 1919. Mit der Wiedervereinigung beider Parteien im Oktober 1922 übernahmen zahlreiche vormalige USPD-Mitglieder auch in der Arbeiterwohlfahrt zentrale

Funktionen, unter anderen Julius Moses[1], Klara Weyl[2], Anna Nemitz[3], Lore Agnes[4], Alfred Henke[5] und Walter Friedländer[6] als Mitglieder im Hauptausschuss, deren Vermächtnis innerhalb der AWO bis in die Gegenwart hinein präsent ist, oft jedoch ohne Bezug zu ihrer vormaligen USPD-Mitgliedschaft.

Für sozialdemokratische Frauen ergaben sich mit Beginn des Ersten Weltkriegs auch grundlegende Erweiterungen ihrer Handlungsmöglichkeiten und eine neue gesellschaftliche Sichtbarkeit. Die verheerenden Verwerfungen aufgrund der Brutalität des Krieges, die mannigfachen sozialen Notlagen an der »Heimatfront« sowie der Eintritt von Arbeiterfrauen ins Berufsleben entsprachen in dieser Form sicherlich keinem sozialistischen Szenario oder den programmatischen Zielen in Friedenszeiten.[7] Über ihre praktische Tätigkeit konnten sie diese aufgezwungene Integration in die Kriegsgesellschaft auch als soziale Teilhabe erleben und Erfahrungen von partieller Emanzipation sammeln, die nach dem Krieg aber als Hoffnungsquell fortbestanden und mobilisiert werden konnten. Weil die

---

1   Vgl. u. a. *Holger Böning*, Volksarzt und Prophet des Schreckens. Julius Moses. Ein jüdisches Leben in Deutschland, Bremen 2015; *Daniel S. Nadav*, Julius Moses (1868–1942) und die Politik der Sozialhygiene in Deutschland, Gerlingen 1985.
2   Vgl. *John H. Quataert*, Reluctant Feminists in German Social Democracy, 1885–1917, S. 73 f.; *Klara Weyl*, Die neue Stellung der Frau in der Gemeinde, in: Die Kämpferin, Nr. 1, 1919, S. 5 f.
3   Vgl. *Olaf Sund*, Anna Nemitz – Eine biographische Skizze, Papier der Hedwig-Wachenheim-Gesellschaft e. V., o. J., o. O.; *Ilse Fischer*, Nemitz, Anna, in: Neue Deutsche Biographie, Bd. 19, Berlin 1999, S. 63.
4   Vgl. *Florence Hervé/Ingeborg Nödinger*, Bewegte Jahre: Düsseldorfer Frauen, Düsseldorf 1994, S. 59 ff.
5   Vgl. *Gerhard Engel*, Radikal, gemäßigt, vergessen. Alfred Henke (1868–1946). Erster Teil (1868–1918), in: Jahrbuch für Forschungen zur Geschichte der Arbeiterbewegung 2015, H. 2, S. 67-85; Zweiter Teil (1918–1946), in: ebd., H. 3, S. 78-97.
6   Vgl. u. a. *Martin Biebricher*, Ein vergessener Pionier – Walter A. Friedländers Beiträge zu Jugendhilfereform und Professionsentwicklung Sozialer Arbeit, in: *Andreas Markert/Andrea Buckley/Michael Vilain/Martin Biebricher* (Hg.), Soziale Arbeit und Sozialwirtschaft. Beiträge zu einem Feld im Umbruch. Festschrift für Karl-Heinz Boeßenecker, Münster i. Westf. 2008, S. 23-42.
7   Vgl. u. a. *Ute Daniel*, Arbeiterfrauen in der Kriegsgesellschaft. Beruf, Familie und Politik im Ersten Weltkrieg, Göttingen 1986.

großen politischen Fragen von Krieg und Frieden eher fern des eigenen Einflusses erschienen, war ein pragmatischer Umgang mit den Gegebenheiten des Kriegszustands eine naheliegende Verarbeitungsweise, die zudem im Sinne einer konkreten Solidarität interpretiert werden konnte. So formulierte Luise Zietz[8] als Vertreterin der sozialdemokratischen Frauen im Parteivorstand am 15. August 1914 einen Aufruf zu »Hilfsaktionen der Proletarierinnen«, um »[a]ngesichts der unsäglichen Not und dem furchtbaren Jammer, die der Krieg mit sich bringt, [...] den verzweifelten Frauen, den verwaisten Kindern, den Arbeitslosen, den Kranken und Leidenden mit Rat und Tat beizustehen.« Sie nannte vier Bereiche, in denen Sozialdemokratinnen nun primär aktiv werden könnten: Auskunftsstelle, kommunale Arbeit, Kinderfürsorge sowie Kranken- und Wöchnerinnenhilfe. Das Gebiet der Kinderfürsorge, auf dem sozialdemokratische Frauen über die größte praktische Erfahrung verfügten, sei dabei »gedacht als Beaufsichtigung der schulpflichtigen und der vorschulpflichtigen Kinder, deren Eltern arbeitslos, deren Väter im Felde fielen, deren Mütter der Erwerbsarbeit nachgehen oder deren Mütter bei unserer Hilfsaktion helfen wollen, um der furchtbar lastenden Einsamkeit des Hauses zu entrinnen.« Die sozialdemokratischen Kinderschutzkommissionen, die sich zwischen 1903 und 1914 an 252 Orten gebildet hatten, um das Verbot der Kinderarbeit zu überwachen und Ferienfreizeiten für Kinder aus Arbeiterfamilien zu organisieren, müssten nun »ihre Tätigkeit bedeutend erweitern«.[9]

---

8 Vgl. *Tobias Kühne*, »Willst du arm und unfrei bleiben?«. Louise Zietz (1865–1922), Berlin 2015, S. 37 ff.
9 *Luise Zietz*, Hilfsaktionen der Proletarierinnen, in: Correspondenzblatt der Generalkommission der Gewerkschaften Deutschlands, 15.8.1914, S. 497. Zur Zahl der Kinderschutzkommissionen vgl. Bericht des Parteivorstandes an den Würzburger Parteitag, in: Vorwärts, 22.7.1914.

Wie die Forderungen von Luise Zietz in die Praxis umgesetzt werden sollten, verdeutlicht ein Bericht über die Einrichtung von »Kriegskinderhorten« vom Oktober 1914 von Martha Demmning[10], die die Kinderschutzkommissionen in Berlin koordinierte:

> »An bestimmten Sammelstellen fanden sich die Kinder zusammen. Opferfreudige Helferinnen, selber mit der Not des Lebens kämpfend, widmeten sich den armen Kindern. Vom Spielen allein wurden die Kinder aber nicht satt; man mußte ihnen auch Essen geben. Der Verein der Kindervolksküchen lieferte Mittagsmarken und Milch, für das andere sorgte die Kinderschutzkommission. Die Kinder fühlten sich bald heimisch. Der Andrang zu den Sammelstellen wuchs. In letzter Zeit war die Zahl der Kinder auf 3.000 in 21 Sammelstellen gewachsen.«[11]

Demmning schilderte aber auch die Probleme, mit denen die sozialdemokratischen Frauen konfrontiert waren. So seien bis auf eine Anschubfinanzierung keine weiteren Gelder des Magistrats ausgezahlt worden, da »Gelder aus der Stadtkasse nicht an eine politische Organisation gegeben werden könnten«.[12] Mit dem Kälteeinbruch im Winter 1914/15 war die Berliner Kinderschutzkommission deswegen gezwungen, ihre Fürsorgeangebote einzustellen, weil sie die Kosten für Räumlichkeiten, Strom und Heizung nicht aufbringen konnte. Diese Erfahrungen untermauerten die Forderung der Sozialdemokratie, dass die Wohlfahrtspflege zu einer staatlichen, rechtlich geregelten Aufgabe werden müsse.

Sozialdemokratische Frauen aus der Arbeiterschaft, die sich nun primär im Rahmen des »Nationalen Frauendienstes« oder in den kommunalen Strukturen der Kriegsfürsorge betätigten, spürten an zahlreichen Punkten die Vorbehalte der arrivierten konfessionellen Wohlfahrtsverbände und der bürgerlichen Wohltätigkeitsvereine

---

10 Vgl. *Holger Hübner*, Martha Demmning, 18.2.2003; http://www.spd.berlin/partei/unsere-geschichte/personen/a-k/demmning-martha/ [4.9.2017].
11 Kinderhorte im Kriege, in: Vorwärts, 18.10.1914.
12 Der Kinderschutz in der Kriegszeit, in: Vorwärts, 3.5.1915.

ihnen gegenüber. Ihre Beteiligung schien jedoch angesichts der kriegsbedingten sozialpolitischen Herausforderungen unverzichtbar; mit den Vereinbarungen zum Burgfrieden wurden sie ausdrücklich angestrebt, um die Partei zu integrieren. Gleichzeitig fehlten finanzielle Ressourcen, eigene Einrichtungen und organisatorische Strukturen, um die Ausrichtung der Wohlfahrtspolitik entscheidend zu beeinflussen. Durch die vielfältigen praktischen Erfahrungen ergaben sich aber auch Lernprozesse, die wiederum zur Koordination innerhalb der Sozialdemokratie und zur Profilbildung in einem Feld beitrugen, das von der Partei lange vernachlässigt worden war.

Die Thematisierung einer eigenständigen sozialdemokratischen Wohlfahrtspflege erfuhr durch die Spaltung der Partei einen neuen Schub. Nicht nur die beiden profiliertesten sozialistischen Frauen Clara Zetkin und Luise Zietz, sondern auch Martha Demmning, Klara Weyl, Lore Agnes, Anna Nemitz, Mathilde Wurm[13], Marie Wackwitz und viele weitere, verorteten sich in den Reihen der Opposition, die sich ab März 1916 um Hugo Haase und die Sozialdemokratische Arbeitsgemeinschaft sammelte. Zahlreiche Sozialdemokraten, die in der Sozial-, Gesundheits- und Kommunalpolitik tätig waren, teilweise mit akademischer Prägung, etwa Emanuel Wurm, Hermann Weyl, Walter Friedländer oder Carl Herz[14], gingen ebenfalls diesen Weg. Dieses sozialpädagogische Profil und die starke lokale Verankerung der neu entstandenen linken sozialdemokratischen Partei zum Beispiel in Berlin, Leipzig, Halle oder Thüringen setzten wiederum den SPD-Vorstand unter Zugzwang. Die Kinderschutzkommissionen wurden nun von oppositionellen Frauen dominiert und galten nach 1918 gar als parteinahe Organisationen der USPD. Marie Juchacz, die zusammen mit ihrer Schwester Elisabeth Röhl[15] in Köln im Nationalen

---

13 Vgl. *Charmin Brinson*, The Strange Case of Dora Fabian and Mathilde Wurm: A Study of German Political Exiles in London During the 1930s, Bern u. a. 1994.
14 Vgl. *Christian Hanke*, Selbstverwaltung und Sozialismus. Carl Herz, ein Sozialdemokrat, Hamburg 2006.
15 Vgl. *Lydia Struck*, Elisabeth Kirschmann-Röhl, in: *Dies.*, »Darüber muss noch gesprochen werden«. AWO-Frauen und ihre Beiträge zur Gleichstellung, Berlin 2015, S. 20-31.

Frauendienst und in der Heimarbeitszentrale tätig gewesen war und als parteiloyal galt, wurde nun sowohl als Nachfolgerin von Luise Zietz im Parteivorstand als auch als Schriftleiterin der »Gleichheit«, der bis dahin von Clara Zetkin geleiteten Frauenzeitschrift, aufgebaut und gefördert.[16] Juchacz, die später als Initiatorin und prägende Persönlichkeit in die Geschichte der Arbeiterwohlfahrt einging, war sich dieser situativen Umstände durchaus bewusst: »Ich wurde immer irgendwie aufgespürt, für eine Funktion ausgesucht und vorgeschlagen oder gerufen. Niemals habe ich mich zu einem Amt gedrängt, stets wurde mir die neue Verantwortung angeboten.«[17] Zusammen mit ihr trat nun auch Heinrich Schulz in die Redaktion der »Gleichheit« ein. Schulz, Reichstagsabgeordneter und Geschäftsführer des zentralen Bildungsausschusses der Partei, avancierte nun zum dominanten Protagonisten der MSPD in der Sozial- und Bildungspolitik.[18]

Im »Vorwärts« breitete Schulz im August 1917 seine Vorschläge für eine sozialdemokratische Wohlfahrtspolitik in Friedenszeiten aus. Obwohl ihm die vielfältigen Bemühungen der Kinderschutzkommissionen nicht verborgen geblieben waren, vertrat er die Ansicht, dass die Partei insgesamt auf dem weiten Gebiet der Kinderfürsorge »noch nicht einmal bescheidene Vorarbeiten« geleistet habe. Schulz skizzierte einen Plan, um den Frauen, die erst durch den Krieg in das Erwerbsleben gestoßen waren, eine berufliche Perspektive zu sichern. Anstatt in »sentimentale Reden über zerstörtes Familienglück« zu verfallen, müsse die Partei die »gesellschaftsgeschichtliche Notwendigkeit« begreifen und für sich nutzen. Schulz distanzierte sich auch keineswegs grundsätzlich von den bürgerlichen Wohltätigkeitsver-

---

16 Vgl. u. a. *Lydia Struck*, »Mir geht so vieles durch den Kopf und durchs Herz«. Marie Juchacz – Briefe und Gedanken zum Neuanfang der AWO, Berlin 2014.
17 Zit. n.: *Susanne Miller*, Marie Juchacz als Frauensekretärin der SPD, in: AWO-Bundesverband (Hg.), Marie Juchacz 1879–1956. Leben und Werk der Gründerin der Arbeiterwohlfahrt, Bonn 2004, S. 92-105, hier S. 92.
18 Vgl. u. a. *Peter Braune*, Die gescheiterte Einheitsschule. Heinrich Schulz – Parteisoldat zwischen Rosa Luxemburg und Friedrich Ebert, Berlin 2004; *Mirjam Sachse*, Von »weiblichen Vollmenschen« und Klassenkämpferinnen – Frauengeschichte und Frauenleitbilder in der proletarischen Frauenzeitschrift »Die Gleichheit« (1891–1923), Diss., Kassel 2010, S. 121 ff.

einen und den konfessionellen Wohlfahrtsverbänden, sondern ernannte ihr Tätigkeitsfeld zum Vorbild: »In vielen, vielleicht in den meisten Einzelheiten werden wir uns in unserer Arbeit kaum von den bürgerlichen unterscheiden.« Er plädierte für den Aufbau von eigenen Einrichtungen und eine »kaufmännisch-genossenschaftliche Berechnung«, in die sowohl eigene Mittel, Beiträge von Staat und Gemeinden als auch Spenden von finanzstarken Unterstützern einfließen sollten. Als erste organisatorische Maßnahme schlug er vor, Ausschüsse aus interessierten Vertretern von Partei und Gewerkschaften zu bilden, die sich in Form konzentrischer Kreise umeinander gruppieren sollten, um Schritt für Schritt das große Gebiet der Fürsorge für die Arbeiter zu erschließen.[19] In dem Vorschlag waren bereits einige Gedanken enthalten, die zwei Jahre später mit der Gründung der Arbeiterwohlfahrt umgesetzt wurden.

Es gab aber auch innerhalb der USPD erfolgreiche Bemühungen, sich in die kommunale Kinder- und Jugendpflege einzuschalten. Klara Weyl, die nach dem Krieg das Berliner Landesjugendamt leitete und über langjährige Erfahrungen als Waisenpflegerin verfügte, skizzierte in der »Kämpferin«, der neuen Zeitschrift der USPD-Frauen, die anstehenden Aufgaben in der Kommunalpolitik: »Die Bahn ist jetzt für uns frei! Mit der endlich errungenen sozialistischen Mehrheit in vielen Stadtverwaltungen können wir nun die Reformen, für die wir jahrelang gekämpft haben, mit durchführen helfen. Unser Wunschzettel ist nicht klein: Aufbauen heißt es in allen Zweigen.«[20] Mit Walter Friedländer (Prenzlauer Berg) und Martha Demmning (Friedrichhain) leiteten zwei weitere USPD-Mitglieder die neu entstandenen Jugendämter in Berliner Bezirken mit hohem Arbeiteranteil. Die Partei verfügte in Berlin zudem über die stärkste Fraktion in der Stadtverordnetenversammlung. Mit ihrem Fraktionsvorsitzenden Hermann Weyl stellte sie seit 1919 einen Vorsteher. Dessen aussichtsreiche Kandidatur als Oberbürgermeister im Januar 1921

---

19 *Heinrich Schulz*, Die Erziehungsaufgabe der Arbeiterbewegung, in: Vorwärts, 19.8.1917 (Beilage: Sonntag).
20 *Weyl*, Die neue Stellung der Frau in der Gemeinde, S. 5.

wurde jedoch von den Mehrheitssozialdemokraten durchkreuzt, die Weyl aufgrund seiner deutlichen Kritik an ihrem Kurs als unwählbar und inkompetent bezeichneten und zudem taktische Rücksichten auf die Koalition im Reich nahmen.[21]

Gleichwohl hatte die USPD in der Reichshauptstadt nun mehrere Schlüsselstellungen in der Wohlfahrtspflege inne. Es gelang auch, die Kinderschutzkommissionen in der Hauptstadt nach dem Krieg zu reaktivieren. Die neu gewonnenen Handlungsspielräume in der kommunalen Fürsorge sowie die vielfältigen Hilfsleistungen aus dem Ausland, etwa in Form von sogenannten Quäkerspeisungen oder bei Ferienprogrammen für kranke und unterernährte Kinder in Dänemark und der Schweiz, boten die Möglichkeit, die Vorkriegstätigkeit auszuweiten.[22] Bei den Wahlen zur Stadtverordnetenversammlung im Juni 1920 erreichte die USPD mit 38,5 Prozent der Stimmen ihren absoluten Höhepunkt in Berlin, während die SPD bei dieser Wahl fast die Hälfte ihrer Wähler verlor und nun bei 17,2 Prozent landete. Nicht nur in Berlin, sondern auch in vielen weiteren Städten stand die USPD nun vor der Herausforderung, ihren Wahlergebnissen entsprechend kommunale Mandate zu übernehmen und ihre Vertreterinnen und Vertreter in die Deputationen und Kommissionen der neu ins Leben gerufenen Wohlfahrtsämter zu entsenden. Gleichzeitig tobte aber in der Partei bis zur Spaltung im Herbst 1920 der Streit über Koalitionspolitik, Rätebewegung und die Haltung zur Komintern, der die konkreten Fragen im Bereich der Wohlfahrtspflege bald überlagerte. Durch die Spaltung auf dem Parteitag in Halle im Oktober 1920 verlor die USPD deutlich an Zuspruch. Emanuel Wurm formulierte für die USPD zwar im Mai 1919 erste Richtlinien für ein Gemeindeprogramm[23] und mit der Herausgabe der »Sozialistischen Gemeinde«

---

21 Vgl. Boeß zum Oberbürgermeister gewählt, in: Vorwärts, 21.1.1921.
22 Vgl. *Martha Demmning*, Berliner Kinder nach Dänemark, in: Die Kämpferin, Nr. 1, 1920, S. 5 f.; *Dies.*, Der erste Kindertransport der Berliner Kinderschutzkommission nach der Schweiz, in: Die Kämpferin, Nr. 19, 1920, S. 150-152.
23 *Emanuel Wurm*, Richtlinien für ein Gemeindeprogramm, entworfen im Auftrage der Parteileitung der Unabhängigen Sozialdemokratischen Partei Deutschlands, Berlin 1919.

durch Alfred Henke hatte die USPD ab Oktober 1919 sogar eine eigene Fachzeitschrift für Kommunalpolitik.[24] Dennoch gelang es ihr nicht, die so ambitioniert gestartete Wohlfahrtspolitik in eigenen Strukturen zu verankern und inhaltlich auszubauen. Bemühungen, die Kinderschutzkommissionen als reichsweite Struktur auszubauen und das Aufgabenfeld zu erweitern, brachten keinen durchschlagenden Erfolg.[25] So waren die sozialpolitischen Protagonisten der USPD bei ihren vielfältigen Handlungsfeldern in den Städten und Gemeinden auf sich gestellt, was eine kooperative Bezugnahme auf unterstützenswerte Initiativen der Mehrheitssozialdemokraten begünstigte. Nur wenige Akteure aus dem wohlfahrtspolitischen Bereich gingen mit der USPD-Linken 1920 zur KPD.

In der Mehrheit der Gemeinden, aber vor allem auf der Landes- und Reichsebene war die SPD aufgrund ihrer flexibleren Bündnispolitik mit bürgerlichen Parteien und einflussreichen Kreisen aus Militär und Beamtenapparat um einiges erfolgreicher. Heinrich Schulz besetzte ab 1919 im Reichsministerium des Innern den Posten des Unterstaatssekretärs für Schul- und Bildungsfragen, was ihm zum Beispiel großen Einfluss auf die Formulierung des Entwurfs für das Reichsjugendwohlfahrtgesetz ermöglichte. Zusätzlich war die SPD während des Krieges in einigen Regionen mit Praktikern und Wissenschaftlern aus bürgerlichen Wohlfahrtsvereinen in Berührung gekommen und hatte, wie bereits erwähnt, sich in vielen Fragen den Positionen dieser linksliberalen Reformer angenähert, die auf ein produktives Zusammenwirken von freier Wohlfahrtspflege und staatlichen Strukturen plädierten. Trotzdem fürchteten Innere Mission und Caritas, die beiden großen konfessionellen Verbände, nach der Revolution von 1918/19 und der damit verknüpften Durchsetzung freier und gleicher Wahlen eine Kommunalisierung und Sozialisierung der gesamten Wohlfahrtspflege durch die sozialistischen Parteien.

---

24 Vgl. Die sozialistische Gemeinde. Eine kommunalpolitische Zeitschrift der U.S. P., in: Die Kämpferin, Nr. 14, 1919, S. 111.
25 Vgl. Protokoll der ersten Reichsfrauenkonferenz der USPD in Leipzig, 29./30. November 1919, S. 522; *Luise Zietz*, Fördert die Kinderschutzkommissionen!, in: Die Kämpferin, Nr. 2, 1920, S. 15.

Im Rahmen der ersten Weimarer Koalition schien dieses Szenario zwar unrealistisch, es beförderte aber auf verschiedenen Ebenen trotz mancher Kooperationen einen Konkurrenzkampf um Einfluss auf die zukünftigen Regelungen und Gesetze. Die etablierten Verbände hatten hier einen erheblichen Startvorteil: Sie verfügten über zentralisierte Strukturen und eigene Einrichtungen und waren formal parteiunabhängig, konnten also wesentlich leichter größere Hilfsaktionen durchführen und bei zentralen Stellen, etwa der Kriegsfürsorge, Zuwendungen beantragen.[26]

Die sozialdemokratische Parteiführung stand Ende 1919 also vor einer doppelten Herausforderung. Zum einen registrierte sie die Bemühungen der USPD im Bereich der kommunalen Jugendpflege, zum anderen musste sie sich auch gegenüber den bestehenden Fürsorgevereinen, Wohlfahrtsverbänden und Bildungseinrichtungen behaupten. Um Zugriff auf staatliche Mittel zu erhalten, galt es eine eigene Organisationsstruktur für die Wohlfahrtspflege zu etablieren. Hinzu kam, dass die Partei selbst noch gar nicht über genügend qualifiziertes Personal verfügte, um die herausragende Stellung als Regierungspartei innerhalb des erst zaghaft demokratisierten Staatsapparats mit zuverlässigen Personen zu besetzen. Außerdem drängten Sozialdemokratinnen wie Marie Juchacz, Elfriede Ryneck oder Hedwig Wachenheim, die ihre politischen Rechte ergriffen und im Parteialltag sichtbarer wurden, angesichts der augenfälligen Notlagen in der Arbeiterschaft auf eine intensivere Tätigkeit im Bereich von Fürsorge und sozialer Arbeit. Sie konnten sich auf eine Vielzahl von sozialdemokratischen Kommunalpolitikerinnen und -politikern berufen, die bei ihrer komplexen Tätigkeit inhaltliche Beratung und Weiterbildung, finanzielle Unterstützung und organisatorische Anbindung erwarteten.

---

26 Vgl. *Jochen-Christoph Kaiser*, Sozialer Protestantismus im 20. Jahrhundert. Beiträge zur Geschichte der Inneren Mission 1914–1945, München 1989; *Catherine Maurer*, Der Caritasverband zwischen Kaiserreich und Weimarer Republik. Zur Sozial- und Mentalitätsgeschichte des caritativen Katholizismus in Deutschland, Freiburg i. Br. 2008.

Diese vielfältigen Beweggründe und Entwicklungen führten zur Initialisierung eines Hauptausschusses für Arbeiterwohlfahrt durch den SPD-Parteiausschuss am 13./14. Dezember 1919. Marie Juchacz übernahm, unterstützt von Johanna Heymann als Organisationssekretärin und einem geschäftsführenden Ausschuss, in den darauffolgenden Monaten die Aufgabe, ein zentrales Büro beim Parteivorstand einzurichten und in den SPD-Bezirken die Bildung von lokalen Ortsausschüssen für Arbeiterwohlfahrt anzuregen und zu koordinieren. Zuwendungen des Reichsarbeitsministeriums und größere private Spenden ermöglichten Ausbildungskurse von Arbeiterinnen für soziale Berufe, eine Beteiligung an Armenspeisungen und Kinderfreizeiten, den Aufbau von Beratungsstellen sowie die Anschaffung von Nähmaschinen und Stoffen, um Kleider für Bedürftige herzustellen.[27]

Angestrebt wurde ein eher lockeres Organisationsgefüge, um Praktiker, Pädagogen und Sozialpolitiker aus allen Feldern der Wohlfahrtspflege, die vor Ort ganz unterschiedliche Voraussetzungen hatten, in einen gemeinsamen Austausch und Lernprozess zu versetzen.[28]

Mit dem Zusammenschluss von USPD und SPD gingen die Kinderschutzkommissionen der USPD in der Arbeiterwohlfahrt auf, teilweise jedoch zunächst als eigenständige Unterorganisationen.[29] In Berlin symbolisierte sich die Fusion gar in einer gemeinsamen Namensgebung: Die regionale Gliederung nannte sich nun »Bezirksausschuss für Arbeiterwohlfahrt und Kinderschutz«, die Wohlfahrtstätigkeit in der Metropole wurde auch weiterhin von ehemaligen

---

27 Vgl. *Christiane Eifert*, Frauenpolitik und Wohlfahrtspflege. Zur Geschichte der sozialdemokratischen »Arbeiterwohlfahrt«, Frankfurt a. M./New York 1993, S. 31-37 und S. 54-97.
28 Ab Mitte 1920 veröffentlichte die »Gleichheit« erste Berichte über den erfolgreichen Organisationsaufbau. Vgl. die Artikelserie von Marie Juchacz und Johanna Heymann in: Die Gleichheit 1920, S. 206, 214 f., S. 223, S. 230 f., S. 238 f., S. 247 und S. 262 f.
29 Vgl. z. B. für Bremen: *Jürgen Blandow*, Von Friedrich Ebert bis Ella Ehlers. Die Vorgeschichte und die Geschichte der bremischen Arbeiterwohlfahrt, Bremen 1995, S. 30 f.

Unabhängigen wie Walter Friedländer, Anna Nemitz oder Franz Künstler[30] stark geprägt.[31]

---

30 Vgl. *Ingrid Fricke*, Franz Künstler. Eine politische Biographie, Berlin 2016.
31 Vgl. *Christl Wickert*, Von der Hausarbeit zur Sozialarbeit. Sozialdemokratische Frauenarbeit und »Arbeiterwohlfahrt« in Berlin 1919-1933, in: *Gert-Joachim Glaeßner/Detlef Lehnert/Gerd Göckenjan* (Hg.), Studien zur Arbeiterbewegung und Arbeiterkultur in Berlin, Berlin 1989, S. 117-145; AWO-Landesverband Berlin: Die AWO in Berlin – 1919 bis heute. Ein Porträt, Berlin 2006, S. 14.

Hartfrid Krause

Zwischen allen Stühlen: Georg Ledebour (1914–1947)

1 Wie positionierte sich Georg Ledebour in der Frage des Krieges?

Georg Ledebour gehörte von Anfang an zu den sozialdemokratischen Parlamentariern, die sich gegen die Kriegskredite aussprachen, zunächst nur in der Fraktion, ab Dezember 1915 auch offen im Reichstag, später als Mitglied der Sozialdemokratischen Arbeits-Gemeinschaft (SAG) und als Vorsitzender der USPD. Später formulierte er: »Meiner jetzigen Überzeugung [1931] nach war es ein schwerer politischer Fehler, dass ich mich durch den Gedanken, ›die Einheit der Partei über alles‹ habe bewegen lassen, damals für die Kredite zu stimmen.«[1]

---

1 *Georg Ledebour*, Die deutsche Novemberrevolution, in: Sozialistische Arbeiterzeitung (SAZ), 2.12.1931, S. 3.

Bild 10 SPD-MdR Georg Ledebour, 1912

Auf der Fraktionssitzung am 20. Dezember 1915, also unmittelbar vor dem ersten öffentlichen Votum der Minderheit von 20 Reichstagsabgeordneten, erklärte Ledebour, warum er jetzt nicht mehr gegen seine Überzeugung im Reichstag schweigen oder, als kleinen Protest, den Saal vor der Abstimmung verlassen könne:

»Wenn ich den jetzigen Krieg von Anfang an nicht für einen deutschen Verteidigungskrieg gehalten habe, so habe ich doch zuzugeben, dass die Parteigenossen darüber im Zweifel sein konnten. Deshalb habe ich mich der Mehrheit gefügt und es in jener Situation für berechtigt gehalten, das eigene Urteil zurückzustellen. Jetzt sind aber die Tatsachen offenkundig und unzweideutig, dass wir es mit einem Eroberungskrieg zu tun haben.«[2]

Ledebour formulierte keine grundsätzlich pazifistische Ablehnung eines jeden Krieges, sondern meinte, man müsse stets prüfen, ob es ein Angriffs- oder Verteidigungskrieg war. Da er weder aufseiten der Regierung noch der Sozialdemokratie irgendwelche Aktivitäten sah, den Krieg zu beenden, befürwortete er einen »internationalen politischen Massenstreik zur allgemeinen Friedenserzwingung«[3] und damit gleichzeitig einen ersten Schritt zu einer revolutionären Umgestaltung des alten Systems.

2 In welchen Netzwerken bewegte sich Georg Ledebour?

Ledebour gehörte bereits 1916[4] zu dem – erweiterten – Kreis der *revolutionären Berliner Obleute*[5], die an vorderster Linie im Januarstreik 1918 aktiv und in der Novemberrevolution sowie beim Januaraufstand 1919 die treibende Kraft waren. Ledebour rief nie zur

---

2   Protokolle der Fraktionssitzung der Reichstagsfraktion am 20. Dezember 1915, in: *Erich Matthias/Eberhard Pikart*, Die Reichstagsfraktion der deutschen Sozialdemokratie 1898–1918, 2. Teil, Düsseldorf 1966, S. 119 f.
3   *Georg Ledebour*, Die deutsche Novemberrevolution, in: SAZ, 13.11.1931, S. 5.
4   *Richard Müller*, Vom Kaiserreich zur Republik, Wien 1924, S. 63; *Ralf Hoffrogge*, »Räteaktivitäten in der USPD. Richard Müller und die revolutionären Obleute«, in: *Ulla Plener* (Hg.), Die Novemberrevolution 1918/1919 in Deutschland. Für bürgerliche und sozialistische Demokratie. Allgemeine regionale und biographische Aspekte, Berlin 2009 (digital veröffentlicht), S. 189-199.
5   Der Ledebour-Prozess. Gesamtdarstellung des Prozesses gegen Ledebour wegen Aufruhr etc. vor dem Geschworenengericht Berlin-Mitte vom 19. Mai bis 23. Juni 1919, aufgrund des amtlichen Stenogramms bearbeitet und mit einem Vorwort versehen von *Georg Ledebour*, Berlin 1919, S. 126, S. 529, S. 578.

Gewalt als Mittel der Herstellung einer sozialistischen Republik auf, sprach sich aber für Gegengewalt aus, falls versucht werden würde, Arbeiter mit Gewalt vom »revolutionären Klassenkampf« abzuhalten.

Neben den parlamentarischen und außerparlamentarischen Aktivitäten machten seine internationalen Kontakte für Ledebour einen dritten Schwerpunkt aus: vor 1914 in der II. Internationale, im Weltkrieg im Zusammenschluss der Oppositionellen auf der Zimmerwalder Konferenz, nach dem Ersten Weltkrieg als Gründungsmitglied der Wiener Internationale, nach 1922 in der Internationalen Arbeitsgemeinschaft Sozialistischer Parteien (IASP). Er sprach sich stets gegen nationale Alleingänge aus, blieb aber auch hier bald in der Rolle des Mahners allein – zwischen allen Stühlen.

3 Welche Position nahm Ledebour zur Frage der Einheit der Arbeiterbewegung ein?

Für Ledebour war die Einheit der Arbeiterbewegung bis zu seinem Lebensende ein hohes Gut, das es zu verteidigen und für das es zu kämpfen galt. Hierzu gehörte auch die freiwillige Unterordnung unter Beschlüsse eines Parteitags, der höchsten Beschlussinstanz der Partei. Bereits 1904 formulierte Ledebour auf dem Bremer Parteitag der SPD in der Auseinandersetzung mit Max Schippel in Fragen der Agrarzölle:

> »Wir kommen nun um die Tatsache nicht herum, dass Schippel[6] auf einem für unsre gegenwärtige Aktion sehr wichtigen Gebiete mit der Partei in Differenz gekommen ist. Daraus folgt für mich: Da diese Frage gegenwärtig und vielleicht auch noch auf lange Zeit für uns eine der wichtigsten und entscheidendsten Aktionen

---

6 Max Schippel war von 1890 bis 1905 Mitglied des Reichstags.

bedingt, **so ist Schippel allerdings gegenwärtig nicht fähig, ein Reichstagsmandat für die Partei inne zu haben.**«[7]

Ledebour plädierte allerdings nicht für den Ausschluss. Zwei Jahre später auf dem Mannheimer Parteitag erklärte er zur Frage des Massenstreiks und der Gewerkschaften: »Dem gegenüber muss der Parteitag ein entscheidendes Wort sprechen und in Erinnerung bringen, dass jeder Genosse an Parteitagsbeschlüsse gebunden ist, überall, in allen Situationen des Lebens.«[8] Gegenüber der Gruppe der Anarchosozialisten hielt er sogar Ausschlussanträge für gerechtfertigt.[9] Als 1910 die badische Budgetbewilligung auf dem Parteitag in Magdeburg kontrovers diskutiert wurde, erklärte Ledebour: »Es muss ausgesprochen werden, dass diejenigen Genossen, die sich den Beschlüssen nicht fügen, sich außerhalb der Partei stellen.«[10]

Mit dem Beginn des Ersten Weltkrieges änderte sich Ledebours Position von zähneknirschender Zustimmung zu dem Fraktionsbeschluss im Reichstag im August 1914, bis zur öffentlichen Ablehnung im Dezember 1915.[11] Spätestens in dieser Phase – Ledebour war 1915 bereits 65 Jahre alt – wurde seine Position gegenüber der alten Sozialdemokratie unduldsamer, ablehnender und feindlicher, sodass eine weitere Zusammenarbeit mit der SPD kaum noch denkbar war. Ledebour bezeichnete sie auf dem Gründungsparteitag der USPD im April 1917 als die »gefährlichsten Feinde des proletarischen Eman-

---

7 Protokoll über die Verhandlungen des Parteitages der Sozialdemokratischen Partei Deutschlands, abgehalten zu Bremen vom 18. bis 24. September 1904, Berlin 1904, S. 262 [Herv. i. Orig.].
8 Protokoll über die Verhandlungen des Parteitages der Sozialdemokratischen Partei Deutschlands, abgehalten zu Jena vom 17. bis 23. September 1905, Berlin 1905, S. 287.
9 Ebd., S. 318.
10 Protokoll über die Verhandlungen des Parteitages der Sozialdemokratischen Partei Deutschlands, abgehalten in Magdeburg vom 18. bis 24. September 1910, Berlin 1910, S. 325.
11 Vgl. *Ursula Ratz*, Georg Ledebour 1850–1947, Berlin 1969, S. 151 ff.; *Matthias/Pikart*, Die Reichstagsfraktion, S. 3 ff. Zusammenstellung der Fraktionsvoten in: *Hartfrid Krause*, Die Gründung der USPD vor 100 Jahren in Gotha am 6. April 1917. Eine sozialistische Alternative?, Norderstedt 2017, S. 74-76.

zipationskampfes«.[12] Diese Haltung verfestigte sich auch nach der November-Revolution und während der Weimarer Republik. Sich mit Noske oder Ebert an einen Tisch zu setzen, kam überhaupt nicht infrage. Die Sozialdemokraten wurden fast zum Klassenfeind. Trotz seiner klaren Ablehnung der Mehrheitssozialdemokraten (ab 1915) und der weniger eindeutigen Ablehnung der Kommunisten (ab 1919) plädierte Ledebour stets für die Einheit der Arbeiterbewegung, in Form einer »Kampfverbindung«[13], eines Generalstreiks (Kapp-Putsch 1920), einer gemeinsamen Kampagne (Volksentscheid für Fürstenenteignung 1925/26) oder als Einheitsfront gegenüber dem heraufziehenden Faschismus.[14] Andererseits war für ihn eine Spaltung einer Arbeiterpartei – 1917 Gründung der USPD, 1922 die Weiterführung der »Rest-USPD«, 1924 die Gründung des Sozialistischen Bundes und ab Herbst 1931 die Verschmelzung mit der Sozialistischen Arbeiterpartei Deutschlands (SAPD) – stets möglich, wenn er davon überzeugt war, dass kein Weg daran vorbeiführte. Der »starrsinnige« Ledebour war kompromissunfähig. Für ihn gab es nur einen, seinen Weg, auch wenn dies zur Spaltung führte. Eine Erklärung hierfür könnte sein: Ledebours »Eigensinn« gab ihm die Kraft, auch unbequeme Wege notfalls alleine zu gehen. Für ihn war stets der kürzeste Weg zwischen zwei Stationen der einzig denkbare Weg. Wer da nicht mitgehen wollte oder konnte, wer lieber einen vielleicht produktiven Umweg ging, um andere mitzunehmen, der blieb zurück.

---

12 Protokoll über die Verhandlungen des Gründungs-Parteitages der USPD vom 6. bis 8. April 1917 in Gotha. Mit Anhang: Bericht über die Gemeinsame Konferenz der Arbeitsgemeinschaft und der Spartakusgruppe vom 7. Januar 1917 in Berlin, hg. v. *Emil Eichhorn*, Berlin 1921, S. 51.
13 Protokoll über die Verhandlungen des Parteitages in Leipzig vom 8. bis 12. Januar 1922, Leipzig o. J., S. 91.
14 So bereits 1923 auf dem USPD-Parteitag. Vgl. Protokoll über den Parteitag der Unabhängigen Sozialdemokratischen Partei Deutschlands vom 30. März bis 2. April 1923 in Berlin, Berlin o. J., S. 6. Vgl. auch die Artikel in der SAZ 1931 ff.: etwa »Appell in letzter Stunde. Für die Einheitsfront«, in: SAZ, Jg. 1, Nr. 47, 28.12.1931, S. 1 f.; »Der Faschismus ist nicht unbesiegbar«, in: SAZ, Jg. 1, Nr. 159, 19.7.1932, S. 2 und zu allerletzt: »Mahnruf an die deutschen Arbeiter«, in: SAZ, Jg. 1, Nr. 250, 2.11.1932), S. 1 f.

4 Wie positionierte sich Ledebour vor und in der Novemberrevolution zur Frage Massenstreik – Räte – Diktatur des Proletariats?

Für Ledebour war der 4. August 1914 mit der Zustimmung der Sozialdemokratie zu den geforderten Kriegskrediten der »point of no return«. Zwar stimmten alle sozialdemokratischen Reichstagsabgeordneten – sich der Fraktionsdisziplin beugend – im Reichstag für den Antrag, aber für Ledebour brach spätesten hier eine Welt zusammen.

Die Abkehr von der alten Sozialdemokratie, die Hinwendung zu den revolutionären Obleuten und die Nähe zum Spartakusbund wurden spätestens auf dem Gründungskongress der USPD in Gotha 1917 deutlich. Hier formulierte Ledebour wortgewaltig:

»Wir alle wissen, dass der Kampf zu führen ist durch Massenaktionen und durch die sogenannte parlamentarische Vertretung. Das eine hat das andere zu ergänzen, das eine schließt das andere nicht aus. Es kommt auf die Umstände, die Zeitverhältnisse, die Entwicklung der Dinge an, welche Aktionen zurzeit in den Vordergrund zu treten haben. […] Massenaktionen können nicht durch Führer gemacht werden. Sie erwachsen aus der Not der Zeit.«[15]

Im November 1918 lehnte Ledebour eine Zusammenarbeit mit der Sozialdemokratie unter Ebert im Rat der Volksbeauftragten entschieden ab. Hier würden drei Pferde in die eine und drei Pferde in die andere Richtung ziehen, war sein Argument.[16] Stattdessen versprach er sich zunächst von einer Mitarbeit im »Vollzugsrat der Arbeiter- und Soldatenräte« eine effektivere Kontrollpolitik gegenüber dem »Rat der Volksbeauftragten«, obwohl der Vollzugsrat ebenso paritätisch von USPD und MSPD besetzt war. Später kritisierte er seine

---

15 Protokoll über die Verhandlungen des Gründungs-Parteitages der USPD, S. 52.
16 Vgl. *Georg Ledebour*, Die deutsche Novemberrevolution 8. Fortsetzung, in: SAZ, 22.11.1931, S. 3.

Haltung vom November 1918. Er erklärte, dass er in den Vollzugsrat in der Hoffnung beitrat,

> »dort in voller Öffentlichkeit den reaktionären Machenschaften, die von den verschiedenen Regierungsbehörden zu erwarten waren, erfolgreich entgegenwirken zu können. Ich gestehe, dass es ein Fehler von mir war. Der Vollzugsrat hatte tatsächlich keinerlei Machtbefugnisse gegenüber den Volksbeauftragten oder sonstigen Regierungsorganen. […] So rieb ich mich Tag für Tag in endlosen Debatten auf. Ich hätte meine Zeit und Kraft nützlicher außerhalb des Vollzugsrats in völlig ungebundener Stellung anwenden können.«[17]

1931 erklärte er, auf das Jahr 1919 zurückblickend, warum er nicht für die Nationalversammlung kandidiert, sein Amt als Parteivorsitzender niedergelegt und sich für die Diktatur des Proletariats ausgesprochen hatte:

> »Nach meiner Überzeugung [darf] die Diktatur des Proletariats nur so verstanden werden […], dass nach der Machtergreifung das Proletariat diktatorisch sozialistische Einrichtungen schafft bis zur völligen Umgestaltung der kapitalistischen in eine sozialistische Gesellschaftsverfassung. Nicht aber darf sich das siegreiche Proletariat durch terroristische Missetaten besudeln.«[18]

Die Ermordung von Rosa Luxemburg und Karl Liebknecht am 15. Januar 1919, das magere Ergebnis bei den Wahlen zur Nationalversammlung[19] und die weitere Radikalisierung der USPD im Sommer 1919 mit dem sprunghaften Aufstieg der USPD-Mitgliederzah-

---

17 *Georg Ledebour*, Die deutsche Novemberrevolution 11. Fortsetzung, in: SAZ, 25.11.1931, S. 3.
18 *Georg Ledebour*, Die deutsche Novemberrevolution 13. Fortsetzung, in: SAZ, 28.11.1931, S. 3.
19 Die USPD bekam nur 2,3 Millionen Stimmen, während die SPD 11,5 Millionen Stimmen auf sich vereinigen konnte.

len[20] führten auch bei Ledebour zu einer weiteren Radikalisierung, wie sie auf dem Leipziger Parteitag im November/Dezember 1919 sichtbar wurde. Keinen Trennungsstrich gegenüber den Kommunisten, sondern Herüberziehen derjenigen, die »entschlossen sind, den revolutionären Kampf durchzuführen«.[21] Die Diktatur des Proletariats könne in einer revolutionären Situation nicht erst nach statistischer Prüfung, ob denn die Mehrheit der klassenbewussten Proletarier dahinterstehen, erfolgen, sondern sie müsse durch die Tat überzeugen. Ist der revolutionäre Zeitpunkt gekommen, »müssen wir auf dem Posten sein, um die Macht zu ergreifen, und dann haben wir so zu arbeiten, dass innerhalb kurzer Frist die Mehrheit des Proletariats sagt: ›Ja, das war recht, diese Bewegung können und müssen wir unterstützen, das erfordert unser eigenes Interesse.‹«[22]

Auf dem USPD Parteitag 1922 in Leipzig[23] äußerte sich Ledebour zur Frage der »Diktatur des Proletariats«. Erst seit der russischen Revolution und der Lenin'schen Umdefinition von »Unterdrückung der anderen Klassen« hin »auch [zur] Unterdrückung der Mitglieder der eigenen Klasse [...] mit den grausamsten terroristischen Mitteln«[24] hatte dieser Marx'sche Begriff eine Veränderung erfahren, der sich Ledebour nie anschließen konnte. Er erklärte, dass die Sozialdemokratie stets auf

> »friedlichem Wege, durch Ausnutzung jeder Möglichkeit zur Verbesserung der Zustände unserm Ziel näher zu kommen [suchte]. Wenn man aber diese Entwicklung hemme, wenn die Regierung und die kapitalistischen Parteien Gewalt gegen uns anwenden sollten,

---

20 Von März bis Oktober 1919 stieg die Mitgliederzahl um etwa 150 Prozent; vgl. *Hartfrid Krause*, USPD. Zur Geschichte der Unabhängigen Sozialdemokratischen Partei Deutschlands, Frankfurt a. M. 1975, S. 303.
21 »Ich will keinen Trennungsstrich gegen links ziehen.« USPD Protokoll über die Verhandlungen des Parteitages in Leipzig vom 30. November bis 6. Dezember 1919, Berlin o. J. [1920], S. 297; er beklagte die »unglückliche Spaltung zwischen uns und den Kommunisten«, die es zu überwinden gelte. (Ebd., S. 354).
22 Ebd., S. 298.
23 Protokoll über die Verhandlungen des Parteitages in Leipzig, S. 86-95.
24 Ebd., S. 92.

dann werden wir dieser Gewalt Gewalt entgegensetzen und mit Gewalt den Kapitalismus zu stürzen suchen.«[25]

Ob diese Diktatur durch ein Rätesystem oder durch ein anderes (parlamentarisches?) System ausgeübt werden würde, sei sekundär. Wichtig sei, daß sich das Proletariat nicht »durch terroristische Maßnahmen beschmudeln wird.«[26] Seine Rede wurde auf dem Parteitag mit stürmischer Beifall bedacht.

5 Sozialistischer Bund – Gruppe Ledebour 1922–1931

Nach der Wiedervereinigung der USPD mit der MSPD im Herbst 1922 und der Weiterführung der »Rest-USPD« mit Theodor Liebknecht führten die Meinungsverschiedenheiten bezüglich der französischen Ruhrbesetzung zu einer weiteren Spaltung dieser Splittergruppe.[27] Ledebour schrieb Anfang 1924 ein zweiseitiges, eng bedrucktes Flugblatt, das die endgültige Trennung einleitete. Zweifel ob dieser Parteineugründung sind deutlich zu merken. Nur Ledebour hat dieses Flugblatt unterzeichnet: da ist keine Gruppe von bekannten Sozialisten, die diesen Weg gehen will, von unterstützenden Parteizeitungen ganz zu schweigen.

Aus Kenntnis der Stärke der »Rest-USPD« und ihrer Verankerung innerhalb der Arbeiterbewegung war eine begründete Hoffnung auf

---

25 Ebd., S. 93.
26 Ebd., S. 94. Ledebour definierte gegen Lenin den Begriff »Diktatur des Proletariats« mit den Worten: »Die Diktatur des Proletariats ist also die Machtausübung des Proletariats, um unter Brechung des Widerstandes der Kapitalistenklasse den Sozialismus vollkommen durchzuführen und alle Klassenunterschiede zu beseitigen.« (Ebd.).
27 Ledebour auf dem Parteitag der [Rest-]USPD im Frühjahr 1923: »Ich lehne die Auffassung Liebknechts und der Gen. Reichheim ab, denn sie ist ein Schlag ins Gesicht der internationalen Sozialisten. Ich lehne jede Gemeinsamkeit mit solchen Anschauungen ab.« Protokoll Parteitag der Unabhängigen Sozialdem. Partei Deutschlands. 30. März bis 2. April 1923 im Bürgersaal des Rathauses zu Berlin, Berlin o. J., S. 20.

eine neue, erfolgreiche Partei fast illusionär. Aber Ledebour »kompromisselt« nicht. Unverdrossen erklärte er: »Die deutsche Arbeiterbewegung ist in einen Zustand fortschreitender **Versumpfung** geraten, der ihre Kraft zermürbt, ihr Selbstvertrauen ertötet und sie wehrlos zum Opfer der reaktionären Vernichtungspläne macht.«[28] Nach einer massiven Kritik an der Vereinigung von SPD und USPD im September 1922 und an der Politik der VSPD (»Werkzeug der Reaktion«) kam Ledebour auf die »Rest-USPD« zu sprechen. Er verhöhnte die »Rest-USPD« unter Liebknecht als »Einfrontenkrieger«, die sogar den französischen Ministerpräsidenten Poincaré als »Bundesgenossen des Proletariats« bezeichne. Hier könne es keine weitere Zusammenarbeit mehr geben.

In einem Schlussakkord forderte Ledebour zur Gründung einer neuen sozialistischen Partei, einer »allumfassenden Organisation des klassenbewussten Proletariats«, auf:

> »Aufgabe des Sozialistischen Bundes ist es, zu werben für die Einigung des Proletariats durch vorbildlichen Wirken auf allen Gebieten des öffentlichen Lebens. Durch grundsätzliche sozialistische Politik will der Bund die Enttäuschten und Verärgerten zurückgewinnen für unsere Bewegung. Der Bund sucht durch Herbeiführung gemeinsamer Aktionen der proletarischen Parteien die Stimmung und Anschauungsgemeinschaft zu erzeugen, aus der schließlich die freigewollte Einigung des Proletariats erwachsen muss.«[29]

Auch hier wurde die Hoffnung auf eine Einigung des Proletariats in einer Partei formuliert. Bei den Reichstagswahlen im Mai 1924 plakatierte der Sozialistische Bund – in realistischer Annahme, dass der Name Ledebour innerhalb der Arbeiterschaft bekannter war als die Restgruppe Sozialistischer Bund – mit kleinen Klebezettel.[30] Wie

---

28 Geheimes Staatsarchiv Preußischer Kulturbesitz, Berlin, Hauptabteilung XII, Zeitgeschichtliche Sammlung, IV. Flugblätter, Nr. 221, Bl. 4, S. 1.
29 Ebd.
30 »Die Reaktion bekämpft ihr nur: durch die Wahl der Liste Ledebour« oder »Wählt Liste Ledebour Sozialistischer Bund«.

allerdings das Wahlergebnis zeigte, half dies kaum; Mai 1924: Sozialistischer Bund 26.418 Stimmen im Deutschen Reich; dies entsprach 0,1 Prozent der abgegebenen gültigen Stimmen gegenüber dem fast zehnfachen Wert[31] für die »Rest-USPD«. Der Sozialistische Bund war nur im Groß-Berliner Raum, in Merseburg, Leipzig und Chemnitz-Zwickau angetreten. Bei den Dezemberwahlen 1924 und allen übrigen Wahlen in der Weimarer Republik kandidierte der Sozialistische Bund nicht mehr. Bei den Reichspräsidentenwahlen gab es jedoch eine Wahlempfehlung für den Kandidaten der KPD. Der Sozialistische Bund löste sich im Herbst 1931 durch Übertritt in die SAPD auf.

6 Ein fast vergessenes Kapitel: Ledebour im Exil in der Schweiz (1933–1947)

Im Februar 1933 emigrierte Georg Ledebour mit seiner Frau Minna in die Schweiz, um einer Verhaftung zu entgehen. In Bern konnten sie von Anfang an auf die Unterstützung von Robert Grimm zählen, mit dem er seit der Zimmerwalder Konferenz (1915) immer wieder zusammengearbeitet hatte. Hier wurde ihm recht bald Asyl sowie eine Pension mit Unterstützung durch die schweizerische Flüchtlingshilfe gewährt.[32] Dies hatte allerdings seinen Preis: »Es fiel dem alten, leidenschaftlichen Politiker schwer, sich dem von den Schweizer Behörden für Emigranten erlassenen politischen Betätigungsverbot zu fügen«[33], aber es blieb ihm keine Wahl.

In Bern änderte sich das Leben von Ledebour und seiner Frau noch einmal grundsätzlich: Vorlesungen an der Universität Bern waren eine Abwechslung für den alten Ledebour. Trotz seiner Gehbehinderung wurde er noch in diesem Alter zum aktiven Wanderer in den Berner Bergen, der auch vor Klettereien nicht Halt machte.

---

31 235.112 Stimmen.
32 Vgl. Fremdenkontrolle des Kantons Bern vom 27. Mai 1940, Schweizerisches Bundesarchiv BAR, Bern: Dossier: Ledebour Georg, 1850 (Aktenzeichen C.13.00129 P) – künftig zitiert: Ledebour-Dossier-Bern.
33 *Ratz*, Ledebour, S. 221.

Auch wenn er sich verstieg, galt, so seine Frau Minna, »[...] wenn Georg mal einen Weg eingeschlagen hatte, dann kehrt er nicht um.«[34] Dies galt ganz sicherlich nicht nur fürs Wandern, sondern charakterisierte Georg Ledebour ganz grundsätzlich. Den einmal eingeschlagenen Weg ging er stets weiter, auch wenn er am Ende alleine dastand.

Die Schweizer Spitzelberichte, die bereits – wenn auch sehr sporadisch – in der Weimarer Republik beginnen[35], wurden ab 1933 und der Emigration Ledebours dichter: »27. Mai 33 [:] Polizei des Kantons Bern melden L[edebour] als politischen Flüchtling an.«[36] Am 12. Juni 1933 verfügt das Schweizer Bundesanwaltschaft: »Ledebour wird unter Vorbehalt der fremdenpolizeilichen Regelung des Aufenthaltes als politischer Flüchtling auf Zusehen hin geduldet unter der Bedingung, dass er sich jeder politischen Tätigkeit in der Schweiz enthält.«[37]

Dieses »auf Zusehen« meint ein genaueres Hinsehen. Postalisch an Ledebour gesendete Bücher werden zum Teil kontrolliert. Am 18. November 1936 wird berichtet: »Erhält aus Basel die Zeitschrift »Komm[unistische] Internationale« (Massensendung).«[38] Ähnliche Berichte finden sich in den folgenden Jahren immer wieder.

Zum 85. Geburtstag Ledebours schrieb das Schweizer Volksrecht im Mai 1935:

> »Seitdem [Hallenser Parteitag 1922] war er ein Einzelgänger in der deutschen sozialistischen Arbeiterbewegung, Sein leidenschaftliches Temperament hat ihm viele Gegner in ihr geschaffen, aber sie alle haben seine lautere Gesinnung und seinen aufrechten Charakter stets anerkannt. Wir wünschen dem alten streitbaren Kämpfer für den demokratischen Sozialismus, dass es ihm vergönnt sein möge,

---

34 *Minna Ledebour*, Georg Ledebour. Mensch und Kämpfer, Zürich 1954, S. 15.
35 Das erste Blatt des Ledebour-Dossiers beginnt bereits 1920. Es stellt sich die Frage, ob diese Akte später chronologisch »nach vorne« ergänzt wurde oder ob es diese Berichte bereits seit der Novemberrevolution gab.
36 Ledebour-Dossier-Bern, Bl. 10.
37 Ebd., Bl. 15.
38 Ebd., Bl. 18.

noch in ein von der braunen Pest befreites Deutschland zurückkehren zu können.«[39]

Nach dem Ende des 2. Weltkrieges sah Ledebour, der lebenslang für eine Einheitsorganisation der Arbeiterklasse gekämpft hatte, in der Ostberliner Entwicklung einen Hoffnungsschimmer, dass alte Feindschaften jetzt überwunden werden könnten. Zum Vereinigungsparteitag zwischen SPD und KPD 1946 in Ostberlin telegrafierte er: »Ich wünsche Euch vollen Erfolg in Euren Bemühungen zur Einigung der deutschen Arbeiterparteien und siegreiche Kraft zur Überwindung aller Schwierigkeiten. Mit sozialistischem Gruß Georg Ledebour.«[40] Welche konkreten Informationen Ledebour in der Schweiz über diese »Vereinigung« hatte, ist nicht bekannt.

Im hohen Alter von 97 Jahren starb Georg Ledebour am 31. März 1947. Einen Grabstein in Bern hat es nie gegeben: Die Friedhofadministration Bern teilte mir am 7. April 2016 mit: »Gemäß dem Stadtarchiv Bern wurde Herr Ledebour am 03.04.1947 kremiert und die Urne von Frau Ledebour am 04.04.1947 nach Hause genommen.«

Die zusammenfassenden Charakterisierungen Ledebours, so unterschiedlich sie auch sind, beschreiben ihn durchaus treffend: Elke Keller spricht von einem »alten sozialistischen Haudegen«[41], Anna Siemsen von einem »sehr selbständigen, nicht selten starrsin-

---

39 »Volksrecht«, Nr. 56, 7.5.1935 (Schweiz), zit. n. einem Zeitungsausschnitt in: Ledebour-Dossier-Bern, Bl. 18.
40 Neues Deutschland, 28.4.1946.
41 *Elke Keller*, Ein alter sozialistischer Haudegen. Georg Ledebour, in: Beiträge zur Geschichte der Arbeiterbewegung 26, 1984, H. 4, S. 512-521, hier S. 251. In durchaus typischer Art wird Ledebour in dieser DDR-Veröffentlichung zwar mit Sympathie, aber auch als »politisch nicht korrekt« beschrieben: »Seine schwankende, widersprüchliche Haltung führte ihn in die Reihen der Zentristen.« (S. 516). Bzgl. seiner Haltung im Januar 1919 heißt es: »Ledebour hat dadurch objektiv die Konterrevolution begünstigt.« (S. 519); mit Blick auf den Hallenser Parteitag der USPD: »Durch seine oftmals unsachliche und bösartige Argumentation arbeitet er objektiv dem sowjetfeindlichen und antikommunistischen Kräften in die Hände.« (S. 520); und zur Gründung der SAP: »Er [Ledebour] begriff nicht, dass, im Gegensatz, die Gründung dieser Partei die Arbeiter irritierte und die Herstellung der Einheitsfront erschwerte.« (S. 520f).

nigen Menschen«[42], Veit Valentins charakterisierte ihn als »Eigenbrötler des Sozialismus«[43], Ursula Ratz formulierte Ledebours »Kompromisslosigkeit« und sprach von der »Rolle eines resignierten Außenseiters«[44], andere sprechen von seinem »unbeugsamen«[45] Charakter und von einem »alten Heißsporn«[46]. Toni Sender formulierte über Ledebour: »streitsüchtig und halsstarrig«[47]. Ledebour war kein Taktiker, keiner, der Kompromisse sucht und schließt, keiner, der Koalitionen sucht und bildet, sondern ein sozialistischer Internationalist, ein »Querdenker«, zwischen allen Stühlen.

---

42 *Ledebour*, Georg Ledebour, S. 12.
43 Zit. n.: *Ratz*, Ledebour, S. 223.
44 Ebd., S. 226.
45 Vorwärts (Schweiz), 9.4.1947, S. 3.
46 Ledebour-Dossier-Bern, Bl. 3.
47 *Toni Sender*, Autobiographie einer deutschen Rebellin, hg. v. *Gisela Brinker-Gabler*, Frankfurt a. M. 1981, S. 88. Vgl. hierzu *Hartfrid Krause*, Die USPD nach 1922. Zum 70. Todestag von Georg Ledebour (2017). Georg Ledebour und der Sozialistische Bund. Theodor Liebknecht und die »Rest-USPD«, Norderstedt 2017, S. 122 f.

Peter Brandt

Nachwort

Historiker sind stets versucht zu begründen, dass es so kommen musste, wie es kam. Dabei geht es doch zu allen Zeiten und in allen historischen Konstellationen um das Ringen lebendiger Kräfte, auch wenn diese nicht im luftleeren Raum agieren. Die Menschen machen ihre Geschichte selbst, aber unter gegebenen, nicht willkürlich veränderbaren Bedingungen natürlicher und gesellschaftlicher Art. Dieses auf Marx zurückgehende Diktum hat besonders auch Rosa Luxemburg hervorgehoben, um einer fatalistischen Auffassung des historischen Prozesses entgegenzutreten.

Welche Grenzen das Vorgefundene progressiven Veränderungsbemühungen setzt, darum ist in der sozialdemokratisch-sozialistischen Arbeiterbewegung des 19. und 20. Jahrhunderts, hier: Deutschlands, stets gestritten worden. Es hat seine Logik, dass sich die Kontroversen in der Periode des aufsteigenden Kapitalismus (zugleich der aufsteigenden Arbeiterbewegung) und der relativen Stabilität der hierzulande etablierten Staatsordnung der konstitutionellen Monarchie mit starken autoritären Elementen in Grenzen hielten beziehungsweise seitens der Parteispitzen in Grenzen gehalten werden konnten, jedenfalls in der Regel.

Nachwort

Das große Schisma des unterschiedlich stark marxistisch geprägten internationalen Sozialismus nach 1917, die Trennung in eine sozialdemokratische und eine kommunistische Richtung, hat nirgendwo so dramatische Auswirkungen gehabt wie in Deutschland. Hier nahm der Richtungskampf die schärfsten Formen an; hier entstand, außerhalb Sowjetrusslands, die stärkste Kommunistische Partei. Nach dem Zweiten Weltkrieg wurden Sozialdemokratie und Kommunismus (bzw. SED) zu unversöhnlichen Kontrahenten im Ost-West-Konflikt und der damit verbundenen Teilung Deutschlands. Es lag beiderseits nahe, diese Frontlinie historisch nach hinten zu verlängern und in den Auseinandersetzungen um die Linie innerhalb der SPD, dann zwischen der SPD und USPD im Ersten Weltkrieg sowie in der Revolution von 1918/19 angelegt zu sehen. Doch schon Arthur Rosenberg hatte in seinen immer noch anregenden Büchern über die Entstehung und die Geschichte der Weimarer Republik (zuerst 1928 und 1935) der Unvermeidlichkeit der Alternative Ebert-Liebknecht widersprochen und die Problematik des Geschehens nicht zuletzt darin gesehen, dass die – in sich durchaus heterogene – »breite Mitte« der sozialistischen Arbeiterbewegung nicht zum Tragen gekommen sei. Ob sich die Realisierung der laut dem Fachhistoriker und Zeitzeugen Rosenberg »richtigen« Spaltungslinien – frühzeitige Rückkehr der gemäßigten Unabhängigen zur SPD, wo sie den linken Flügel verstärkt hätten, gleichzeitiger Zusammenschluss der Ende 1918 noch minoritären USPD-Linken mit dem Spartakusbund beziehungsweise der KPD bei Ausscheidung und Marginalisierung der ultralinken, utopistisch-putschistischen Elemente – günstig ausgewirkt hätte, bleibe dahingestellt.

Jedenfalls bekräftigen von Deutschland abweichende Entwicklungen, nicht zuletzt die der österreichischen Sozialdemokratie, dass die hemmungslose gegenseitige Bekämpfung von SPD und KPD in der Weimarer Republik, die zur Schwächung der Demokratie wie der Arbeiterbewegung wesentlich beitrug, nicht schicksalhaft unvermeidlich war. In Österreich wurde die Parteieinheit im Ersten Weltkrieg gewahrt, begünstigt allerdings dadurch, dass nicht über Kriegskredite beziehungsweise die Zustimmung zum Krieg abgestimmt werden musste. Auch in anderen Ländern ging man mit den Kontrahenten der kriegsbejahenden Mehrheitsfraktionen – ähnliche Fraktionierungen ergaben sich in den neutralen Ländern Europas – anders um als in Deutschland. In Frankreich und in gewisser Weise in Großbritannien ermöglichte es der nach innen wie nach außen größere Spielraum, den man den Kriegsgegnern ließ, die Parteieinheit zu erhalten und in der zweiten Kriegshälfte, nicht anders als in Österreich und Italien, ohne Spaltung eine Umorientierung einzuleiten. Erst die willkürliche organisatorische Markierung einer Trennungslinie durch die der west- und mitteleuropäischen Arbeiterbewegung gänzlich fremden 21 Aufnahmebedingungen der Kommunistischen Internationale von 1920 ermöglichte beziehungsweise erzwang im französischen wie italienischen Fall eine Spaltung der Sozialisten, während die kommunistischen Parteien Österreichs, Großbritanniens, der Niederlande, Belgiens und Dänemarks sowie einiger anderer Länder, wo man der neu gegründeten Moskauer Internationale gegenüber in Distanz verharrte, unbedeutend blieben.

In Deutschland bedeutete die Spaltung der Sozialdemokratie in die Mehrheitspartei und die USPD 1916/17 nicht einfach die Fortsetzung der innerparteilichen Debatten um den Bernstein'schen Revisionismus sowie den Reformismus der Süddeutschen und schon gar nicht eine Vorwegnahme der sozialdemokratisch-kommunistischen Trennung, wenngleich die Masse der innerparteilichen Opposition beziehungsweise der Unabhängigen gesellschaftspolitisch-programmatisch auf der Parteilinken beheimatet war. Es ging zunächst allein um die Positionierung der organisierten Arbeiterbewegung im und zum Krieg: die Ablehnung des »Burgfriedens« und seines symbolischen Ausdrucks, der wiederholten Bewilligung der Kriegskredite. Dabei war der »Burgfrieden« das eigentliche Problem. Für die Kreditbewilligung gab es immerhin Anknüpfungspunkte in der gedanklichen Tradition der Partei, zurückgehend bis zu Friedrich Engels und August Bebel, zumal wenn man von einem Verteidigungskrieg ausging. Und die Erklärung, die der Partei- und Fraktionsvorsitzende Hugo Haase am 4. August 1914 gegen seine Überzeugung im Reichstag vortragen musste (und von der üblicherweise nur ein

Nachwort

einziger Satz zitiert wird, demzufolge die SPD nun wahrmache, was sie stets betont habe: sie lasse »in der Stunde der Gefahr das eigene Vaterland nicht im Stich«, war innerparteilich austariert und bot durchaus die Möglichkeit, später ohne einen Bruch in der eigenen Argumentation zur Ablehnung der Kredite überzugehen. In diesem Sinn nahm auch die erste große Manifestation der gemäßigten Kriegsgegner aus den oberen Rängen der Partei, der von Eduard Bernstein, Hugo Haase und Karl Kautsky unterzeichnete Aufruf »Das Gebot der Stunde«, auf die von Haase im Reichstag am 4. August 1914 verlesene Erklärung Bezug. Es ist möglich bis wahrscheinlich, dass die Entscheidung vom 3./4. August nicht anders ausgefallen wäre, wenn August Bebel noch am Leben gewesen wäre. Was dieser sicherlich nicht gebilligt hätte: den weitgehenden Verzicht auf grundsätzliche, nach außen erkennbare Kritik am bestehenden inneren Regime des Kaiserreichs und an den militärstrategischen Prioritäten, den Hauptstoß gegen Frankreich statt gegen Russland, Verletzung der belgischen Neutralität und anderes mehr.

Es war also nicht so – und das ist eine der zentralen Botschaften der hier vorgelegten Sammlung biografischer Beiträge –, dass sich aus dem 3./4. August 1914 zwangsläufig alles Weitere ergab. Der Mitvorsitzende der SPD neben Haase, Friedrich Ebert, ein Mann des pragmatisch orientierten rechten Zentrums der Partei, wollte keine Spaltung, wie sie von den Vertretern des rechten Flügels um Eduard David, Wolfgang Heine und Albert Südekum frühzeitig angestrebt wurde. Doch hatten Ebert und andere seiner Denkungsart das rigide Prinzip geschlossenen Auftretens nach außen dermaßen verinnerlicht, dass sie ein von der Parteilinie abweichendes Verhalten bei der Abstimmung über die Kriegskredite nicht akzeptieren konnten. Die biografischen Aufsätze dieses Bandes machen indessen deutlich, wie wenig hermetisch geschlossen die innerparteilichen Lager vor wie nach der USPD-Gründung waren – und das auch in den ersten Jahren der Weimarer Republik. Da gab es eine Reihe linker Sozialdemokraten, die in der Mehrheitspartei blieben (und wegen des Ausscheidens der meisten ihrer Gesinnungsgenossen in eine hoffnungslose Minderheit gerieten), wie auf der anderen Seite etliche derer, die zur

von Peter Brandt

USPD gingen, die parteipolitische Spaltung gern vermieden hätten und früher – so Bernstein – oder etwas später – so Rudolf Hilferding – nach Möglichkeiten der Wiederannäherung und Wiedervereinigung suchten. Die ehedem in jedes Schulbuch weitergegebene Legende, die europäischen Völker und namentlich die Deutschen seien unisono »begeistert« in den Krieg gezogen, ist für die Arbeiter- wie für die Bauernbevölkerung, also für die große Mehrheit, von der historischen Forschung längst widerlegt. Das heißt aber nicht, die Arbeiter – hier die deutschen – hätten die Entscheidung der sozialdemokratischen Reichstagsfraktion für die Unterstützung der heimischen Kriegsanstrengungen missbilligt, schon gar nicht zu Beginn des Ersten Weltkriegs. Vereinzelte Nachwahlen für das nationale Parlament deuten darauf hin, dass selbst in der zweiten Kriegshälfte die Mehrheit der Lohnabhängigen eher der (M)SPD als der USPD vertraute, wobei erstere als Partei des Verständigungsfriedens (»Scheidemann-Friedens«) und der innerstaatlichen Demokratisierung wahrgenommen wurde. Unter den Bedingungen des Belagerungszustands und der Pressezensur, während die meisten jüngeren Sozialdemokraten im Feld standen, war es schwer, die Unterschiede zwischen den verschiedenen sozialistischen Gruppierungen genau zu erkennen. Immerhin veranlasste die Gründung der USPD Ostern 1917 zusammen mit der Februarrevolution in Russland (womit das alte Feindbild der europäischen und speziell der deutschen Linken, der Zarismus, ausgedient hatte) die Mehrheitspartei dazu, ihre innen- und außenpolitischen Ziele über den Interfraktionellen Ausschuss und die Friedensresolution des Reichstags energischer zu verfolgen, allerdings indem sie Priorität auf das Bündnis mit den Linksliberalen und dem katholischen Zentrum setzte, die sie den inzwischen desillusionierten Arbeitermassen eher weiter entfremdete. Die zunehmende Integration mehrheitssozialdemokratischer Parlamentarier in das politische System sowie die Einbindung gewerkschaftlicher Funktionäre in die Regulierung der Wirtschaft (»Kriegssozialismus«) führten – jenseits einiger im Kriegshilfsdienstgesetz von Ende 1916 verankerter Verbesserungen, hauptsächlich der Einrichtung gewählter betrieblicher

Nachwort

Vertretungskörperschaften – nicht zu entsprechenden Veränderungen der gegebenen Herrschaftsordnung in Privatwirtschaft und Staat und zur Erleichterung der materiellen Lage der proletarischen Basis. Dort registrierte man vielmehr die weitere Polarisierung der kapitalistischen »Klassengesellschaft im Krieg« (J. Kocka). Beginnend schon 1915 mit noch »unpolitischem« Aufbegehren von Frauen und Jugendlichen, weitete sich der soziale Protest soweit aus, dass spätestens ab Frühjahr 1917 von einer Massenbewegung der Arbeiterschaft gesprochen werden kann, die vor allem die unzureichende und über den Schwarzmarkt de facto dramatisch ungleiche Lebensmittelversorgung thematisierte, Reallohnverfall aufzuhalten suchte sowie mehr und mehr auch mit dem Ruf nach Frieden verbunden war. Diese Bewegung kulminierte in den großen und stark politisierten Streiks Ende Januar 1918, als mehr als eine Million deutsche Industriearbeiter (wie schon die österreichischen Kollegen) jetzt auch das brutale Vorgehen der Obersten Heeresleitung und der Reichsleitung gegen das friedensbereite revolutionäre Russland zum Gegenstand des Ausstands machten. Dass Angehörige der USPD wie die Berliner Revolutionären Obleute Einfluss nahmen, ist offenkundig, erklärt aber nicht die Resonanz, die sie fanden. Es entsprach der inneren Logik des Prozesses, dass die USPD als einzige fundamentaloppositionelle Partei zur Sprecherin des Arbeiterprotests (wie teilweise auch aufrührerischer Regungen in der Flotte und im Heer) wurde. In ihrer Heterogenität im Hinblick auf sozialistische Strategie und Taktik – von Bernstein bis Rosa Luxemburg – war die USPD von ihrer Gründung bis zur Spaltung im Herbst 1920 eher Ausdruck der Massenbewegung als dass sie imstande gewesen wäre, gezielt auf diese einzuwirken. Darin lag ihre Stärke und ihre Schwäche zugleich.

Wenn man nicht allein Berlin und einige urbane beziehungsweise industrielle Zentren ins Auge fasst, kann es keinen Zweifel geben, dass die Mehrheit der deutschen Arbeiter (und allemal der Soldaten) in den ersten Wochen nach dem Novemberumsturz der Mehrheitssozialdemokratie vertraute, obwohl deren Führung erst im letzten Moment den Übergang von der Beteiligung an der letzten kaiserlichen, bereits parlamentarischen Regierung des Prinzen Max von Baden an die Spitze der Revolutionsbewegung – taktisch meisterhaft – zuwege gebracht hatte. Die sich unter der Beteiligung der USPD, der Freien Gewerkschaften und teilweise nicht sozialistischer Arbeiterorganisationen überall bildenden Arbeiter- und Soldatenräte sahen in ihrer großen Mehrheit keinen Gegensatz zwischen der Konstituierung der parlamentarisch-demokratischen Republik und der Eröffnung einer sozialistischen Entwicklungsperspektive. Mit der Regierung der Volksbeauftragten aus SPD und USPD teilte man die Auffassung, dass – bei Aufrechterhaltung von »Ruhe und Ordnung« – die akute Situation zunächst vor allem die Konzentration der Kräfte auf die Rückführung und Demobilisierung des Heeres gemäß den Waffenstillstandsbedingungen vom 11. November 1918, die Sicherung der Ernährung, die Umstellung der Wirtschaft auf Friedensproduktion und den Erhalt der staatlichen Einheit erforderte. Darauf war auch die praktische Tätigkeit der lokalen Räte in erster Linie gerichtet. Gleichzeitig erwartete man aber von der provisorischen Reichsregierung, die Demokratisierung der Verwaltung (auch durch Personalwechsel), die Bildung eines »demokratischen Volksheeres« und die Sozialisierung der dafür »reifen« Industrien, zunächst des Bergbaus, sogleich in Angriff zu nehmen. Das entsprach cum grano salis den Vorstellungen des gemäßigten Flügels der USPD, namentlich deren Volksbeauftragten, die sich aber dem Druck des fast von Anfang an wachsenden linken (radikal-linken) Flügels ausgesetzt sahen, wo man der Zusammenarbeit mit der Mehrheits-SPD generell skeptisch bis ablehnend gegenüberstand.

Ihre politische Breite und die relativ lockere Binnenstruktur prädestinierte die USPD dazu, in einer Art symbiotischen Verhältnisses – wie ansatzweise schon im Krieg – am ehesten zur parteipolitischen Ausdrucksform des spontanen Arbeiterprotests zu werden. In den großen Streikbewegungen, die sich als ökonomische Kämpfe schon seit Ende November 1918 zu entfalten begannen und im Februar, dann im April 1919 in den großindustriellen Zentren, vor allem im Ruhrgebiet und in Mitteldeutschland, einen Höhepunkt erreichten, meldeten sich teilweise Arbeiterschichten zu Wort, die die Sozialdemokratie vor 1914 nicht oder nur oberflächlich zu erfassen vermocht hatte – am stärksten war sie in der Facharbeiterschaft der verarbeitenden Betriebe mittlerer Größe verankert gewesen. Neben den materiellen Forderungen stand ein »wirtschaftliches« – betriebliches und überbetriebliches – Rätesystem auf dem Programm. Die Parole der »Sozialisierung« beschränkte sich nicht auf Enteignung und Verstaatlichung, sondern drückte auch das Verlangen nach Selbstbestimmung und Selbstverwaltung aus. Noch beim erfolgreichen Generalstreik gegen den Kapp-Lüttwitz-Putsch im März 1920 (und mehr noch in dem anschließenden Aufstand der »Roten Ruhr-Armee«) spielte diese Art Rätesozialismus, neben der Verteidigung der Republik, eine gewisse Rolle. Von Einzelpersonen und Gruppierungen auf beiden Seiten wurde schon bald teils bewusst, teils unbewusst auf die Beendigung der Regierungszusammenarbeit hingewirkt; die Loyalität, sofern davon die Rede sein konnte, der alten Verwaltung einschließlich der weiter im Amt gelassenen Fachminister (»Staatssekretäre«), des Offizierskorps, der bürgerlichen Parteien und der Presse gehörte einseitig den Mehrheitssozialdemokraten in der Regierung, namentlich Friedrich Ebert, während die Gewerkschaftsführung mit den Verbänden der Unternehmer ein Zentral-Arbeitsgemeinschafts-Abkommen schloss, das den Gewerkschaften endlich die Anerkennung als Tarifpartner brachte, aber von der anderen Seite zugleich als Versicherung gegen eine eventuelle Enteignung gedacht war.

Das Jahr 1919, beginnend mit dem Berliner Januaraufstand, zu dessen Niederschlagung erstmals gegenrevolutionäre Freiwilligen-Einheiten (»Freikorps«) eingesetzt wurden und in dessen Folge Rosa Luxemburg und Karl Liebknecht ermordet wurden, trieb die Entfremdung von SPD und USPD auf die Spitze. Bald nach dem für die Unabhängigen enttäuschenden Ausgang der Wahlen zur Nationalversammlung am 19. Januar (7,6 % gegen 37,9 % für die SPD, zusammen also unterhalb der absoluten »sozialistischen Mehrheit« und der arithmetischen Möglichkeit, auf parlamentarischer Basis eine »Arbeiterregierung« zu bilden) zeigte sich bei kommunalen und Landtagswahlen ein aufsteigender Trend für die USPD, die ebenso einen rapiden Mitgliederzuwachs verbuchen konnte: von circa

von Peter Brandt

100.000 Mitgliedern zum Zeitpunkt ihrer Gründung auf 300.000 am Jahresende 1918 und fast 900.000 im Herbst 1920 (SPD: 1,2 Millionen). Die quantitative Expansion der USPD, die vor ihrer Spaltung auf dem Weg schien, die Mehrheitspartei der Industriearbeiter zu werden (Reichstagswahl Juni 1920: 17,9 Prozent gegen 21,7 Prozent der SPD und 2,0 Prozent der KPD), ging einher mit einer deutlichen Radikalisierung. Doch verbargen sich hinter dem Bekenntnis zum Rätesystem und zur »Diktatur des Proletariats« laut dem Aktionsprogramm vom März 1919 recht unterschiedliche Konzepte. Zwar ergab eine Urabstimmung und die dementsprechende Abstimmung auf dem Hallenser Parteitag eine deutliche Mehrheit für den Anschluss an die Kommunistische Internationale, doch trat letztlich nur ein gutes Drittel der USPD-Mitglieder der im Dezember 1920 neu gebildeten, vereinigten KPD bei; während ein weiteres gutes Drittel bei der weiter bestehenden Partei blieb, ging der Rest der parteipolitischen Arbeit verloren. Und die vereinigten Kommunisten büßten nach dem putschistischen März-Abenteuer von 1921 die Mehrzahl ihrer anfangs über 400.000 Mitglieder wieder ein, darunter etliche ehemalige Anführer der USPD-Linken, die mit einigen Kommunisten der ersten Stunde über die USPD 1922 wieder zur SPD zurückkehrten. Bei den Landtagswahlen zeigte sich überdies, dass die Mehrheit der USPD-Wähler des Jahres 1920 den Wechsel zur KPD nicht mitmachte: Neben denen, die gleich zu den SPD-Wahllisten überwechselten, behielt auch die zunächst weiter bestehende USPD einen Stimmenanteil, der in die Nähe desjenigen der KPD kam oder diesen sogar überragte. Insofern gibt es gute Gründe, in der USPD auch im Endstadium vor ihrer Spaltung eher eine zweite, weit links stehende sozialdemokratische als eine im bolschewistischen Sinn kommunistische Partei zu sehen, für die Zeit nach dem Herbst 1920 ohnehin.

Anhang

Abbildungsnachweis

Bild 1   Redakteur der »Sozialistischen Monatshefte« Richard Calwer, 1889. Rechte: AdsD (➞ S. 50).

Bild 2   Mitbegründer der USPD, Hugo Haase, um 1917. Rechte: AdsD (➞ S. 93).

Bild 3   Generalstreik Linksradikaler in Braunschweig, gefangene Arbeiter der Volkswehr werden abgeführt, 16. April 1919. Rechte: Nicht ermittelbar (➞ S. 164).

Bild 4   Ministerpräsident Philipp Scheidemann, 1919. Rechte: Internationaler Illustrations-Verlag, Berlin (➞ S. 206).

Bild 5   Gruppenaufnahme mit Mitgliedern der sozialdemokratischen Reichstagsfraktion, August 1919. Rechte: Nicht ermittelbar (➞ S. 282).

Bild 6   Erhard Auer als bayrischer Innenminister, 1919. Rechte: AdsD (➞ S. 333).

Bild 7   Parteitag der USPD in Leipzig, 5. Dezember 1919. Rechte: AdsD (➞ S. 366).

Bild 8   SPD-MdR Heinrich Ströbel, 1929. Rechte: Nicht ermittelbar (➞ S. 397).

Bild 9   Reichstagspräsident Paul Löbe, 1921. Rechte: Nicht ermittelbar (➞ S. 410).

Bild 10 SPD-MdR Georg Ledebour, 1912. Rechte: Nicht ermittelbar (➞ S. 443).

Anhang

Autorinnen und Autoren

Bernward Anton, geb. 1968, Promotion über die bayerische Sozialdemokratie im Ersten Weltkrieg, wohnhaft in der Nähe von München, Tätigkeit für das »Archiv der Münchner Arbeiterbewegung«.

Peter Brandt, Dr. phil. habil., war von 1989 bis 2014 Professor für Neuere Geschichte an der FernUniversität in Hagen und von 2003 bis 2017 Direktor des interdisziplinären Dimitros-Tsatsos-Instituts für Europäische Verfassungswissenschaften ebd. Zahlreiche Buch- und Zeitschriftenveröffentlichungen zu einem breiten Themenspektrum der deutschen und europäischen Geschichte des 17. bis 20. Jahrhunderts, daneben politische Publizistik, Herausgeber des Online-Magazins www.globkult.de, https://owa.fernuni-hagen.de/owa/UrlBlockedError.aspx; diverse Ehrenämter, u. a. im Vorstand der Friedrich-Ebert-Stiftung, Mitglied der SPD.

Bernd Braun, Dr. phil., geb. 1963, Stellvertretender Geschäftsführer der Stiftung Reichspräsident-Friedrich-Ebert-Gedenkstätte in Heidelberg und Lehrbeauftragter am Historischen Seminar der Universität Heidelberg, zahlreiche Veröffentlichungen zur Geschichte des Parlamentarismus und der Arbeiterbewegung im Kaiserreich und in der Weimarer Republik.

Willy Buschak, Dr., M. A., geb. 1951, Studium an der Ruhr-Universität Bochum. Lange Jahre Sekretär des Europäischen Gewerkschaftsbundes in Brüssel. Lebt als Historiker in Bochum. Zahlreiche Veröffentlichungen über Arbeiterbewegung und Europa. Schreibt gegenwärtig an einer Biografie Max Cohens.

Holger Czitrich-Stahl, Dr., geb. 1960, Historiker (Sozialgeschichte 19./20. Jahrhundert), Lehrer für Geschichte, Politikwissenschaft, Geografie und Ethik/Bettina-von-Arnim-Oberschule Berlin-Reinickendorf. Veröffentlichungen zur Geschichte der Arbeiterbewegung, des BGB und zum Konservatismus.

Jens Ebert, geb. 1959, studierte Germanistik, Geschichte und Philosophie in Berlin und Moskau. 1989–2001 wissenschaftliche Forschungen und Lehrtätigkeit an Universitäten in Berlin, Rom und Nairobi. Lebt seit 2002 als freier Publizist in Berlin. Tätigkeiten für den Deutschlandfunk, MDR, WDR und RBB sowie Presse. Seit 2009 freier Mitarbeiter des Militärhistorischen Museums der Bundeswehr, Berater für Feldpost des Museums für Kommunikation Berlin und Beirat der Zeitschrift »Krieg und Literatur« (Osnabrück).

Autorinnen und Autoren

Peter Fasel, geb. 1958, Dr. phil., Freier Historiker, Autor, Dozent, lebt in Würzburg.

Karl Christian Führer ist außerplanmäßiger Professor am Historischen Seminar der Universität Hamburg.

Siegfried Heimann, Priv. Doz. Dr. phil., Historiker und Politikwissenschaftler, FU Berlin. Mitherausgeber der Zeitschrift »WerkstattGeschichte«; Mitglied der Historischen Kommission beim Parteivorstand der SPD, zahlreiche Veröffentlichungen zur Geschichte der SPD und zur Geschichte Berlins.

Stefan Hillger, geb. 1981, Oberstudienrat, Gymnasiallehrer für Geschichte und Deutsch, Fachsprecher Geschichte am Gymnasium Wolfsburg-Fallersleben.

Hartfrid Krause, geb. 1942, Studium der Politikwissenschaft, Mathematik und Informatik in Marburg/Lahn und Darmstadt, Promotion 1972, Habilitation 1975, Lehrer, später Schulleiter in Groß-Gerau. Veröffentlichungsschwerpunkte: Arbeiterbewegung, USPD.

Philipp Kufferath, Dr., geb. 1980, wissenschaftlicher Mitarbeiter an der DSHS Köln (Projekt zur Geschichte der AWO), Referent der Friedrich-Ebert-Stiftung, geschäftsführender Herausgeber des Archivs für Sozialgeschichte.

Detlef Lehnert, Dr. phil., geb. 1955, Professor für Politikwissenschaft an der Freien Universität Berlin, Präsident der Hugo-Preuß-Stiftung und Vorstandsvorsitzender der Paul-Löbe-Stiftung Weimarer Demokratie.

Teresa Löwe-Bahners ist Sachbuchlektorin im Münchner Verlag C.H.Beck. Schon ihre Magisterarbeit aus dem Jahr 2000 behandelt das politische Wirken Eduard Bernsteins in der Weimarer Republik.

Ottokar Luban, geb. 1937, Historiker, (ehrenamtlicher) Sekretär der Internationalen Rosa-Luxemburg-Gesellschaft (s. www.internationale-rosaluxemburg-gesellschaft.de) in Berlin-Kreuzberg, Studium der Geschichte, Politische Wissenschaften, Pädagogik, Sonderpädagogik an der Pädagogischen Hochschule Berlin-Lankwitz und Freie Universität Berlin, Lehrer bzw. Sonderschullehrer in Berlin-Wedding und Berlin-Tempelhof, unterdessen pensioniert. Zahlreiche Veröffentlichungen zur Geschichte der linken Arbeiterbewegung. Schwerpunkt: 1900-1920 (www.rosa-luxemburg-forschung.de)

Walter Mühlhausen, Prof. Dr., geb. 1956, Geschäftsführer und Vorstandsmitglied der Stiftung Reichspräsident-Friedrich-Ebert-Gedenkstätte (Heidelberg), apl. Prof. TU Darmstadt.

Gisela Notz, Dr., Sozialwissenschaftlerin. Lebt und arbeitet in Berlin. Bis 2007 Wissenschaftliche Referentin im Historischen Forschungszentrum der Friedrich-Ebert-Stiftung; Lehrbeauftragte an verschiedenen Universitäten.

Christopher Paesen hat sein Studium der Geschichte an der Universität Bonn mit einer Arbeit über den Nachlass von Arthur Crispien als Magister Artium abgeschlossen. Heute arbeitet er für einen Bundestagsabgeordneten.

Ralf Regener, M. A., Bibliothekar und Historiker, arbeitet in der Universitätsbibliothek Magdeburg, forscht und publiziert vor allem zur Geschichte Anhalts im 19. und 20. Jahrhundert.

Bernd Rother, Dr. phil., Historiker, Mitarbeiter der Bundeskanzler-Willy-Brandt-Stiftung Berlin, Autor u. a. von »Die Sozialdemokratie im Land Braunschweig, 1918–1933« Bonn 1990.

Moritz Rudolph, geb. 1989, ist Doktorand am Institut für Politikwissenschaft der Universität Leipzig

Ernst-Albert Seils, Dr., Studium der Geschichte und Germanistik an der Freien Universität Berlin und der Universität Hamburg, Studiendirektor am Gymnasium. Veröffentlichungen über Hugo Haase: Hugo Haase (1863–1919) Ein deutscher Politiker aus dem Ermland, Zeitschrift für die Geschichte und Altertumskunde Ermlands, Bd. 48, 1996; Weltmachtstreben und Kampf für den Frieden, der deutsche Reichstag im Ersten Weltkrieg, Frankfurt a. M. u. a. 2011; Hugo Haase, ein jüdischer Sozialdemokrat im deutschen Kaiserreich, sein Kampf für Frieden und soziale Gerechtigkeit, Frankfurt a. M. u. a. 2016.

Markus Schmalzl, Dr., München, Historiker in der Generaldirektion staatlicher Archive in Bayern.

Mike Schmeitzner, Dr. phil., geb. 1968, Historiker am Hannah-Arendt-Institut für Totalitarismusforschung an der TU Dresden und Privatdozent ebendort. Er ist zugleich Vertrauensdozent der Friedrich-Ebert-Stiftung an der TU Dresden.

Uli Schöler, Jurist und Politikwissenschaftler, lehrt als außerplanmäßiger Professor am Otto-Suhr-Institut der Freien Universität Berlin, arbeitet hauptberuflich als stellvertretender Direktor und Abteilungsleiter im Deutschen Bundestag und ist ehrenamtlich als Vorstandsvorsitzender der Bundeskanzler-Willy-Brandt-Stiftung tätig.

Thilo Scholle, geb. 1980, Jurist, Tätigkeiten in einem Landesministerium in NRW und beim SPD-Parteivorstand, Redaktionsmitglied der Zeitschrift für sozialistische Politik und Wirtschaft, Veröffentlichungen zur Geschichte der Jusos, zur Ideengeschichte der Arbeiterbewegung und zur Rechts- und Staatstheorie.

Felicitas Söhner, Dr. phil., Studium der Kulturwissenschaften (Geschichte, Philosophie, Literatur und Soziologie), B. A. 2006; Studium der Geschichte und Literatur, M. A. 2008; Dissertation bei Prof. Peter Brandt (Hagen)

und Prof. Friedrich Boll (FES Bonn), 2012; wiss. Mitarbeiterin am Philosophischen Institut der Universität Passau (2012-2013); wiss. Mitarbeiterin am Institut für Geschichte, Theorie und Ethik der Medizin (Prof. H. Fangerau) und an der Klinik für Psychiatrie II der Universität Ulm (Prof. Th. Becker) (2013-2016); seit 2016 wiss. Mitarbeiterin am Institut für Geschichte und Ethik der Medizin der Universität Düsseldorf (Prof. H. Fangerau). Forschungsschwerpunkte: Medizin- und Sozialgeschichte des 20. und 21. Jahrhunderts; Oral History; Europäische Erinnerungskultur und deren biografische Verarbeitung.

Volker Stalmann studierte Mittelalterliche und Neuere Geschichte und Romanistik in München und Berlin. 1998 promovierte er bei Prof. Dr. Gerhard A. Ritter in München. Seit 2004 arbeitet er als wissenschaftlicher Projektmitarbeiter der Kommission für Geschichte des Parlamentarismus und der politischen Parteien (KGParl) und ist gegenwärtig im Rahmen des Editionsprogramms »Fraktionen im Deutschen Bundestag (1949-1990)« zuständig für die Teiledition »Die CSU-Landesgruppe im Deutschen Bundestag. Sitzungsprotokolle 1972-1983«. Ausgewählte Veröffentlichungen: Die Revolution in Hamburg. Die Sitzungsprotokolle des Hamburger Arbeiter- und Soldatenrates von 1918/19. Unter Mitwirkung von Jutta Stehling, Düsseldorf 2013.

Reiner Tosstorff, Prof. Dr., Historiker, Universität Mainz. Arbeitsschwerpunkte: spanische Sozialgeschichte, Geschichte der internationalen Arbeiterbewegung mit Schwerpunkt Gewerkschaften.

Marga Voigt, geb. 1953, Slawistin, Bibliothekarin. Bis 1990 Bibliotheksleiterin im Zentralen Haus der Deutsch-Sowjetischen Freundschaft, Berlin, danach Fortbildung/ABM. Seit 2000 freiberufliche Erarbeitung von Projekten der politischen Bildung.

Lothar Wieland, Dr. phil., geb. 1952 (Diss. Bremen 1981: Belgien 1914. Die Frage des belgischen »Franktireurkrieges« und die deutsche öffentliche Meinung von 1914 bis 1936), Gymnasiallehrer und Historiker in Bremerhaven, zahlreiche Veröffentlichungen zur Geschichte des deutschen Militarismus und Pazifismus, zuletzt: »Die wahren Sozialisten hatten niemals Zweifel.« Salomon Grumbach und die Schuldfragen des Ersten Weltkrieges – Ein biographischer Essay. In: Salomon Grumbach. Das Annexionistische Deutschland. Neu herausgegeben von Helmut Donat. Mit einer Einleitung von Klaus Wernecke, Bremen 2017.

Jörg Wollenberg, Prof., geb. 1937, nach dem Studium ab 1965 pädagogischer Mitarbeiter bei »Arbeit und Leben« in Göttingen. Leitung der Volkshochschule der Stadt Bielefeld (1971-78) und des Bildungszentrums der Stadt Nürnberg (1985-1992). Seit 1978 Professor für Weiterbildung an der Uni-

Anhang

versität Bremen – bis zum Ruhestand am 1. Mai 2002. Danach u. a. Gründungsmitglied der Gedenkstätte Ahrensbök und Autor zahlreicher Veröffentlichungen.

Christian Zech, Stipendiat der Hans-Böckler-Stiftung, Mitglied des Ludwig Rosenberg Graduiertenkollegs »Judentum und Arbeiterbewegung« am Moses Mendelsohn Zentrum (Potsdam) promoviert am Zentrum für Antisemitismusforschung der Technischen Universität Berlin.